青年律师汇

智善——编著

从入行到精英

YOUNG

LAWYERS

COMMUNITY

FROM

BEGINNER

TO

ELITE

法律出版社 | LAW PRESS

图书在版编目(CIP)数据

青年律师汇:从入行到精英 / 智善编著 . -- 北京:法律出版社,2020

ISBN 978-7-5197-5103-6

Ⅰ . ①青… Ⅱ . ①智… Ⅲ . ①律师—工作—中国 Ⅳ . ① D926.5

中国版本图书馆 CIP 数据核字 (2020) 第 220137 号

青年律师汇:从入行到精英
QINGNIAN LÜSHI HUI: CONG RUHANG DAO JINGYING

智　善　编著

策划编辑 朱海波
责任编辑 朱海波
装帧设计 鲁　娟

出版 法律出版社
总发行 中国法律图书有限公司
经销 新华书店
印刷 三河市龙大印装有限公司
责任校对 王沁陶
责任印制 吕亚莉

编辑统筹 法律应用出版分社
开本 710 毫米 ×1000 毫米　1/16
印张 35
字数 600 千
版本 2020 年 12 月第 1 版
印次 2020 年 12 月第 1 次印刷

法律出版社 / 北京市丰台区莲花池西里 7 号(100073)
网址 / www.lawpress.com.cn
投稿邮箱 / info@lawpress.com.cn
举报维权邮箱 / jbwq@lawpress.com.cn
销售热线 / 400-660-8393
咨询电话 / 010-63939796

中国法律图书有限公司 / 北京市丰台区莲花池西里 7 号(100073)
全国各地中法图分、子公司销售电话:
统一销售客服 / 400-660-8393/6393
第一法律书店 / 010-83938432/8433　西安分公司 / 029-85330678　重庆分公司 / 023-67453036
上海分公司 / 021-62071639/1636　深圳分公司 / 0755-83072995

书号: ISBN 978-7-5197-5103-6
定价: 98.00 元

敬这三年光阴

一

2017 年春天创办栏目时，我完全没有想到会有集结成书的一天。彼时我进入法律行业不久，认识的律师仅限于林林总总微信群中的同行。满怀一腔热血与对他人命运的好奇心，我们积极地邀请分享者。

邀请的第一位分享嘉宾是陈世银律师，当时的分享形式还是线上语音直播，后期我们转成文字，再在公众号推送。到第二期涂萍律师分享时，我们发现文字本身其实是更好的载体，分享者可以全然地站在自己的角度，安静地书写自己的经历和经验，形成一个更安静的场。

这与我们当初创办青年律师汇的初衷得以契合，栏目汇聚的是人，是故事，但更是一种能量。

二

当人抽离日常，建立文字和自心的单纯连接时，会有奇妙的能量传递出来——这股能量，是借由文字，从每个人的心传来的。

文字是心的呈现。

心本身是有巨大能量的。

心能转境，则同如来。

所以一直以来我最大的感激是，这个栏目汇集的是每位律者身上最柔软也最有力的那一部分。

这份能量，是彻底诚挚的、热切的、离地三英尺的。

在不得不面对满地六便士的时代，如果有一个地方，提供一个场域，感受来自内心的月光，或多或少会温暖到不少心灵吧。

我喜欢文学，也喜欢写字，但不得不承认，很多时刻，在生活的压力之下会失掉书写的从容与节奏——这是我们的困境，却也正是我们的坚守。

三

时光匆匆，如水一般。

每周六的一期一会早已融入我的生活，我记得每一位律师交稿给我时的欣喜——将自己的一个时期得以定格记录本身会带来一种喜悦，记得无数读者留言感激受到启发。

第一年分享的实习律师此时已经成长为能够独当一面的执业律师、律所合伙人。这次整理时，很多人坦言重读自己当年的文字，仍会热泪盈眶。

他们讲述求学之路，艰难的、熬过的司考经历；

他们讲述助理时期，琐碎的、苦过的实习经历；

他们讲述执业经历，实务的、闯过的办案经验。

他们也讲述生活、爱好、家人、同事。

那些由心带来的能量，无形无实，甚至很短暂，但却切实发生，带来改变；那些微小的善意，恰恰也是我们对于这个世界所作的一点付出。

世界终将一点点把我们带到我们注定的使命面前，也终将把所有善意积累而成的事物呈现在我们面前，作为鼓舞。

四

借此机会，想再次向所有参与栏目的律师表达感谢，感谢你们的信任，你们的坚毅、智慧，还有美好、善良。

感谢所有同事的支持，与有缘人，做快乐事，一起创作一起传递，是我们的幸运。

感谢所有成就这场汇聚的缘分。

愿读得此书的你，有所收获。

智善－青年律师汇栏目主编

青青若（许菁）

2020年7月6日

目　录

壹　为什么做律师

贰 如何度过实习期和新鲜期

叁 青年律师必备技能和面临的问题

壹 为什么做律师

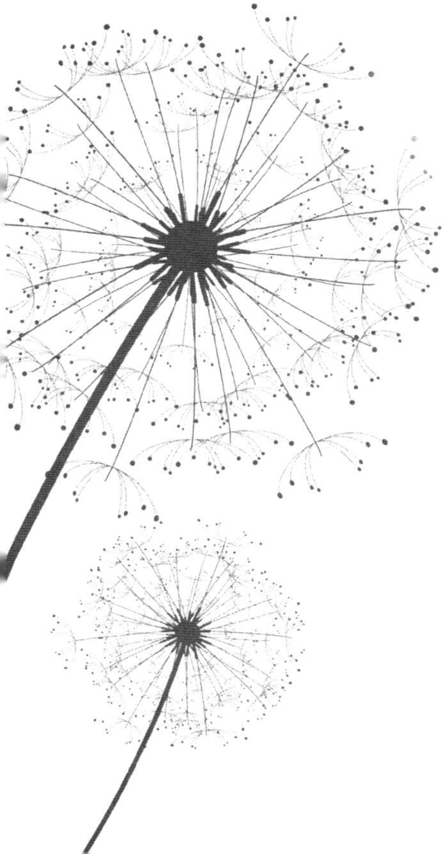

1. 做律师好还是进公司做法务好？①

经历介绍

大家好，我先简单介绍一下自己：我是涂萍，说起我的工作经历其实也比较简单。

2010 年法学专业毕业之后并没有从事与法律相关的工作，而是去了一家事业单位（洪山城管局）做文秘，写了两年公文。

2012 年经过深思熟虑在职备考司法考试。

2013 年进入律师事务所，先后在湖北得伟君尚律师事务所、湖北今天律师事务所执业。

目前在武汉一家公司做法务，执业机构为老东家湖北得伟君尚律师事务所。

记得我的"女神"马薇薇在《奇葩说》节目上曾说过一段话，大意是：在辩论场上，讲述自己的经历往往能够激起大家的共鸣，但我从不讲述自己的经历，是因为每个人所处的环境、经历、遭遇不一样，他人的人生经历、选择不能也不可作为自己人生的指导。自己还是应该根据自身实际情况，综合考虑，作出判断。

这句话我赞同，但他人的经历可以给人以启发与思考。所以，如果我的经历、感受、态度能够给你一些启发思考，这就足够了，这也是我表达的初衷和心愿。

第一次转型——在职准备司法考试

世界上怕就怕认真二字，中国第一考也一样。说起备战司考，起初我并没有那么高尚的理由，成为律师伸张正义？NO！

① 涂萍，湖北得伟君尚律师事务所律师，某集团公司法务主管。

我当时破釜沉舟决心考司考的主要原因是:(1)没“钱”途;(2)再待下去自己可能会废掉。

从下定决心起,我的一颗不安分的心就彻底被激活。家人得知我要考司考,居然破天荒的齐心,坚定地认为我肯定考不过,何必瞎折腾,这样的冷水并没有改变我的决定。

我一定会通过司考,这样的大话我自然是没底气说。但我当时最简单的想法就是尽最大努力备考,考不过大不了明年再考,一直到考过为止。最差的时候就是现在,还能比现在更差,以后的日子那都是赚来的。

就这样我度过了我人生中最充实、最刻骨铭心、最令人骄傲的三个多月,那时候的目标很明确,就是考过司考。因为是第一次考,没有经验,更没钱报班学习,对于在职人员来说最大的挑战就是如何做到自律,合理安排时间来备战这样长战线的考试。对于当时一心想要改变的我来说,内在的决心是我很大的动力。

关于学习,我用的是最笨,但却实用的办法:花足够多的时间。平均算下来,工作日每天花 6 小时,周末每天花 10 小时。

这样算下来音频课件每门听两遍,前五年真题至少做了三遍,后期再辅以冲刺练习,坚持三个月每天五点半起床背诵卷一。任何考试都有重点,把握重点,反复复习巩固,刻意练习,确保重点不丢分,再适当拓展,应该问题不大。

正是这样没有退路、义无反顾的决心,如一战失败再战的信念,不给自己因自身原因导致考不过的机会,最终我以 415 分的成绩通过司法考试,意料之外但也情理之中。

回顾备考的那段时光,现在看来当时的我很幸福。正是因为那段岁月,让我看到我人生的多种可能性。如果说我今后人生中表现出了些许自信,那么其均是那段岁月所赋予的。感谢那段奋不顾身的岁月,让我至今回想起来仍然热血澎湃!折腾,只为不负此生,好好折腾,只为不负自己。

进入律所——一切才刚刚开始

进入律所之后,才真正发现司考其实是万里长征最轻松的一步。优秀的平台、优秀的同事,让我深切地感到自己的不足。在这里,你考虑的不是经济压力，而是如何让自己进步得更快。同时，你也会发现当你真正决定做一件事的时候，实际情况远比你想象的要容易得多。

实习期，我当时有一个师兄，中南财经政法大学硕士研究生，跟随指导律师5年，能够独当一面，做事认真负责，处理工作到深夜两三点都是常有的事情，师父也很喜欢他。而且在我眼里，他什么都好。对比当时的我，初来乍到，什么都不懂，倍感压力，特别有挫败感。比你优秀的人还比你勤奋，你有什么资格不努力。

我迅速调整自己的心态，感谢在这样的环境工作和学习，和优秀的人共事，能够向优秀的人学习；做好自己的事，和自己比，每一天都有成长就是进步。事情慢慢来，反而比较快。正如一句流行语所说：你一定要努力，但千万别着急。

之后，我脚踏实地跟着指导老师、师兄处理诉讼与非诉案件，其中有交通事故、人身损害赔偿等普通业务，也涉及商标、著作权、专利等知识产权业务，还有股权、私募等投融资业务，业务涵盖面比较广。除此之外，也跟着为一些企业做法律顾问，如良品铺子、今古传奇传媒集团、宇东置业等。

除了跟随指导老师、师兄从实际案件中学习执业技能，我自身也加强学习，先后获得证券从业资格、知识产权从业资格、基金从业资格等。一旦当你沉下心去做一件事的时候，世界都在为你开路。

慢慢地我有了自信，各方面都较初入律所时有很大的提高。时常我会收到朋友的法律咨询和零星案件，通过自己的专业服务为朋友解决问题，这也给了我很大动力和满足感。

第二次转型——进入公司做法务

2016年，我离开律所进入公司做法务，相对而言，时间比律所更为宽松，对于一个闲不住的人来说，我又开始折腾了。这一年，读书、写作、开微信公众号、头条号，坚持背单词，这些都是我没有计划也没有想到的。

在我看来，每一件事或工作并非孤立存在，而是相互作用的。其他行业的见识与经验，同样会给当前工作带来不一样的思路和心得。所以，多经历一些，那都是财富。

一路走来，很多选择虽然非自身主动而为，但也是尽自己努力，随心做着自己想做且认为应该做的事。一路折腾，一路爱自己。

做律师还是去公司做法务？

由于既有律师的经历，又从事法务工作，很多人都问我，你认为做律师好还是做法务好呢？似乎过来人的回答有灵丹妙药之功效，能够药到病除。其实无论我怎么回答，你该纠结还得纠结。何况每个人的情况、遭遇、想法不一，很难笼统地说做什么好做什么不好。

大多数人纠结的原因无非是什么都想要，你既想要稳定尚可的收入，又想执业发展前景；既想周遭人欣赏你倚重你，又想要实现个人价值，获得成就感。你太贪心！长期陷入这种自我矛盾，想改变又不行动的恶性循环中，只会得不偿失。

从我的个人经历来看，我的职业生涯选择并非我主动规划并朝之努力，而是根据现实状况，被动选择，坦然接受，尽力而为。考司考进律所是因为既没钱又看不到希望。从律所到公司也是因为现实一些状况，综合考虑所作出的选择。而这些选择并非提前规划好，在决定做法务之前，我从未想过离开律所。所谓计划赶不上变化在我身上就是很好印证。

你的纠结说明无论是咨询别人还是自己思考，你早已根据自己的情况把律师和法务的优劣利弊分析透彻，只是没有哪一方能够完全地说服自己，这是你纠结的根源。

当一件事出现让你彻底无法忍受，不得不改变的时候，就是你知道该怎么选择的时候。你需要时间去告诉你答案。

无论你作什么决定，考虑当下，遵从内心。

2. 你至于走到律师这一步吗？①

我是一名专职律师，在此之前是四川省某市发改委的公务员，那10年

① 杨欣菱，四川明炬（遂宁）律师事务所执业律师。

的工作和生活算得上“岁月静好”。

辞职初期，被不同的人问及了两个不太好回答的问题，不过有意思的是它们本身彼此对立统一，其中一个是“你至于走到律师这一步吗”，另外一个是“恭喜你成为律师，你是怎么做到的”。

无须回答，因为提问者的心中已然有了答案，问题本身就包含着对律师、公务员职业的价值评判。

诚然，这个世界并非非黑即白，我不想去讨论或者品评过往的人和事，我只想聊聊自己，谈谈是什么样的原因让我断然放弃10年的政府工作经历，以一个新人的身份转身进入竞争激烈的法律行业，又是什么原因让我养成近乎每天8公里跑步的习惯。

十年公务员生涯

十多年前的毕业季，我作为优秀大学生被四川省委组织部选调至某市，有了公务员身份。

在那个炎热的夏季，满腔热血的我，接到的第一件工作是为某次市级活动做一个月的后勤辅助，说得接地气一点，就是要在很多次的会议期间不失时机地倒开水，机关里老式的大号立式水壶起码有5斤，对女性来说太沉。

有一次，当我颤颤巍巍却故作轻松地拎着水壶试图加满一个领导的水杯时，这位领导突然将椅子往后一挪，水壶里接近100度的开水直接泼到了我整个左手。

一瞬间，我连声道歉，忙着拿毛巾把桌上水渍擦干净，接下来继续把所有人的水杯倒满后，才冲到卫生间，把自来水龙头拧到最大，让哗啦啦的流水对着烫红的左手猛冲，一瞬间泪流满面，哭够了，又带着红肿的左手回去继续倒开水。

后来，我恍然大悟，懂得隐忍和沉默坚持，是成熟的第一步，它们往往藏在苦痛或者尴尬的事件里，如同劫难是取得真经的必要前提。

非常感谢公务员经历带来的服从能力和规则意识，鲜有职业能够让人如此敏锐地去认识社会、阶层、人性。

每天 8 公里

当然，不同阶段认识社会的角度不同会带来有趣的人生体验，这与社交有关。

年轻人的天性里有喜新厌旧的细胞，刺激着不断结识跟自己类型不同但磁场互吸的朋友。

在这个过程中，原本只是象牙塔里死读书、根本没有艺术、体育爱好的我，这 10 多年来，学会了弹技术很烂的古筝、技术很差的网球和高尔夫，很好地学会了素描、瑜伽、游泳、跑步，这些得感谢不同派别、技术的正能量朋友，彼此吸引并同化。

在其中，我最喜欢并坚持的，就是每天 8 公里跑步。更多的人听到这个数字的反应，都是一个字"哇"，我承认很难说在 8 公里跑步中有多么愉悦，而是完成这个目标以后，随着汗如雨下，拥有一种酣畅淋漓的幸福感。

而且这个运动最大的吸引点是简单，不需要伙伴，不需要跟谁预约，任何时候方便了，撒开腿就跑。我想，每一个人都应该有坚持的运动，就好像信念，坚决不能戒掉。

重新进入艰难的知识汲取区

提及了自己职业的起步和自律的运动，总结起来，我并没有系统地想要成为什么人、过什么生活的野心，而是像捡拾碎片一样，在拼凑自己的人生图画。

我开始从身边更多的工作伙伴身上看到了五年后、十年后的自己，骨子里隐藏着的不安越来越强烈，倘若我只有一种选择，命运只会被注定，那是多么愚蠢可怜，而唯一可恨的始作俑者却是自己。

如有断臂之勇，我从原本的生活舒适区出来，重新进入艰难的知识汲取区，熬过很多艰难的夜晚（非天才类的法律执业者都有一本考试心酸史），拿下了目标——法律执业资格证。

故事至此有了开头，我辞去了公职，银行卡里再不会每月按时有进账，有什么关系呢？能做好公务员、能坚持每天 8 公里奔跑的人，会做不好律师吗？

无论是职业的选择，还是身体的管理，如同人行其路，可左，可右，是从容，更是一种自由。

执业体会——正义的代价

曾经，有一位老律师形容，律师的逻辑是哪怕天崩地裂了，我也要正义，法官的逻辑却是都天崩地裂了，我还要正义何用？我想这位老律师一定是一名诉讼律师，才会有这么痛的领悟。

2015年，我的实习指导老师代理了一起故意伤害案件，案情是这样的：

为了争夺摆地摊的势力范围，一个年轻人与另外3名犯罪嫌疑人，同时殴打了作为竞争对手的被害人，即便对方手无寸铁无力反抗，他们仍不解恨，继续使用刀具去刺砍他，很残忍，被害人全身留下了30多处刀伤。这名被害人后来在重症监护室躺了一个多月，终于醒了，也傻了，智商低下、无法正常表达，经鉴定属重伤一级。

我们通过仔细阅卷比对，发现在检方出示的鉴定意见和起诉书里均描述被害人身体的伤痕为锐器伤。而我们代理的这个小年轻人刚好在案发的整个过程中拿的凶器是一把砖刀，这是一种在建筑工地上用来砌砖的工具，刀面很厚、没有开刃，正常男性使再大的力气，用砖刀对身体砍杀必然只会形成钝器伤。就抓住这一个突破点，我们的辩护取得了成功，最后的判决结果是小年轻人罪轻不处。皆大欢喜。

过了好几个月，在一个私下场合，我们偶然碰到了这位小年轻人，酒过三巡的小年轻人拉着指导老师的双手感激涕零，又面露得意地说，“当时打架的时候，第一个冲上去砍人的就是我，老子跳起来一刀就砍在那人的后脑勺，白花花的脑浆一下子就溅出来了”。这时，我们才恍然大悟，应该是被害人后脑勺的伤已经被医院缝合，通过目前的仪器很难在活体上对人颅骨处的伤痕作出伤害形状的鉴定。

正是因为我们的有效辩护，让这个小年轻人如今继续驰骋江湖。

有人说，律师是惩恶扬善的侠客。可是，我们是这个案子里小年轻人的辩护人，我们是公平正义的化身吗？如果越来越多的案件里同时出现了职业伦理、道德伦理，社会效益、经济效益的冲突，取舍之间，稚嫩的青年律师如何无愧于心？面对现实，我无法完全消除困惑。

亲爱的同行们，你有没有过某一刻突然发现自己越来越冷漠？后来，我老师的一句话，让我豁然开朗，“作为法律人，我们要清醒，要坚持用看得见的程序正义去维护看不见的实体正义，哪怕天崩地裂，哪怕个案会有牺牲”。

记得王尔德说过：“一个人不能永远在心中养着一条毒蛇；不能夜夜起身，在灵魂的院子里栽种荆棘。”

我们律师坚持的应当是兑现良知，不计厉害地去捍卫当事人的合法权益，而正是我们这一个个具体的青年律师尽管知道世界并不完美，也并不是非黑即白，但却始终不言乏力、不言放弃的努力，用点点星光，终将催升正义的阳光普照大地。

结　　语

在此回顾自己十多年来的职业生涯，感谢支持我前行的家人、朋友，还有今天还在努力的自己。

我只是一个凡人，我能做到的，读文字的你只会比我做得更好。人生的可左、可右全在乎你的一念之间和是否愿意为之付出汗水，当然，最重要的是后一点。

3. 律师是我能想到的最美好的职业，没有之一[①]

萌　　芽

在我有限的执业生涯里，不止一次被问到“你为什么做律师”，当你的事业做得红红火火时，会有人投来羡慕的目光，“唉，你当初怎么想到做律师的”；当你在工作中受挫心灰意冷时，会有人送来关切的提醒，“你想想看当初为什么做律师”。

我们就这样被周围的人鞭策着，因为有舍不下的尊荣心，也有把事业触角拓展到无限可能的野心，而为什么做律师的那颗初心，是后来在做律师的

① 严程程，湖北良朋律师事务所执业律师，专业领域：劳动人事、公司治理、商务谈判。

过程中才慢慢找到的。

我所找到的律师梦开始的地方，是高考前同学录上写下的“我将来打算做一名出色的律师”，后来在高考填报志愿时果敢地填报了政治老师口中“死不好就业”的法学专业，为了当时并不清晰的律师梦，也为了亲自考证为什么法学会成为老师口中不好就业的专业。

我用了四年的时间慢慢理解和体会“死不好就业”的现实意义，在大学毕业和人生抉择的重要关口，我所面临的现实困难和职业诱惑都让我离那个梦越来越远，而每一条不同的路都会成就和今天完全不一样的我。

入　行

兜兜转转，最后还是进了律所，感觉是命中注定，虽然那一步迈得有点久，但终究是守住了自己的初心，踏进了自己选定的跑道。跑着跑着才知道，梦想遇到现实会历经刻骨铭心的蜕变，用今天的网络词汇来解释叫作“历劫”。

我所经历的第一个劫是经济压力。

成为一名真正的律师，必须要在律所实习一年，而这一年的实习通常是没有工资的，因为能力身份的限制，实习生难以单独接案，所以也很难有收入，但实习期内每一步的提高和每一个阶段的成长似乎又不得不支出。

我不想毕业后还要靠家里给予经济支持，我被赋予的期待以及我自以为是的尊荣感让我没法开口，在那段艰难的实习日子里，支撑我走下来的是“我要做一名律师”的坚定信念。当然，还包括几个真心的朋友，因为扛不住的时候，是他们在经济上帮助我渡过难关。

在我实习的阶段，有人在刚开始的时候，就选择了退缩；有人没能突破经济的压力而中途放弃；也有人靠着馒头和面饼，熬过那段最难的日子，而后扬眉吐气。当然，不是每一个实习律师都会遭遇这场劫难，这取决于在律师路上你以什么方式让自己成长。

我所经历的第二个劫是尊荣尽失。

我在这个跑道上跑了大半年的时候，一个亲戚打电话向我咨询她家孩子要不要读大学的问题，她疑惑的前提居然是“他们都说你还读了个很不错的大学，都只这个样，我看我这个孩子不需要读的”，这句话瞬间扎进心头，一阵一阵刺痛，我没想到做律师这个短暂的没有收入的阶段，会被理解成没有出息，会因此成为家里人受教育的反面教材。

这不仅是对律师职业的误解，也是对读大学的一种亵渎。我没有心思去分析这句话的善恶，只是觉得很荒谬：我为什么害怕让别人知道我实习没有工资、大学毕业后没有赚到钱；我为什么要回答，既然不能赚到钱干嘛还要做律师；我为什么要解释，为何我不是那个可以年入百万千万的律师。

人的成长有时候就在于一件事、一瞬间的领悟，那个电话让我明白，我要做律师这件事跟他人有什么关系。

起　飞

经历这两次劫难之后，我终于杀出重围取得了律师执业证，成为了一名真正的律师并得以圆梦。

而后，在这条梦想的律师路上，发生了很多值得铭记与回味的瞬间，我没办法告诉你，我有多庆幸自己走上了这条路，我所走过的粗粗浅浅的脚印，正在勾画一个完整而真实的律师梦，而它只属于我。

律师于我而言，不再是荧屏上那个完美耀眼的角色，而是鲜活地存在于我的血液里。

最近看了智善采访的律界大咖录，在回顾自己来时路的同时，瞻仰了前辈们的刻骨风情，他们用自己的经历和智慧，点燃一盏盏明灯，照亮青年律师的路，让更多的人发现这条路的美，让走在路上的我们不再独自探寻，而是携手同行。如果你没有靠近这条路，我怎么说你也不会懂。

岳琴舫会长告诫我们耕耘今天，才能收获明天；汪少鹏律师鼓励我们“努力到无能为力，拼搏到感动自己”；谢文敏律师说独立的女人最有魅力，这是女律师的最好代言；梅顺健律师坦言，很多律师辛苦工作，不再是为了金钱，更多时候是为了理想，为了一种生活方式，等等。就是这样，很多经验丰富的前辈不经意间会成为点醒你我梦想的人。

可能毕业时候的选择不是你的最爱，可能那份工作只是权衡之后的世俗与精明，可是没有关系，在人生的任何时候，只要你愿意，都可以回到最初梦想的路上，从头开始。而在此之前你所走过的每一步，都会成为你梦想道路上的积淀，不会浪费也请不要介怀。

比如游友安律师，他是在做了十年医生之后才转行做的律师，经历了五次司考，连续三年差一分，经历这种戏剧性的打击之后还能如愿以偿。

用他自己的话说，“五年的司考，我已经苦到极致了，所以我希望每一位律师珍惜他当年司考的痛苦经历。我相信一个人如果经历了两次考试，然后把他考试的精神在以后的生活中发扬光大，他做任何事情没有不成功的，一个是高考，一个是司考”。

说给你听：最美好的职业，没有之一

曾经有人说过这样一句话：“律师是我能想到的最美好的职业，没有之一。”我深表认同，并说给你听，希望也能助你圆了律师梦。

1. 自由度与选择权

除了上文提到的尊荣感，自由也是吸引我们的重要因素之一。虽然说律师的自由不是绝对的，很多时候也迫不得已废寝忘食、挑灯夜战。

但在绝大多数情况下，律师对自己的工作时间是享有支配和管理权的，你可以决定先做什么后做什么，今天做什么明天做什么，几点开工几点收班。这跟定制的朝九晚五的工作不太一样，更自由更灵活。

个人比较认同一个说法，人生力争上游所争取的就是选择权不断地增加。作为一份职业和一个工作，律师赋予我们的选择权比其他职业或工作要更充分一些。

2. 经济收入

收入会比其他工作可观，你可以体会日入几万几十万的快感，当然大律师会更多，也可以感受月收入为零的焦虑。但均衡算下来，律师的收入会比普通固定工资的收入要高一些。

前期会有些困难，后面会越来越好，这是一个知识和经验可以快速重复叠加的职业，收入也会逐年递增。

3. 独立生长

最后也是最重要的一点，你可以主动掌握自己的工作状态与工作成果，不必拘泥于其他，没有制度和层级的限制，你就是你，可以高入云端也可以低至尘埃。

4. 在路上——从新闻记者到律师①

青青若向我约稿，我很感谢她的欣赏。但思来想去，写了几个段落后，我又觉得应该全部删去，我觉得十分惭愧，2017 年以来我觉得自己似乎无可书写。律师之路上即使有点滴进步，与这飞逝的光阴相比，无足挂齿。行动胜于言论（Action speaks louder）。因此，谨与大家分享一首旧作，自勉。

你从未出离你的生命
你与你共在此无限的世界
你知道吗
所走过的路程
回首时已是一片澄明
乌云阴霾是一场会阑珊的假面的舞会
无边的伸展
无影的光明
未来里的一切
当你遭遇后
当你回忆时
都会露出老友一样的面容
你从未出离你的生命

① 李志灵，上海华勤基信律师事务所执业律师，执业领域为公司法、合同法、劳动法等。先后毕业于安徽大学、英国卡迪夫大学，均取得硕士学位。曾担任安徽电视台新闻栏目出镜记者，为观众熟知认可。也曾担任上海某一流大学商学院项目经理，积累了经济与管理知识和经验。

你与你共在此无限的世界

我已知道一个个未来

尽管尚未谋面

文 / 李志灵 2016 年 11 月 23 日

人之立志，如树之有根。司法考试就是这样一场你必须用植根于内心的信念才能打败的考试。就像钟秀勇老师说的，如果不爱法律，那么你过与不过都将是场痛苦。完全投入之前，先在夜深人静的时候，回顾自己的人生，你到底想要什么？想过怎样的人生？想成为怎样的自己？你想为这个国家和社会带来什么样的价值？

法律是最低限度的道德，但法律在很多环节体现着人性，比如刑法总则里对自首的从宽，对未成年人犯罪的特别对待，对累犯的严惩。法律也是智慧的沉淀，比如善意取得，它是预设了好人原则的民法法条。

学法的过程，是做一个纯良的人的进阶。

也许我有那么点儿情怀。

事情还要从我曾是一名民生新闻记者说起。我做过两年记者，曾采访过身患癌症一把火烧死了自己一对儿女和妻子的杀人犯，报道过农村的 9 岁女童被姨妈活活打死的惨剧，遇到过因为网恋成为经济罪犯的母亲，帮助农民工讨过薪，还劝下来过因被拖欠工资要跳楼的工人，看到过很多家庭因为这样那样的原因趋向破碎。舆论监督类稿件我也做过，就不举例了。

记得那个时候，如果是没有解决的问题，最后自己都会找到律师来点评收尾。现在想，觉得自己很迟钝，那个时候竟然没有想到自己为何不去尝试做那个为新闻报道收尾的律师呢？

兜兜转转又换了工作，总觉得哪里不对劲。我要过的风风火火的快意人生呢？这是我要的生活吗？不是。于是我想到了司考。

2015 年我报了名，因为当时是在高校从事培训工作，时间碎片化很严重。自己心思也不够稳定，在焦虑中从零开始。从什么是犯罪开始，从什么是二审开始，从什么是有限公司开始，从仲裁和诉讼的区别开始。第一年连培训机构该选哪个，老师该跟谁都摸不清楚。自己知道过不了，但一定要走完全程，这是为“二战”打基础。

先说选择的老师。我的推荐是建立在我自己的经验基础上的。刑法方面，主要选择的是刘凤科老师。在讲到那几个具体的侵犯人身和财产的犯罪时，我还参考了柏浪涛老师的书，因为他用了一些公式来帮助考生区分罪名。民法方面，几乎一直选择的是钟秀勇老师。考前的时候也关注了方志平老师，他考前的模拟和精选法条我都看了，还是有收获的。

刑事诉讼法，是我可以检讨的地方，一直在左宁、杨雄、向高甲三个老师之间变换。三个老师都很棒。考完后，个人觉得还是杨雄老师更细致。所以我建议，下了狠心一定要过的同学从一开始就选择杨雄老师吧。这里没有对左宁、向高甲老师的不敬，他们也很棒，表达和讲解能力可能更胜一筹。民事诉讼方面，我选择了戴鹏、韩心怡两位老师。最后押题阶段看了郭翔老师。说实话，郭大侠押题貌似真的比较准。他最后一轮的押题，我没来得及做。

商法经济法方面，我也选择了两位老师，鄢梦萱和郄鹏恩。两位老师都很好，可以互相弥补。公司法那一块，郄老师讲得很细致。押题方面，鄢梦萱老师很准。

理论法学、宪法、法制史方面，我也选择了两位老师，白冰与宋光明。前期主要是听白冰。最后押题阶段，两位老师都听了，也是有互相弥补的感觉。三国法方面，一直听杨帆老师，讲得太熟练了，“女神”这个称呼当仁不让。其他老师可能也不错，只是我没有听，不知道。

方法。我觉得司法考试没有捷径，越专心越好，越踏实越好。凤科大帝曾批评过一些考生一开始就加速听课件。我就是这一类。批评得很对。精讲阶段，就得认真地听，认真地消化。凤科大帝的语速还是不慢的。你加快听，遗忘的速度也更快，而且可能存在没有理解透彻的危险。

在复习过程中，最重要的是坚持，不能懈怠。比如，有人说到了 7 月的时候，可能就已经是定局了；8 月也可能会有人冒出这种话。都不要听。7 月、8 月、9 月三个月太重要。后面的人坚持住，完全可以冲上来。稍一松懈，可能也就掉下来了。我觉得自己之所以能过，跟后面咬牙坚持住有非常大的关系。

报班与不报班的话题。我是报了暑期班的，还定了宿舍。不过听了一个星期的课就回家复习了。天很热，超大的教室，我是坐在倒数的后排，虽然听得清楚，但是看不到老师的表情。我自认为自制能力不错，不需要靠上课来约束，于是果断回家复习。跟着录音走，后期去学校拿各个阶段的资料。之所以报班，是因为我想要168题和押题资料。168题非常重要，记住，真的非常重要。弄懂关键知识点，适应新考点，全靠它了。

押题。我认为押题还是有些意义的。但是押题的意义再大也不会大于你前期踏实努力的意义。没有前期的踏实学习，想靠押题来通过考试，我觉得是痴心妄想。这也是司法考试公平的地方。你付出多少努力，就会有多少回报。没有捷径，只有学习方法的改进和学习计划的完善与坚持。

我是5月1日辞职，然后真正开足马力开始复习的。从春节开始陆续听先修课程，但是每一天的学习时间并不能保证，也没有真正的开始做题目。5月1日之后，争取平均每天学习8小时，就当自己是在上班。记不住的时候要重复记忆，联系真题来记忆。下载APP是必要的，我用了“粉笔”APP来刷题。

坦白地说，我觉得自己在备考时，还是有点分心，被各种各样的事情分散了些精力。毕竟不是在校的学生了，顾虑还是多一些，并没有做到完全地两耳不闻窗外事。记得有一次熬了通宵，白天还是睡不着，心脏都觉得有些不对劲了。先生对我不开心，因为看我的状态不好，担心我。我自己照了照镜子，的确是很不好，面容枯槁、双眼无神。

现在回头看，那大概是对意志的磨练。一个打过仗的战士完全可能经历这样的生死考验，心里的信念不能丢。

还记得备考过程中，我做过两个印象深刻的梦。第一个梦是在5月，我刚回家备考没多久。梦见自己在考场上，要结束了，突然发现答题卡全涂错了，全部涂错，改已经来不及了，大哭，哭醒了。第二个梦，梦里全是各种各样的刑法里的犯罪，血腥得很，我好像在里面是阻拦别人杀人放火而动刀动枪的人。

司法考试是一场持久战。尤其对于非法学专业的人来说。你要对自己充满信心，谦卑的信心。相信我，这个过程和结果一样重要，它会让你看到一个全新的自己。非凡的经历会塑造一个非凡的你。

最后，想用凤科大帝的话收尾。法律人，“哀众生之哀，苦众生之苦”。烦恼即菩提，慈悲即喜悦。

5. 在专业化律师的路上，拥抱互联网①

前　　言

参与法律技术产品的研发，兼职负责团队新媒体运营，探寻专业化律师的发展方向，是我作为一名青年律师从业以来，亲身经历的角色变换。

感恩这个时代，互联网技术与媒体不断消解着投机取巧、资源垄断的竞争优势，为青年律师提供了信息高速流动、市场评判维度丰富的竞争环境。

让身无长物的年轻人，也可以在时代的机遇中拿到属于自己的一块蛋糕。

我与微信

从运营到律所实习生

说起来我加入现在的团队，还与微信公众号有关。2012 年 8 月，微信推出“公众平台”功能，自媒体时代悄然开启。我从那时接触到诸如“逻辑思维”“鬼脚七”“小道消息”这些早期的公众号，新颖的资讯呈现方式让我感到十分有趣，此后一直保持关注。

2013 年到 2016 年研究生期间，在对网络技术、新媒体运营兴趣的驱使下，我又先后寻找机会尝试了电子商务在线平台管理、地方旅游资讯公号编辑、法律服务公号运营、广告公司文案等工作，亲身体验不同行业微信公众号的管理、运营方式。

2015 年 8 月，云南八谦律师事务所来学校面试实习生，出于习惯我在

① 吴皓，云南八谦律师事务所律师，研究生学历，无讼作者，律新社特约撰稿人，专注于公司股权业务，同时负责团队法律产品研发、新媒体运营。

微信上检索八谦所相关的公众号，发现其中一个内容累积较多，于是我进一步看了它的历史推文情况，发现注册时间与第一篇推文存在距离，多篇推文时间没有明显周期规律，而各篇推文版面风格并不统一，推送中注明转载文章约占 1/3。

根据经验我大致判断出这个公号有运营的意愿，但显然又缺少专人负责，似乎是通过轮值的方式来维护。后来填写应聘实习生的简历，我机智地列举了此前与新媒体运营相关的工作经验，果然面试时其中一位面试官问及了这部分工作经历，我抓住机会聊了一下自己对八谦所公号情况的了解和判断。

当时还不知道，提问的面试官恰好便是推动我分析那个公号运营的律所合伙人，后来我正式入职律所，跟随的师傅也是这位合伙人。

公号维护的优化与规划

正式入职后，我自然负责起团队公号的维护。我根据此前对团队公号情况的研究，抽了一段时间，先是对公号的菜单、版面标准进行了优化，然后又根据团队专业化发展的方向作了年度的内容规划。

首先是版面，确立标准色和排版设计风格，行业类公号以内容为主，作为辅助的排版应当简洁、易读。确立标准色后，定制 1~3 套排版样式，保持文章视觉上的一致性，同时大大缩减每次排版推送花费的时间；封面配图全部统一成写实图片，增强商业化风格。

其次是菜单，根据确立的标准色和版面风格，重新设计团队介绍、成员介绍页面；利用模版页面功能，对历史推送文章进行分类索引，方便用户查看内容，充分复用历史文章；在后台没有人值守的情况下，通过链接第三方表单提供咨询、留言服务，方便收集、统计、查看用户信息。

最后是内容，我们团队选择的专业方向是“公司股权”，于是我围绕这个核心制订内容规划，将专业方向下的主题再细分为“公司变更、公司融资、公司治理、股权变动、股权激励、股东权益”六个研究专题，团队成员各认领一个，每月产出文章，团队公号在保持规律推送的同时，整个内容形成体系，逐步建立起团队的专业形象与影响力。

开启个人公众号

自己负责团队公号的运营，师傅也经常鼓励成员进行专业研究和写作，于是我偶尔将自己关于公司股权、法律产品、律师行业、辅助工具的一些思考、总结梳理成文，分享到业内媒体平台。

有些文章的反馈还不错，让我决定开启个人公号“吴皓的备份”。因为个人对法律技术的热爱，业余时间写了一些关于法律产品的评论文章推送，也因此获得了不少法律新媒体公司、法律技术公司负责人的关注，让我看到了更广阔的行业边界。

我一直认为，从更长的时间与更广阔的空间来看，诉诸文字是一种效率极高的交流方式。在简短文字里，可能包含了更完整的思维过程，更全面的观察视角，以致在作者与读者之间，实现更深入的交流探讨。

我也希望在如此的交流过程当中，倒逼着自己去进行更多阅读输入，充盈思维素材；去做更多的实务实践，丰富经验见识；去更加锤炼自己的思维，加快消化输出；通过这样一种分享的形式，结识更多朋友。

我与法律产品

有互联网思维的师傅

师傅作为律所合伙人，除了日常业务，有不少时间得花在客户维护、拓展以及团队行政管理、规划这些方面，琐事很多，但师傅依然对互联网产品保持着关注和学习。

有时候交流起来，师傅对互联网产品的认识、发展方向的判断比我这种熟悉技术的年轻人还强，说实话在执业20来年的老律师中，对新技术、新工具依然抱有好奇、学习心态的真的很少见。

要说我对互联网产品的关注，启蒙阶段应该是在微博火热的2012年前后，我关注了一位ID叫作“纯银V”的产品经理，这人绝对是产品经理中的另类，喜欢“吐槽”“卖萌”，但是能够在只言片语中将市面上主流产品精准剖析，并且是以一种我很喜欢的表达方式。

从那个时候，我开始了解到分析一款产品定位、需求、功能、数据等维度，以及围绕产品的运营、流量、活动、留存这些概念。

把时间拉回到2015年我在律所实习的尾声，师傅跟我谈话，聊到我的发展规划，建议可以考虑结合自己的特长形成竞争优势，比如基于律师从业者的身份来研发适宜律师工作使用的辅助产品（这一思路后来我发现已经有很多践行者）。

末了师傅说看你比较喜欢互联网，有本书写的不错推荐你研究，是“逻辑思维”会员预售的，市面上可能过段时间才有。师傅推荐的书是KK的《必然》，而KK的前一本《失控》号称产品经理界的圣经，当时我就觉得，跟师傅还有很多没有交流到的地方，这也成为我2016年加入这个团队的契机之一。

前辈的法律技术产品

2016年7月我正式入职，负责团队公号运营的同时，刚好还遇到一个难得的机会：所内合伙人之一武律师正在研发一款在线智能法律服务产品“律品”，而武律师与我师傅又是老友，有一天师傅跟我聊起团队股权产品能否通过工具的方式来营销，想起来或许能够与武律师合作来实现，于是联系武律师碰了一面。

为了磨合团队并增加对“律品”技术的了解，我与团队的另外一位律师参与了“律品”其中一个功能板块“民间借贷”的研发。加入到法律技术产品的研发团队近距离观察，跟随着一遍遍的分支测试、迭代优化、描述方式细节上的琢磨。

我也得以了解到一款法律技术产品从诞生到成长，所经历的尝试蜕变、推翻重构，从后台技术的选择，到未来应用场景的定位，每一步背后的焦虑折磨。

2017年，“律品”的产品形态、技术积累基本完成，一直深居简出的武律师开始四处奔走寻找合作资源、应用场景。

再次见到武律师，是在律所一次内部交流活动上，武律师向我们演示了一个“律品”的测试原型产品“小象系统”，当时真的被呈现出来的结果惊艳到，在大量经过结构化整理、标记、运算的数据支撑下的机器人律师，与有血有肉职业律师的界限在那一瞬间有种模糊的感觉。

法律技术产品看起来酷炫，其研发过程的漫长与艰辛却不为人知。前仆后继的努力在外界看来或许并未让齿轮发生多少改变，这种无力的绝望多少都曾困扰每位先驱的内心。但他们深知自己走下的每一步，都在突破想象。

团队的法律服务产品

进入行业一段时间后，经过很多尝试、接触，我对产品的理解从看热闹变成找到自己的角色。对于法律产品的概念，也有了更宽泛的理解。

无讼、法天使、律品，可以归为线上法律服务产品，与技术结合，落点还在服务，要么直接提供服务内容，要么辅助服务一端或匹配服务两端，用户覆盖行业内外；

智善、智合、律新社等，可以归为法律媒体产品，偏重内容，强调连接，提供资讯、知识类服务，主要面向行业内；

iCourt、无讼学院、庭立方等，则是法律培训产品，提供线上、线下的法律培训服务，主要面向职业律师；

而律师，结合自己主攻业务方向，经过梳理、包装，也可以形成专业的法律服务产品体系，面向符合某个定位的客户。

我们团队目前定位的专业方向是“公司股权”，再往下可以细分出“股权设计、股权激励、股权转让（收购、投资）、股权纠纷（诉讼）”四个分支。

加入团队后的产品研发工作，一方面在对现有的服务内容、服务成果进行梳理、提炼，形成一些标准的文书或可视化的流程演示；另一方面也在积极与现有的以及将来可能出现的服务模式与平台资源进行合作，为产品寻找流量渠道。

对于目前而言，我们尚未取得稳定、持续的成果，但也从未放弃内容、宣传、合作的积累和尝试，相信时间会给出答案。

我与律师职业

踌躇的奋身一跃

法学专业可供选择的工作机会很多，体制内外都有对口岗位，进可攻退可守。所以在临近毕业的时候，我陷入了巨大的纠结。

律师，意味着竞争、风险、不稳定——无不是我本能抗拒的因素。其实是我在 2015 年 11 月之前都没有考虑要从事的职业，而在那段时间的三件事情，让我开始向往这个行业。

其一是从 9 月开始的律所实习，有机会以一种旁观的心态体验了一把律师工作，所内同事的言语举止、处事方法、精神状态、学习分享氛围给我留下了深刻印象，进而产生"我也要像他们一样"的冲动；

其二是在 9 月到 11 月实习期间，师傅对团队方向的规划、对互联网媒体、技术的见解，让我隐约感到自己所喜欢的互联网、技术与行业结合的可能性，或许能够在其中摸索出一条道路；

其三是 10 月司法考试成绩揭晓，原本觉得无望的考试居然压线通过，这要怎么说呢，都是天意哇！当然，这背后也隐藏着由于我在校期间不务正业导致专业功底的薄弱，后续给我带来不少困扰。

希望提升、增强的欲望，与庸碌无为的状态，相互撕扯，折磨着我；我是一个懒散的人，我知道如果选择了一个稳定的体制内工作，而自己内心又缺少足够强硬、坚韧的能力去推动自己前进，我毫无悬念地会沉沦下去——想来便觉得厌恶，所以最终选择了置身挑战之中。

专业化的努力探索

随着律师从业数量增长，互联网、大数据、人工智能技术入场，以及越来越透明以及高速流动的供需信息，普通传统业务的市场空间正在被逐渐压缩，专业化已然成为律师在未来行业中的一个生存方向。

专业化律师，意味着可以在一定区域内切分出一块独占的细分业务市场，在细分领域内获得稳定、持续流量，并因此可以掌握很大程度上不受大市场环境影响的服务定价能力。

反过来，由于专注于细分领域，节约的时间、精力可以用于不断提升服务质量、服务体验，同时获取更多在细分领域的实践经验、理论研究积累，进一步巩固这个专业领域。

律师的专业化在我看来，可以分为三个板块：理论积累、案例积累、品牌积累，三者之间相辅相成。

在上文提到我们团队的法律服务产品的研发，就是"理论积累、品牌积累"板块的结合。"案例积累"很多时候得看机遇、市场脸色，只能慢慢来；

同时也并非所有案例都必须自承自办，通过资源整合、交换参与到与自己专业定位相符的项目中，也不失为一种好思路，同时也可以促进另外板块的积累。

对于律师专业化，以前我也只是听说，加入现在的团队后，才在师傅的带领下践行。说起来很幸运，因为专业化虽然是大家都知道的正确方向，但是前期的累积、投入周期都是一眼望不到头，并非每位律师都能下决心并投入精力、物力去探索，更不要说是带着一个团队来做。

看开了的“日拱一卒”

其实进入律师行业以来，每隔一段时间都会陷入周期性的巨大焦虑。

大家都说律师是靠经验吃饭的职业，在其中坚持下来的，将来都大有前途。我在心中经常嘀咕：别人能挣到钱不代表我能挣到钱呀。律师职业当然是前景广阔，提供了职业发展高度的无限可能性，但并非每个人都能把可能性转化成结果。

前文也说过，我司考压线通过，法学功底浅薄，加上才思谈不上敏捷，经常在团队研究、讨论、分析案子的时候跟不上节奏；在跟着师傅去顾问单位处理问题、接待当事人的时候，也没办法马上抓到关键；起草、审核合同的时候，对于我做出来的文书师傅有时候几乎还要重做一遍。

总是感觉自己成长缓慢，质疑究竟能不能胜任律师这个职业，不知道哪一天才能达到业内前辈的 1/10 高度，面对任何情况都镇定自若、游刃有余地处置清楚。后面也看开了，人家多出来的那十多年也不是闲着，通过枯燥煎熬的积累习得才能是世上常有的事情。

无论实务经验、理论知识还是应变能力，看起来不可逾越的差距通过反复的刻意练习与思考琢磨终究也是可以掌握的东西，所以自己也不必太焦躁，日拱一卒不要停止就好了。

对抗焦虑最好的办法还是执行，如果想要应对不可测的压力依然心有余力，就不舍昼夜地去超越它们。

后记

运营、产品、律师，不同行业、不同技能的积累，这些看似零散的点，在我的职业生涯中逐渐连成一条线。

说是机缘巧合也不完全，我相信有些努力、选择、尝试在作出的时候，就已经在未来的某个方向埋下伏笔。就好像师傅一直坚持维护团队公号，而我后面通过这个公号的线索加入了团队一样。

我喜欢探索，新东西新挑战让我觉得生命是鲜活的。我也不知道未来会导向哪里，每到一个新地方，总喜欢漫无目的地瞎逛，不经意就发现有趣的小径。

然而旅途当然不会一帆风顺，总会经历负重前行的攻坚，漫无边际的压力令人窒息，但是我不能退，爬着也要前行。

因为当初奋身一跃的时候就告诉自己，要退缩，就该退的远远的；要往前，就朝着没有边际的方向。人生就是要走极端才最有味道。

6. 误入“红圈”律所①

误　　会

2013 年的冬天，在被论文逼疯之前，我从澳门逃了回来，跟所有的毕业生一样浑浑噩噩、不知所措。幸运的是中伦合伙人梅顺健律师接纳了我，在此后一年多的时间里，我一边适应学生到律师的角色转变，一边继续写论文。曾经一度觉得我可能一辈子也毕不了业了（读过澳大法学院的人都懂），导致梅律师现在还总说被我骗了。“本想招个男生、研究生，没想到招了个本科的女生。”

而我对中伦、非诉讼律师的理解也一样存在偏差。我们那时候似乎还没有所谓“红圈所”的说法，整天讨论的无非是进“大所”还是“小所”的问题，做“诉讼”还是“非诉”的问题。现在看来，对我来说，纠结这些问题就像纠结要上北大还是清华一样可笑。那时我对这种“大所”律师的工作只有浅薄的想象：应该是做 IPO 吧（那个时候 IPO 好像是我对高端业务的全

① 石凯思，中伦（武汉）律师事务所律师，擅长领域：房地产并购与投融资、公司业务。

部想象)？应该每天加班到深夜吧？应该要每天讲英文吧？

几乎是在中伦开始实习的同时，我拿到两家银行和一家房地产公司的offer。在迷茫无措的情况下，给当时我的指导律师、大师姐赵梦蕾律师发短信，咨询她的意见。她给予了我特别真诚和中肯的意见，也使我最终坚持做律师到今天。

她说，银行的工作对女孩子来说比较稳定，但律师更加具有挑战性，具有更多的发展空间。

我流着眼泪回复她，“我想要做律师。”

质　疑

可是，我真的适合做律师吗？我真的能做一个好律师吗？

四年前，问我这个问题，我可能信心满满地说，能。那时刚走出校园的我，一身无处释放的鸡血，做什么都觉得新鲜有趣，不怕失败不怕犯错，被骂了也满不在乎。急不可耐地想要做事，迫不及待地要发表浅薄的观点。

记得特别清楚，那时候梅律师总对我说，你首先要把事实弄清楚，再发表观点，没有弄清楚事实，你没有权利发表观点。管他的。有时要我研究一个问题，也不敢问太多，更没想过问问客户这个问题的来龙去脉是什么，彻夜研究法条和学者的文章，写一篇长篇大论的分析意见(带错别字的那种)，就给合伙人发过去。最终因为太冗长而且错别字太多，合伙人看都没看就被退回来了。尽管如此，也从没怀疑过自己，因为，拜托，姐可是中伦的律师!

三年前我开始不断怀疑自己。我真的适合做律师吗？那时候我开始真正接触业务，接触客户。记得那年我们做一个执行的案件，为了调查被执行人名下的商铺，除了到房管局查询被执行人名下的房产情况外，我围着和平大道及建设N路那几条马路转了一圈又一圈，一家商铺一家商铺的拍照，悄悄记录商家的名称、位置，再用一个平面图画出详尽的商铺信息。通过明察暗访，一家一家地确认其租赁合同的签署及租金缴纳的情况。那个过程令人非常难受，各种沟通不畅、路途奔波都不算什么，关键是我非常怀疑，这是律师的工作吗？这是我想要的工作吗？

当我写完合同，预留了空白的合同主体信息的时候，合伙人问我，“你这留着让谁填？”我想，这都要律师做吗？当我发完了邮件，合伙人问我，“你不打电话跟客户确认他是否收到邮件了？”我想，有这必要吗？当我的文件因为格式、错别字、标点符号的问题被痛批，我想，这重要吗？

全然不是想象中的高大上工作，也全然不是因为自己的观点、意见有重大的错误而被责怪，全是这些细枝末节的错误！这些真的有那么重要吗？

直到我发现，这些我满不在乎的错误，让我效率低下，让我止步不前，更可怕的是，让我无法取得合伙人的信任和客户的尊重，我才开始意识到问题的严重性。

问题出在哪里？一开始我将这归责于自己的性格："我是个粗线条的人，我的人生理想就是做个甜白傻，好吧我根本不适合做律师。"这种自暴自弃的想法当然是一闪而过。后来我又认为是中伦的培养机制有问题："低年级律师独立性太差，对高年级律师的依赖太多……"算了编不下去了，照我这么说，所有公司制的律所都应该倒闭。

来吧，让我们"keep it real"，直面惨淡的现实，那就是所有一切低级错误的产生都是责任心缺乏的直观表现。当我懵懵懂懂地从校园走出来，我不知道身为一名律师，我所提供的意见、所发表的观点、所出具的文件能给、会给我的受众产生什么样的影响，也不知道自己将会承担怎样的责任。合伙人对我的批评和指正成为我的保护伞，让弱小无能的我免于直接暴露在客户审视的目光面前，而伴随着我的成长，我必须得承担起责任，担当起重任，我必须战战兢兢、如履薄冰。所以，我必须改变。

巧合的是，昨天看到中伦今年新律师培训现场发回的一张照片，是张学兵律师亲自授课的一张PPT，题目是《常见的缺乏责任心的表现》，一共六条：

不及时的回复与通报；

错别字；

档案管理及资料保存的凌乱；

重要文件的丢失；

会晤时间的忘记；

咨询意见的简单。

没想到自己的想法居然与张律师不谋而合，翻来覆去看了几遍，我一边讶异如此大佬级的律师居然仍然关注着这些低年级律师常犯的低级错误；一边又庆幸自己及早发现了自己的问题，没在错误的路上走远。同时，又特别感激梅律师所给予我的充分的宽容和成长空间。

责　任

从第三年开始，随着我年级的增高及团队的变化，我经历了一个拔苗助长般的成长。由于团队人手的缺乏，我也不知道为什么，自己就这么冒冒失失地顶了上去。在那段艰难的时光里，我觉得我有责任扛起团队的重担。

有那么大半年的时间，我几乎承担了团队所有常年客户的维护工作，两周的时间里出具过大大小小七份法律意见书和尽调报告，一天之内在开发区、青山区、江岸区、江汉区等多个地点闪现，手机因为不停接电话一直是烫的，4 点睡 6 点起 8 点钟可能又精神抖擞地开会去了，两个会议中间还抽空去参加了客户主办的电影节颁奖典礼（主要是为了看明星）。准备法律服务建议书的技能不断升级，甚至让客户看了之后连连说从没见过律师这样准备案子的，当即决定委托我们。当然还有各种所内的事务，中伦的各种立案、盖章、开票、结案真的超正（fán）规（suǒ）啊！

内心戏超多的我在这个阶段不断磨练演技。打电话前在心里打腹稿，思考是叫人“× 总”“× 主任”还是“× × 长”；开车去开会的路上，就自言自语地练习自己的发言内容，尽调访谈前准备问题的时候，会想着提问前先聊些什么不相干的东西，让尽调对象放松警惕（天哪！可千万别让潜在的尽调对象看到）。其实练习最多的，还是如何用平静、坚定的语气，让着急上火的客户安定下来，别着急，把情况说清楚、问题说清楚，咱们一个一个来解决，都没有问题的。

就是在这几年间，我的拖延症几乎痊愈了，几乎也不会再犯任何低级的错误。更重要的是，我在这些各种忙忙碌碌中，逐渐建立起对自己的自信。

经常开会的时候，满满一屋子成功男士中间，就我一个名不见经传的女生。他们很有可能会无视你、漠视你甚至蔑视你。你要做的就是用你精湛的专业技能和不卑不亢的态度赢得所有人的尊重。记得有一次，一个大的集团公司召集了几位专家一起来探讨一个问题，只有我一个年轻的女生。不知道为什么，专家们的发言连我都觉得有点含糊其词，轮到我的时候，那个集团公司的领导大概以为我是被临时派来打酱油的，笑着对我说，“刚刚我们探讨的问题不知道石律师听清楚了没有，有没有意见要发表呀？”我就分条缕析地把自己研究的结果说了，那个会剩下的时间，领导就直接按照我的思路和观点让大家一起讨论了。

诚然，我有明显的弱点，我大大咧咧，不拘小节。但我坦诚，友好，乐于倾听，并且总是试着设身处地地为别人着想，除了律师的身份，我还是一个超级 nice 的人。

我们做律师的，一定要接地气，否则给出的意见总是会浮于表面。有很多时候，客户的观点和要求，会和法律规定不一样。要是在以前，我肯定特别烦恼，怎么总是提这种奇怪的要求呢？而现在，我会尝试去了解，客户提出这些要求背后的原因是什么——一定是有原因的，而且往往是解决问题的关键。

如何让客户说出“他的故事”呢？首先，当然是建立在丰富的执业经验基础上，你可以告诉他，这个问题原来我们遇到过，主要是为了实现什么什么目的，最后我们是如何如何解决的。这样的话，客户会觉得你是懂行的，懂他的，你是专业的。其次，你的态度应该是不卑不亢、泰然自若的。你的淡定，会让客户觉得“暖暖的，很安心”。

我也有过一段时间的逃避情绪，讨厌繁杂的工作，不愿意承担责任。不过现在，做“甜白傻”的梦已经碎了（特别是“白”），我也很享受被人信任、被人依赖、被赞专业的感觉。现在，再问我这个问题，我适合做律师吗？我能做一个好律师吗？我说不上来，反正这么多年已经坚持下来了，我再继续努力吧！

挑　　战

好像每年都会有新的挑战。

今年我们团队来了很多新成员，有顶尖高校毕业的学生，还有其他所转来的优秀律师。所以合伙人又给我安排了新的任务：带领团队尽快熟悉中伦、熟悉团队。单兵作战和团队协作会有很大的不同，我作为团队里面在中伦待的时间最久的律师，能帮助他们在最快时间适应中伦和我们团队的工作吗？

多年来，我们在房地产法律服务方面许多业务已经常规化了，还会有新的突破吗？我该如何选择自己的业务方向？

我们的客户，无论是国内优秀的房地产企业，还是本土的开发商，无论是大型国有企业，还是民营企业中的代表，都在追求创新，都在探索新的发展，我们如何跟上他们的步伐，在他们成功的路上助一臂之力？

在中伦就是永远被逼着前进。面对挑战，会有忐忑，也会有迷茫。但无论怎么说，有挑战就是希望。

结　语

最后，我想对我的妈妈说，虽然我没有您常说的检察官、法官那么神气，穿制服戴大盖帽，不过我在全国最好的律所之一，靠自己的专业做着体面的工作，有一份不错的收入，应该也可以让您感到小小的骄傲吧（害羞脸）。

7. 离开法务岗，投身律师业[①]

接到青青若的邀稿，觉得惶恐又很紧张，一来觉得自己进入律师行业时间尚短，资质尚浅，自身并无丰富经验可供读者借鉴；二来文笔拙劣，实在写不出妙趣横生或者寓意深刻的文章来吸引读者眼球。

然而顾虑太多，反而下不了笔，索性就把自己进入律师行业经历的多个第一次拿出来与大家分享。

① 王攀迪，湖北维力律师事务所律师。

第一次见师傅

我的师傅是李涛律师，嗯，没错，就是你们认识的那个李涛律师。当时正在家乡襄阳某个公司当法务，因为个人原因，就考虑来武汉发展。

本来我是抵触律师行业的，因为觉得这行业很辛苦，尤其是还要兼顾家庭的女律师。研究生期间老师问大家的理想工作是什么，我记得当时只有两三个同学想做法务，其中就包括我自己。

后来到了公司，真实地接触到律师行业，发现相比朝九晚五每天规规矩矩坐在办公室，我开始喜欢律师行业了。

于是就在微信上向李涛律师毛遂自荐，面试之前还很紧张地准备了类似面试终极宝典类的回答技巧。然后并没有什么用。因为，李涛律师从来不按常理出牌。难道律师不是只顾埋头做案子吗？难道面试不该问问你为什么选择律师、你的职业规划是什么类似的问题吗。李涛律师当时就跟我讲了“互联网＋法律”之类当时的我完全没有听过的概念。后来才知道，不是师傅出其不意，而是自己太孤陋寡闻。

师傅前几天在朋友圈突然感慨，带的徒弟太多，恐怕没有几个能够记得住他。我并没有评论，只是在心里默默回复，徒弟太多，只怕师傅不记得自己的每个徒弟。

我们可记得无论多晚还要因为工作电话、微信时时遥控的你；记得为了说服大家接受你的观点，拿出“120 分贝”声音跟大家讨论案件的你；记得刚开完会处理完顾问单位紧急事情，回到办公室默默对着电脑“爬格子”的你；记得在庭上与对方律师从容淡定，据理力争，庭下与我们插科打诨，引亢高歌翩翩起舞的你。

智善前段时间发表《一个好师傅有多重要》，提到一个好师傅应该具备：言传身教，接纳与宽容，传道授业解惑，授人以渔的特点。我很幸运能够找到这样一个好师傅，虽然现在的我并没有从一个稚气未脱小菜鸟蜕变成一个在职场里游刃有余的展翅鸿鹄，但是你却给我们指明了一个不懈努力的方向。

第一次做案子

第一个案子，就像初恋，你可能记不清后来得心应手做过的案子，但一定会记得初恋懵懂、酸涩、惊喜、欢乐的最初模样。

实习快结束的时候，开始完整做一个标的千万的广告合同纠纷案子，从整理证据材料、写诉状、立案、保全、开庭，全程跟下来的感受就是一个字“爽”。原来做案子是这样，原来律师工作不只有开庭，原来从不懂不会到略懂略会心里竟是如此满足。

虽然办案很辛苦，中间也因为犯错被批评，相比自己取得的进步，那些都是微不足道或者不足为意的。

为了总结经验教训，开庭后立即进行复盘，将办案过程中犯过的错误，没有充分理解、没有认真准备的地方都记录下来，用来提醒自己避免再犯。相信执业不久的青年律师也会遇到类似情况，就从中摘取两点，不说让大家借鉴，但希望对大家有用。

第一，开庭前的准备一定要充分充分再充分。

不仅是基本的法律事实，甚至是一些看似无关紧要的细节，也必须要搞清楚。比如，这个广告合同为什么要用商铺抵扣广告款？第三方为什么自愿代替债务人清偿欠款？这些看似与案件没有实质关系的问题，或许法官就会问到。如果准备的不够充分，开庭遇到一般的法官，OK，你可以蒙混过关；如果遇到一个事无巨细的法官，就会出现一问三不知的尴尬局面。

第二，谨慎对待开庭前诉讼请求的变更。

开庭之前，法官认为以房抵款的支付方式可能涉及流质条款，为了避免二次开庭，两次要求我们增加确认合同有效的诉讼请求。如果不是团队柳律师的提醒，或许我真会在开庭之前按照法官的要求增加（毕竟小白总是对法官充满敬仰之情，哈哈哈），而一旦增加诉讼请求，一来给对方代理人提供了一个从合同效力上进行抗辩的思路，二来对方重新要求举证期对于原告方来说，有害而无利。

后来通过查询流质条款规定和最高人民法院指导案例，发现我们的合同并不等同于为民间借贷担保的流质条款，也就不涉及其是否有效的问题。即使在庭审过程中，对方提出合同无效抗辩，法官也能将其作为一个争议焦点审理，并非仅增加诉讼请求这一个方法才能解决。

第一次做节目

在互联网时代，律师不能只是埋头做案，还要抬头看路。

知识共享时代，对律师行业来说就是对现有的以及潜在的客户进行知识传播，比如媒体中的露脸，大小讲座，律所甚至律师个人的微信公众号等。

就像根植于重庆传统酿造工艺的纯高粱新生代品牌江小白，相对于众多酒企的傲慢与麻木，它注重在社交渠道推广品牌，凭借对消费情绪的深度挖掘，用直达人心的文案表达，连接用户情感，在年轻人群中产生了一大批喝江小白的人、为江小白摇旗呐喊的人。

江小白对自己的品牌工作用一句话总结是：产品为原点，用户为焦点，互联网技术为支点。相比我们律师行业，唯一的区别是我们的产品不是实物，而是服务。

我开始尝试，第一次做节目，第一次写文章，第一次开公号。

得益于李涛律师，有机会上电台为听众答疑解惑。像我这样一个从来不在十人以上场面讲话的人，突然要面对广大的听众朋友，该让我多么激（jǐn）动（zhāng）。

在第一次节目之前，不仅收听往期节目，还特意在直播室观看其他律师如何做节目，如何与主持人沟通，如何解答听众的提问。刚开始做节目的时候，真的很害怕听众提问，生怕回答不上来，边做节目边看时间，怎么还有半个小时，赶紧进段广告吧。后来做多了，随着专业知识和节目经验增加，就逐渐坦然，一个小时的节目感觉没说几句话就结束了。

结　语

如果当初没有从国企辞职，如果没有选择当律师，或许还有很多个第一次将终生不可能实现。都说人总是矛盾的存在，总是希望鱼与熊掌兼得，但又不得不作出选择，可是选择总是残酷的。

当你选择了奋力前进，势必不能安逸稳定；当你选择大城市的奔波忙碌，势必远离小城市的悠然自乐。促使自己放弃后者，作出这样的选择有多方面的考虑。对与错并未成定局，可是如果不这样选择，我想若干年后可能会后悔。趁我们还年轻，好好利用这个机会，尽力去尝遍所有痛苦，尽力让自己的人生做到有憾无悔，而不是有悔无憾。

在跟周围很多青年律师的交谈中得知，大部分都有工作焦虑症，包括自己。在执业初期，必然会经历“无米下锅”的心急如焚和有米后却不知“如何下锅”时的手忙脚乱，对专业化律师的心驰神往与现实中不得不充当万金油律师的痛苦煎熬，这是律师行业发展的现状，大部分都无法避免。

所以请不要把时间浪费在乱发牢骚、怨天尤人的叹息中，毕竟成功律师靠的是实力，我们需要关注的是如何提高自己的实力。我经常这样勉励自己，不因事小而不为，不因事杂而乱为，不因事难而怕为。

初入律师行业所做的鸡毛蒜皮式的杂事和办理五花八门各类不起眼的小案，可能是构建实力基础的基础，所以，关于成长，我想说，慢慢来，不着急！

8. 毕业入职银行，290天后回到律所[①]

银行试水

毕业那天，正值党的生日，江城下着雨，我一手撑着伞，一手提着行李，离开了校园，去参加银行入职培训。

毕业那年，我浑浑噩噩地找过一大堆的工作，在各位迷茫和憧憬中，选择了银行，理由大概是稳定、体面、国企。毕业前，看到同学都考上法检，做了律师，开始对这份不太对口的工作有过后悔，有过怀疑，面对即将开始的新生活，心情还是有些激动。

培训中，我认识了许多人，他们来自湖北各地。第一次和一大群非本专

① 李九一，中南财经政法大学硕士研究生，湖北立丰律师事务所民四部职业律师。

业的人在一起，在跟他们的交流中，发现他们和我最大的不同在于对银行这个行业的认同，他们跟我一样也曾抱怨，但他们更像是困兽之斗，而我，却想逃。

没有调查就没有发言权，总认为自己在短时间内无法认识这个行业为由，阻却自己逃离的想法。直到培训结束，爆发了第一次想离职的冲动，缘由是因为那个最最最最让我不理解的点钞考试。为什么在有了点钞机的今天，还要求银行从业人员苦苦训练这项无用的技能？离开培训中心，我拿起电话，给一个在律所工作的同学打起电话，尝试找起了下家。

培训之后，我们奔赴各地，正式开始工作。工作虽然无聊、机械、重复，毫无感觉，但工资按时按量发放，在毫无计划的消费中，甚至还有结余，实在是一件让人欣慰的事情。在稳定低效的国企里，“混日子”绝对是一门大学问。

心中偶尔泛起的涟漪，都会被一时兴奋所麻痹，那时我能够坚持下来，还有一个重要的原因是期待着来年的转岗。半年后，总行果真发出了转岗培训通知，带劲，可到总行培训中心，直至培训结束都没有谈起对我们的轮岗安排，当时我们虽有疑问，官方却始终没有给出合理解释。我们只是觉得这次培训回去应该就可以选择自己想做的岗位了。

回去依旧什么利好的消息都没有传出来，五一后，我去人资打探情况，走出办公室就有了第二次离职的冲动，只是后面的一个电话更加坚定了自己离职的决定，我跟一个在立丰律师事务所工作的师兄打电话，表述了自己的内心困惑，有想辞职去做律师的打算，师兄对我的决定表示了极高的热情。

决定辞职

这期间，跟周围的同学打过很多电话，其中有三个代表：

第一个是在国浩做律师的室友，他说：作为一个学法学的不从事本行业，只可能是这两种原因，一是特别不喜欢本专业，二是从事的其他行业特别赚钱。

第二个是在宇宙行工作两个月就辞职做律师的同学，他跟我讲述了他基于梦想的追逐，“工作不能将就，这是多么痛的领悟”。

第三个是跟我处境相同的同学，她背着家人辞去了银行的工作，安心准备考法检，她说过一句让我记忆犹新的话，“没有工作的时候，觉得钱是最重要的，现在工作了，发现生活的状态才是最重要的。”

自我离职之后，我们班仅剩一名同学还在银行工作。

经过五月的焦虑后，我挥泪给银行老总写下了这封辞职信：

梁总：

钧鉴

敬呈者：自去年四月一别，已有一年有余，寥寥数语，至今仍历历在目，承蒙关注，心存感激。悉听梁总赐教，别后，自学银行管理学、不良资产清收、商业银行法等门类书籍，枕戈待旦，愿效犬马。余研习法律八年有余，又志于做金融领域的法律人才，倘若如梁总所言，余便能追随初心，全力前进。

惜事不遂愿，经培训后，便匆扑夷陵上柜，方知愿望落空，须正视现实。昼夜思忖，常言道：宰相必起于州郡，猛将必发于卒伍。虽暂不如愿，窃以为此乃必经之历练，便可回归专业，操起本行。

时至春夏之交，恰逢半年轮岗时节，上虽有培养规划，然下人事吃紧，岗位调整岂是一厢情愿？方知人事调动不易。悄然间，余脱离专业已近一年，一日，舅公家偶遇纠纷咨询，思绪紊乱，支支吾吾，其功底已今非昔比。如此坐柜，甚忧专业荒废，纵有朝一日，重归本行，已是业界小白，“先刑后民”曾知否？又逢女友毕业，供职于汉，首鼠两端，难以两全。愚曾冒昧陈情，皆无疾而终，权衡再三，不得不出此下策。

愿梁总恕其不忠，余未能坚守鄂银零售大业，然鄂银人才济济，更有尔等高管掌舵，必能成就大业。

顺颂

时祺

九一

丁酉鸡年甲辰月

老爹看了辞职信，大为赞赏，欣然同意了我的辞职决定，让我去做这份“不太稳定的工作”。同时我又以女朋友“供职于汉”的理由陈情，这才让家人吃了定心丸。

6 月 20 日，我拿到解除劳动合同通知书，我收拾好大包小包的行李，化零为整，一屋子的东西，浓缩在一个背包和一个行李箱里。

当动车跨过长江，行驶在武汉长江大桥的时候，我又好好地欣赏了一下长江两岸的美。阔别 290 天的武汉，没想到是以这种方式归来。

武汉，每天都不一样，
车水马龙，
进进出出的行人，
不知几人是归人，几人是过客。

回归律师

来到武汉第二天，恰逢女友的毕业典礼，那天对我们来说，同样值得纪念，她从珞珈山走入了社会，而我从银行进入了立丰。站在珞珈山上，感觉就像一个轮回，我跟那些参加毕业典礼的同学一样，今天被刷新了一遍人生。第二天，我跟女朋友一样，奔赴新的岗位。

说起立丰，也是经过了好几次的擦身而过才换来了这次相遇。记得第一次还是在大四即将毕业时，那天早上，本来准备晨练的我被另一同学毫不知情地拉去参加讲座，我打开会议指南，赫然发现了有个人的头衔居然是财大研究生专业的校外导师，我记下了他的名字，叫汪少鹏，也记下了这家律所，叫湖北立丰律师事务所。

研一时，立丰所的汪少鹏律师、陈亮律师、易卉律师都曾走进我们的课堂。研二时，学院老师带着我们去参加立丰所成立 20 周年庆典，在那里认识了我的引路人王超律师，正是他的鼓动和极力推荐，才让我毅然决然地选择离开银行，重归梦想，加入现在的律师团队。

立丰的窗外，是珞珈山，那天，我下山，走进律所，开始新的生活。

9. 从会计到律师，从襄阳到武汉[①]

一个人的历史在人类岁月长河中，仅仅是一滴容易蒸发的水珠。除了个别人物，都会被时光抹去不留痕迹，即使我们正走在人生这条路上，依然仅仅是走过，在自己的小小人际圈里忙活着吃喝玩乐，演绎着爱恨情仇。

无数的小人物就这样淡淡地过着，感受着自己的感受。我就是其中一个。我们阻挡不了时间的巨轮，但可以留住时光的记忆，用文字用影像用我们的大脑。

本科期间学了四年的会计学专业，现在已经快记不清基本会计知识了。2012 年暑假去北京“北漂”了两个月，认识了一个同样暑假“北漂”的女孩儿，她学的法学专业。也许皆因“北漂”结识的那个女孩儿，才有了后来我与法律有关的故事。

大三跨专业通过司法考试

2013 年 10 月底顺利通过初级会计职称考试后，在网上与那女孩闲谈中聊到她最近在忙什么，她说在准备“司考”，从她口中我第一次听说“司考”这个名词。之后我对“司考”了解了一下，国家司法考试，与会计专业的“注册会计师”考试有得一比。

因在校生没有报考注会资格，就想着平时泡图书馆看课外书也是看，不如也试着考一下“司考”，一方面算是挑战自己，另一方面即使考不过也算是学习了点法律知识，不为过。

冲刺“司考”计划定下来已经是 2013 年 11 月了，按照这个计划就立刻开始一系列的备考准备，包括更多地了解“司考”是什么，考什么，买哪些书，买哪个教育机构的书，听谁的音频，怎么制订学习计划，用什么方法学习等。

寒假开学后，我正式投入了备考学习中，也没有报培训班，只是自己慢

① 陈旭康，湖北卓创德赛律师事务所执业律师。

慢地摸索，慢慢地前进。因为之前没接触过法律，所以从最基本的法律知识入手，买了“三大本”，用了两个月的时间把“三大本”看了一遍，然后凭着对“三大本”中法律知识的记忆，开始做了套张明楷的真题，从做真题中了解司考考什么，什么是重点，什么是难点，自己又有哪些知识点没掌握，该怎么侧重复习等。

根据做题总结经验后，买了众合的教材讲义，加上听配套讲义老师的音频又是一轮理论学习。学完后再做题，从做题中重新总结、纠正自己的学习方略，制订学习计划，来回经过了三轮复习。

那几个月除了正常地上会计课外，每天 7 点半起床，21 点半出图书馆，一点一点地积累，单调的日子也一天一天过去。经过七个多月无路可退的艰苦学习，参加了 2014 年 9 月的司考并低分飘过，挤过了独木桥。

备考过程中的酸甜苦辣，自不必说，每个司考人都有各自的备考故事，无以与人语，只能自己揉碎。我知道，备考的 7 个月中，至少有 5 个月的夜晚处于失眠之中，经常凌晨一两点脑袋还是清醒状态，似梦非梦地想着知识点，想着王国维的“独上高楼”“衣带渐宽”，想着尼采说的“生命也许就是一场骗局”。

我记得，当初在华科东九楼考完最后一场卷四后，一个女生从考场冲出，冲进人群，一路狂奔，一路放声大哭，不知道是因为觉得自己没发挥好，来年又要重新再战，还是只是为单纯地宣泄下久违的泪水。我也想哭，回想这七个多月一个人暗无天日孤独的备考日子，真不知道自己是怎么坚持一步步走过来的，真的想哭，但还是忍住了眼泪，一个人默默地走到考场东边的小湖旁，努力克制住自己的情绪。

毕业求职受阻

2015 年毕业后，因为对律师职业的美好向往，我想像其他法本的毕业生一样，拿着国家给予的法律职业资格证书进入律所，然后成为一名优秀的律师，但是事实总是残酷的。

先是在网上向律所投了很多简历，结果都石沉大海，没有一点消息，当初通过“中华第一考”的自信，一点一点消逝。在没有自己亲自跑到律所问一问，是否招实习律师的情况下，我已经打了退堂鼓，买了车票回到了自己的老家襄阳。

其实到现在我还在对我当初就那样“逃回”襄阳老家耿耿于怀。虽然我学的不是法学专业、不是毕业于名牌大学，又没有工作经验，虽然会很多次被公司拒绝，但是找一份与法律有关的工作还是有希望的，而不应该因没有人回复自己在网上投的简历，就自我否定了。

后来自己进行了反思，总结了一些经验教训，第一是自己对于找到与法律有关工作太妄自菲薄，脸皮也太薄。第二是自己初入社会，没有掌握好找工作的方法，特别是律师这个行业，想进入某个律所不是单纯地看看网上是否贴出了相关招聘信息，然后网投简历，而是应该拿着自己的简历，硬着头皮，亲自到律所办公地点去问，主动给自己创造机会让别人接纳自己。

第一家律所，第一件案子

2015 年 7 月回到襄阳后，经过一番寻找，面试后进入了湖北东升律师事务所，律所给我指派了一个师傅，李青律师。

进所还不到一周，我接到了我人生中的第一个案子，是一件买卖合同纠纷。一般当事人来到所里咨询，很少有律师会接待他们，因为大多执业律师都认为这样来咨询的都只是问问就走了，很少形成案件代理的，即使接待他们，也是随便解答下关键的法律点。

我是新来的实习律师，就坐在所门不远处，其中一个职责就是负责接待来咨询的当事人，简单地解答下他们的问题，一来是让自己通过解答咨询得以锻炼慢慢成长，二来筛选当事人，让有可能形成案件代理的成为我所的客户。来咨询的人有的时候一天三五个，有的时候一天没有一个，但是只要来咨询的我都用心接待，尽力解答。就这样赢得了一个客户的信任和肯定，决定将案子交给我做，标的额 33 万元，代理费收了 1.2 万元，那个案子是我在师傅李青律师的指导下，运用非诉清收方式一个多月就帮当事人要回了全部款项。当然，这个当事人后来又介绍了其他案件委托我们代理，我想这是对我们作为代理人最大的肯定，也实现了双赢。

后来在东升律所的一年多里，在师傅李青及其他律师的培育、指导下，共代理了侵权、合同、婚姻家庭等纠纷 20 多起，实习期也算没为生计发愁。

因为有一颗上进心，表现得也还可以，所里郑建国律师让我跟着他一起参加每周五晚上襄阳广播电台“说理讲法”法制节目的直播现场录制，让我得到了更多的锻炼。在此感谢那些为我付出心血的所有恩人。

武汉执业，持续学习

实习期满，拿到执业证后，因为爱情，也为了更好的职业理想，我转所到了湖北卓创德赛律师事务所，从襄阳来到了武汉。所里赵山华主任考虑到我刚来武汉执业，从案源、收入、更好的历练、熟悉武汉的生活环境等各方面综合考虑，给我介绍了顾问单位。顾问单位主要从事建设工程业务，一个月平均处理三四个开庭的案子，写一些协议，有个固定的收入。

平常有事做就认真做事，没事做就刻苦学习。

说到在空闲时间看书学习的事儿，我还真是下了些功夫。我是一个比较纯粹的人，一直以来生活比较简单，除了工作之外就是看看书，锻炼下身体。来到顾问单位要独当一面，况且所服务的又是一个注册资本 5 亿元的一级资质大型建筑公司，我自知能力有限，不得不学习提高自己。然后就买了好几本建筑工程之类的书籍，没事就认真学习，临阵磨枪不快也光。

其中我要推荐建纬所朱树英主编的《法院审理建设工程案件观点集成》这本书，内容很翔实，解释得也很详尽。通过三四个月的边学习理论边实践的努力，掌握了建设工程的基本知识，只待以后在实践中得到更进一步的磨练。

最近元旦将至，公司法律上的事务比前段时间少了很多，出差也少了，在律所赵主任的指导下我在华师大附近的小书店买了一整套法学本科教材，利用空闲时间认真学习。因为本科非法学，没有系统学习过法律课程，对很多法律知识的理解还只是停留在法条的本身，而没有深入理解法条背后的故事。

最近正在研读陈小君主编的《合同法学》，认真读后，更是认识到学习大学教材的必要性，在学习中实践，在实践中接受理论指导，深化理论认识。这本书我已经看了 2/3，打算再用个三五天看完，然后研读下一本《民法》。趁着现在年轻，业务还不是很多，我觉得对我来说，近期目标就是把买的大学法学教材完全研读一遍，不断充实自己，为以后更长远的发展奠定坚实的理论基础。

日子就是这样，这也是我的日子，希望平淡而不平庸。字里行间少了些感性，更多的只是向大家叙说了我这一段时间与法律事业有关的故事脉络，感性认识方面是见仁见智的。无论未来的路是怎样，只要循着正确的方向，目标坚定，总会离成功更进一步。

10. 我的律师之路①

为什么选择法律

2010 年的时候我在大学的图书馆里发现一本书叫作《西窗法语》，是当时的中山大学教授刘星写的。我看了后，觉得，“哇！法律好有意思，不如去转读法律吧”。

当时，我还在江南大学的商学院读会计专业，痛苦地在各种财务报表、会计分录、经济数据中挣扎。

随后，我开始读基础的法律书籍，从《法理学》开始并跟随法学院的一个朋友，系统地学习司法考试的教材。第一年司法考试考了将近 300 分，虽然没有通过，但还是给自己增加了信心。

从那起，我开始准备法律硕士的考试，整整复习了大半年，每天都去自习室上自习，从夏日炎炎到寒冷冬季，我终于以一个很不错的成绩考上了华

① 陈凯，华东政法大学法律硕士，北京大成（无锡）律师事务所律师，公司法律实务方向，熟悉公司法、合同法、证券法等相关法律法规，具备证券从业资格（5 门）；曾供职于无锡市国联证券股份有限公司，熟悉证券等金融业相关业务。

东政法大学的法律硕士。

从会计系进入法律系

2012 年 6 月，我从会计系毕业，同年 9 月进入华东政法大学读书。

2013 年春天，我的人生中遇到第一个大的难题，我男朋友的母亲病重需要到无锡治病、疗养，我不得不经常回无锡帮忙照料。

2013 年夏天我的同学们都开始备考司法考试，我却陷入家庭的问题中不能专心复习。我的很多同学都通过了考试，而我却因为几分之差，没能通过。这一年，我真实地感受到自己的心力交瘁与衰老，痛苦万分。

从知道没有通过的第一天，我开始认真复习，研读法律专业书籍，整天泡在华政的图书馆，中间写出了好几篇不错的论文。2014 年夏天，我再次坐到司法考试的考场，奋力一搏，最终不出意外地以不错的成绩通过了司法考试，我男朋友的母亲做完大手术，也开始恢复。

从金融业跳槽进入律所

从华东政法大学毕业后，我没有能够找到合适的律师事务所，一开始去了无锡当地的一家金融公司，职位是管理培训生。

工作后，我发现这份工作跟金融、销售的关系更大，而跟法律的关系不大，我又陷入到职业的痛苦之中，很想跳槽。但是，从经济上来说，这又是一份很不错的工作，高薪又稳定。

苦苦挣扎考虑了 4 个月后，我从这家金融公司离职，当时恰好有一个律所在招实习律师，于是我顺利地进入律所，从此开始了律师生涯。

入行初期

进入律所之后，我的薪水缩减了一半，并且因为律所当时业务量的原因以及和合伙人不熟，大半年里，我没有特别多的工作，自己也没有什么方向。除了帮助其他律师归档、查阅一些法规之外，偶尔能够跟有经验的律师出出庭。

我第一次以实习律师的身份出庭是在无锡新吴区人民法院，当时是一个投资纠纷的案件，两个合伙人合伙办厂，但是没有签订正式的投资协议，也没有在工商部门登记，后发生纠纷，起诉到法院。那是我第一次听到两个代理人之间的辩论，唇枪舌剑。虽然，我没有发表过多的意见，但是也感受到了法庭辩论的激烈。

不良资产案件

后来，入所时间久了，慢慢地其他律师会交给我一些案件让我办理。我接触到一批金融机构不良资产的案件，这类案件普遍标的较大，涉及抵押和担保等问题。

银行等金融机构的合同一般都是非常规范的格式文本，在起诉之前，我花了好长时间来阅读这些合同文本，力求对借款合同本身有一个深入的了解。

私募基金登记和公司并购项目

2016 年下半年，我有机会接触到几个私募基金登记和公司并购的项目，先后办理了 3 个私募基金的登记备案和一个并购项目的尽职调查，对私募基金有了一定的了解。通过办理这些项目，我感觉到非诉项目最为重要的就是合规，并且要及时跟客户反馈、沟通，办理项目时一定要细心，尽职、尽责。

2016 年年底到 2017 年年初，因为市场上现货交易平台风险爆发，我们所也代理了大量的现货平台违法期货交易的案件。我作为助理参与其中，深刻感受到金融行业的风云变幻和风险之大。一个由政府认可的合法的现货平台都可能深陷金融诈骗的漩涡中不能自拔。投资者往往也深陷其中，亏损巨大。

很多现货平台都是披着合法的外衣在从事非法的交易，然而投资者往往还以为自己能够在这样的平台中挣到钱。这些投资人往往被投资顾问忽悠的高额回报所吸引，以为自己在金融市场中能够大赚一笔，结果往往是血本无归。平台自己与自己交易，买空卖空，稳赢不亏，拿钱跑路。有些平台被立为刑事案件后，法人被捕，而之前投资人的钱却已被挥霍殆尽，无法得到赔偿。

破产项目

2017年春天，我开始接触破产项目，尤其是破产重组项目。案件涉及东北较大的石油相关行业公司，关联公司就有几十个，行业涉及十多个，分布在全国各地，因为债务危机爆发，只好申请破产免债。然而，公司在向法院申请破产时竟然未能通过，无奈之下，找到律所，希望律所能够给一个好的方案。

破产重组项目其实最为关键的核心就是让能够继续经营的部分更好地、无障碍地经营下去，让不能继续经营也没有必要存续的部分尽早破产清算，找到好的投资方引入资金，通过债务减免、剥离、重组的方式，让优质的资产留下来，让优质的项目继续运作。

其实，破产重组项目的律师，更像是一个企业的医生，从法律的角度医治一个病入膏肓或者吃错东西的病人，能够治的就奋力花钱动手术，不能治的送最后一程。

诉讼案件

2017年中旬，我开始接触较多的诉讼案件，慢慢有了出庭律师的经验，深感自己在程序法上的欠缺，以前在学校的时候没有能够将程序法学得很透彻，很多庭审的流程、技巧都不清楚，单独去开庭的时候，连话都不敢说，心理没有底。

于是，买了好几本有关诉讼和庭审的书籍，希望理论结合实践，能够给自己在诉讼技巧方面带来更大进步。律师最基础的业务其实还是诉讼，诉讼是一个律师的基本功，律师无论什么时候都不应该不懂诉讼业务和放弃出庭。

2017年下半年，我代理了一批民间借贷的案件，代理原告，面对的被告人各式各样，有花样百出的老赖、有开豪车不还钱的、有自己借了钱跑路父母给擦屁股的、有根本就不露面的。

在代理过程中，我收到过假币，看到过被告父母哭着瘫倒在地，由于被告房产在交易中被查封，和房产中介斡旋，还有因被告涉嫌刑事犯罪，我们的抵押物成为作案工具被扣，与警方交涉等，可谓看尽人间百态，品尝万千滋味。

总　　结

2017 年年底，将是我跨过正式执业的第一年，我觉得我很幸运，我进入到一个不错的律所，有幸做了一些别人可能没有接触过的案件。在这个过程中，我也慢慢积累了一些执业的经验，同时也更加磨砺了自我。但同时我又觉得自己很没有方向感，因为一直没有在一个执业方向进行深耕。2018 年，我希望自己能够解决这个问题，就是找到自己的执业方向，并在这个领域里深度发展。

最　　后

憧憬。

明年，我将申请从授薪律师转为提成律师，这将意味着我需要自己去寻找案源，不再受律所的保护，要自负盈亏，解决温饱。

希望独立执业之后，我能够在专业上更独立，在经济上也更独立。

感谢。

首先，感谢我的先生，在我最纠结的时候支持我选择自己钟爱的职业并且给我经济上的支持，愿我不忘初心，能得始终。

其次，感谢北京大成（无锡）律师事务所，在我寻找实习律师职位的时候向我伸出了橄榄枝，我才得以进入律师行业并有一个相对不错的起步。

再次，感谢在执业过程中，支持帮助过我的律师，你们的指导我永不会忘记。

最后，感谢自己，感谢你遵从自己的内心，选择律师职业。我知道你所想完成的不止如此，你的心里还有一个当初很美好的梦，就是当年的《西窗法语》——你也希望有一天能够从律师的角度写出像《西窗法语》那样有意思的法律文章或者剧本。我知道这个路会很漫长，可能会到你退休之后才能完成，或者不能完成，但希望你不要忘记，希望你知道做律师不仅为了养活自己，更重要的是在这个行业里感受人间百态，从而获得人生的丰盈，并在适当的时候记录下这些存在的看似不真实的故事。愿你的律师之路越走越顺！

11. 从文艺青年到执业律师，我经历了什么①

我为什么选择学习法律

许多年以后，面对智善《青年律师汇》责编青青若的微信邀稿，我总是会回想起高考成绩公布的那个清晨。

当时，从手机里听到语音播报成绩里的那一刻，我的内心是平静的，没有一丝波澜。语文 127 分，英语 121 分，数学 80 分。嗯，特别是数学的分数，和我之前估算的成绩一分不差。

1903 年，一位德国传教士买下了汉口西郊后湖地区的一片土地，创办了一所“德华学堂”，这就是我的母校武汉六中的前身。作为一所有着百年积淀的学校，六中在我的记忆里，与武汉地区其他中学狠抓应试教育、每天试卷满天飞的场景，是截然不同的——六中总是喜欢把自己打扮成一副“素质教育示范学校”的模样。

于是，在紧张的高中阶段，六中的校园文艺节、篮球赛、小发明申请专利等文体娱乐活动，总能层出不穷。然而，于我而言，由此产生的最大福利，则是六中作为一所高中学校，竟然有着一座规模不小的图书馆，学生凭学生证就可随时随意借阅。

就这样，在高中三年的数学课堂上，本来就严重偏科、一心想着毕业后当作家的我，逐渐读完了雨果、狄更斯、海明威、卡夫卡、契科夫、米兰·昆德拉、杜拉斯、乔治·奥威尔乃至其作品晦涩难懂的但丁等作家的著作。

这样想来，高考数学考了 80 分的成绩，对我来说其实一点也不委屈，更不该怨天尤人。但是问题随之而来：应该如何填报专业呢？作为一名不再想与数字打交道的文科专业高中毕业生，可选择的大学专业本就不多，无外乎“文史哲政法外”。历史、哲学太枯燥，不在我的考虑范围之内；外语作为工具，如有兴趣辅修即可，我以为没必要作为一门主修专业来学习；我从小

① 钟宏昆，法学、经济学双学士，法律硕士，曾任职于某全国性综合金融企业稽核监察部，现为湖北维力律师事务所执业律师、党支部副书记、执委会委员，FM89.6 武汉交通广播嘉宾、时事评论员，主要承办建筑工程、房地产、投融资、公司治理等民商事法律事务，并为多家政府机关、企事业单位提供常年法律顾问服务。

就淡泊，更不愿把学习精力放在政治学上——如果遵从内心意愿，作为一名文艺青年，文学专业似乎是我的唯一选择。

然而，现实的残酷打击很快就接踵而至。得知我想填报文学类专业后，来自长辈们的苦口劝说纷至沓来，归根结底一句话：就业难，赚钱少。“要理想还是要面包”，这是一个问题。与文学专业相比，法学专业毕业后可选择的工作——法官、检察官、律师，未来可能更容易养家糊口吧。

所以，你看，我与你不一样：我之所以选择学习法律，心中想的不是要匡扶正义，不是追求法治公平，甚至不是因看港台剧而对法官律师职业形成的崇拜。我选择学习法律，是一个刚满18岁的男子汉，面对现实社会的第一次打磨棱角，第一次妥协退让。

就这样，在理想与面包的选择前，我没有做到坚守理想，而是背负着“这世上从此少了一个作家”的悲壮心情，进入了江汉大学法学院，开始了四年的法学本科专业学习。

经济学：开启理解法律大门的钥匙

大一下学期的某一个午后，我正在校园里闲逛，突然看到了一则招生简章：武汉大学WTO学院开设了双学位班，分商学、管理学、法学专业，面向武汉地区的十余所高校招生。其实，江汉大学本身也有双学位课程可供选择，但对于高考失利的我而言，聆听武汉大学教授们授课的机会，极大地引起了我的兴趣。

就这样，在我的大二大三两个学年里，在法学本专业的学习之余，每个周六周日及寒假暑假，我都早出晚归奔波在汉江大学和武汉大学的往返路上，攻读我的商学双学位。

商学学习，入门课程是《经济学原理》。效率与平等、机会成本与沉默成本、绝对优势与比较优势、供给与需求、消费者剩余与生产者剩余、公共物品与工友资源……一组组概念学习下来，经济学的魅力带来的震撼与快感，让我开启了前往新世界的大门，逐渐摆脱过去直觉和经验带来的偏见，真正开始了解经济社会运行的规律。

更重要的是，经济学的学习，给我带来了一个重新认识法律的机会。举一个例子：在今天，“寻物启事”等悬赏广告一旦作出，如得到履行就应支付赏金，如今已成为法律界的通识。

然而，这么一个基本的法理，在其未确立前，却引起了社会的广泛争议。比如在 1993 年的“李某诉朱某华、李某华悬赏广告案”中，一审法院依照《民法通则》第 79 条第 2 款的规定，认为原告应将拾得的遗失物归还原主，被告“寻包启事”中许诺的并非真实意思表示的酬金，属于违反法律的约定，据此认为被告不应向原告支付酬金。

但是，后来为什么法律会认可悬赏广告的效力呢？如果以经济学的思维来帮助辨析，其中原理会清晰很多：

经济学认为人是理性的，都会追求自身利益的最大化，由此，(1)失主之所以发出悬赏广告的要约，是因为其遗失物的价值远远高于其支付的酬金成本，也就是说，失主在这项交易中的收益是大于成本的；(2)失主支付给拾得人的酬金，可以视为失主为其低效率行为（粗心大意）所造成的后果付出的代价（成本），如果无偿归还，则是对失主低效率行为的一种认可，导致失主对自己不谨慎行为所引起的后果无须承担任何责任；(3)拾得人可能会对捡拾到的遗失物进行“无因管理”，从经济公平的角度看，对于拾得人的付出，拾得人应该获得一定的收益。

因此，从经济理性人的角度看，通过设定“悬赏广告”来寻找遗失物，在遗失物归失主所有的同时，拾得人亦应得到一定物质报酬。这样，既促进了效率又保障了公平，是一种理性的选择。

就这样，经济学的学习，成为了帮助我理解法律的一把钥匙，真正让我对法律产生了兴趣。经济与法律，本就是双生双倚、不能割裂的知识。如今的我认为，不能深入理解经济原理的人，也许难以成为一个优秀的法律人。

公司法务经历的优势与劣势

与很多人毕业时收获硕果的喜庆感觉不同，本科毕业的那一年，分手加公务员考试和司法考试失利，让我正处于人生的最低谷，苦苦煎熬。

法学本科毕业生的就业，在没有法律职业资格证书的背书下，工作可选择性的难度，甚至会大过文学专业的毕业生。聊以自慰的是，在法学、经济学双学位背景的加持下，本科毕业后的我进入了一所全国性综合金融企业湖北分公司的稽核监察部，成为了一名法务专员。

毕业后是做法务好，还是做律师好？这个话题在每一个法学毕业季都会被拿出来热烈探讨一番。说法务好的，无非是几个理由：稳定、收入有保障；说法务不好的，无非也是几个理由：收入过于稳定、由于处于企业经营第二线所以岗位级别不容易晋升、在办公室政治中容易“背黑锅”。

时至今日，当我以一名执业律师并为自己的顾问单位提供常年法律服务的视角，再来回首自己当年的法务工作经历时，我认为这段经历至少给自己带来了这样三种优势，供在择业过程中有苦恼的朋友们参考：

1. 可以深入全面地了解企业的管理与运行机制。律师事务所从人数上来讲，很少有突破百人的规模，大多数在十几人到几十人之间。而一个企业，最小规模也有几十人，而有影响力乃至业务覆盖全国的大型企业，员工上万人的情况是很普遍的。这么多人，企业是如何管理的？企业里设置的业务部门、财务部门、人力资源部门、行政部门、法务部门、宣传部门是如何运行、工作中又是如何衔接的？这个问题对于刚毕业后直接进入律师行业的年轻律师而言，或许很难有直观感受，只能在长期为顾问单位服务的过程中慢慢探索。

2. 可以更好地理解企业的决策过程，理解企业负责人的真实需求。在企业里，创造利润与业务增长的需求，永远是第一位的，任何分析、建议与决策，只应也只能围绕这唯一的目的开展、进行。我经常会看到一些刚毕业的律师在接受企业法律咨询时，给出的答案是“这样也不能做，那样做也是违反法律规定的”。诚然，法律顾问的职责是为当事人揭示法律风险，但一名好的法律顾问，还应在提供法律建议时跳出法律局限，从企业业务的角度，帮助企业负责人进行决策。

3. 可以在企业工作中快速积累工作能力与职场经验。刚毕业直接进入律所（特别是小型律所）的实习律师，往往会有这样的问题：长期见不到自己的指导律师，身边的同事又只有那么三五个人，交流机会极度欠缺，办公软件操作及商业邮件写作这类基础性的工作能力也严重缺乏。然而，在企业里则完全不会有这样的问题，大型企业会对刚入职的员工进行系统深入的培训，而正式开始工作后，每天都要就大量工作任务与同事、领导、客户进行沟通交流，可以快速累积职场中处理事务的经验。

综上所述，我认为，如果毕业后不能进入一家大型规范的律所，那么先进入一家企业，积累一定的法务工作经验，也不失为一种不错的选择。

当然，在我从事法务工作近一年的时间，对企业的法律文书起草与审核、经营管理事项可行性法律分析、决策事项法律风险管控等积累了一定经验后，法务工作的劣势也逐渐凸显：诚如上文所述，企业的天职是创造利润，法律风险管控在企业里，永远处于辅助地位，升职加薪的难度很大。

而作为一个年轻有抱负的年轻人，总会渴望更大的发展机会。就这样，当年的我在平衡职场优劣势之后，作出了一个大胆的决定：考研，重回校园。

工作后再读研是一种怎样的体验

一边工作一边准备考研，不仅辛苦，而且危险。辛苦之处在于需要在日常工作与出差的繁忙工作量之外，挤出一切时间，投入到英语和政治的学习上；危险之处在于保密工作，不能让领导和同事知道，否则遑论考研失利的后果，眼下的工作都可能有不保的风险。但收到广西师范大学寄来的《硕士研究生录取通知书》后，喜悦令我很快就忘记了一切考研过程中的艰辛。

说来有趣，广西师范大学位于桂林，主校区王城校区是国家5A级旅游景点“靖江王府”。靖江王府是中国历史最长且保存最完好的明代藩王府，王城周围是3里长的城垣，内外以方形青石修砌，清朝时为广西贡院；院内有一座独秀峰，孤峰突起，陡峭高峻，是桂林城市的中心，登之可俯瞰整个桂林。

而研究生所在的校区，则正好位于漓江边，桂林市区与阳朔的必经之路中间，站在研究生宿舍门口望去，远处就是喀斯特地貌的大小山陵，形状各异，引人遐想。

桂系将领白崇禧将军的儿子、台湾文学家白先勇在短篇《花桥荣记》中，借小说主人翁之口写道："我们桂林那个地方山明水秀，出的人物也到底不同些。我们那里，到处青的山，绿的水，人的眼睛也看亮了，皮肤也洗得细白了。"我以为，白先生的描述很精准。桂林是我除武汉外呆过最久的城市，能在这样山好水好人更好的地方度过研究生的岁月，是我的福气。

如果用一个词来描述从工作重返校园的感受，那一定是"珍惜"。

工作时，每天上班、下班、加班，承受着来自领导的压力和工作的辛苦，突然有机会再次回到象牙塔内，所有来自社会与生活的压力霎时消失，才能让人真正明白学习时间与机会的珍贵之处。为了做到心无旁骛的学习，我在入学后特意剪了一个近乎光头的发型，从此泡在图书馆里。

与最近几年曝光的不少硕士、博士与导师之间因种种矛盾而造成人间惨剧的新闻不同，我有幸遇到了一位德才兼备的硕导。

在校园学术文化的熏陶下，在导师的辛勤引导下，在桂林米粉与阳朔啤酒鱼的帮助下，在桂林的两年时间里，我终于从法学理论的角度，完成了对本科及工作阶段积累的零碎部门法知识的梳理，参与了国家级课题的写作，在法学期刊上发表了论文，获得了教育部颁发的国家奖学金——当然，除上述之外还有重要的一点，我终于以空间换时间，通过了国家司法考试。这意味着，硕士毕业后的我，终于可以当一名律师了。

思考　优秀律师都在做些什么

硕士毕业从桂林回到武汉后，我执业的第一家律所是湖北立丰律师事务所，在那里正式成为了一名实习律师。与少部分实习律师无指导老师，独自打拼摸索的艰难局面不同，我的指导老师是立丰所的吴畏主任。吴主任执业 20 余年，既有着丰富的律师实践经验，又有着深厚的法学理论积淀，令人高山仰止，执业之初，有幸能够跟随这样的师父学习，是我的莫大荣幸。

经过几年的工作后，2017 年年初我转所到了湖北维力律师事务所，加入了李涛律师团队，并工作至今。在团队中，李涛律师和章杰律师均是在湖北法律界深耕多年、经验丰富的知名律师，是我们团队的领头羊。目前，我们团队根据人员专长及专业领域，按保险金融、交通事故、建筑与房地产、婚姻家事、传媒娱乐、公司治理等业务领域，划分成了不同的小组，针对各类重大、复杂的民商事案件提供法律服务。

律师执业至今，通过对律师行业各位前辈的学习观察和自身工作的体会，我常常在思考，一名优秀的律师，应该做些什么？总结以下几点，希望与各位青年同人共勉：

1. 立　德

人与天地间交流，靠的是德。一名优秀且能持续保持的律师，一定是一位有德的律师，这是因为在律师执业过程中，一定有着各种各样的诱惑，能否守住底线不犯错，这决定了律师能够在这条执业道路上走多远。

诚然，律师的天职是维护当事人权益，但律师还应时刻牢记的前提，就是要在法律与事实的框架内。

“诸恶莫作，众善奉行”这句本是佛教用语，如果短时间之内不能做到“众善奉行”，那么请一定首先做到“诸恶莫作”。

2. 保持健康的身体状态

律师的辛苦，是脑力与体力的双重辛苦。脑力辛苦自不必说，法律文书的严谨写作、开庭时的辩论思路、谈判时的协商策略，无一不严重耗费着律师的脑力；而平时奔波于法院、顾问单位与律所之间，也会消耗大量体力。

2017 年传出数位律师过劳猝死的新闻，已为诸位律师同人敲响了警钟。没有一副健康、强壮的身体，也许很难在这个行业里坚持。

3. 用经济学的思维经营律师职业

鉴于律师行业的特殊性，新入行律师在初期既无办案经验又无案源支撑，往往仍是以师徒“传帮带”的形式工作，完成老板指定的工作内容，由老板发放一定报酬。而新入行律师由于可创造的价值有限，得到的报酬也势必偏低，可能会导致很多青年律师陷入“老板给我多少钱我就做多少事”的公司职员思维逻辑。

然而，律师工作并不同于员工在公司就职，而更类似于商人经商，因此，优秀的律师，都会投入成本（不限于财务成本与时间成本）在专业学习、营销宣传、扩展人脉等方面，把自己当作一个公司来经营。如果吝于投入，当然也就不可能有丰厚的利润产出。

至于当律师做到一定规模后如何控制成本，并将利润最大化，则是后一步需要考虑的问题了。

我认为，摆脱公司职员的思维逻辑，用经济学思维做律师、经营律师，是成为优秀律师的必然选择。在这里给大家作一个小推介："得到" APP 里的《薛兆丰的北大经济学课》栏目，是我利用开车时间必听的课程。如果大家有兴趣学习经济学，不妨听听薛老师以大众视角讲解的经济学原理。

4. 沉住气并夯实专业能力

自从进入移动互联网时代后，各行各业都发生了翻天覆地的改变，律师行业这几年也不例外的热热闹闹。诚然，我深信，随着"互联网＋法律""线上法律服务产品"、网络营销与人工智能的兴起，一定会在不久后将来的某一刻，改变这个传统行业的现有模式。

但是，我更坚信，无论律师这个行业的外在模式如何发生变化，"律师作为法律领域的专业人士，以自己的专业知识为当事人提供专业服务" 这一内核，不会因外在模式或包装而发生改变。

一个优秀的律师，一定是在某一个或某几个专业领域达到了一般律师所不能及的知识技能深度与广度。

在今天看来热闹乃至些许浮躁的法律服务市场中，静下心、沉住气，时刻牢记专业是律师立足之本，积累专业技能，深耕专业领域，我愿与各位一同努力做到。

至于如何在进行专业学习时，尽快投入忘我、高效的"心流"状态，推荐大家读一读米哈里·契克森哈赖的《心流》这本书，或许会有所帮助。

5. 快速掌握碎片化时间学习的技能

前段时间有刚毕业入行实习律师与我交流，说经常陷入学习焦虑，每天工作都做不完，买回来的一本本书都没有时间看。是的，在再也没有校园环境让你有大块头时间读完整本书、抽两天时间听 iCourt 或无讼课程都奢侈的情况下，如何持续学习？

罗振宇是一个非常擅用概念词汇的人，在他那篇著名的《我们这一代人的学习与焦虑》中，罗胖用“学习焦虑”、“阶层固化”和“知识爆炸”引出了当前学习面临的三个变化，也就是学习越来越碎片化、终身化、跨界化，我深以为然。

利用开车的时间收听知识音频、利用挤地铁或休息时间刷朋友圈里的专业文章，并坚持定期将学到的碎片化知识形成笔记、进行整理，是非常必要的方法，也是刚离开校园入行的律师应该尽快掌握的技能。

文章之外的一点感谢

青青若第一次开始向我邀稿，我虽答应，但内心一开始其实是抗拒的，表面理由是因为工作太忙，真实原因是我向来反感成功学之类的心灵鸡汤，成功人士的成功，依靠的天时地利人和各不相同，他的经验放在你身上的可重复性低之又低；再者湖北乃至全国的律师界大佬数不胜数，相较而言我从事律师工作的时间也不算长，只是处于起步阶段，我又有何德何能向各位介绍我的经验？

再后来，每次青青若向我催稿，我都装疯卖傻，一拖再拖。然而，她从没有放弃我，四个多月的时间里，先后把我拖入了作者交流微信群、拖稿互助微信群，又教我冥想、与自己内心对话，穷极各种手段让我开始写作此文。

感动之下，我终于尝试开启了一次自我梳理，梳理从 18 岁至今逐步走上律师职业道路的点点滴滴。

写作的过程中，我回忆起那些给予我莫大帮助的贵人：我的授业恩师陈光兰老师、硕导蒋红彬教授、立丰所的吴畏律师、维力所的李涛律师与章杰律师，以及律所的诸位小伙伴们，感谢你们在我迄今为止还远称不上成功的律师执业生涯里给过我的指导与帮助。

我很喜欢的一位女作家曾经写道：“写作，这将会是世间始终最为孤独的一项工作。就像一个人站在黑暗的舞台上，给自己设置的一束明亮光线。他由此看到自己，亦被观众看到。”文字与写作，首先是作者的内省，与自己内心的一次长谈，对作者的内心发生作用，然后才会对读者产生影响。感谢智善和青青若让我在日常法律文书的写作工作之外，有了一次非同寻常的写作体验。

当然，除此之外，如果此文还能够对正在阅读的你产生一点帮助的话，那就再好不过了。

12. 那个被“快播案”吸引的科研男，如今已是律师[①]

十年前的那个夏天，中国成功举办了奥运会，标志着一个大国如初生的旭日正在冉冉升起。而那一年的我，刚刚结束高考，还沉浸在对未来的憧憬中，满心认为自己定能走上一条与众不同之路。

十年后的今天回首过去，发现我也的确走过了一条奇妙（奇葩）又漫长（曲折）的人生旅程。

理科生涯，中道而止

作为一名学了三年理科的高中生，大学选择理工科是一件顺理成章的事情，外加高中班主任一直吹嘘自己在美国攻读生物 Ph.D 的儿子是多么厉害，我在心中也渐渐对科研工作产生了美好的向往，虽然那时的我完全不了解日常科研工作到底是什么样子。

彼时正值中国工业急速扩张期，由此带来对煤、石油等基础原材料的蓬勃需求，也推动了石油等大宗商品价格飙升，油价长期稳定在 100 美元以上，当时与地质勘探有关的高校毕业生就业率与工资都非常高，特别是有些石油企业为了完成招聘任务甚至去寝室挨个向毕业生宣传。

于是，我毅然选择了既有前途（钱途）同时又能满足我从事科研愿望的石油勘探专业。

大学生活平淡又充实，专业学习与社团工作都让我乐在其中，一转眼就到了大三，志在科研的我并不满足毕业后就去石油勘探一线当一名普通的技术人员，于是我也加入了早出晚归的考研大军。在考试方面，我自认一直

① 金思诚，湖北尚卓律师事务所律师，中国石油大学（北京）硕士研究生。

比较幸运，一次性就成功考上了中国石油界最高学府，成为一名攻读热门专业的硕士研究生。

作为一名工科男，三年硕士求学生涯让我获益最多的不是专业知识，而是研究问题的方法和态度。

科研工作，首先就是要去大量阅读行业相关文献，了解清楚你所希望解决的问题是否已有前人提出过解决办法。如果前人没有提出解决方案，你是否可以提出一个实际解决办法？如果前人已经提出了解决方案，你是否有必要且有能力提出一个改进方案？

其次，一个好的想法一定要付诸于实践，只有在实践中才能检测你的想法是否正确；在实践过程中需要严谨认真，切不可为了成功而弄虚作假，科研工作要求逻辑严密和数据翔实，并经得起同行检验。这个工作方法和态度即使在如今我做律师后，也依然保留了下来。

2015 年高位盘旋了十年的油价在几个月内从 100 美元跌至最低点 30 美元，国内司机纷纷喜笑颜开，但不幸的是我正好在那一年研究生毕业，国内石油巨头一改往日财大气粗的做派，纷纷缩紧裤腰带过日子，虽然国企不能裁员，但是降薪和停止招聘还是不可避免。

既然求职之路受阻，我心想既然都读了那么多年的书，也不在乎再多读几年，再加上又有教授抛给我 Ph.D 的名额，能圆下我科研之梦也是极好的。

现在回头复盘，发现自己随波逐流的性格，让自己走了很多弯路。总之人一定要选择适合自己的方向，顺势而为，否则你越努力只会错的越多。

与法结缘，重燃热情

虽然成功地通过博士入学考试，但是万万没想到接下来等待我的却是迷茫与曲折。

博士期间的研究一定要有创新性，而我却一直没有找到一个合适的 idea，外加上中途家庭有些小变故，导致我越来越无心于科研，进入了思想怠倦期，渐渐地就产生了退学的想法。

这时，一场法庭直播改变了我的人生轨迹，这就是大名鼎鼎的“快播案”。

本案除了法庭辩论中被告方律师精彩的表现外，更让我好奇的是案件背后的价值观冲突，比如程序正义与实体正义孰轻孰重？互联网是否应受到现实法律的约束？法律与道德何者优先？

长期以来我对中国司法持有的印象并不太好，甚至“大檐帽，两头翘，吃了原告吃被告”“南京彭宇案”等都让我对国内法治有些失望。

但是“快播案”中辩护律师在法庭审判中展示出来的敬业精神让我十分钦佩，他们不仅对法律理解非常到位，对技术与互联网的理解也远胜控方，用精湛的专业去尽可能消除控辩双方的不对等地位。

这让我意识到，虽然中国目前的法治状况还有令人不满意的地方，但是随着律师行业的发展，这个状况必将得到逐步改善。正如江平所说：“律师兴则法治兴，法治兴则国家兴！”

司考之路，有苦有乐

看完“快播案”的庭审直播后，我对律师这个职业心生莫名的好感，于是拉来对门中国政法大学学法律的老乡，三杯酒下肚，向他委婉地打听做律师门槛高吗？老乡说当律师门槛并不高，只要通过司法考试就行了，他们学校每年一次性通过率 60% 以上，不过今年可能是非法本参加司法考试的最后机会了。

当时我心想，传说中的天下第一考竟然这么高的通过率，看来难度不过尔尔，大家门对门，水平也都差不多，虽然这是非法本最后一次参加考试的机会，但我如果 all in，不一定就不能一次性通过。

说做就做，春节过后我就开始准备司法考试复习。

复习备考期间也发生了很多事情，中间的一波三折、酸甜苦辣一言难尽，幸好最后以 418 分的成绩顺利通过。

其实，我觉得不管什么考试，做到以下几条足矣：

1. 工欲善其事必先利其器。司法考试虽然科目繁多，但也是有章可循，在开始复习前应当做好详细的复习规划。

2. 行百里者半九十。复习到最后一个月的时候，人的身心都非常疲惫了，这个时候一定要坚持下去，只要坚持下来基本就胜过 90% 的人。另外每天要坚持适当的锻炼，司法考试复习周期较长，没有一个好的身体难以保证坚持到最后。

33 知者不惑，仁者不忧，勇者不惧。司法考试再难也不过只是一个考试而已，只要你前期努力复习了，就不要对是否能通过考试心怀忧惧。

初入律界，得遇良师

虽然通过司法考试，但是我所有的法学知识均是在备考司法考试时学得的，比较浅薄。所幸机缘巧合认识了我的师傅王令新律师。师傅虽然从业近 20 年，但是一直没有正式带过学生，所以对待我这个学生特别上心。

从执业技能到为人处事，真可谓知无不言言无不尽，即使那些“不足为外人道也”的心得也会毫无保留和我分享，让我对律师这个行业感悟颇多；平时办案所遇疑难杂症，师徒二人总是平等交流讨论，坚持用法律和逻辑来说服对方，共同学习共同进步。

在学艺一段时间后，师傅又鼓励我独立出去闯荡，并为我的将来打点谋划。求学遇良师，此乃人生一大幸事！

抛砖引玉，请君雅正

我做律师时日不长，本来凭我的个人经验，此环节本应敬谢不敏，但既然来到青年律师汇这个栏目，不分享下个人执业心得体会，似乎不合传统，故大胆妄言一二，如有谬误望诸君不吝赐教。

1. 律师执业过程中需保持如履薄冰的心态

律师行业具有天然高风险性，如果不保持一种谨慎的心态，轻则失去委托人的信任，重则锒铛入狱。

在专业方面，律师应当确保自己出具的每一份法律文书都准确无误，对法律与事实的表达要简而明了。

此外律师本来就经常游走于灰色和黑色地带之间，切不可为了短期利益逾越道德与法律底线，请牢记当你凝视深渊之时，深渊亦在凝视着你。

2. 律师必须学会忍受孤独

除了公司制律所和某些律师团队外，绝大部分律师都是过着独狼一样的生活，这一方面是因为大部分律师独自开拓案源、独自办理案件，只是向律所缴纳一定的管理费用，其执业具有一定的超脱性；另一方面律师经常会接触委托人的个人隐私与商业秘密，职业道德要求律师严格保守秘密，这也导致了律师较少与同事交流具体案情信息。

曾国藩说过“谋可寡而不可众，众谋则泄”，就是说各人所处立场不同，仁者见仁，智者见智，听多了反而会动摇自己的意志，也会破坏信心和情绪；另外言多必失，倘若泄露了委托人的重要隐私，不仅会失去委托人的信任，更会惹上不必要的麻烦。

当然，即使是独狼也有群体狩猎之时，在专业分工越来越精细化的现代法律服务市场，难免会遇到需要不同专业方向的律师相互协作才能完成的案件，此时的独狼一定会挑选志同道合的伙伴，团结一致对目标群起进攻。

在顺利攻克目标之后，狼群内部也一定会合理分食，否则下次狼群之间失去信任再也无法重新聚集在一起进行围猎，这也是曾国藩所谓的“利可共而不可独，独利则败”。

3. 律师一定要用开放的心态去拥抱新事物

律师行业是一个古老又封闭的行业，律师属于天生的风险厌恶者，做律师久了，难免有一些坏毛病，如固执、保守、自以为是等，甚至整个法律圈都养成了“多年媳妇熬成婆”的行业惯例，认为只有老律师才是真正大律师，但是本人认为，凡是自我保守封闭的行业，如果不积极从内部进行改革，那么迟早会被外部势力降维打击，就如统一和康师傅永远也不会想到他们有一天会被饿了么、美团革了命。

作为一名年轻律师，你是否已经充分利用了互联网红利进行案源开发，还是依然在通过时间积累口碑来开发案源？

你是否关注过网络法、股权设计、知识产权这些法律服务蓝海，还是只关注婚姻、民间借贷、交通事故这些法律服务红海？

你是否能合理利用法律数据库对一些偏门的司法解释、会议纪要、裁判趋势进行检索，还是仅仅抱着一本民法大全走天下？

你是否利用过时间管理、知识管理之类的 APP 来提高工作效率，还是连基本的 office 办公软件都无法熟练掌握？

随着越来越多的外部势力进入法律服务市场，以往的法律服务模式和行业运转方式也已呈现衰落的趋势，最后能够站在金字塔顶尖的人物，一定是跳出思维惯性而敢于拥抱新生事物、承担风险的弄潮儿。

感　言

我相信我热爱律师这个行业，这是我毅然放弃原专业的重要原因，也是支撑我在困难的日子埋头苦读的动力源泉。

法律不应当仅仅是写在纸上的冰冷客观法条，而应当是充满人类希望与良知的感性渴望，而我们律师作为法律的践行者，正是用手中的一个个案例，让冰冷的法条向温暖的人性慢慢靠拢。

最后，愿各位青年律师不忘初心，砥砺前行！

13. 从中国人民解放军战士，到执业律师[①]

夜深了，刚回到家，结束了一天的忙碌。

坐在电脑前准备下笔，突然有一种闲庭信步的感觉，毕竟入行之后，只有夜深人静之时才是真正属于自己的时间。

所以首先要感谢青青若给我这个下笔的机会。

每周都会看智善青年律师汇的推送，每一篇都会抽上缝隙的时间详细品读一番，如午间的香茶，此间感叹万千。

第一次看到这个栏目，是在湖北维力律师事务所李涛主任的朋友圈，之后便开始关注上这个集体。

看到了这么多优秀青年律师，心里想了无数遍，什么时候才能成为这个优秀群体中的一员。

作为一名退伍军人，进入这一行，有时候难免有一种“雄关漫道真如铁、而今迈步从头越”的辛酸。

① 李建波，湖北领汇律师事务所律师，专注于民商事诉讼、借贷纠纷、合同纠纷，曾服役于中国人民解放军广州军区。

入行时间很短，自觉没什么经验可谈，觉得只是想分享一下自己的故事，毕竟这个世界因为有不同的故事和不同的面孔才会如此五彩缤纷。

弃笔从戎，身着绿装

从小的我活泼好动、调皮捣蛋，但我的家庭让我萌生了此生的两个人生目标，参军、成为律师。

父亲是一名有着16年之余军龄的退伍军人，转业回到地方成为一名公务员后，仍余留着军人身上的那股气息。也就是这样一位父亲，让我从小就有了绿军装的梦。

再加上我从小的性格，20岁时得以如愿以偿，参军入伍成为了一名光荣的中国人民解放军。

仍记得那一年，一张入伍通知书拿到手中，怀着无比憧憬的心情，去了部队。

说到这里，要特别感谢我的父母，是他们不遗余力的支持，让我有了终其一生去追逐梦想的勇气，去努力，去成为自己想要成为的人。

那年夏天（我入伍时是第一年夏季征兵），身着橄榄绿的迷彩服，提着地方人武部统一配发的行囊及生活用品，与一群同龄人在接兵干部的带领下，坐上绿皮火车离开家乡，到了梦寐以求的军营。

从一名社会青年到一名合格军人的转变，离不开新兵营的三个月新训。

而人生最难得、最宝贵的财富，也在这三个月里得以积累。

在这漫长却又短暂的三个月里，听指挥、懂执行、练体能、学射击、训队列，仿佛经历了人间炼狱般的磨练。

新训磨平了这里每个人的棱角，在这里，没有个别没有特殊，有的只是步伐一致的一个集体，一个五指攥成的拳头。

也就是在这里，在日复一日的枯燥训练中，在一次又一次的跌倒和怀疑中，在每个绝望的日子里，塑造了自己坚强乐观的人生信念。

在新兵营听得最多的一句话“只要练不死，就往死里练”，用著名哲学家弗里德里希·威廉·尼采的话来说：那些没有消灭你的东西，会使你变得更强壮。

人生亦如此，生而为人，坎坎坷坷风风浪浪无时无刻不在伴随着生活的每个角落。

跨过那些让你难过、沮丧、感觉无能为力的日子，回头一看，发现自己变得越来越强大了。

记忆犹新，新兵营过了一半的时候，严重的训练伤时刻在折磨着我的身体和意志。

在自己的意志感觉快要磨灭殆尽的时候，指导员约我谈了一宿的话。最后，指导员告诉我“人生，难走的是上坡路”。

也就是这句话，陪伴着我度过了两年的军营生活直至当下。

每当遭遇坎坷，“苦不苦，想想红军两万五；累不累，想想革命老前辈”就会从脑海里蹦出来，也正是这股咬牙切齿的不服输，成就了我的第二个人生目标。

褪去橄榄绿，实现天平梦

母亲在司法行政系统工作多年，在我的记忆中，关于母亲的工作，了解最多的就是律师。

起初，对律师这一个神秘行业也有着无限憧憬，直至入伍前，给自己定了第一个五年计划，其中就包含着通过司法考试。

九月，送战友；九月，上考场。

记得武汉的那一个九月，与往常的九月太不一样。没有了那么毒辣的紫外线，也没有了挥汗如雨的训练场，有的只是遍地的不舍。

可人生总有归途，铁打的营盘流水的兵，每个人都有余生继续要走的路，都有他要追求的梦。

退伍回到恩施，一刻不停，参加考试。

孜孜不倦的学习，忘了又记记了又忘忘了再记，最终如自己所愿通过司法考试。

我一直相信，所做的任何努力，都会在某一天，以另一种方式回报你。

一年实习

一年的实习律师，尝遍了酸甜苦辣，面对着形形色色的角色，有过彷徨和失意，不过也乐在其中。

微薄的收入难以支撑生活的压力，是对这个职业的坚定，也是维护法律正确实施的信仰支撑着我一步一步走了过来。

熬过了实习，进入了另一片天空，却发现这一切并不像想象中的那么美好。

天很蓝，路很宽，但要走的路依然很长很长，长到让人顿生无力感却又怀着无限的期待。

期待每天清晨的朝阳，期待每个案件得到公正判决后的喜笑颜开，期待化解每个社会矛盾后展开的笑容。

青年律师该坚持什么

1. 饱满的精神状态

熬夜似乎成为了“年轻人”的常态，但睡眠对于人体来说是至关重要的。一天的精神状态如何，取决于昨天晚上的睡眠质量，睡眠质量高自然就精力充沛。

养成良好的睡眠习惯，虽是一个老生常谈的话题，但我觉得还是有必要提醒一下。

中国成年人失眠率高达 38.2%，长期失眠使人感觉疲劳，整体没有精神，注意力不能集中，工作效率自然低了，严重的还会造成神经功能紊乱，从而导致体内各个系统的平衡受破坏，出现各种问题。

律师是一个高工作压力并且很讲究效率的行业，工作时间时刻都绷着一根弦，每天有一个饱满的精神状态自然成为了很重要的事情。

而且，保持良好的睡眠习惯，有利于身体各个系统的平衡，有了好的身体底子，才能应对时刻变化的工作状态，事半功倍。

2. 长期坚持运动

工作虽辛劳，应酬虽繁多，急切地想成为独当一面的“老律师”也是一个常态，但饭要一口一口吃，路要一步一步走，万丈高楼平地起。切不可忘了身体才是革命的本钱，无论再忙，别忘了坚持锻炼。

拿我来说，每周我都会坚持跑至少一两次十公里，跑步不但促进身体新陈代谢、增强心肺功能，更能令人暂时抛掉烦恼。

每次跑完步后，对困扰自己的事情都会有一个新的认识，而对某些棘手的问题也会有一种茅舍顿开的感觉，挥汗如雨后神清气爽，丢掉包袱，重新上路，砥砺前行。

3. 谦卑的心态

路漫漫其修远兮，吾将上下而求索。人生虽只有短暂的三万天，但人生也是一门很大的学问，一门可以终其一生去研究的学问。

无论是年长之人，还是早入行的前辈，都有其独特的经验可供我们借鉴、学习。

曾经看过一个潘石屹的采访，记得他是这样说的："就是做事情的话，一定你要有才能，可是你千万不要有一个高人一等的优越感，你总觉得别人的才能都比你强，他可能某一个方面一定比你强，你不会唱歌他可能会唱歌，你不会写诗他可能会写诗，一定要尊重别人，一定要把自己放低，想一想自己的短处。"

我理解的这句话，青年律师要不断地充实自己的专业知识和技能，多汲取前辈的经验，不可过于心高气傲，也不可过于软弱无能，中庸之道的理论可借鉴于青年律师的实际工作中，不偏不倚，不骄不躁。一个人要跳得高，首先他要蹲得低。

结　　语

从小学开始，母亲每天都会监督我背诵一首唐诗宋词，也发自内心感谢母亲从小的严厉，让我快速成长。

行路难，行路难，多歧路，今安在。

长风破浪会有时，直挂云帆济沧海。

唐代大诗人李白的《行路难》是我记忆最深刻的一首诗，而如今我觉得这首诗最契合律师这个行业，特别是像我这样入行未深的年轻人。

尽管前路障碍重重，但通过自己的努力与忍耐，仍将会有一天乘长风破万里浪，挂上云帆，横渡沧海，到达理想的彼岸。

在这个时刻充满挑战的行业里，不畏艰险，坚持理想，一路向前。这条路很远也很短。

律师是一个非常有特色的行业，在这个行当里，你可以淋漓尽致地展现自己的人格魅力，也可以尽情地去实现自身的人生价值、理想，总之，好好走路，好好说话，好好地坚持下去。

文毕，愿年轻的我们永远年轻，永远热泪盈眶，不忘初心！

14. 离开坚守 14 年的公安岗，为圆一个律师梦 ①

时光荏苒，记得 2017 年春第一次接到青青若的邀请，我还是武汉市公安局法制部门的一名民警。

那一次在智善讲堂，站在公安部门的角度，给律师谈“刑事案件办理执业风险”。

而现在的我，已经踏上了律师执业旅程。

去与留

未知的旅程和陌生的环境总是会让人觉得有一些惶恐和不安，递交辞职信之前，我也在反复地问自己，是否真的对今天的选择不会后悔，毕竟一旦作出了决定，就不再有回头路。

那段时间，我向身边的朋友寻求了意见，也通过互联网查询各种过来人写下的体验，我甚至还在一些招聘网站投了简历。

几次成功的面试，树立了我的信心，也打消了我在公职机关工作十几年无法再适应企业生活的顾虑。

① 李钢，武汉大学法学学士，华中科技大学经济学硕士，从事法律职业 15 年，现就职于湖北瑞通天元律师事务所；武汉市法学会会员，武汉市公安局法学会理事；具有丰富的刑事、行政案件办理经验，曾为公安局、公安交管局、司法局等行政机关提供咨询、诉讼服务。

回想自己第一次注册的 APPLE ID 里需要回答的问题中，就有一个是你理想的工作，那时的我就填上了“律师”这个自己一直向往的工作。

虽然毕业后，我还是参加了公务员考试，成为一名人民警察，但参警后我还是没有忘记自己曾经的理想，在日夜忙碌的工作中挤出时间学习，通过了国家司法考试。

也正因如此，我调入了法制部门，更多接触到的是案件审核、执法检查、处理信访、突发事件处置及行政诉讼，与检察院、法院、律所、司法局等相关部门也有了更多的交集，让我对法制工作、法律职业和法律人有了一个更深刻的认识。

最后真正作出递交辞职申请的决定，是缘于一通大约 30 分钟的电话。

那晚我正在单位值班，一个陌生的号码接通后，通过简短地介绍了解到他就是柳平律师，短短的半小时，柳律师给我介绍了律师职业，告诉我未来可能会面临的困难，也给了我时间让我去表达自己对这个职业的憧憬和未来的规划。

最后挂电话之前柳律师对我说：“不用考虑了，到我这里来吧！”

第二天我就递交了辞职报告，开始了我新的人生旅程。

我敬佩电话里那个说话铿锵有力、决断干脆利落的人，我的师傅柳平律师。

等与拼

和刚刚毕业入职的律师不同，过了而立之年的我少了那份义无反顾、一人吃饱全家不饿的潇洒，多了一份可能无法承担家庭责任的担忧。

离开坚守了 14 年的工作岗位，少了太多的理所当然，不再是被动地等待工作安排，而是为完成委托工作和团队任务积极思考，寻求最佳的解决方案；

不再每月等候工资卡定点提醒，而是开始计时计量，以工作来衡量获得的报酬；

不再每天三点一线的重复，而是在不同的时间地点，领略不同的风景。

这些改变是在从事律师职业之前所不曾考虑到的，那时更多考虑到的都是离开体制内的现实问题，但是只有在真的尝试之后，才知道这些改变才是真正的律师生活，需要我在从业过程中去转换适应的。

早与晚

曾经和其他人在交流中提起我进入这个职业太晚，虽然我没有反驳，但是我本身并不赞同这个说法。

前一段的工作经历，组织的培养让我有更端正的思想和积极的态度去分析所面临的问题，将问题向正确的方向引导；

让我可以直接和最基层的老百姓交谈，去倾听、解决他们的困难；

也培养了较强的沟通能力和冷静应对突发事件的能力，让我能够在熟练运用专业知识的同时，可以更好、更快地完成工作。

每一段经历对于每个人来说都是宝贵的，每一个阶段都能遇到不同的人和事，重要的是在那个阶段有没有去珍惜，有没有汲取经验并从中得到提高。

也正是前一段的工作，让我在新的工作岗位上，并没有遇到太多困难，让我能够很快地适应到新的工作。

好与坏

身边也有一些司法机关和政府机关的朋友，常常会问到辞职之后是好是坏的问题，在这里谈下个人体会，简单地说就是没有好坏，只有是否适合。

从我个人来看，我很喜欢公安的工作，那里有我非常重要的朋友，那里有我日日夜夜守候并为之奋斗的岗位，在那个岗位上我想做的、我可以做的还有很多。

只是我很清楚地意识到，如果我没有开启新的旅程，到我没有选择的时候，我一定会后悔当初的决定。

如果你也在思考这个问题，那么首先就应该问问自己是否真的了解自己，知道自己想要的是什么，不要用别人的经验建议作出判断，因为每个人的经历个性都各不相同。

背景和机遇让每一个人的成功都是无法复制的，关于人生重要的决定还是要尊从自己的内心。

其次要不断的积累，学习自己感兴趣的专业知识，结识专业领域内的前辈、同行。

只有不断地充实自己，才能了解自己的需求，才能适应未来可能面对的新环境，才有足够的底气去做自己想做的事情。

最后，就是敢于去实践。

没有一条路是一帆风顺的，但也没有想象中的困难，只要是你真正热爱的事业，做好充足的思想准备，就一定能在坚持的道路上有所收获。

律师职业道路上我还有很长的路要走。

现阶段的律师无论是在司法环境、社会环境、经济环境上都与过去有了很大的变化。受互联网等信息技术发展的影响，律师行业也将面临更多的机遇和挑战。

感谢智善平台给了我可以分享自己身份转换时的一点体会，也算是对自己执业中的第一步记录，希望在若干年后重新读到，会感谢今天自己所做出的决定。

15. 从高校法学院教师，到执业律师的11年①

作为律师行业的一分子，我一直在默默地关注着智善，尤其是“青年律师汇”这个栏目。

在连接法律职业共同体的过程中，“青年律师汇”将许多非常优秀的青年律师呈现在大家的面前，让我们感受到了湖北律师行业的欣欣向荣，原来湖北律师界有这么多优秀能干的青年才俊。

同时，在阅读一期又一期节目的过程中，又莫名地感受到了一股压力，原来我已不再年轻，原来这个行业是如此的竞争激烈。

① 柳晓军，中南财经政法大学国际法硕士研究生，曾任教于景德镇陶瓷大学，现在湖北维力律师事务所执业；湖北省律师协会知识产权专业委员会委员，曾成功代理加多宝与王老吉不正当竞争案、茅台集团与湖北某公司商标纠纷案。执业主要集中在公司法律顾问、知识产权、建筑房地产、劳动争议等领域。

其实，我一直是个性格偏内向和保守的人，对于身边的很多人和事都习惯默默地观察、欣赏，不太善于主动融入。

加之我的年龄在这个行业所处的位置属于中间层，所以对于“青年律师汇”这个栏目，我一直都是一个旁观者，基本没想过有一天我的从业生涯会被采访报道。

说的更客观点，实属本人觉得自己的律师从业经历太过于平淡，丝毫没有可借鉴和有价值的地方能够分享给大家，以免影响了“智善”在律师群体中的良好形象。

一个周三的下午，许主编给我发来一段微信留言，邀请我分享自己的执业经历和感受。

接到这个邀请的时候，我内心其实是有一些惊喜的，感觉自己还有机会“倚老卖老”下；同时，更多的是内心的不安和忐忑，自己再普通不过的执业经历何以给青年律师带来积极的价值引导？

在自己有点犹豫是否适合上这个节目的时候，许主编告诉我重在分享，所以我忽然放下了不安，想想就当以此机会给自己不算成功的前7年执业经历作个前期总结吧。

不免俗套，还是先作个自我介绍。我是来自湖北维力律师事务所的柳晓军律师，毕业于中南财经政法大学国际法专业，来自于油焖大虾的故乡——湖北潜江。

学生阶段 国际法研究生

1

有人时常问我当初高考填报志愿为什么选择国际法这个专业？

坦白地讲，其实自己完全是无意识的，只是在填报志愿的时候觉得“国际法”很高大上，能够满足一下自己的虚荣心。

四年大学本科学习在不经意间，在自己还没有完全来得及反应的时候，就这样浑浑噩噩、极其平淡而又普通地度过了。

临近毕业那会，大家伙都面临就业和考研的现实问题，有的人潜心考公务员，有的人一头扎进图书馆安心备考研究生考试，有的人早早签约了工作单位，过着“猪”一样的生活，每个人都有着自己的选择。

这个时候的我，其实内心是彷徨的，不知道自己的未来在哪里。

那个时候，特别喜欢夜晚八九点的孤独和寂寞，当宿舍的兄弟们都出去上晚自习后，自己一个人待在宿舍，开着微弱的灯光，放着略带伤感的纯音乐“secret garden”，静静地享受一个人的夜深人静，好让自己能安静地思考自己的未来。

每每看到身边许多优秀的同学每天背着书包去图书馆上晚自习，自己就会不由得有种自责和愧疚感。

最终，经过一番思想斗争后还是觉得与其每天彷徨，不如让自己投入到一种氛围和状态中去，给自己找找未来的方向，就这样带着尝试的心态加入了考研大军。

幸运的是，我这个成绩平平的中等生侥幸地通过了研究生的入学考试，稀里糊涂地混进了研究生的队伍。

2

两年的硕士学习是短暂的，在自己还没有缓过神来的时候，第一年已经悄然结束，第二年初就开始研究生毕业论文开题，起草论文提纲，着手毕业论文的撰写。

此时，大家已经开始关注自己未来的工作在哪里了。

作为当时一个学法律的学生来讲，考公务员无疑是最优先的选择，本人也不例外，至于自己到底是否喜欢做公务员、是否适合做公务员，其实自己内心是模糊的，一切皆随大流。

就这样，本人一边在撰写论文，一边像背包客似地坐着火车大半个中国到处参加公务员考试，顺便也旅游下。

最后的结果可想而知，没有认真备考，随机似地赶场子参加考试最终肯定以失败告终。

毕业找工作的过程中也尝试过应聘一些高校或企事业单位的法务，现在想想觉得当时的自己还是挺自信和无畏的。

3

记忆犹新的是有一次接到西北民族学院法学系的试讲通知，当时放下电话后想都没有想，就一个人简单地挑了几件换洗的衣服坐上了开往兰州的火车。

那时还没有高铁和动车组，大部分都是以“T”或“K”字开头的列车，由于手头捉襟见肘，半夜整个人困得实在受不了也只能坐着，最要命的是看着身边坐着的少数民族朋友随身佩戴着少数民族特有的刀具，硬生生把自己给吓得一宿没合眼。

第二天上午顺利到达西北民族学院，接待我的是法学系的老系主任。简单地自我介绍后，系主任就把我带到了学术报告厅，当时全系的老师都在报告厅开会。

系主任简单地向全体老师说明了我的来意和介绍我的专业背景后，一位国际法专业的老师就让我当着全体老师的面现场给大家试讲下关于国际海洋法中关于领海、毗连区、专属经济区等区域的划界、法律地位等。

由于是第一次上台试讲，当时脑袋几乎是一片空白，只是心里在默念，这个维吾尔族老师真会出题目，甘肃新疆等深处内陆跟大海毫不沾边，这位老师怎么会让我讲国际海洋法呢?

最终试讲效果到底如何，至今无从考证，内心其实也压根不想考证，因为内心就没有闪过留下来任教的念头。

现在唯一耿耿于怀的是在兰州的三天时间里餐餐兰州拉面，从此以后再未沾过兰州拉面。

教师生涯 知识产权、国际公法、刑诉老师

1

临近研究生毕业时工作还没有最终定下来，是继续考公务员，还是先工作一段时间再做打算，内心是纠结的。

一个偶然的机会，景德镇陶瓷学院第三次联系我是否愿意过去试讲。可能是基于“盛情难却”，也可能是基于对“景德镇”这三个字的好奇，我决定实地探访下只在历史课本中才认识过的景德镇。

后来的后来，我最终选择了留在景德镇陶瓷学院担任一名法学教师，稀里糊涂地开始了自己的教师生涯。

由于学院以艺术类、陶瓷类、陶瓷工程器械类专业为主，法学专业相对边缘化，所以法学师资力量比较薄弱，这恰恰给我这初入职场的愣头青有很多的机会学习和成长。

说来惭愧，我这国际法专业出身的年轻教师，竟身兼知识产权、国际公法和刑事诉讼法三门主干课程的专业老师，而且一干就是四年。

在这四年时间里，我除了日常的教学工作外，还主持和参与了学院和省里的知识产权重点课程的建设，以及重新制定和修改法学教研室的教学大纲和计划等。

现在回想起来，这四年的教学经历对我个人的自信心培养、语言表达能力和社会交际能力的提高起到了巨大的帮助作用，无疑对后来从事律师职业是影响深远的。

2

也许是性格使然，当从事教师职业到第三年的时候，我却突然萌生了辞职的想法。

到底是因为想回到熟悉的地方离家近点？还是教师工资待遇不能让自己满足？还是内心的不安份？等等，估计皆而有之，只是促使我突然萌发辞职念头的是一个极其偶然的触发点。

一个上完课的周五下午，当我懒散地走在回宿舍的路上的时候，看见一对面熟的已经退休的老教师夫妻在校园里悠闲地散步，却突然之间毫无征兆地让我的内心有一种强烈的落寞感，我反复一下子看到了 30 年之后的自己，顿时内心产生了一种强烈的恐慌。

我在想，我是否应该作出一些改变，争取让自己未来 30 多年的职场生涯多点精彩和不确定性？

最后，经过慎重思考我果断选择了辞职，选择从事充满挑战性和不确定性的律师职业。

现在想想，还是挺佩服自己当时的勇气的，无知者无畏也好，年轻就是资本也好，总之是自我感觉良好地带着四年积累的教师履历，回到了武汉这个熟悉的地方开始另外一种生活。

当有人问我从大多数人羡慕的教师职业辞职后出来做律师是否后悔

时，我其实内心是坚定的，但也隐含着丝丝的不安。

之所以坚定，是因为决定是自己下的，路是自己选择的，无怨无悔；之所以隐隐不安，是因为对新职业的陌生和对前途的担忧。

有时候细细思考自己前 30 年的求学、工作经历，在平庸中总能获得一些成功的喜悦。

我经常评价自己是一个矛盾的综合体，自身最大的优点同时也是最大的缺点就在于，可以欣然地接受任何事物或工作，然后静下心来慢慢地把它完成或做好。

四年的教师生涯如此，七年的律师执业也是如此。

执业律师 成功代理加多宝与王老吉不正当竞争案、茅台集团商标案

1

因为种种机缘巧合，我进入了湖北维力律师事务所这个颇具实力的律所执业。

到律所报到的第一天，经主任推荐，我有幸进入了吴胜利律师团队学习劳动人事争议处理的有关工作，并有机会到律所在湖北省人力资源和社会保障厅信访中心创建的咨询点值班，为大量的企事业单位上访者和普通的劳动维权者提供法律咨询和帮助。

当时，我对律师的执业范围和领域基本没什么概念，不确定从劳动人事争议处理的角度开始自己的律师执业生涯究竟是好还是坏，但既然来了就一定得沉下心来好好学习。

放下了当年高校教师身份的高傲，虚心向身边的同事学习每一个案件的处理方法和知识点，并不断地积累和总结。

倒也幸运地在相对较短的时间里掌握了一些劳动争议案件处理的基本方法和相关法律规定。

2

在实习期满并顺利拿到律师执业证的第一年，我开始了独立执业，自己独立接待当事人咨询、案件代理、开庭和案件沟通等，还要完成律所制定的年终业务创收任务。

当时对于我这个初次执业的年轻律师来讲，心理压力其实是非常大的，基本算是赶鸭子上架豁出去了。

好在运气不错，通过自己虚心的学习和耐心的工作，成功地代理了几件劳动争议案件，并且基本都圆满地解决了。

尽管并非全部胜诉，但尚且都获得了当事人的信任和认可。

其中有一件案子对我律师执业产生了非常积极的影响。

有天恰好轮到我在省公务员局信访中心值班接待咨询，一对年轻的情侣抱着试试的心态向我咨询男主人公被公司辞退如何维权的问题。

咨询的问题非常简单，但我还是按照正常案件完整的处理流程以及每个环节可能出现的状况，详细地为当事人做了解答。

那天的沟通和交流还算顺利，年轻的情侣客气地表达了会再过来找我代理这个案子的意思，然后就离开了。

由于案件相对简单，我基本没想过当事人真的会再回来找我。

但过了几天之后男主人公真的找我签订了委托代理协议，案件正式启动。

案件开庭准备得非常充分，裁决结果自然非常理想，裁决的总金额接近三万元。由于双方当事人都没有起诉，裁决书生效后，公司迟迟不履行裁决书义务，我只好又去法院申请强制执行。

武汉的夏天出奇的闷热，案件迟迟得不到解决内心非常的焦急，为此我每隔几天去一趟法院找执行法官进行沟通。

经过耐心的解释和请求，执行法官自己开着法院的警车带着我和一位年轻的书记员去寻找被执行人的办公地址。

整整一天，我们终于在一个居民小区找到了该公司在武汉的临时办公点，经过法官阐明不履行生效文书的法律后果后，公司承诺三天后派人到法院缴纳全部款项，最终当事人顺利地拿到了补偿款。

事情本以为圆满结束了，自此以为不会再有交集。

三年之后，案件的当事人联系上了我，告诉了我后来发生在他身上的故事，我才知道当初执行回来的补偿款为他人生的重大转变产生了如此巨大的意义。

原来，在被单位辞退后的一段时间里，他维权心切，又面临感情和事业的“瓶颈”，在一边委托我维权的同时，一边靠着仅有的5000元积蓄开始了电商事业的试水，苦于没有后续资金，对创业能否持续下去没有把握。

正是案件执行回来的补偿款帮他渡过了难关并坚持了下来，并自此其电商事业迅速发展壮大，不到三年的时间里已经成为年销售额达数千万元的外国化妆品采购销售电商。

三年后的相聚，当事人跟我聊到了前面发生的事情，他感谢我当初对案子的认真和上心，感谢这笔执行款对他后来的人生转折所带来的深远影响。

那会，我的内心是庆幸和惊喜的，我很坦诚地告诉了他，他的案子是我独立执业后的第一个案子，我只是按照一个执业律师正常的办案程序顺利办完了一个劳动争议案件。

今天回想起来，我真的没有想到因为自己再平凡不过的工作能够为他人带来巨大的人生惊喜。

3

执业快接近一年的时候，律所另外一个团队的负责人李涛律师找到了我，问我是否愿意到顾问单位做驻点律师。

考虑到今后执业方向和领域的拓展，以及自身综合的发展，我隐忧地答应了这个安排。

2012年10月8日，我正式进驻到了这家武汉知名的民营企业做驻点律师。

驻点上班的第一周是我最崩溃、压力最大的一周，毫不夸张地说，甚至差点毁了我前20多年的自信心。

由于之前仅有处理劳动争议的经验，来到这个顾问单位后，突然一下子接触的全是自己陌生的专业领域，比如公司治理、金融借贷、交通、物业租赁、房地产开发等，对这些领域我几乎一片空白，领导交代的任务我完全无法完成。

坚持了一个礼拜后，有天晚上跟朋友通电话聊起自己的工作状态时，我当时真的哭了，我不知道自己还能不能在律师的执业道路上坚持下去。

庆幸的是，在身处办公室同事和朋友，以及律所强大后援团的支持下，我硬是撑了过来。

时至今日，我还记得这家顾问单位老总跟我聊天时偶尔说起的一句话：“柳律师，你在我们公司驻点的三年，完全胜过其他律师在律所待过十年。”

4

在这家顾问单位驻点三年之后，我回到了律所。

靠着执业第一年在劳动争议领域积累的一点小资本，和在民营企业做驻点律师积累的经验，我又开始了团队存量顾问单位维护的工作。

任何一家顾问单位的惯常业务，无外乎人力资源和合同管理两大板块，所以靠着积累的一点经验，我在存量顾问单位大量的维护工作中找到了自信和成就感，慢慢地也逐渐让自己变得成熟起来。

在近三年的时间里，我全程参与了加多宝诉王老吉不正当竞争纠纷案等大量有代表性和社会影响力的法律服务工作。

特别想分享的一点是，在自己进入律所第一天进入吴胜利律师团队从事劳动争议解决业务时，对劳动争议领域的发展空间过于狭窄的顾虑和担忧完全是多余的。

现在看来，劳动争议解决的执业经验俨然已成为我走向成熟的敲门砖。

其他执业领域亦是如此，任何一个执业领域都大有可为，都有可能成为我们成功的起点。

专业领域没有高端和普通之分，有的只是我们对专业领域的专注程度高低之分。

结语　柳律师牌鸡汤

1

回顾近七年的律师执业经历，执业初期的艰辛和困惑仍刻骨铭心，时长在闲暇之余会回想起这七年来的每一个细节。

回忆过去是为了展望未来，在过去的成功和失败之中找到继续前进和努力的方向。

每一个个体都是社会的人，都有着对成功和失败的不同判断标准，我们无须以社会大众所界定的成功标准作为自己努力的唯一动力。

更多的应是保持内心的平静和淡定，做好身边的每一件小事，慢慢积累。

2

在面对执业过程中的困惑和压力时，最好的解决方式就是学习和积累。

学习积累的方式有很多种，聆听讲座和培训是学习，参加旁听庭审是学习，观察同事如何接待当事人并成功签约也是学习，诸如种种，我们都可以留心观察并亲身实践。

慢慢地自己的执业经验和知识积累就会越来越丰富，只有这样我们才有可能找到执业的成就感和满足感，才能自然摆脱无谓的困惑。

3

律师职业同其他职业一样，都会面临一定的压力，甚至某种程度上会比其他职业的压力更大。

面对压力，要善于找到适当的发泄窗口，缓解压力。

同时，要始终保持一种心态，世界上任何事情都没有 100% 不可能。

诸如我们在面对任何一起复杂疑难案件当觉得快穷途末路自己想要放弃和推诿时，这个时候给自己一点空间冷静一下，多同身边人交流交流，也许就能找到一个变通的解决思路。

要实在解决不了，就尽自己最大的努力，顺其自然，事情总会有一个结果，无论好坏。

4

从过去学生时代到参加工作，都习惯同身边的同学、朋友做比较，反省自己是否成功?

现实是自己在前进的路上总比别人慢一拍，为了向比自己成功的人看齐，我只有默默的努力。

我自认为自己此处最大的优点在于懂得自省并不断宽慰自己，再努力努力，也许就能赶上比自己优秀的人。

幸运的是，最后都能追赶上大家前进的步伐。

所以，我最后想同大家共勉的是，未来执业律师的路还很长，我们不必急躁激进，一步一个脚印地脚踏实地地去做好每一件事，其实你的律师执业就已经走在成功的路上了，只是我们自己没有察觉而已。

16. 从土木男到工程律师的跨界之路[①]

初识法律

2006年，还在上高中，在家和父亲讨论一个社会热点，南京“彭宇案”。

从小喜欢看港剧《一号皇庭》，梦想成为一名执业律师，而这次是第一次为一件事情和父亲争得不可开交。

父亲也是无奈，说了句，你这种性格就不适合做律师，母亲说，律师不是应该能言善辩吗？父亲摇摇头，我第一次对父亲眼中的律师有了不一样的认知。

父亲是一个检察官，也经常和律师打交道，这时的我，一直都在想自己是哪里错了？难道是我对律师的认知不够吗？毕竟我从小的梦想就是做律师！

后来几年，无论怎么劝父亲都不让我学法律，说我们家三代从政，希望从我这一代得到改变，并在上大学时让我选择了土木工程专业。

土木土木，又土又木，一点都不假，大学的几次材料物理力学性能试验，让我们都叫苦不迭，我打心里对这个专业感到反感。

课下，自己偷偷去学校后街书店买了一套法律书籍，下决心开始自学法律，一共14本，红皮书。

还记得翻开第一页时内心的那个感觉，像是翻开了一本江湖盛传已久的武林秘籍一样，内心窃喜。

学法无涯

大学的课程繁杂，每天为了试验和测量奔波、画图，内心感到惴惴不安

① 余康，中共党员，武汉科技大学工程管理学士，二级建造师。北京盈科（武汉）律师事务所专职律师。业务主攻方向是建设工程与房地产开发法律事务。

的不是火辣辣的天气，而是时间又到了晚上，今天计划学习的法律书籍又没有时间看了。

一开始不知如何下手，翻开宪法，感觉无趣；翻开法理学，感觉茫然；翻开刑法，兴趣盎然却又静不下心。

每天都在等待机会去法学院听课，却又望而却步。

在一次偶然的机会中，被一个朋友拉进了法学院的课堂上，那天他们正在上婚姻法，我进去后，感觉旁边议论纷纷，大家都在用异样的眼光打量着我这个不速之客。

其中有一个调皮的学生 A 问了一句，你为什么想来听法律课程呢？我有点不知所措，回了句：爱好吧。

然后全班沉寂了 5 秒钟后突然都大笑起来，有声音传来：你的爱好真奇葩，我尴尬地坐了下来。

旁边有一个手伸了过来，一个戴眼镜的男生 W 和我握手，并介绍自己，下课后，我们一起吃饭，一起谈天说地，说理想，聊未来，谈人生。

原来我们的故事如此相像，我们有很多的共同爱好，那晚，两个男生开始建立了深厚的友谊，成了一辈子的兄弟。并相互鼓舞对方，这是一段让人激昂澎湃的时光，互相打鸡血，在 W 君的帮助下，我从民法开始，一步一步开始朝着前方行进。

无数个夜晚，我们一起骑着电动车跑出去，到处蹭课，到处求学，我们在黑暗中摸索着未来，但是乐此不疲，直到现在，我们都保持经常联络，互相诉说着当年一路走来的故事。

大三那年，认识了更多的志同道合的朋友，大家相互鼓励，相互学习，共同成长，每天 6 点起床晨读，刷题到 12 点睡觉，长达一年的时间都在为这场考试做准备，在大四开学的时候参加司法考试，并如愿一次性通过了司法考试。

除了卷一 117 分，卷二卷三卷四均不及格，还好总分通过了，觉得自己第一次被幸运女神眷顾，感慨唏嘘良久。同月，我还通过了二级建造师的考试。

奠定道路

司考成绩一出来，我就迫不及待开始准备寻找工作，网站上搜索了武汉市内的几家知名律所，渴望成为他们的一员。

都说律师行业特别尊师重道，特别注重圈子文化，一个好的师父可以让青年律师少栽不少跟头。

上天再一次眷顾，我找到了一个影响我一生的导师——T 律师，一个资深的高级合伙人，专业能力异常出众，我记得那天刚和 T 律师见面，他问了我一些基本情况，他说，你也是土木行业出来的，而我也做的是建筑法律实务，你跟着我正合适。

可是，从小受父亲的熏陶，特别喜欢刑事辩护，一段时间内买了很多关于刑事辩护的书籍，心里不禁有点忐忑，本来就不喜欢土木行业，想远离，现在却阴差阳错又回到了老本行。

一年半的见习和实习经历让人很不适应，我印象中律师舌战群儒的场面和我目前手中的贴票、归档、送文件资料等杂活形成鲜明对比，每天都在思考自己要怎么努力，如何发展，心事重重，经常和同事请教、讨论，一个人回家后却不想说话，只想静静地坐着发呆，现在想想，那时候应该是成长的过程。

有一天，师兄 Z 律师看我坐着无聊、发呆，就传给我一份合同，让我看看有什么问题，让我修改。我一点开文档，是 150 多页的建设工程施工合同，顿时懵了。

一整天都在忙着改这一份合同，修改过程中我发现有很多和我在大学课堂学到的不一样的地方，比如索赔、进度、质量控制。

我开始着重修改我觉得有问题的地方，一天下来，腰酸腿疼，但是改过的合同得到了师兄的认可，这是两年来第一次工作得到认可，心里甭提多高兴了。

我意识到我在建设工程方面比其他律师有着先天的优势，于是我思考选择道路，开始了着重朝着这方面发展，励志做一个建筑领域最通晓法律的、法律中最通晓建筑的专业律师。

我将我的想法发了朋友圈，没想到我的朋友圈得到了我师父 T 律师的点评，他留言说，我要你做建筑法律第一的律师。备受鼓舞后，更坚定了我开始朝着这方面钻研的思想。

几年的坚持，如今已慢慢有了收获，在每一次的学习中，积累了大量的建筑法律经验，签署了多家建筑公司的常年法律顾问，专业的水平也慢慢得到了客户的认可。

近几年在努力备战一级建造师执业资格考试，并认识了很多建筑行业的精英。我要努力实现 T 律师给我设定的目标，我要在建筑和法律领域有自己的建树。

文体活动

盈科律师事务所是一家超大型的综合性律师事务所，在这里，人才辈出，每个人都是如此优秀。

每年盈科律师事务所也会举办很多的活动，我也在每一次活动中成长。

2016 年年会我报名参加了第一届盈科好声音大奖赛活动，并取得了第三名的好成绩。

2017 年 5 月，盈科律师事务所组织去日本，在游轮上我们被安排表演模特秀，坚持训练了好久，最终还是圆满完成任务。

同年 10 月在清华大学举办了盈科律师事务所第一届全国运动会，最终我们盈科武汉足球队凭借坚韧的意志取得了全国第三，并当晚在清华大学新清华学堂观看了一场由我们自己举办的大型联欢晚会。

2018 年开始，我连续两年担任盈科武汉分所年会的主持人。

2019 年开始担任盈科武汉青工委的体育委员，并担任盈科武汉足球队队长。

每年所内还有各种党建活动，去延安、红安等革命老区学习参观，去盈科全国各个分所学习业务知识，见到了很多的同事，认识了很多的朋友。

结　语

英国大法官柯克爵士说过，法律是一门艺术。在一个人能够获得对它的认识之前，需要长期的学习和实践。

希望在以后的职业生涯中，一步一步通过实践来获取对法律的认知，在收获中成长，在成长中收获，在每天缤纷的生活和工作中守望每一个精彩瞬间。

17. 从500强外企法务，到独立办理非诉业务[①]

青青若向我约稿，结果被我一拖就拖了半年。

除了工作忙碌的因素外，最重要的是，我始终觉得自己也只是个很平凡的小律师，没有什么特别的经历值得去分享，毕竟我不是那种有故事的男同学。

毕业选择，外企法务

讲真，虽然我从小就沉迷于TVB的律政剧中无法自拔，但在华科法学院读硕士的时候，我虽然想过毕业后去做律师，但始终缺乏勇气。

因为我知道这是一条艰辛崎岖的路，即使是那些风光无限的律界大佬背后，心底也都藏满了不为外人所知的辛酸。

当然，考公务员也未必适合我，毕竟自己还是有点喜欢自由和叛逆。

或许，做一名收入稳定的企业法务或许是一个不错的选择。

很幸运的是，我毕业的时候通过一家世界500强德企的全英文笔试面试，顺利地拿到了offer，成为了当年该集团在中华区录用的唯一法务专员。

在外企工作的日子，过得真是充实而愉悦。

每天呆在5A写字楼里，领着优渥的薪水，抱着文件穿梭在一群身穿精致职业套装的海归中，耳边飘着各种英文，过得真跟电视里的职场剧一样。

当时我发自肺腑地觉得："哎呀，这个研究生我总算没白读！"

同时，公司完善的培训机制也让我受到严格的企业法务专业训练，无论

① 杨志冰，上海市海华永泰（武汉）律师事务所律师。职业领域：金融与资本市场，民商事诉讼，刑事辩护。

是合同审查与起草、法律谈判与协调还是公司内部合规等企业法务各项业务能力都得到了长足的进步。

我当时以为，我的人生差不多就这样了。

可惜，世界总是不断变化的。没多久，公司组织架构进行了调整，集团法务部设在武汉的办公室并入上海总部，我不得不面临转到上海工作。

同时，家里也发生了一些事情，需要我回去照顾。

考虑再三，感觉选择去上海工作会面临很大的压力，最终还是选择了辞职，我依依不舍地离开武汉回到了我的家乡——广西柳州市。

回到柳州：人保财险法务

回到家乡，又面临重新找工作的困境。

网上搜到中国人民财产保险股份有限公司招聘法务，我就报了名并顺利通过了人保财险的全国统考，顺利地成为了市公司一名法律岗员工。

在人保财险的主要工作内容是处理市公司下辖的 7 个城区、2 座县级市及 12 个县支公司的各类诉讼案件，此外还有权限范围内的核赔工作、反洗钱反欺诈稽查工作以及公司内部风险合规等工作。

在人保财险的工作虽然不像外企那么光鲜亮丽，但日子还是过得很轻松滋润的。

上班的地方离家很近，走路也就 10 分钟不到，每天在公司吃完午饭都还可以回家睡个午觉。

工作也相对比较自由，有案子就去法院开个庭，没案子就在办公室整理案卷录入系统。

偶尔郁闷了，就挑个外地的案子出去开个庭，再顺便旅个游透透气。

在人保财险工作期间，我庭审能力得到了充分的训练。

对于公司各类道路交通侵权损害赔偿、非车险诉讼、船舶与海商保险、代位追偿和保险合同纠纷等案件的诉讼工作也都得心应手、游刃有余。

在公司的发展很顺利，我不断地通过总公司各种考试取得了更高级别的权限，同时也因为自己的表现而提拔到了更高职位。

这种稳定安逸的日子，虽然看起很美好，可惜我心里已经极度厌倦。

一种很强烈的渴望在内心迸发，觉得自己不应该就这样按部就班地活下去，应该去创造更精彩的人生。

毕竟，我还有梦。

决定了！我要辞职！我要出来做律师！

辞职信递给公司老总的时候，她一脸诧异，不懂我为何要走，问我是不是因为工作太累？只要我不走，公司任何部门职位随便我挑。

当时我觉得也很对不起她，武大毕业的她平时对我也额外关照有加，可惜自己去意已决。

因为我的突然离职直接导致我和家人关系的彻底破裂，经历和家人数次天崩地裂的争吵之后，倔强的我决定离开那座城市。

初回武汉：找律所碰壁

我跳上了回武汉的火车，就像我当年拿着法学院的录取通知书去华科报道一样，去追寻自己的律师梦想。

回到武汉后，其实我基本谁都不认识，厚着脸皮硬搬进了同学租住的小单间里，就在网上向很多律所投了很多简历，可惜都基本石沉大海。

当时，我的想法很简单，找个律师做师傅，跟着他做助理，帮他拎包、端茶递水，他去哪我去哪，他叫我干嘛我干嘛，能给我办实习证，带我熬过实习期，学到点东西，拿到律师证就行。

可惜，我找了很长时间都真的没找到，甚至连个面试通知都没有。

因缘际会，一位律师把我介绍去了一家小所，这家所什么都没有，只有一个壳，说白了一个实际执业的律师都没有，之前的团队都解散了，所里几名执业律师都只是挂名的，都在外面公司上班，甚至律所主任也是挂名。

这家所能给我提供的，也就只是办个实习证而已。

我当时也没得选择，只能赶紧先把实习证办了，早点熬过实习期拿到执业证，其他的只能以后再说。在我转正之后，那个所就注销了。

从信用卡催收诉讼案件开始

作为一名外地人，没有律所平台的支撑，也没有人脉案源的我，不得不面临更为残酷严峻的现实。

对于我这种没有师傅的刚出道的实习律师来说，最可怜的不仅是挣不到钱，而是没有案子做，导致缺乏办案经验，业务水平得不到提高，即使将来有机会摆在我的面前，也没有能力去把握，最终只能被淘汰。

所以，提高自身业务技能才是最关键的事情。

毕竟，没做过的案件，读再多的书也是平面的，做过一遍才会成为立体的。就像大学毕业的法科生和一名资深律师的差距，不在于理论功底，而是办案的实践经验积累。

没有师傅的指导和带领，也没有其他任何收入来源，只能靠自己摸索勇敢往前冲了，终究总是要咬牙熬过这段艰难的岁月。

我的执业生涯是从最低端的信用卡催收的诉讼案件做起的。

因为我服务的那家银行律师费是纯风险代理的，而且提成比例相对低，信用卡案件标的又小，债务人大多都已失联，需要经过漫长的公告程序和执行程序，所以原来银行负责这块业务的律师都抛弃了这块业务，有做到一半的案件，我就主动请缨去接手这块业务。

刚开始银行那边也非常不信任我，觉得把案子给我这种小律师很不靠谱。

我刚开始也做得非常艰难，做这种案子是纯体力活，但凭着自己的努力，咬牙坚持，最终还是取得了非常不错的业绩，甚至十几年前的欠款的当事人都主动找我还款。

银行那边对我的工作非常满意，慢慢地也开始把不良客户调查工作、日常法律顾问工作和其他信贷诉讼业务交给我处理，我也借此学习了银行后台的整个业务流程。

虽然银行的信用卡诉讼案件没有让我挣到什么钱，但是却为我提供了非常宝贵的学习机会。

首先，经过大量的案件，从诉前做保全到立案、公告、开庭、申请强制执行、摇号选评估机构、拍卖或者申请终本等民事诉讼全套程序已经了然于心，最重要的是有机会接触到了非常多的法官和书记员，熟悉他们的办案风格对今后自己执业也是很有帮助的。

其次，对于调取房产信息、去车管所查询车辆登记信息、去民政局调取婚姻登记信息等取证工作也都非常熟悉。

以银行信用卡诉讼案件为起点，熟悉了各个法院的诉讼流程，后面自己再做其他案由的民事诉讼案件等也就基本没有什么困难了。

只会民事诉讼对我来说并不足以安身立命，需要不断学习新的业务技能才能面对今后执业生涯的挑战。

非诉业务的进阶

1

狄更斯说过，这是最好的时代，也是最坏的时代。

实习期的时候，“新三板”的推出火爆全国，全国多层次资本市场建设也方兴未艾，区域性股权交易中心的“四板”业务也炙手可热。

非诉业务对我这种无法独立开庭的实习期律师来说少了门槛的限制，是一个不错的选择。

我决心开始往资本市场业务方向发展，虽然刚开始自己并不懂“新三板”究竟是个什么鬼东西，但我决定搞懂它。

除了自己把市面上关于“新三板”业务的书都读了一遍之外，自己也千方百计地找机会参加各种券商和中介机构主办的“新三板”论坛。

在一次活动中，结识了一位专做“新三板”业务的律师，他因为业务繁忙团队人手紧缺，我主动要求到他的团队帮忙。

虽然当时跟着别人团队做“新三板”业务没有钱，但是却掌握了非诉业务的基础，包括尽调、整改、股改、出具法律意见书、最后挂牌等。

同时也磨炼了自己在项目中协调注册会计师、资产评估师和推荐机构项目经理的能力，推动了项目的顺利进行。

有了“新三板”业务的项目经验，后面再做“四板”业务其实也就很简单了。

我当时想着，等我转正执业后，就转到他执业的这家大所的“新三板”团队来，可惜好景不长，“新三板”挂牌监管条件不断升级，门槛不断提高，这块业务已经很难做了，团队不久也就解散了。

2

我相信上帝给你关上了一扇门的同时，也一定会为你再打开一扇窗。

2016年，中国证券投资基金业协会开始办理私募基金管理人备案。

这场私募的保壳大战，也是我真正独立开始办理非诉业务的起点。

因为之前的“新三板”经验，当时一位投资集团的董秘把我介绍到了一个比较专业在做非诉的所，在那里办理了很多出具私募法律意见书的业务，包括当时最早的一批保壳成功的，就有我撰写的法律意见书。

后面我做的好几家私募管理人备案，协会都没有反馈直接审核通过的。

通过办理私募业务，我掌握了基金业协会对整个私募行业的监管规定，对私募基金公司的整个架构体系和合规风控制度都很熟悉，对协会网站后台操作系统和备案基金产品也都非常熟练了。

3

存量私募业务做完之后，由于新增的私募管理人比较少，很多律师也就慢慢放弃了这块业务，但我决定继续深入往前发展。

一位之前服务过的私募管理人客户，需要成立一支规模一个亿的政府产业引导股权投资基金，力邀我加盟他们团队，我欣然答应。

我开始全身投入这家私募股权基金公司的工作，以此为起点，再进一步学习了投融资业务，掌握股权投资的业务知识。

我全程参与了公司的设立（包括与券商联系入驻私募工厂、上会获取金融办批文、办理工商注册等），同时对于基金产品的发行与备案（包括契约型基金和有限合伙型基金）过程中基金合同、募集说明书、投资协议、产品注册与托管也都了若指掌，并有机会接触了大量的拟投项目。

在这个过程中，也有机会结识了很多来自券商、银行托管部和其他私募基金公司的小伙伴，这为今后独立开展非诉业务打下了良好基础。

有了过硬的业务能力，慢慢地就会有越来越多的客户来向你咨询法律问题或者委托案件，也慢慢会有越来越多的律师找你合作案子。

无论是今后自己继续独立执业，还是和别人组一个团队或者转到其他律所平台，过硬的业务能力都是你可以立足的资本。

虽然自己并不是很有名，但有好几次一些大律师直接给我打电话，定好机票酒店邀请我加入他们团队一起参与投资和并购项目，也真是让我有点受宠若惊。

诉讼业务的进阶

非诉业务感觉总还是绕不过经济周期和政策的影响，诉讼业务始终才是一名律师的执业基础，我也不敢放弃。

实习期满，我找到了一家新成立的律所开始执业。

一次偶然的机会，所里一位律师因为开庭时间冲突，让我代替她去司法局法援中心值班，由此开始一发不可收拾，也就慢慢成了法援中心固定值班律师。

时间久了，法援中心也开始逐渐给我指派一些民事法援案件，无论是去帮助关在精神病院的精神病人变更抚养权，还是去帮助被违法解除劳动合同的扫厕所的保洁大爷申请劳动仲裁，我都不敢怠慢，认认真真竭心尽力去认真办理好每一件案子。

实习期因为没有师傅的带领，自己无法独立办理刑事业务，因此刑事业务始终成为了自己的一块短板，自己也在努力找机会突破，虽然自己也办理了几起很小的刑事案件，但这远远不够。

上天还是对我很照顾的，认罪认罚制度的推出给我带来了很大的机遇，我开始作为司法局认罪认罚律师团成员参与刑事法援认罪认罚案件的办理。

通过陪同检察官一起去看守所办理大量认罪认罚案件，我接触了大量之前没有机会接触过的案件，除了常见的盗窃罪、危险驾驶罪之外，还有容留卖淫、容留他人吸毒、持有毒品、贩卖毒品、开设赌场罪等。

同时我也在办案过程中熟悉了检察院整个办案流程以及对这些案件中犯罪情节的认定和量刑建议的标准，同时还有机会和不少检察官接触，熟悉他们每个人的办案风格，这都为自己独立执业打下了良好的基础。

结语　自由生长的芦苇

自己这一路走来有时候觉得，虽然艰辛但也充满了乐趣。

我既为身价过亿的资本大佬成立过私募基金，也为关在精神病院的精神病人变更抚养权，感觉真的没什么遗憾了。

感谢那些陪我一同成长的律师好友们，谢谢你们为我的成长给予了无私的帮助。

也谢谢智善法律新媒体，作为湖北省最有影响力的法律新媒体，定期举办各种线上线下的活动，每次活动我都尽量参加，每期的内容也都非常精彩，无论是实务经验分享的演讲嘉宾，还是慕名来学习的律师都收获满满。

有时回过头来想想，选择做律师，最终都要走向独立执业的那天，只是我比其他人走得早了一点。

虽然没有师傅带领，虽然一路走得艰辛，但一样有很多机会学习成长。

成不了养在温室的盆栽，便做一支湖边自由生长的芦苇。

不努力向前奔跑，怎么知道前面给我们留了什么？

还是那句话，不必担心于未来，只需要努力于现在。

18. 917 天晋升合伙人律师，追求美好①

夜，静悄悄，开启点点滴滴的回忆，回忆自毕业入职律所至今的每一步如何度过。一路走来，遇见很多坑，也都跳出来了，还算好。目前，我可以有底气地向所有人大声说，自己是一名合格的执业律师，是一名经过努力创建了团队的律师。对此无限感恩，尤其是给予支持的每一位当事人。

为什么选择做律师

2015 年 6 月从法学院硕士毕业，至此共学习 7 年的法律知识，司法考试以 440 分超高通过，终结学业。毕业的我，和众多法科学子一样，就业的方向无非是法官、检察官、律师、法务、国企等，也就是会什么就去干什么吧，总不可能去不懂的领域工作。

① 张政权，北京金台（武汉）律师事务所合伙人律师，职业领域：刑事辩护、婚姻家庭、法律顾问。

恰逢毕业时，也遇上了席卷全国的司法体制改革，法官、检察官实行“员额制”，公务员考试不再直接招考法官、检察官。学习多了法律，再加上读研期间做了近 3 年的法律课程讲师，自然看问题就有一种敏锐的角度。当时觉得一旦入职法检，没个 5~8 年，甚至 10 年，是不可能混到法官、检察官的。从法官助理到助理法官，四字顺序不同，却是两种职位的天壤之别，这段路必定难走。毕竟自己情商也不怎么高，很难适应和融入体制内的工作和生活，学而优则仕并不适合我。

所以呢，不如转而去“自由”“发财”，就一门心思想着做律师，而且想赚“大钱”。现实讲，哪个选择做律师的，不是为了赚钱生活啊。只不过君子爱财，取之有道，赚钱的同时必须要坚守原则和内心善良公正。

我选择做律师的原因虽然看似功利，但确实是符合当时现状的。事实上，无论体制内外，只要在工作中始终坚守法律信仰，同样是在为建设法治社会添砖加瓦。做过了上百起案件，而如今深刻觉得，在每一个案件中，尽心尽力把事情做好，把不忘初心的公平正义传递给当事人，让每个当事人认可律师、信仰法律，这就是一种法治成就感。

做律师的切肤之痛

好的师父可遇不可求，没有遇到心态要稳住。在入行律师之初，相信大多数人都会有师父带，无论师父能力强弱、赚钱多否，好歹是个领路人。初生牛犊不怕虎，我自认为凭着在校期间的各种荣誉，又有读研期间近 3 年的讲师经验，满满自信。觉得不需要依靠任何人际关系，可以入职到一个好的工作单位，也会有个好师父带。但事实证明，这种想法是天真的。至今我依然奉劝那些刚毕业的学生，不要轻易选择做律师，除非能够承受无尽的入行痛苦，除非能遇见一个靠谱的师父。入行之初走了很多和自己理想不一样的弯路，做了些言不由衷的事情，换了一个又一个合作律师，能学到的专业性技能并不多，能接触到的案子并不多，也没有人会手把手教学，更不用谈收入见长。一度怀疑，选择这个行业是不是错了，为何钱少得让人尊严扫地，而还要苦苦死撑。

没有人告诉你做诉讼好还是非诉好，没有人告知是万金油好还是专业化好，更没有人对你说是要选个好师父还是选个好平台，总之一切均由自己傻傻摸索，这种痛一直困扰着我度过实习期。至今都不知道这些是否影响了执业的轨迹，但也根本无法回首揣测，因为没有时光隧道。随遇而安，既然作出了选择，跪着也要走下去，所幸结果还不错。

所以，从这个意义而言，我羡慕我的团队成员，至少我会将这种切肤之痛分享，并且由他们自主决定。愿以后做律师的法科学子，路过我的律师路，痛过我的律师痛时，没有迷茫，无问西东。

每一天都在加速奔跑

在外行看来，律师是很自由的职业，无须打卡上班，无须朝九晚五。的确，律师的工作是自由的，但是否自由完全由律师个人决定。我的理解仅仅是律师可以自由安排工作，安排这种或者那种，总之还是得安排一种。你想闲着，就可以呆在家里或者办公室看剧；你想忙着，就可以白天外出公检法、商务活动等，晚上码字加班到凌晨。

选择不同，道路也注定不同。对于那些闲着的律师，做案子少，能力提升慢，收入微薄；对于那些忙碌的律师，做案子多，能力飞速提升，收入见长。二八定律适用于任何行业，机会从来不会光顾那些无准备的人，如果你想超常，必然先反常。经无初次验证，我的朋友圈给好友的印象，一定是忙。

从入行的那一天，我就把自己的角色定位成律师，从未想过律师助理、实习律师诸如之类的角色，而是时刻以执业律师标准做事，独立担当，所有的压力独自扛，从来不等、靠、要，从来不敢犯错，积极把握好任何一个做案子、提高能力的机会，珍惜每一个客户，赢得信任。

正是这样，敢于独自接待客户、独自分析证据、独自出具诉讼方案、独自准备开庭文件、独自与公检法沟通、独自出差、独自开庭……习惯成自然，除了自己的案子，和任何律师的合作，都会完全当作自己的事，而从不计较是否赚到了钱。有句话一直觉得很有道理，赚不到钱赚经验，赚不到经验赚经历。总之，这就是做律师的人生体验啊，而总有一天，那些哭过、痛过的经历，都将转化为执业路上能够用得到的宝贵财富，在突然的瞬间会有莫名的感动。

至今我还清晰记得三年前办理的第一个刑事案件，以无尽的热情花了整整三天时间，加班加点，写出了 1 万多字的辩护词处女作，多次与办案机关沟通、异地出差会见，对当事人的父母始终耐心安抚，虽然最后自己只拿到了 1000 元的收益，但当时内心无怨无悔，激情满满。

欲戴皇冠，必承其重。一直以来，什么事都必须想在别人前面，靠谱、放心、安全是必须要给当事人和同事的感觉；一直想用三年的时间，走过别人六年才能够走过的路。因此，每一天都必须加速奔跑，用“90”之身、“80”之心厉兵秣马，无所畏惧。

破格晋升合伙人

2019 年 1 月 17 日是值得铭记的，当天经律所合伙人会议讨论，我正式成为北京金台（武汉）律师事务所首位“90 后”合伙人律师，主要原因在于达到了律所要求的个人创收业绩。而这一天，我等了整整 917 天，主任说是破格录取，而我自身也觉得达到了合伙人标准。这一天，脑海里浮现出一个又一个熟悉的面孔，想起办理过的很多案件，大大小小，烦烦琐琐。独立办理众多被告人的重大刑事案件，在百人面前洋洋洒洒发表辩护意见，脱颖而出，得到法官的高度认可；独自操刀标的额达三五千万元的民事案件，冷静淡定，为客户争得巨大经济利益；帮助过癌症病人从知名医院拿回赔偿，帮助过保姆取得工伤赔偿，帮助过农民工要回人身伤害赔偿，而对于这些群体，我却感到战战兢兢、如履薄冰……

律师办的不仅是案子，我们在办理别人的人生，同时自己也成就别人的人生，也更成就了自己的人生。

建立律师团队

在事业上，一直就不是一个安分的人。成为合伙人之后，我筹划着要成立自己的团队，将个人的能力进行有效扩展，想给客户提供更贴心、更专业、更精细的服务，想去创造与传统法律服务不一样的东西，最终要形成一种品牌和标签。2019 年 2 月，我创立了律师团队，是一支纯“90 后”法科硕士组成的律师团，形成了合伙人律师、执业律师、实习律师三梯队的人才结构。律师团主要办理离婚案件、刑事案件，愿景是让婚姻不再糟糕，让生活尽快美好，让自由早日来到，让财富平稳升高。想让所有的客户遇见我们都能成为美好，让团队律师成为彼此的美好。

基于以上，我要求团队的律师一定要具备作家、演讲家、法律家和社会活动家的综合素质，同时还要具有敏锐的市场眼光。而我，不仅要给小伙伴们安稳的经济保障和晋升机制，还要手把手带他们快速成长，争取成为武汉知名的离婚律师、青年刑辩律师，不负彼此。

永远相信美好的事情即将发生

一路行，无数次挑灯夜战，无数次黎明出发，无数次看人脸色，无数次被误解质疑，无数次尊严碎了一地再捡起，也无数次默默流泪，背负巨大的心理压力，也深感对家人的照顾甚少。理想最丰满，现实最骨感，不是每个律师都是何以琛，而大多数律师都是苦肉身。

但无论如何，四年来收获了太多当事人的感激，深刻敬佩、感恩这些出了律师费，还向律师道谢的客户。正是这些温暖，浸润着我的律师之心——匡扶正义、坚持情怀。律师不仅是一份工作，更是毕生的事业，不忘初心，永远相信美好的事情即将发生，永远争当律师界的发烧友。

结尾，套用尼采的一句话吧！每个不曾起舞的日子，都是对律师生涯的辜负，而我只是不想辜负……

律师，想说爱你不容易。

19. 三次择业，锁定律师职业——我的职业“算法”①

接到智善的约稿通知时，正是清晨，我在出差的列车上，思虑一个特殊

① 王幸哲，中共党员，中南民族大学法学学士，安徽大学法学硕士，曾任黄冈市某基层人民政府公务员，现为湖北武珞律师事务所专职律师，中南民族大学法律实践课教学合伙人，楚天都市报战略合作律师，执业领域：刑事辩护、民事争议解决、法律职业教育。

案件的会见。

“青年律师汇”五个字映入眼帘的瞬间，我却不禁有些恍惚。

踏入律师行业已近两年，相比于之前半年两次辗转变换职业的焦虑心态，这次竟未发觉时间漫长，因此，转而又十分欣喜。

“青年律师”的标签让我对自己的选择有了更多的肯定。

我可以肯定地说，这次，我选对了。

艾伦·德肖维茨在《致年轻律师的信》里说：

“提建议是一件冒险的行为。……大多数建言者只是在指导别人如何成为自己。一切建议，至少是其中一部分，都不可避免地具有提建议者的自传性质。”

诚然，我只是青年律师中普通的一分子，不敢说可以给出建设性建议。

只以此机会，记录自己的经历，分享下青年律师职业选择方法。

感谢智善提供的平台，可以让我有重梳、复盘自己的机会，愿与诸位青年律师同人们一起分享、学习、成长。

寻找热爱

和很多法学生一样，面对未来的“米”字路口，我也犹豫不决。

就如美国诗人罗伯特·弗罗斯特所说：“一片树林里分出两条路……我站在那路口久久伫立。”

如果从校园学生到社会人士，成为律师的道路有两条：

一条是“直道型”，毕业之后直接选择律师作为职业；

另一条是“弯道型”，毕业后尝试了其他的职业，转而选择做律师。

那么，我应该是第三种，毕业前，我已经正式参加了工作。

本科曾师从陈少文老师，那时他就经常和我们说：“学生时代，要大量尝试，浅尝辄止。”

那时我不是太懂，只知道做选择的前提是先“尝试”。

于是，我决定做职业体验派，不停地做“加法”，想去寻找我的“热爱”。

我尝试了很多实习，法院、检察院、银行等，并且在研一的时候，我提前参加校招，并成功被光大银行锁定，拿到了正式的offer。

那时的我，有些小得意。毕竟，刚刚研一，我已经解决了就业问题。

但是，好景不长。

两次辞职，排除真爱

1

在银行工作不到两个月，我就辞去了这份外人看来还不错的工作。

因为我发现，这里的工作与我想象的差之甚远。

银行的人力劳动是一种长期重复后的机械作业，并不要求有特殊专业能力和技术含量，身边的同事，各个学历层次，各个专业的人都存在。

换言之，只要是在这个岗位上做的久一些，熟悉了相关程序，就可以胜任。

这里的工作在初期探索的新鲜感褪去之后，我已然毫无动力继续前行，这不是我要的职业生活。

2017 年 2 月，在递交了辞呈和赔付了违约金后，我毅然离开了银行。

2

转眼毕业，2017 年 6 月，我考上了黄冈某地的选调生。

在基层，相比于上一次的工作，我感到最明显的差别就是，在这里有充实感和价值。

每天在乡镇里穿梭，贴近老百姓生活，观察民风人情，最重要的是能实际着手，还能用自己的专业知识为基层民众提供相关法律服务。

每每此时，我都十分有获得感。

但是，体制内的生活也是有利有弊的，于我而言，受到的最大束缚就是来自于体制上的束缚，很多时候，我不能放手去做自己想做的事情，维护想要维护的利益。

因此，权衡再三，我再次辞去了工作。

3

两次辞职，让我对自己当初职业选择的标准产生了怀疑。

原本，我想要用“加法”去发现我热爱的职业，可是，我找到的却是一个又一个我不喜欢的岗位。大量尝试，然后发现我找到的是自己的“不爱”。

再读那句话"大量尝试，浅尝辄止"。

如果说"尝试"是用加法的方式去发现热爱，那为何又要"浅尝"？

后来才发现，它要表达的联系就是，因为"大量尝试"，所以才要"浅尝辄止"，这就是在告诉我们，尝试的目的是"排除你的不爱"呀！

学生时代，试错成本小。

那时，不知道如何选择，就去做"加法"，增加选项，而目的是走上社会验证生存法则时，知道这些选项的不对，做好排除。

原来，在这之前，我只理解了前半句"大量尝试"。

那么此时，这句话的完整含义是"加法之后要做减法，排除你的不爱"。

三次择业，融合置换

写到这里，其实已经可以发现，世界上并不存在我们所谓"理想的工作"，我们理想的不是工作，而是一种状态。

就如我的两次辞职，稳定的工作状态在专业、自由面前，微不足道。

我想要以自己的理想标准建构起一份完全适合自己的工作，只要不符合我的建构，统统排除，那么，哪里才能找到自己想要的工作呢？

一味的减法在现实中似乎也有为难之处，而面对着自己之前的两次就职经历，我对自己的价值取向重新进行了组合、排列。

心想，如果理想与现实无法一一对应，除了加减法之外，或许可以以求"最大公约数"来满足自己的职业定位。

"稳定、新鲜感、成就感、专业度、自由。"

对应地，我在纸上写下"银行职员、公务员、法务、律师"。

显而易见，律师似乎是我要求的答案。5 个要素中 4 个已经吸引了我：

第一，时间自由。

可以自由地决定做什么不做什么，可以自由地选择上班的时间和地点，可以自由地组建自己的团队。

虽然说律师的自由是需要一定阶段之后，但是相比于完全没有自由展望的体制内工作，明显更胜一筹。

第二，专业性强。

法务、公务员、律师还有从事法律的专家学者都可以算是专业人员。

但是法务接触的案件范围小，一般是合同领域，公务员和专家学者又受到时间条件的限制，故不在考虑范围之内。

第三，律师有独特的思维体系。

这是其他职业很少有的。至少对我而言，做了律师之后，觉得什么事都是有法律解决途径的，因为善于利用法律武器。

第四，有新鲜感。

每天都面对不同的客户，办理不同的事务，工作时时保持新鲜，不觉枯燥，不知疲倦，乐在其中。

相比于专家学者实践机会更为丰富，相比于体制内固定岗位的固定工作，可以在民刑行之间穿梭，可以为不同社会地位的当事人游走，体会他们的感受。

第五，有成就感。

帮助他人，有时不过张嘴功夫，举手之劳，便可解决他人之疑惑或者焦虑，无实物之损失，承真心之感谢。

除此之外，时常面对各种挑战，最终若都一一应对自如，既解决了别人的困难和问题，同时也锻炼和提高了自己，更上一层楼。

如此，我便找寻到和自己喜欢特性高度重合的职业——律师。

未来希翼　加减得当，动态平衡

1

而今，从实习律师到独立执业后找寻符合自己价值观的律所，最后转入了以“智慧、精致、公益、共享”为发展理念的湖北武珞律师事务所，已然过去了两年。

正如一开头写到的那样，一回头，看到自己在执业上的选择，恍如隔世，又历历在目。

感到欣喜，选择了一个适合而不是只浮现于脑海的职业。

2

当然，律师这个职业也有其固有的弊端。

律师就像一个一直发热的 CPU，每天首先需要筛选四面八方的情绪、有效与无效的信息，并在短时间内进行信息分析，给出方案。

所以，律师这个职业，决定了律师自己关注的重点一定是他人，而忽略、压抑了自己真实的想法和态度。

美国心理学会曾有一项调查显示，律师已经成为美国自杀率最高的群体之一，是其他群体的 3.6 倍。

一个拿 18 万美金年薪的律师，每日有效工作时长可达 12 小时 / 天。

业务多时，团队成员会轮班休息，48 小时不休息的情况也时有遇到。

这还不算 24 小时待命上级、客户提出的工作需求。

在无尽的加班背后，更多的律师，最多的问题是：如何平衡自己的工作与生活？

3

对于这个问题，其实每个律师都有不同的看法和行动。

对我而言，从校园年少的"热血加法"到初入社会的"无情减法"，再到追求平衡的"最大公约数"算法，每一步我都在调整着自己的职业计算公式。

对于未来，也如同我选择职业一样，有我的算法。

现在，虽然处于要给自己做加法的上升阶段，但我知道，工作的理想是为了向往的生活。

结　　语

就像高晓松说的那样，人生若是一座山，我愿用前 50 年的时间攀登，拉开生命的序章；再用后 50 年的时间下山，探寻生命中的诗和远方。

只希望，在生存到生活的衔接与转型之际，我能够及时调整，加减得当。

如同一只旋转的陀螺，在动态中保持着自己的平衡，开拓出新的算法。

20. 热爱刑辩，一切都在意料之中[①]

大不了游回岸边

2016 年毕业季，放下了思想包袱，抛开了世俗偏见，我决定，要做一名律师。

学法者，主要出路无外乎两条——考公务员、做律师。虽然本人的性格比较内向，但并不是一个安于现状之人。

体制内就像一个温馨的港湾，没有惊涛骇浪，没有狂风骤雨，在里面停泊或者游弋，无后顾之忧。

但避风港的舒适，无疑容易让人丧失对生活的激情，而且没有经过大风大浪的磨练，个人能力的提升、成长空间都非常有限。

众所周知，人的生命是非常短暂的，我也已然走过了生命的 1/3，我时常在想，怎样才能让自己活得更有价值？

很显然，体制内那种四平八稳、一成不变的工作状态不能很好地回答我的这个问题。

而律师职业的独特魅力更加符合我的追求，它的特性决定了从业者需要不断接触各行各业的人、学习各种各样的知识、解决形形色色的矛盾纠纷等，从而使从业者的生活无比的充实，内心十分的满足。

我深知，从事律师行业意味着要扬帆远航，要直面惊涛骇浪、狂风骤雨，要面临着飘摇的小船说翻就翻的危险。

但对于一个去意已决的人来说，也算不得什么。如果船真的翻了，大不了游回岸边，拆下一块板子，扯上一块破布，会当水击三千里，直挂云帆济沧海。

我的师傅付凤鸣律师

对刚入行的新人来说，第一个师傅至关重要。

师傅的言传身教会让徒弟在知识的获取、本领的习得、三观的养成上产

① 徐家俊，湖北楚尚律师事务所专职律师，中共湖北楚尚律师事务所党支部副书记，中南财经政法大学法律硕士。

生深远的影响。

机缘巧合，我有幸认识我的师父付凤鸣律师，并成为了他的助理。

在他的悉心教导下，我受益无穷。

我师父是一名在法律领域从业十余年的资深刑辩律师，尤为擅长办理重大、疑难、复杂刑事案件。

因此，当不少实习律师或执业律师还在反复办理小微刑事案件时，我有幸在师父的指导下，不断接触、学习办理重大、疑难、复杂刑事案件。

在这个过程中，我看到了一个专业刑辩律师应有的模样，对刑事辩护有了一个较为深刻的认识。

在很多人看来，刑事辩护简单，刑事辩护没用，刑辩律师没用。

在强大的公检法面前，刑事辩护是以卵击石，刑辩律师是螳臂当车，难以取得成效。

我认为产生上述认识的原因有以下几个方面：

第一，接触的刑事案件较少，且以小微刑事案件为主，而此类案件通常事实清楚、证据充分，辩护空间较小；

第二，刑事专业知识、经验不足，难以发现案件的症结与问题，觉得无甚可辩；

第三，过于信赖公检法处理结果的公正性；

第四，对社会上的个别勾兑现象存在以偏概全的认识。

针对上述现象，我认为，

第一点是纯属盲人摸象，是认识的局限性所致，导致有些律师在此类案件中的辩点不外乎“初犯偶犯和从犯，自首坦白加悔罪”等千篇一律的陈词滥调，从而认为所有刑事案件都是如此。

实际上，我们楚尚刑辩团队办理的刑事案件，无论是复杂案件还是小微案件，大多数是作无罪辩护或准无罪辩护等积极辩护，辩点丰富翔实，理法兼具。

第二点是源于对刑辩知识的过于轻视，重行为性质分析，轻证据分析、程序分析，常常以看小说的心态看案卷、以普通人的眼光看证据，从而轻而易举地得出有罪结论。

既然刑事诉讼法给了我们“合理怀疑”的权利，我们为什么不以“怀疑一切”的眼光去审查案卷材料？

第三点是因为有相当一部分的冤假错案是一群正义感爆棚的办案人员好心办坏事造成的，这与他们打击犯罪的职责与有罪推定的思维定式有关。

我相信，经过公检法的把关，90%以上的刑事案件能得到公正的处理结果。但是，谁能保证自己不是那10%？谁又愿意承受办案偏差给自己带来的不利后果？

第四点是因为人们对“花钱捞人”的热衷与迷信，信“关系”，不信法律。而实践证明，没有法律支撑的“关系”是靠不住的，对案件起决定作用的是法律、是专业，不是“关系”。

随着刑辩专业化的兴起，涌现出一批专业办理刑事案件的律所和律师，他们凭借精深的刑事知识和娴熟的辩护技巧，获得法检的尊重与认可，成功办理不少刑事案件。

即便如此，人们还是更愿意相信“关系”在起作用，因为人们往往会以自己能理解的方式去接受一个结果，久而久之，以讹传讹。

总之，如果不能正视这些问题，不能正确认识刑辩律师的作用，有效辩护无从谈起，遑论决心从事刑事辩护。

观察、领悟、琢磨、钻研

作为一名刑辩律师，从事刑事辩护，我所追求的不是让有罪的人逃脱法律的制裁，而是力求使无罪的人不受法律追究，有罪的人罚当其罪，在不断地救赎中实现自己的人生价值。

而要更好地实现这一目标，离不开在刑辩领域的深耕。

师父领进门，修行在个人。师父对徒弟的指导大多是启发式的，想要学习、掌握更丰富、更具体的知识和技能，要靠自己去观察、领悟、琢磨、钻研。

平时，除了师父的指点与实践的积累，我主要是通过书本来获取刑辩知识，尝试打破认知的樊篱，从广度和深度上进行拓展。

除了常规的工具书如《刑法一本通》《刑事审判参考》之外，我喜欢搜罗并涉猎以下三类书籍。

第一，法律的理解与适用类。

人们常说，隔行如隔山。我甚至认为，同是律师行业，隔领域亦如隔山。对一个领域如果没有体系性的思维，便难以准确把握该领域部门法单个条文或者词语的内涵。

律师作为法律专业人士对法律条文不能知其然而不知其所以然，应当对立法的背景、意图及适用情况都要全面了解。

例如，《刑事诉讼法》有 3 万余字，《最高人民法院关于适用〈中华人民共和国刑事诉讼法〉的解释》有 7 万余字，《最高人民法院刑事诉讼法司法解释理解与适用》有 145 万余字，显然光看刑事诉讼法和司法解释是远远不够的。

第二，律师办案类。

一些资深刑辩律师往往会著书立说，这对于刚入行的刑辩律师来说是不可多得的学习资料。

人贵有自知之明，既然选择做一名刑辩律师，最起码要熟悉这个角色、这个领域及掌握必备的技能，而这些可以通过业界前辈撰写的书籍中获取。

他们有的会将自己办理的成功案例集结成册，分享办案心得与辩护词；有的是对办案经验、技巧的归纳总结；有的是对这个行业、这个领域的评价、探讨与思考。

初入行刑辩律师广泛阅读这类书籍，对于自身的成长，大有裨益。

第三，公检法办案类。

所谓知己知彼，我们律师，不光要看律师写的书，还应当多看公检法写的书。通过阅读，我们可以系统地了解公检法三家司法机关的工作原理、办案人员的办案习惯与思维方式，从而将对公检法的感性认识上升为理性认识。

我们常说的法律职业共同体，无非是多一些尊重与理解，少一些傲慢与偏见。而这些都是建立在各主体之间相互了解的基础上，否则容易沦为一句空话。

之所以花比较多的篇幅介绍这几类书籍，因为我觉得，我们心中的十万个为什么，大多能在这些实务书中找到详细的答案，因此，阅读的重要性不言而喻。

当然，除了实践积累、看书自学之外，还应当加强与同行之间、同事之间的交流。

每个律师办理的刑事案件都是非常有限的，同行或者同事之间在办案过程中遇到的问题可以拿出来探讨，别人现在遇到的问题或许就是自己将来要面对的问题，互帮互助有利于彼此共同成长、共同进步。

对刑法以及刑事辩护的热爱

我对刑事辩护的理解以及在学习刑事辩护上所作的努力，是源于对刑法以及刑事辩护的热爱。

我本科就读于华东交通大学，主修物流管理专业。

其间因兴趣使然，于大二上学期选修公共选课“刑事案件辩护与分析”，从此与刑法结缘。

毕业于中南财经政法大学的授课老师刘振东对刑事案件引人入胜的讲课风格激发了我对法律的兴趣，唤醒了我内心深处学法的意识，催生了我对老牌政法院校中南财经政法大学的无限向往之情。

经过近一年的努力，我如愿以偿考取中南财经政法大学的法律硕士研究生。

读研期间，在刑法学硕导辛忠孝教授、授课老师赵俊新教授指导和影响下，我的阅读重心主要倾向于刑法学专著，尽管一知半解，但热情不减。

我对刑事辩护的理解以及在学习刑事辩护上所作的努力，是为了争取让自己早日成为一名合格的刑辩律师。

什么样才算合格呢？从宏观层面来说，就是符合我们楚尚律所的服务宗旨，“专业、专注、规范、高效”。

从微观层面来说，我师父付凤鸣律师曾经在智善公开课上分享过，专业刑辩律师应具备的“五大高手”能力，即辩论高手、谈判高手、写作高手、协调高手、开拓高手。反躬自省，本人有几项至今未能达标。

不过，我真的很幸运。韩愈说“千里马常有，而伯乐不常有”。我虽然不是千里马，但我师父绝对是伯乐。

在他的发掘、鼓励、锻炼下，我才能得以发挥自己的优势之处。也许是冥冥之中，自有天意，遇上了对的人。

否则，恐怕早已骈死于槽枥之间或者改弦易辙了。驽马十驾，功在不舍，往后余生，定当再接再厉。

我对刑事辩护的理解以及在学习刑事辩护上所作的努力，也是为了促使社会公众能正确、理性地看待刑事辩护及刑辩律师。

由于人们长期以来对律师根深蒂固的负面认识，以及少数刑辩律师不爱惜自己的羽毛，导致社会上对刑辩律师妖魔化、污名化的现象有增无减。

人们对刑辩律师嗤之以鼻，律师对刑辩业务望而却步。

我们似乎只要解释清楚“律师为什么替‘坏人’辩护？”，一切问题便迎刃而解，似乎又总解释不清。

我认为不是因为解释主体不够权威、解释方法不够科学、逻辑结构不够严谨，而是因为置身事外，无法感同身受。

或许只有等质疑者、敌视者戴上手铐、坐上被告人席时，才能不言自明。

我们唯有通过过硬的刑辩功底，办好每一件刑事案件，才能让当事人切身感受到刑辩的力量、刑辩制度的价值。通过现身说法影响自己身边的人，以点带面，以正视听。

结　语

“如果不经历浪花的吹打，风帆只是一块破布；不接受大海的咆哮，小船只是一块腐木；未能品尝烈火的烘烤，钢铁只是一块石头。”

为促使自己早日养成独当一面的能力，拿到执业证后不久，我便选择了出师。

现如今，我已经在刑事辩护专业化的道路上走过了三个年头，一路走来，曲曲折折，磕磕绊绊，却也无怨无悔。

但行好事，莫问前程。

套用汪国真的一句诗：我不去想，未来是平坦还是泥泞，只要热爱刑辩，一切都在意料之中。

21. 从职业经理人到执业律师——非典型青年律师的成长之路①

引子　鹰的重生

老鹰是世界上寿命最长的鸟类，它的年龄可达70岁。要活那么长的寿命，它在40岁的时候必须作出艰难而重要的决定。

当鹰40岁的时候，它的爪子开始老化，无法有效地抓住猎物。它的喙变得又长又弯，几乎碰到胸脯。它的翅膀变得十分沉重，因为此时它的羽毛长得又浓又厚，使飞翔变得非常吃力。

它此时只有两种选择：等死或经历一个万分痛苦的更新过程。

150天漫长的蜕变，首先它必须尽全力飞到山顶，在悬崖筑巢，停留在那里，不能飞翔。老鹰首先用它的喙击打岩石，直到完全脱落，然后静静地等待新的喙长出来。

它会用新长出来的喙，把指甲一个一个的拔掉。当新的指甲长出来以后，它会再把羽毛一根一根的拔掉。

经历漫长的五个月以后，新的羽毛长出来了……老鹰又开始飞翔了……重新获得了再活30年的生命。

《鹰的重生》是我最喜欢的故事，也是激励我前进的精神力量，下面，开始我的故事。

非典型青年律师

提起青年律师，很多人的第一反应就是：法律专业、年纪轻轻。

但我既非法律科班出身，也不再青春年华。

故我时常自嘲为“非典型青年律师”。

求学成长之路

很多同龄人青年时期的偶像是影视明星或体育明星，遇到心仪的演唱

① 郑国喜，毕业于中南财经政法大学，获管理学硕士学位，执业于湖北维力律师事务所。

会或球赛，大家都会奔走相告。

但我似乎比较另类，我对明星似乎没有太大兴趣，虽近不惑之年，但却从未光顾过一次明星演唱会或球赛。

反而，我对商业却充满浓厚的兴趣，总是憧憬自己可以成为中国的比尔·盖茨，成就一番事业。于是，懵懂之间，我选择了学习经济管理，并开始广泛学习金融、会计、营销、运营等专业知识。

经管学科对人的综合素质要求极高。看懂财务报表、会做市场调查、审查合同条文、撰写策划方案……这些都是经管学生的标配，这也注定了经管学生忙碌而充实的学生生涯。

2006 年研究生毕业，很多同学选择离开武汉，到北上广深发展，但恋家的我，最终选择留在武汉发展。

很快，作为管理培训生，我进入一家知名的快消品公司。

虽然有着名校研究生的光环，但我还是从基层做起，从炎炎夏日走街串巷推销产品，到寒风刺骨通宵搭建活动场地……

虽然工作辛苦，但这也让我迅速从一名职场新人成长为企业骨干。

我的努力很快得到了回报，2008 年年底，公司领导委我以重任，派我到江西，负责整个江西省的市场和品牌策划工作。

比起很多从业多年的前辈，我资历尚浅，所以初期工作进展并不顺利。

但很快，我的专业能力和敬业精神就得到了前辈们的认可，在大家的努力下，公司的市场状况也渐有起色。

天下无不散之筵席。因为家庭原因，2010 年年底，我离开奋斗两年的江西市场回到武汉，加入一家知名国企。

外企制度成熟、流程规范，而国企的管理更加粗放，两者的巨大差别一时让人难以适从。好在良好的适应能力，让我很快融入企业。

由于市场竞争激烈，这家国企也开始进行市场化改革，而我作为从外部引进的职业经理人，义不容辞地成为改革的先行者。

改革当然会损害既得利益者的利益，因此，我时刻面临着巨大的压力，甚至会受到他人的人身威胁。

但开弓没有回头箭，顶着巨大的压力，我开始小心翼翼地推动改革。从每月开会汇报的 PPT 内容、提报文件的格式和抄送对象，到产品陈列的标准图像、市场走访的步骤等，事无巨细，我都一一推动改革。

改革后的公司，市场操作更加规范，人员管理更加有序，公司业绩也蒸蒸日上。

十年期间，我辗转于外企、国企之间，走遍了祖国的大江南北，也慢慢从青葱少年变为成熟的职业经理人。

进退维谷

在企业工作十年间，随着经验的积累，我逐步从菜鸟成长为企业中层管理人员。

在此期间，我认识了我妻子，并在 2012 年成婚。

外人看来，我工作稳定、收入不低、有车有房、家庭和睦，我似乎到了可以放慢脚步的时候。

但人无远虑、必有近忧。因为工作性质的原因，我大部分时间需要出差、应酬客户、开会，照顾家庭的责任都落在妻子身上，导致妻子多有怨言，夫妻关系渐趋紧张。

与此同时，我的职业发展也遇到了天花板，向前走无比曲折，而往后已无退路。

如此困境之下，我进退维谷，寝食难安。

Listening to your heart

2015 年 10 月 5 日，这注定是一个不平凡的日子，这一天我们的女儿呱呱坠地。欣喜之余，身上的压力倍增，这迫使我必须尽快作出抉择。

我把自己的困境和想法告诉妻子，本以为她会反对，或者犹豫不决，没想到她无条件支持我的选择，并愿意独自承担家庭的经济压力。

Listening to your heart is not always easy,

especially in a busy and demanding culture.

老鹰经历那么大的苦难能够重生，那我为什么不能尝试呢?

很快，我作出了一个重要决定——

辞去现在的工作，离开现有的工作圈子，寻找新的职业发展方向。

从头再来

“昨天，所有的荣誉，已变成遥远的回忆。

勤勤苦苦，已度过半生，今夜重又走入风雨；

我不能随波浮沉，为了我致爱的亲人，

再苦再难也要坚强，只为那些期待眼神。

心若在梦就在，天地之间还有真爱。

看成败，人生豪迈，只不过是从头再来。”

辞职以后，我每天都听着刘欢的这首《从头再来》入眠。

我决定远离现在的圈子，进入房地产、互联网、金融等陌生的行业，从头再来。

但知易行难，几次尝试后，很快我就被现实撞得头破血流。

上帝在为你关上一扇门的同时，也会为你打开一扇窗。

作为一名人民法官，妻子在生活中经常和我沟通热点法律事件，听取我对这些事件的看法。

妻子慢慢发现，虽然我非法律科班出身，但我有着敏锐的观察力、扎实的商业知识、良好的理性思维能力和非一般的同理心。

既然如此，何不尝试一下进入法律行业呢？

一不做，二不休。我开始踏上艰苦的法律学习之路，挑战中国最难的考试——司法考试。

司法考试体系严密、内容繁杂，对于非法律科班出身的我，可以说是难于上青天。

为了尽快突破司法考试，我关闭手机，切断和亲朋好友的联系，甚至连父母也不知道我的动向。

那一段学习的时间，艰苦而又充实。所有的复习教材我都通读两遍，不懂的地方，我会专门记在笔记本上，反复理解。

事后整理发现，我记笔记用了40几支圆珠笔、20多本笔记本。

功夫不负有心人，2016年，我以400分的高分通过司法考试。

新的起点

通过司法考试后，我有幸进入湖北维力律师事务所，并拜师于李涛律师门下。

李涛律师作为国内知名律师，不仅有深厚的法学造诣和精湛的法律实操，而且待人谦虚，丝毫没有大律师的架子。

在李涛律师的指导和律所其他前辈的关心下，我参与了众多诉讼案件，如买卖合同纠纷、租赁合同纠纷、建设工程施工合同纠纷、劳动纠纷、健康权纠纷、交通肇事罪、排除妨害纠纷、担保合同追偿纠纷、继承纠纷、民间借贷纠纷等。

刚入律所不久，我总是跟在指导老师和律所前辈后面，希望参与更多的案件。

虽然只是做简单的立案、缴费、传送文件、装订打印材料、整理案卷等基础工作，但我依然一丝不苟，全身投入。

一分耕耘、一分收获，自己的努力逐步得到了指导老师和律所前辈的认可。

后来，我逐步参与到当事人接待、委托手续、诉讼策略制定、撰写起诉状、出庭、撰写代理词、与法官及当事人沟通等全部办案过程。

通过亲身参与这些诉讼案件，不仅让我对法律有了进一步的认识，同时让我的沟通、文书写作等综合能力得到提升。

除诉讼案件外，我也参与了律所顾问单位的合同拟定、合同审查、商务谈判、员工手册制定等法律顾问工作，得到了顾问单位领导的认可。

非常荣幸的是，在指导老师的支持下，我有幸参与了武汉市政府法制办公室在规范性文件审查、行政复议、信访方面的辅助工作，让我深刻体会到法律在社会运行中的重要性。

不忘初心，砥砺前行

律师是一个古老的职业，也是一个新兴的职业。深受欧美和香港律政剧的影响，大家都认为律师是社会名流，收入很高、衣着光鲜、出入豪车……

但理想很丰满，现实却很骨感。

对于青年律师，往往面临案源不饱和、社会资源较少、工作阅历不够的情况，这必然会导致收入没有保障。

与此同时，当事人、顾问单位、律所也可能随时随地会对律师提出工作要求，导致律师工作时间超长。所谓的“996”工作制，在律师看来，不过是浮云罢了。

不过，对于我而言，这只是成长中的阵痛而已。既然选择律师这个职业，要戴上律师的光环，就必须要克服前行道路上所有的困难和挫折。

不忘初心，砥砺前行。

我一直相信我自己的抉择，也相信自己会在律师执业道路上不断前行，去领略生命新的长度和高度。

最后，我用胡乔木先生的诗词以自勉：

你戴着荆棘的王冠而来，
你握着正义的宝剑而来。
律师，神圣之门，又是地狱之门，
但你视一切诱惑为无物。
你的格言：
法律面前人人平等，
唯有客观事实才是最高的权威。

贰

如何度过实习期和新鲜期

22. 所有别人眼中的幸运，只有自己知道是理所当然①

一个老被叫“姐”的内蒙律师

在过去两年的时间里，感觉时间从未如此漫长，经常被大我很多的当事人叫“姐”（划重点：这跟脸没有关系……），这是一段与我之前二十几年人生经历完全不同的经历。

作为青年律师，非常愿意同大家分享我的两年实习，两年磨砺，两年成长。

我不同意，我也不相信，我只看证据

我是毕业后直接就进律所工作了，至于当公务员还是做律师这样的纠结，我是没有的。刚开始工作时，对于接触到的当事人，他们所说的话我从来都没有怀疑过，师傅问我事情进展情况时，我的回答是：“××已经答应我，我们说好了。”

然而，当事情并不是按照说好的进行时，那个时候，其实我的内心是很痛苦的，觉得不应该这样，明明说好的。我是你的律师，你应当对我和盘托出。但凡有什么不实或者遗漏，最后承担不利后果的人是你自己，这是我最初阶段的感受。

慢慢到后来，发现每个人都不容易，都有这样或那样的苦衷，律师的工作就是通过引导、沟通，最大化地了解对面坐的那个人，了解他所经历的事，这对个人能力的要求很高。

有一次，在法院做笔录的时候，听到法官说的一句话，对我影响很大，他说：

“我不同意，我也不相信，我只看证据。”

---

① 顾丹，内蒙古辰星律师事务所律师，毕业于西北政法大学法学专业。

这不仅是作为一名法官应有的职业准则，也是作为一名律师应有的态度，对于当事人切勿盲目，有自己的准则和底线很重要。

律师的时间成本和经济成本

可能因为自己专业的缘故，一直认为做任何事情都应当按照一定的步骤、程序来进行。慢慢发现，日常工作中遇到的很多事情，是你自己不能控制的。

曾经办过一个案子，在我们内蒙古的一个县级市法院，这个案子最主要的是做好保全工作，按照正常程序分为诉前保全和诉讼保全，不同之处在于：如果做诉讼保全，需要立案庭给当事人送达以后分到法官手里，才能保全，在这过程中就可能面临保全物被转移的风险；如果做诉前保全，就可以直接保全。

但难为之处在于：如果做诉前保全，律师没办法查到对方名下的财产，保全也就无从谈起。最后，没办法只能起诉后进行保全，后因被告出差，迟迟不能保全。

无奈，刚出差回家一天的我，第二天继续出差，做了撤诉处理；因之前起诉已查清被告名下财产，所以直接做了诉前保全，虽然说起来很简单，但是过程很曲折。那段时间，在大内蒙的草原上奔走了半个多月。

上面的案子很简单，在这里主要想说的是律师的时间成本和经济成本问题，这也是律师会经常遇到的情况。

由于每个地区、每个法院的做法都不尽相同，需要你经常转化思维，需要你考虑足够全面，尽可能地压缩时间成本和经济成本。但是，也要求任何一个环节都不能出现问题，因为有些后果是没有办法挽回的，这可能也是律师压力比较大的原因之一吧。

以前的我遇到问题只会说“怎么办”，现在会试着去考虑如何解决，实在解决不了会跟师傅商量，征求他的意见，直到最后找到合适的方案。以前会想：为什么每回遇到的问题都这么棘手，没有一个容易解决的。现在想想自己当时真是天真，如果当事人自己都能解决，为什么要找律师呢?

所以现在自己会大言不惭地对朋友说：有事找我啊，我最不怕事大，哈哈……这可能就是自己两年来最大的转变，也是最大的收获吧，可能在完成工作的过程当中会很艰难，但是现在的自己会认为：“只要结果是好的，过程再艰难，都可以。”遇到问题想办法，所谓事在人为，因为有很多时候没有那么多“应该怎样”。

我的几个锦囊

1. 有目的性地、耐心地、谦虚地保持大量时间进行周期的刻意练习，做到一些过去不可能做到的事(摘抄自《刻意练习》)。

律师是一个需要时刻坚持学习的职业(包括专业和非专业的学习)，专注和投入很重要，过程漫长而艰苦，罗胖管这叫“死磕”，我本人很喜欢这个词，正所谓：“所有别人眼中的幸运，只有自己知道是理所当然。”

李笑来说：“学习并拥有更多、更好的技能，成为一个值得他人交往的人。”

这是两年来自己一直在践行的东西，虽然学习很无聊；但是，专业的人需要做专业的事。现在自己在复盘和输出方面做得不好，正在慢慢学习当中。

2. 有什么做什么，有什么用什么；做什么都做好，用什么都用好(摘抄自李笑来《把时间当作朋友》)。

做律师助理这两年来，会一天跑五个法院，一天包头—鄂尔多斯—呼和浩特走一圈，过上了法院—车站—酒店规律性的生活……

刚开始的时候感觉自己每天都在做一些“毫无技术含量”的工作，但每当客户抑或法官都特别尊重地叫顾律师时，或者一个法学班级的同学每每向你咨询或者交流实际工作中遇到的难题时，会发现其实自己原来正在慢慢变得“很厉害的样子”。

做好每一个看似“无用”的工作，做好眼前的小事，只要是正向的积累，总会有收获的季节。所以，不要急！

3. 自律更自由，坚持运动。

律师这个职业，讲真对体力的要求很高。刚开始工作的时候，因为从小体质一直不太好，常常会累到没有力气，通过喝中药来调理身体。

后来，慢慢逼着自己慢走、快走、慢跑、快跑，并且一直坚持了下来。现在，只要有时间就会去跑步；或者工作压力特别大的时候，也会通过跑步或者走路的方式来释放压力，放空自己。

慢慢地，发现无论是自己的精神状态还是身体状态都好了很多。所以，自律加坚持很重要。

结　语

我要感谢我的师傅邓鹏飞律师，是他的严格要求，让我以 6′00 的配速坚持并快速成长。因为您的苛刻，会边哭边写法律文书，每天占领微信运动的封面，会心中骂过一万遍处女座……

但是现在看来会非常感激，谢谢您事无巨细的指导，感恩。接下来自己会继续努力工作、学习，找到自己的专业方向，不忘初心。

非常感谢智善这个平台，能让我有机会在成长的过程中对自己做个小结，回顾过去，展望未来，祝智善、祝你、祝我、祝大家越来越好！

23. 有案子时做案子，没有案子，多看书①

执业选择　能让草根通过努力实现逆转的职业

七年前，我的“律师梦”开启时，不经意间关注了袁某、迟某等号称“死磕派律师”之流，深以为律师本该如此，“匡扶正义，死磕法检”。直至发现上述人等待人办事持双重标准，丑态百出，令人发笑，怒取关之，然后郁闷，律师到底为何？

研究生毕业时，整日早出晚归，穿梭于郑州大街小巷，出现在一间又一间律所会议室、律所合伙人办公室，西服风衣领带装扮的我在返回大西郊拥挤、脏破的 322 路公交车上显得格格不入，一路风尘，失望而归。

① 王剑博，湖北瀛楚律师事务所线上知识产权平台“瀛知产”特邀合作律师，毕业于武汉大学法学院、硕士研究生学院。

时间说来也快，因为爱情，最终留在武汉。人在律途，选择这个职业是出于对律师工作本身向往，以及能够让草根通过努力实现逆转的魅力的吸引。

案源开拓的三个渠道

律师是怎样的职业？看起来很美，听起来很阔，说起来很烦，做起来很难。

无论你在这个行业发展如何，有着怎样的“段位”，我相信都会有自己的焦虑和烦恼。律界新人，愁的是案源和经验；高年级律师可能愁的是瓶颈与团队；而成为主任级别的前辈们，愁的可能是律所发展和品牌建设。

谈谈青年律师案源的开拓。互联网时代，展示自己的方式越来越多样化，做律师来的第一个案子是通过老乡群，在闲聊中，知道我是律师，前来律所咨询并成案。

刚出来做律师时，还搞过三个月的电话营销，一天上百个电话与回访，虽然这种方式看起来有些 low 和老土，相比较“信任营销”，被拒绝率也较高，但也不失为一种营销方式。

还有一个体会，在进行陌生营销时，律所平台以及团队化开拓对成案与否有很大的影响。

目前来看，律师营销经历了纸质媒体宣传、网络推广宣传以及现在的自媒体宣传三个阶段。

在互联网的冲击下，纸质媒体式微，虽然网络推广宣传目前很多律所以及律师个人都还在做，自己之前也尝试过，但相比五六年前，效果明显下行。

青年律师，接触新鲜事物较快，通过微信公众号、知乎、简书等平台进行宣传，通过这种方式营销带来的效果是有一定周期性的，这需要一个长期铺垫和积累的过程。

还有一点就是关于律师营销心态的问题，第一，能来案子更好，没有案子，多看书；第二，律师既然被定义为社会服务业，就需要注重主动精神以及客户感受，提升自己的价值，在业务中将工作做到极致即为王道。

专业素养提升的三个方法

当事人慕名前来咨询，经过自己“苦心经营”，客户还是因为种种原因而没有达成合作，或者即使签订代理合同，但律师费也是低的离谱。起初时，自己多是责备当事人的不仁不义，后来想想，还不是因为自己的表现过于稚嫩、专业素养不精，没有让客户看到你的价值。那，青年律师该如何提高自己的素养呢？

常言道：上善若水，利万物而不争，师水师水，多向水学习。在提高素养方面，我归纳为四水，多喝墨水、勤洒汗水、多趟泥水、能咽口水。

多喝墨水，指的是知识，法律人的知识库是需要不断更新的，培养不断学习的能力与习惯；勤洒汗水，不断磨练，熟能生巧；多趟泥水、能咽苦水强调多于实践、耐受苦痛，从他人不愿意做的事情中发现成长的机会、完成凤凰涅槃。

在专业素养的提高中，很重要的一环就是知识的学习与储备，个人觉得互联网下律师行业与之前相比已经发生了极大的变化，单单从知识、经验获取方面，从前，文书不公开，经验获取的方式仅限于师傅的传帮带，完全是个案经验，成长较慢。但现在，裁判文书网、最高人民法院的庭审公开网、法宝等各种数据库，这些都有现成的可学习资料。

没有商业秘密纠纷案件的办理经验，怎么办？通过庭审公开网旁听十个相关案件，注意法庭上原告、被告双方的攻防；通过聚法案例，以大数据分析的方式查阅 500 份法院判决并形成书面数据报告。

通过这些学习，第一，案子办理形成经验，做到案来心不慌；第二，结合知识储备形成商业秘密保护的普法课程，进行企业培训和推广。这整个过程就是个人能力、经验的丰富与提高。

在爱人肩头痛哭一晚

毕业前导师知道我选择律师这个职业，说了句，做好准备，前几年会比较苦。

初到律所，拿着够交房租、没钱买书的收入，整日焦虑，终有一日，睡梦中哭醒，抱着不知所措的女友一顿痛哭，鼻涕、眼泪横流。第二天觉得自己过于敏感和矫情，但后来读到舒婷的《神女峰》那句“与其在悬崖上展览千年，不如在爱人肩头痛哭一晚”，想想，当时如此不堪的我，哭的还是蛮有诗意的。

我给自己的住处起了文艺的名字——百阅屋，这名字源于“读百家之书，阅百态人生”的一个理念。我平常工作忙碌，读书的时间不多，但还是能挤出来的，形成习惯就好，睡前、出差路上、上下班路上，都是阅读的好时间。

我做律师到现在，浮躁、焦虑也常在，但相比刚毕业时心态还是发生了较大的变化，深觉变化源于经历与阅读。多识少智的时代，信息获取太过容易，那些沉静的阅读看似越来越无用，但我相信，每本书中都蕴藏着你所期待的自己。

每次都会念叨，也常和朋友分享的一句话是《道德经》中的“飘雨不终朝，骤雨不终日”，与各位共勉之。

有人问：“大律师和其他律师的区别在哪里？”陈少文老师答：“大律师有情怀，中律师有情感，小律师有情绪。”律途漫漫，对未来心向往之时也给自己一个期许，“律者，擅法为专，律己为道”。

擅法，以此为业，为自己、家人奠基经济基础，实现人生价值。

律己，慎独为人，处事省身。

24. 离开“帝都”，回到家乡做律师[①]

执业之初——走出最高人民法院，回到家乡裸泳

2014年6月28日，参加完毕业典礼的晚上，宜昌某地产项目债务危机爆发；第二天一早的飞机回到宜昌；第三天，我还没从学生时代晃过神来，

① 殷之铬，湖北民基律师事务所律师、宜昌市政协委员，中央财经大学法律硕士（法学），武汉大学经济学学士（双学位），曾在最高人民法院民一庭实习。

就已经开始参与律师团队处理该项目危机，陆续3年，该项目的债务累计高达15亿元。本想着毕业后最起码能够有个GAPWEEK，结果，却玩笑般地学生与工作无缝连接。

研究生最后一年，我就决定回到宜昌工作，同学们在毕业季都狂投简历的时候，我却没有参加一次校招，没有投递一份简历。直到毕业的时候，班上只有少数几个人选择离开北京，其他人也都选择了省会城市，只有我选择回到家乡。几乎所有人都觉得不可思议，为什么我不留在北京。

只有导师在临走前叮嘱我，“回家当然可以，但一定要做当地的翘楚”。经常自嘲地说，我智商、情商都没办法跟在北京的同龄人比，甚至连挤地铁上班、加班的体力都比不过别人，何谈在北京立足。

为了能够正确认识自己，于是选择回到宜昌，从一个再普通不过的地方作为自己执业生涯的起点。

没想到刚工作的时候，就遇到了宜昌的金融危机，那年律所真是门庭若市，案件一件接着一件，一批接着一批。工作也不像三线城市应该有的轻松，才回来不到一个月的时候，为了第二天开庭的案子，模拟开庭到深夜3点，有感而发了一条名为“比肩金杜，迎接金融街第一道曙光”的朋友圈。

记得人生第一次开庭，是为一个猥亵少女的犯罪嫌疑人作辩护。整个庭审过程中我紧张地心里怦怦直跳，连看一眼受害人父母都觉得恐惧，整个案件都是带我的同事完成的，而我就在第一视角观摩、迷茫中度过。庭审结束后，公诉方的前辈问我为什么没有发言，我故作淡定地回答道，“还在观摩学习中”。

每一个工作的初学者，都希望能够有前辈手把手地教，因为这样能够减少很多不确定带来的不安全感。可向来都是事与愿违。

人生的第一次立案，是在回所上班的第2天，只身一人前往福建立案，这对于一个立案流程都不懂的菜鸟来说，想想就是刺激之极。果不然，去立案大厅立案，被发现我带了实习律师的执业证，得知实习律师必须和执业律师同时代理案件，求了半天情，立案法官才通融说，让我到旁边的传真室让律所工作人员把执业律师证传真过来。

你想带着游泳圈，可社会却让你在大海里裸泳。

建立职业信仰——走火入魔，乐在其中

起步是艰难的，可事业是块橡皮泥，只要你愿意，总能捏出你自己想要的样子。

随着智能移动终端的普及，微传播成为了整个社会最热门的传播方式。如何做好微传播营销是摆在各个律师、律所面前最迫切需要解决的问题。

鉴于微信朋友圈作为中国活跃用户最多的移动社交平台，我组建了自媒体营销团队，打造了民基所的“社交货币”——民基法律评论，我们集中精力，通过原创着重打造“制造话题”“表达观点”的社交货币，我们选取每周的热点事件，通过法律人的视角对其进行点评。

我所公众号能在湖北省内经常占据前十，这个特色栏目可以说是居功至伟。后来，我们将其集结成册，成为了我所又一软实力的背书。

小时候，觉得律师是一个神圣的职业；刚成为律师不久，感觉律师做的工作很简单，和当事人聊个天，立个案，开个庭，就万事大吉；可等到渐入佳境的时候，才发现律师这个职业太难，白天看门诊，晚上还要做手术。每天都是操不完的心，这个案子的上诉期，那个案子的续封……自己主办案件的时候，开庭前好几天，醒的特别早，一会想这个证据是否准备好，那个文件是否盖了章。

工作中，经常要跟客户想象场景、准备不同情况下的解决方案。渐渐地，感觉自己得了职业病，什么事情都会思维惯性般地想到最坏的结果，“吃饭时噎着了，要怎么办？喝水呛着了，要怎么办？”诸如此类，无法自拔。

步步开拓——以新我，超越自我

可能正是因为走火入魔，慢慢地才发现自己成长速度惊人。在我正式执业的两年多时间，已经代理诉讼仲裁案件 100 余件，涉案总金额接近 10 亿元。

其中金融借款类案件的涉案金额达 6 亿元，建设工程类案件的涉案金

额也有2.5亿余元，仅建设工程类案件就为当事人累计挽回经济损失近1亿元。作为民基律师团队成员，处理了累计近30多亿元的地产项目债务危机，涉案主体之多、债务数额之巨、社会维稳压力之大，可以说是极富挑战性，却又乐在其中。

法律顾问服务是我所的优势之一，这让我也自然而然地承担起许多非诉类专项服务工作，作为律师顾问团成员，常年为近20余家大型企业、事业单位、行政机关提供法律服务，包括市国税系统、市教育局、市环保局、市委宣传部、市交投集团、国贸集团、北山连锁等，每一个问题都是全新的，需要综合运用自己的法律及社会知识来综合性解决。

三年的时间里，我还肩负起社会责任，作为市政协委员，组织民基团队积极与兴山县司法局及法律援助中心合作，为兴山县提供法律援助。自2015年12月30日以来，民基团队共前往兴山县进行现场咨询20多次，组织律师约80人次，接待咨询人数约460人，涉及土地承包经营权、侵权纠纷、离婚纠纷、合同纠纷、继承纠纷等多个专业领域。

2017年9月4日，经过一年的努力，我所构想的“民基法学院”也正式开讲了。如今的社会，是一个分享的社会，更是一个认知决定高度的社会，民基法学院创立的本质，就是要将分享与认知相结合，让我们每一个人的独特分享成为别人认知的另一个高度。

从9月4日开始，40余人，为期4个月的企业法务讲堂将在民基落地开花，我也不知道，用这样的激情去搭建一个“分享认知”的平台会有什么结果，但探索就是很奇妙的东西，因为下一秒总会有意想不到的事情发生。

Stay Hungry, Stay Foolish，一定会遇见下一处风景。

经验分享——青年律师的努力方向

律师行业中，取得律师证只是一个律师的最基本要素，而不是说，有了律师证真的成为了一名律师。

经营自己的“弱关系圈”

成为一名律师，需要很多的综合能力，其中包括营销能力，成功的律师都会在营销方面有自己的独到之处。律师总会认为，我所提供的法律服务是个性化、定制化的，可大数据告诉我们，大部分业务都是标准化业务，如何将同质化的业务推销出去，营销能力将起着关键作用。

学会经营自己的“弱关系圈”，让自己成为每个不同关系圈的交集部分，成为一个“摄影圈里球踢的最好的，踢球里面饭做得最好的”的人，努力让自己成为关系圈里最独特的那一个。这就需要你进入每一个不同水平、不同爱好、不同领域的社群，与客户进行差异化连接，成为这个社群里别人唯一的法律窗口。

建立创业思维

大部分律师都是从小好好学习，读了法律专业然后从事律师行业的乖宝宝。市场思维是非常欠缺的，有些律师甚至非常抵触。光抵触没有意义，律师就是一个在市场中拼杀的手艺人，虽是手艺人，但终究活在市场上。

因此，我们需要市场思维、商业思维，而青年律师，由于阅历、资历的劣势，那就必须要具备创业思维。创业就是这样，没有重资产、大资金，有的只是知识，有的是点子。因此，我们要将自己所拥有的东西重新包装，就成了我们经常提到的专业化。

律师业务的三个层级

专业化只是开始，以后的路还很长。

律师业务可以分为三个层级——

最底层是你取得律师证就可以做的简单案件，比如简单婚姻、人身损害赔偿；

中间业务是专业化、标准化服务，这个市场服务费用不是太高，需要我们提高工作效率，将节省的成本变成利润；

顶尖法律市场，是那些高风险、高收益的市场，这个市场的案件一般是“一锤子买卖”，客户在选择律师上会更加慎重。

为什么说我们专业化只是开始，因为专业化仅仅满足了中间层级市场，让我们从入门菜鸟变成市场中间力量，而要想进入顶尖法律市场，光靠专业化是远远不够的，那就需要超强专业加上更强的综合素质。不信你环顾四周，在你心里就已经把你身边的律师分成了这三个层次，更不用说是客户了。

结语　我心归处，法律人生

借用贺卫方老师的话说，自己很庆幸活在一个法治时代，活在一个有律师的时代，“让自己这种既不喜官场气息又不懂经商之道，还恐惧农耕之累的散木之人居然可以过上一种不失尊严的生活”。

时间是经历的容器，我所着迷的不是容器，而是装着的经历。选择律师，就选择了终身手艺人，只要愿意，总能走出属于自己的路。

25. 从广州到武汉，越走越宽的律师路①

智善周六同我约稿的时候，我刚参加完荆州马拉松，一边吃着沙市的早堂面、喝着啤酒，一边回想从毕业到现在的时光点滴。

四年的工作经历，何尝不像是一场旷日持久的马拉松，如果不坚持到让自己感动，怎能体会到撞线那一刻眼泪从眼眶喷薄而出的喜悦。

广州两年，一场大梦

我出生在湘鄂边的石首市，18 岁之前我的世界就是县城那么大块天。高中毕业后去了兰州念大学。大学毕业之后去了广州。

刚到广州求职时，人事都会问我为什么会来广州工作？可能他们觉得我缺少稳定性。但是人生的意义不就是在于折腾吗。

我的第一份工作是在广州的一家律所给一位律师做助理，初步学习到作为律师应该怎样接人待物。这位律师作为我法律事业的领路人，让我参与了很多事务，我很感激。

但之后在一个案件的操作上，我和他产生了观念上的冲突，刚毕业的我

① 张逸凯，湖北良朋律师事务所律师，擅长领域：合同纠纷、婚姻家庭、劳动争议、人身侵权、刑事辩护。

觉得对方的处理方式违背了法律规定和职业操守。

那天，在回租住房子的出租车上，透过车窗我开始打量广州这座城市。这座城市给过我太多的感动，在广州两年的从业经历使我感受到了岭南大地上开放、良好的法治风气，但也接触到了法律职业中比较灰暗的一面。

出租车穿梭在林和西路秘密麻麻的高楼大厦之间，任何一次鸣笛都会让我觉得异常刺耳。也是在这个时候，出租车内的电台里播放起五月天的《倔强》，歌中唱道，“当，我和世界不一样。那就让我不一样。坚持对我来说就是以刚克刚”。

坚持还是逃离？我选择换一种方式坚持我最初的法律梦想，更为了去坚守我良知的底线，想到这里我发现自己的眼角已经湿润了。选择也就在那一刻作出了。

回到湖北，脚触大地

2015 年年初我收拾行囊从广州北上，回到湖北，来到武汉。

当武汉不再只是小时候看妈妈在黄鹤楼前拍的照片里的城市，当我不再只是为了转车去兰州匆匆路过这里，我开始阅读这座城市：这里有我的亲朋好友，有我熟悉的食物风景甚至连方言也是熟悉的。

我心目中标准的武汉人就是电影《万箭穿心》的女主角李宝莉，刚接触的时候，尖锐的性格会让人觉得难以招架，但经过了解他们骨子里的坚毅和勇气又很让人十分佩服。至少在性格上我觉得自己和他们挺像的。武汉，你好！

德纳所

来到武汉之后，我加入了广东德纳（武汉）律师事务所。很感谢整个德纳团队接纳了我，特别感谢孙波主任、胡波律师、刘超律师能够包容我的不成熟，并帮我迅速成长起来，对于我来说他们亦师亦友。

案源永远是新入行律师的痛，胡波律师看我执业之初经常没事做，会有意识地将他手头上的案子放给我来操作，并教我如何谈案、如何同当事人接触。我向他说谢谢，他却说帮助年轻律师成长是他的责任。

来武汉成交的第一个案件是黄陂的劳动案件，从仲裁到二审包干才收了 5000 元，刘超律师被我拉着一起做。这个案件虽然很简单，但刘超律师光陪我去黄陂就不下六七趟，经历了寒来暑往。

当时他已经是执业五年的“老”律师了，面对我这只初入行的雏鸟不仅让我领教了什么是专业，更让我被他的人格魅力所折服。

德纳所专注于不良资产清算和婚姻家事业务，孙波主任作为一个有情怀的主任正在慢慢实现他的梦想。为他们打 call。

良朋所

我现在所在的律所是湖北良朋律师事务所，地处中山路小东门中铁大厦，到汉口、光谷都很方便。

我很喜欢这里，不仅是因为在这里我拥有了自己的办公室，更因为良朋所虽然成立的时间不算很长但所内律师年龄结构合理、所内气氛非常融洽。律所成立了以范国良主任、周运千副主任为首的业务团队，在全国范围内寻找资本合作的机会。

所里的同事，比如蔡陈、倪涛，可以看到他们为了理想努力拼搏的样子，和他们在一起会自然地生出一股劲儿，催着自己向前跑。我享受这种良性竞争的工作环境，也期盼同良朋所一起成长。

专业选择，传统业务还是资本市场？

每个律师会有自己擅长的领域，也都会面临专业化道路的取舍。在资本市场运作等非诉法律事务方兴未艾的今天，我们应当如何选择？

在我看来，在能力和商业人脉没有积累到一定程度时，资本市场的法律业务是一张虚幻的大饼，很难驾驭，而传统业务由于其高发的频率其实大有可为。

我更倾向于把自己擅长的合同纠纷、婚姻家庭等传统事务做精做好，真正做到“专业”二字。

因为对于律师来说，不专业导致不自信，不自信导致没案子做，没案子做又会导致专业上进步慢。这是一个死循环。

现阶段的目标是做好手中的每一个案子，让当事人在案件中体会到我的专业。这是我给自己定的小目标，也是我为自己选择的专业化之路。

结　语

律师这个行业，总是不断有人进有人出。其实只要坚持就会看到希望，就像歌里面唱的那样：我就是我自己的神，在我活的地方。而这的确是一个令人向往的可以为之奋斗终身的职业。

26. 离开武汉，去成都做律师①

我是一名后进生，历经了两次高考，三次司法考试。

大学毕业那年，打算考研回湖北，结果在通过武汉大学笔试的情况下，惨遭面试滑铁卢。在萎靡几天之后，我调剂到了四川省社科院，从此开始了楚人在川的“川越”式生活。

实习期间在申请律师执业证而接受考核的时候，又因故被延长了三个月才拿到律师执业证。

一路走来，磕磕碰碰，蓦然回首，心中不免一笑。韶光流逝，年华似水，昨日之日不可留可追思，明日之日不可妄可打算。

缘起：高考调剂，被迫学法

读高中分文理科的时候，我刻意选择了理科。那个时候，我的愿望就是能够在上大学时读一个工科专业，这样毕业后比较好就业。于是，高考填报志愿时，我毫不犹豫地填报了一所工科院校的工科专业。

但是事与愿违，我没有被工科专业录取，而是被调剂到了法学专业——一个我从未想过会与我有任何交集的专业。我就这样阴差阳错地去找“法学”报了道。

入学之初，法理学让我不知所云，中国法制史让我难以记住，宪法学让

① 方毅，北京市君泽君（成都）律师事务所律师，毕业于四川省社科院，执业领域为民商诉讼、企业法律顾问、企业并购。

我觉得索然无味，我曾经一度为转专业而折腾，但最终都无疾而终。

我不得不跟着法学专业的教学课程学完了民法学刑法，学完了民事诉讼法学刑事诉讼法，直到完成了法学本科的所有教学课程，在学法的道路上越走越远。本科毕业那年，我报考了法学研究生。

门槛：三次司考，终归入门

不少法学专业的学生都有一个做律师的梦，我就属于这其中的一个。

我当然知道要做律师，首先要通过司法考试取得法律职业资格证。如果没有跨过这道门槛，做律师就永远只能是一个梦了。为了跨过这道门槛，我花费了三年时间报考了三次。

我的第一次考试是抱着去考场“长见识”的心理去报的名。收到研究生录取通知书之后，我就懈怠了下来，没有怎么复习。考试前，我仓促地准备了 20 多天，依赖着考研时积累的一点法律功底，就上了考场。成绩出来了，342 分，差 18 分。虽然这次考试不是以通过为目的，但看到这个成绩后还是有点难受，因为如果备考复习再认真点，或许这次考试就通过了。

由于第一次考试没有认真看书而且备考时间不长就已经有了 342 分的成绩，于是在第二次备考时，我就给了自己两个月的时间，并以为稳操胜券。因为 360 分万岁，多一分浪费。等到查成绩那天，我守着网页不断刷新，终于刷出了一个让我整个人都不好了的分数，350 分。相比第一次，备考时间增加了，备考态度认真了，哪曾想到考试再次败北。我很痛心，很失落，甚至开始怀疑自己是不是适合以法为业了。因为怀抱期待，也就难免伤怀。

于是就有了第三次考试。一鼓作气再而衰三而竭，我这次备考心理压力很大。我给了自己三个月的备考时间，给自己设立的目标是 360 分保底，冲刺 400 分。出成绩那天早上，我还在睡觉，朋友帮我查了分数之后打电话给我，报了我卷一的分数后我就知道自己是通过了，405 分。我没有激动，也没有喜悦，很是平静。

律师职业的这道门槛，有的人一年就跨过去了，而我却跨了三年，但终究是跨过去了。

执业：酸甜苦辣，痛并快乐

取得法律职业资格证，还只是律师执业长征路上的第一步，后面的道路阻且长。

律师既要为找案子奔波，也要为做案子而钻研；律师既要学习从而提升专业技能，也要将功夫用在诗外。

所以，不少人即使已经取得了法律职业资格证，最终也没有选择律师这条路，有一些人是一开始就没有从事律师这一行，有一些人是从事了律师之后不得不中途转行。我想，每一个从事过律师这一行的人都尝过其中的滋味，每一个坚持做律师的人更是对其中的酸甜苦辣记忆深刻。

我不会忘记，在实习期将满申请律师执业证却被考核延长三个月时的煎熬；

我不会忘记，在拿到律师执业证时作为律所主任的师傅宴请全所同事时我酒醉而情不自禁放声大哭的失态；

我不会忘记，在帮助师姐的婆婆拿回侵权赔偿款后老人对我心存感激时的自豪；

我将永远怀念和珍惜，在律所工作以来遇到的一群小伙伴以及与他们一起相互勉励携手同行的日子；

我将永远感激和感恩，在我从事律师工作以来同仁们给予的无私帮助和业务指导。

律师劳心劳力，苦亦有乐。

几点感想：关于律师职业与律师工作

不断反思、总结、学习

律师是一个厚积薄发的职业，需要不断学习不断积淀。从合同修改到法律文书写作，从接受咨询到参与谈判，从辅助办案到独立结案，从案卷整理到知识管理，无不需要用心、反思和总结。

隐性工作显性化

律师提供的是服务，这种服务是无形且难感知的。律师能让当事人感知到的往往是服务后的结果，但这只是律师服务过程中的冰山一角，还有大量未被当事人感知到的隐性工作，而正是这些隐形工作可能就导致了律师和当事人双方之间的不理解和不愉快。

因此，律师隐性工作的显性化就尤为重要，显性化的形式可能是工作日志，也可能是结案报告等，它能在一定程度上让当事人更加理解律师和律师工作，知道律师干了什么，在干什么，花了多少时间成本。

年轻律师未必不如年纪大的律师

有些当事人喜欢找年纪大的律师来委托，因为他们相信“嘴上无毛，办事不牢”这句俗语，对年轻律师的办案能力存疑，不放心。这其实属于认识错误，他们内心想找的不应该是年纪大的律师，而是办事牢靠让他们心安的律师。

年纪大的律师未必牢靠，年轻律师办案的效果未必不如年纪大的律师。办案效果一方面取决于专业，另一方面取决于敬业，二者缺一不可。年轻律师更应该注重专业和敬业相统一。

“打铁还需自身硬”

律师也是一门技术活，依靠自身的专业知识吃饭，所以“打铁还需自身硬”。

前不久有幸见识了一个以证券法律事务为主业的大咖洽谈一个环保类IPO项目的全过程，大咖对证监会发审委委员人数、成员分布、过去的一年国内IPO过会的数量、国内的IPO监管政策等了然于胸，对宏观经济走势、行业监管态势也都很有自己的看法。

在第一次会见客户并听了客户简短的相关介绍后，他能马上根据客户的具体情况进行针对性分析，指出客户目前存在的问题并作针对性建议，根据当前大的经济形势和行业监管情况分析客户未来在环保领域IPO的可行性，既有脱口而出的数据，又有有理有据的分析，整个过程一气呵成，甚至对客户环保项目的技术工艺都能对答如流。

这种专业的展示不仅让客户极为兴奋和推崇，也让我极为震撼。这就是专业的魅力。

专业、敬业，缺一不可

律师是受当事人委托从而代理当事人处理事务，这个过程说文明一点就是受人之托忠人之事，说江湖一点就是拿人钱财替人消灾。

无论哪种说法，都是要求律师要有一颗责任心和一个敬业的态度。所以，当力有不逮时就不应继续疯狂招揽业务。如果拿了钱财却未能消灾，甚至还给当事人造成二次伤害，自己恐怕也难得安宁，后果甚至不堪设想。

好事不出门，坏事传千里。所以律师接受了委托就要做好，要么就不接受委托，无愧于心，无愧于当事人。比如，代理一审案件时，提醒一下当事人注意上诉期，无论当事人是否上诉，也无论自己是不是继续代理二审。

不卑不亢，尊重法律

对于当事人的无理要求，要理直气壮地拒绝。曾经服务于某国企单位，在某案件上，该国企员工要求我们完全按照他们的意思来处理，还坦言他们是甲方必须服从他们，完全无法沟通，我就怒怼回去了。

这是师傅的客户，事后我跟师傅作了汇报，师傅也认可了我的做法。在诉讼案件中，我们跟同行跟法官打交道，更应该尊重法律，这也是对自己的尊重。

比如，虽然不少法院对于逾期举证还是会组织质证并进行认证，但是既然对举证期限法律有规定、法庭有告知，那么我们就应该在规定的举证期限内去举证，在规定期间不能完成举证时就应该向法官申请延期举证。

展望：不忘初心，砥砺前行

律师虽然是一个职业，是一个谋生手段，但我希望它不只是自己的一个谋生手段。我希望自己是一个勤勉的律师，是一个能够被当事人称赞的律师。

我想，律师最大的自豪感和成就感或许就是在解决当事人的燃眉之急后收到来自当事人最由衷的称赞和感谢。

初心不忘，韶华不负；以梦为马，砥砺前行。

27. 没有独立的思想，不足以独立执业[①]

真的谢谢青青若的邀稿。其实自己初出茅庐，执业不久，没有很厉害的履历，有的只有一腔热血。

但不得不说青青若的说服能力一流，跟我说到，每个人身上都有值得挖掘的点，不一定要拼线性经历，主要是对自己的执业过程的一个总结，不需要迎合。

我渐渐放下了担忧，这么多年，确实有太多感想想跟大家分享。

讲自己的故事，有人欣赏更好，没人欣赏，哪怕让您感同身受也是开心的。

402分通过司法考试

我的故事还得从学生时代说起。说来惭愧，虽然身为法科生，但是本人并非一次性通过司考，抱着必胜的决心，结果却是一分之隔。

落榜的那一刻，心情真的是跌入到谷底，那种白白读了四年法律，落得吃不上“法律”这一碗饭的心情，真的是无人能懂。

这段时光让我这辈子都难以忘怀，每天过着三点一线的生活，食堂、寝室、自习室，日复一日，6:30起床，22:30离开自习室，整整坚持了大半年。

我这个人可能并没有像其他人那么聪明，不敢跟那些每天只投入三四个小时，该吃吃，该喝喝，该玩玩，成绩还依然突出的学神学习，每天只有拼命用努力感动自己，才能抱着必胜的决心和自信，可是最终的结果却并没有让我如愿地通过这场折磨的考试。

正值当时面临着就业和再战的选择，选择再战一次的时候已经是鼓足了很大的勇气。

与其说鼓足了勇气还不如说是犹豫不决，命运有时候就是那么爱开玩笑，抱着必胜的决心的时候，却给你狠狠地来一棒；而在你犹豫不决，怀疑自己的时候，当年却以402分通过了国家司法考试。

① 江岑，北京中伦文德（武汉）律师事务所专职律师，擅长领域：民商事诉讼、合同纠纷、法律顾问、交通事故纠纷。

这种波澜起伏的心情，比吃了蜜糖还激动。

后来，我也算是明白，如果你努力过后，结果还是那么不如意，坦然面对它，该来的总归要来，只是时间的问题。

运用法律，帮助村民

不像大部分律师同人那样是怀揣着梦想，头戴光环去选择律师这份职业，我最直接的目的是觉得大学学了四年法律，不能辜负了自己的专业。

这就如同“沉没成本”，当你在一件事情上投入和花费太多的时间和精力的时候，往往不甘心放弃，而选择一往直前。

从高中选择文科，到稀里糊涂地选择法学，到最终坚定要在律师这个职业深耕，一切是那么的巧合，一切又看似命运的安排。

坚定我要在律师这份职业中扎根的，还得从一件让我至今记忆深刻的事件说起。

因为老家是在民风淳朴的农村，村子还算漂亮，可是村子附近开了一个石矿厂，产生的噪声污染和空气污染特别严重，引起了村民的强烈不满。

村民集体去矿厂跟矿厂负责人协商，结果因为太混乱，惊动了派出所，当时派出所拘留了几个带头的村民。

村民得知我是律师，把我当救命稻草一样，虽然村子的长辈居多，但当时感觉自己就是长辈一样地受尊重。

责任重大的我，不得不出把力，在认真分析案情后，发现派出所越权并且存在程序违法。

第一，根据《治安管理处罚法》，派出所只有警告和500元以下罚款的行政处罚权限，派出所当场行政拘留肯定没有经过上级的批准。

第二，派出所拘留的时候程序违法，并没有出示身份，拘留后24小时内也没有通知其家属。

确定这两点后，我立马向市法制办申请了行政复议。

第二天几名被拘留的村民就被放了回来。

这是我第一次体会到学法律是多么有用，以及建设一个法治国家、法治政府、法治社会是多么的重要。

从此我对法律有了不一样的看法和特别的敬畏。

我对律师这个神圣的职业更加热爱，并且乐于奉献自己的青春去追求一个法治国家、法治政府、法治社会。

家乡黄冈历练

有位司考讲师曾经讲过，通过司考，就可以过上骄奢糜烂的生活。

真正开始执业的时候，才发现这是我听过的最大的谎言。通过考试只是执业的刚刚开始，要走的路还太长。

因为本人是湖北黄冈人，最初执业更多的是听从长辈以及家人的意见选择了我们黄冈本土最大的律所湖北文赤壁律师事务所，师从孙洪清主任。

师父为人和蔼可亲，笑容可掬，年薪早已过百万，初次见面，就觉得师父是个高人，他的成功并非偶然。

历经沧桑，经历岁月，依然能保持这样笑容可掬，古道热肠的品质，不成功也就奇怪了。

师父是社交的好手，因此我更多地从师父身上学到了为人处世以及如何处理复杂的人际关系的门路，并且跟随师父参加各种场合，长了很多见识。

在实习期间，大大小小的案子跟进了几十件，并且做了几件法律援助的刑事案子，接触过各个类型的案子，相比大城市的实习律师来讲，确实经历比较多，成长比较快。

真的是得感谢带我入门的师傅，一日为师，终身为父。

因此，对后来的青年律师的建议是，初期执业一定得找个好的师傅，好的师傅可能比平台更重要。

专注保险业务

在师父的带领下，工作压力还算比较小，生活比较安逸，但作为年轻人想得更多的并不是生活安逸、工作压力小，更多的是想看到更大的天空以及与更多的同龄人去沟通交流，而我所在执业的黄州区常住人口只有 40 万，年轻人就更少了。

正因为自己耐不住“寂寞”，所以我就放弃了生活比较安逸、工作压力小的地方，选择来到了武汉，用我们的方言说就是“瞎折腾”。

当初作这个决定也是受到百般阻挠，家人的不同意以及朋友的不支持，让我无所适从。

卡莱说过：每个新的看法，在开始的时候的确是孤单的少数。

受到启发后，还是毅然决然地坚持了自己的选择，即使累点苦点也不后悔。

巴尔扎克曾说过：一个能思考的人，才真正是一个力量无穷的人。

一直觉得自己是一个有想法，并且独立思考的人，尤其作为执业律师要独当一面的时候，必须要有自己的见解。没有独立的思想，很难独立执业。

决定要来武汉后，在熟人的引荐下，经过李涛律师的面试，最终成为湖北维力律师事务所的一名专职律师。

初识李涛律师是在律师执业培训的时候，被其专业深深折服，之后通过与李涛律师的面试交谈，更发现李涛律师格局大，紧跟时代潮流。

互联网时代，人工智能与法律的结合相关的启蒙，都是来自李涛律师，因此更加坚定了我成为维力所的一员的意愿。

加入维力所后，首先做了一段时间招投标业务。

在钟宏昆律师的帮助下，第一次参与就中标了，入库青山区政府法律服务，并对招投标业务有了一个全新的认识。

之后进入了维力保险律师团队，致力于人身保险、财产保险、责任保险、信用保险等法律实务案件。

这是一个十分成熟并非常锻炼人的团队。值得一说的是，团队美女帅哥接近 15 人，对于一个团队来说非常庞大了，并且颜值高。

在一个才华与颜值并重的团队中，每天都抱着巨大的压力上班，真的是痛并快乐着。

因为服务于平安、人保等各大保险公司，常常作为被告。虽然有时看到遭受灾害向保险公司索赔的原告很值得同情，但出于律师的职责不得不为我们的委托人尽力减损甚至拒赔，这既是我们的职业道德，也是我们的法律义务。

加入团队后，因为之前很少接触保险业务，必须从零开始，熟悉团队的流程，学习相关法律知识。就如同发现新大陆一般，在团队的带领下，慢慢挖掘自己的潜力。

如何认定交强险和商业三者险中“第三者”的范围，一直是审理交通事故保险合同纠纷案件的难点。

我们认为，在责任保险中，被保险人是责任主体，第三者是权利主体，二者互相对立，同一主体在同一责任保险中不能既是被保险人又是第三者。

保险人是第一者，被保险人是第二者，保险人与被保险人之外的人是责任保险合同的第三者，因此驾驶员不属于本车所投交强险和商业三者险的“第三者”范围。

团队曾经办过一个因驾驶人本人过错发生交通事故被撞击致其脱离本车，又与本车接触受到二次伤害，驾驶人是否可以向承保本车交强险和商业三者险的保险公司主张赔偿的案子。

作为保险公司的代理人，通过团队的努力，法院判决最终认定驾驶员不属于本车所投交强险和商业三者险的“第三者”范围，承保本车的保险公司无须予以赔偿。

每个判决都是一次普法活动，通过这个胜诉判决，无论是团队还是参与者都学到了很多。相信团队在面对类似的疑难案件的时候都能游刃有余。

作为一名青年律师，团队协作、专业素养、沟通协调等需要学习的东西有太多，唯有追赶奋进，才能不辜“美好年华”四个字。

不急不躁，静待时间

一直赞成这么一句话，

当你的野心撑不起自己的梦想时，那就拼命充实自己；

当你的经历不足以独当一面时，那就拼命历练；

当你的思想还不足以独立时，那就该多读书。

而对于每一个执业的律师来说，没有独立的思想，不足以独立执业。

在未来的日子里，希望自己能做一个独立思考、善于总结的人，不急不躁，静待时间给我们答案。

28. 新年追光，律师实习期和执业初期应如何规划[①]

2019年1月19日，很平常的一个周六的中午，照例在律所加着班。突然，接到了青青若的约稿，那一刻，欣喜若狂！

还是在2018年6月时，很偶然的机会发现了青青若及青年律师汇栏目，看了诸多青年律师分享的执业经验和成长经历，从中汲取了营养也获得了动力，感觉到在坎坷崎岖的青年律师成长的路上还有这么一群优秀的伙伴，甚是欣慰。

不过从未想过，有一天我也可以成为分享嘉宾，毕竟，自己的经历很平凡，没有什么轰轰烈烈、惊心动魄的故事。

青青若的约稿对我来说倍感荣幸，不舍拒绝也不忍辜负。

虽然，每个青年律师各有自己独特的成长经历，但也存在具有普遍意义的执业初期的问题和困惑。

既然我从别人的故事里收获了很多，那么，如果我的经历也能给在黑暗中摸索的其他后来者带来一丝亮光，这便也是此次分享存在的些许价值了。

引　言

《平凡之路》是朴树的一首歌曲名，曾几何时，我一直单曲循环这首歌反反复复听，边听歌边回想过往。恍然，看到平凡才是唯一的答案，人生不就是如此吗？

芸芸众生里，我们大多都是平凡的人过着平凡的人生。

大学毕业后我本来在一家公司上班。六七年之后，不甘平庸、拒绝碌碌

① 石少玉，上海市建纬（郑州）律师事务所专职律师，本科毕业于郑州大学法学院法学专业，具有证券从业资格、注册一级建造师（房建专业）；执业以来，为多家大型房地产及建筑企业提供了非诉及诉讼、仲裁法律服务；具有丰富的建设工程房地产法律服务实务经验。

无为的我下定决心辞职，过司考，律所实习，拿到执业证。

而今，正式开启了繁忙忙碌快节奏高压力的律师之路。

回望来路，说是摸爬滚打、一路荆棘、披星戴月、惶恐煎熬毫不为过，然而，无一丝悔意，甚至庆幸当初自己破釜沉舟背水一战的勇气。

平凡的人生道路，我凭着一颗不甘平庸的心在追寻着自己的蜕变与进步。

回望初心

我属于半路转行那一类型。从 2007 年大学毕业后就一直在公司上班，工作内容与所学法学专业无太大关系。

直到 2015 年彻底厌倦了朝九晚五、一潭死水、每天的工作内容都是重复再重复，遂下定决心辞去工作，背水一战，从 7 月开始备考，还好，顺利通过司法考试。

2016 年开始在一家律所实习了大半年，发现除了打杂毫无收获，果断转所。

2017 年重新开始实习，2018 年下半年终于拿到律师证开始正式执业。

回望来时路，感触良多，以下谨从律所的选择、实习期间的心态、青年律师的专业化道路如何起步、对律师行业新形势的认识等进行总结，希望我走过的弯路他人可以避免，我的经历可以对他人有所借鉴。

困惑及建议

律所的选择

青年律师应该选择大所还是小所？

我的切身体会是，如果条件允许，一定要选择大所。律所是律师成长的平台，大所的起点高、平台好、机会多，会加快成长和进步的节奏。

比如，我所在的律所是上海市建纬律师事务所在郑州的分所，上海市建纬律师事务所是国内一流的建设工程房地产行业的专业律所，建纬郑州分所也是汇聚了河南省内大批建设工程领域的专业律师。

平时，律所会经常开展专业培训、案例讨论、法律文件汇编等，耳濡目染在这样的氛围中，对于建设工程这类高度复杂且专业性较强的纠纷案件，我自然也会更快上手，所谓近水楼台先得月是也。

实习期如何度过

青年律师在实习期间应该做什么、怎么做？

青年律师尤其是实习律师，一定要调整好自己的心态，一定不能浮躁，戒骄戒躁；另外一定要践行，做好规划，合理高效利用时间。

这些道理都很简单，然后坚持做到并不容易。这也是，为何“懂了很多道理，依然过不好这一生”。知道不等于做到，践行才是关键。

（1）不浮躁。

回想自己在实习初期，没有规划，眼高手低，今天学点 PPP 的知识，明天又去看些建设工程的书，后天又去忙乎着看案例，每天也很忙，没闲着，然而，几个月下来，发现自己还是毫无所获，也没有什么进步。这就是我所指的走的弯路。

因此，郑重地建议，实习律师一定要对自己的实习期间做个整体规划及确定相应的目标，然后再细化到每月每周每天，系统化、专题化地去学习、研究，方可提高效率，确保时间得到充分利用，能力得到切实提高。

（2）做好基础知识的积累。

青年律师在实习期及执业初期，除了首要地调整好心态外，其次就是要做好基础知识的积累。

因为在这些期间，有充足的时间系统化地看书研究，等到执业之后忙于出差奔波做案件，就没有大块的时间来看书学习了。

时间虽多，看书也要有针对性，不能什么书都看，反而是浪费时间。

我一般会针对某一专业进行筛选，看评价及作者在行业内的声望及执业的经验等，读一本有用的书胜过十本无用的书。

另外，看书的时候，要积极动脑思考，要不然走马观花蜻蜓点水一般看了很多书，无非是落了个心理安慰，则是一无所获。

律师执业能力的构建犹如修建高楼大厦，基础理论及实务知识是基础，基础不牢，大楼建不高，或即便大楼建了很高也岌岌可危。

律师是一个需要不断学习的职业，新的法条法规司法解释、新的案例判例等都要及时学习以便更新自己的知识储备，否则要是引用了失效的法条或过时的观点就是贻笑大方了。

（3）一有机会就多办案件。

最后，青年律师能力的培养来自于大量的实践。

无论案件大小、类型，有机会就要多办案件，每个案件都有大小难易的问题要解决，解决问题的过程就是挑战极限、发掘潜力的过程，而经验的积累就意味着能力的提高。

正如霍布斯大法官所言：法律的生命不在于逻辑，而在于经验。

律师执业具有很强的实践性。比如，诉前保全的法律规定是全国统一的，但是在不同的区法院具体程序及步骤和要求皆不相同，如果你没去亲自办过，就无从了解。

这也正是律师的魅力所在，接触到形形色色各种各样的当事人，遇到不同水平和脾气的法官，分析预测每个各具特点的案件及可能的结果；律师唯有具备扎实的基本功和勤奋敬业的态度才能以不变应万变。

青年律师的专业化道路如何起步

青年律师是否应该走专业化道路？

律师执业应进行专业化细分已是定论，问题是青年律师如何走专业化道路。

青年律师在执业之初，一般都案源短缺，不可能挑选案件，让自己只做某一类型的案件，但如果什么都做，长此以往就成了万金油律师，什么都会点，什么都不精通。

对此问题，我的一点建议就是，执业之初，先无论什么案件，要多办理案件，积累实务经验。

与此同时，专注于某一专业比如建设工程专业进行前期的知识储备，关注行业动态、热点新闻，多听专业讲座，多与此专业的律师进行交流。

等到有机会做这类案件的时候，认真研究，好好把握，抱着把这个案件做成精品做到极致的心态认真对待——通过一个案件，厘清办理此类案件的程序及法规，并注重积累经验，对在办案中遇到的困惑和问题，切不可扔在一边置之不理，有问题就要千方百计寻找解决之道，唯有如此，才能切实提高水平和能力。

比如，我曾经遇到一个案件，对方提供了四大本上千页的证据，如何质证令我苦恼不已，此时只能迎难而上，硬着头皮，从第一本开始，一页一页翻看，反复研究推敲，梳理思路，第一本质证意见写完了，到后面的几本就越来越得心应手，最后看着 60 多页的质证意见，成就感满满。

本以为不可能完成的事情，乍一看就像是纸老虎，只要坚持做下去，就会发现没有解决不了的问题，就像是没有跨越不了的山。

这样的硬骨头啃多了，心理也会变得强大起来。

印象很深的还有去年参与的二次房地产项目的尽职调查。做尽调时律所一般会组建尽调小组进行分工，比如负责工商档案、债权债务、诉讼风险等，头一次参与的时候负责的是对目标公司的主要债权债务进行梳理。

对财务知识一知半解的我，心虚无比，开始恶补基础的财务知识，怎么看财务报表，后来与会计师事务所对接时，拿到他们的财务尽调初稿，我也大致能看懂了，并且针对一些重要数据，外行的我在强迫症的折磨下，反复核对原始资料、公司财务数据，直到自己得出的结果与财务尽调的数据一致才算放心。

接来下的一次更为艰难：我仍是负责尽调报告中的债权债务部分，目标公司是房地产公司，不仅有大量的银行贷款，还有民间借贷，需要根据借条借据等逐笔核实，另有十几幢开发的楼盘，状态复杂有已售未售、有团购有退房、有抵债有打折等，委托方需要核算的是目前可售的面积及价格。

我曾连着几天对着各种 Excel 报表算来算去，两种不同方式计算的金额不一致又要返工重算，找出不一致的原因，那几天我充分能理解做财务工作的烦琐细致严谨，也差点想要放弃，但不能半途而废的念头支撑着我最终完成了数据核算，顺利完成自己负责的工作，此时的成就感已经让往日的困倦一扫而光。

对律师行业新形势的认识

青年律师面临的机遇与挑战

当前律师行业面临着诸多新形势以及智能化、团队化的趋势。青年律师如何紧跟新形势把握新趋势，提高工作效率？

无讼的可视化、iCourt 的大数据、微信公众号的运营宣传等，这里面就潜藏着青年律师可以把握的机会。

现在律所内容多是团队化，在一个团队里，依据性格、脾气、学习、能力等的不同，青年律师可以根据自身的特长和优势，充分发挥作用体现价值。

何谓专业，就是把一件事做到极致。可视化、大数据等现代化科技的运用，将之前简单粗放式的律师工作的每个阶段精细细分，每个阶段都进行可视化成果展现及交付，如诉讼策略报告、案例检索报告、大数据分析等，这些对于提升律师工作的精度及深度，获得当事人的认可都大有裨益。

青年律师接受新事物、学习新技能的能力较强，应从这些方面入手，熟练运用，定会提高工作效率。

对于这些新工具的运用我也处在探索期，所谓工欲善其事必先利其器，律师最宝贵的就是时间，最大的成本也是时间，新工具的引入及熟练使用虽不能缩短青年律师成长的时间，但却可以提升工作效率，在团队合作中发挥自己的独特优势。

律师之路小结

“逆袭”“弯道超车”，这两个词是目前的流行语，另外也反映出青年律师存在的一种浮躁心态。

一万小时定律，想必大家都听说过，凭什么老律师积累多年的人脉经验，你青年律师想一下子就都拥有？

我们看到的大律师、成功律师谁不都是有一段坎坷崎岖的不为人所知的心酸历程。

这种临渊慕鱼的心态我也有过，好在我及时调整，老老实实地退而结网。

每当别人说起律师职业高收入，我都忍不住面露微笑内心酸涩。律师行业也存在二八法则，特别是青年律师前期要经历几年的成长煎熬期，收入也是不容乐观。

于我而言，做律师，是拒绝平庸、拒绝碌碌无为的不悔选择。

每天忙碌，周末无休，经常加班，收入也不高，我戏称自己“xia 忙 xia 忙”的每天，然而，这是青年律师成长及成熟的必经之路。期待若干年后，我也会有“众里寻他千百度，蓦然回首，那人却在灯火阑珊处”的欣慰。

正如，不想当大律师的律师不是一个好律师。

大律师在我看来，不仅是可以收费很高，挣钱很多，更在于能力之高、水平之高，可以更高效、更智慧地解决当事人的问题，这也正是我这枚小律师的努力方向。

摒弃一瓶不响半瓶咣当的心态，沉下心来，无论学习还是工作，扎实稳步，按部就班，我相信，成为一名我心目中所想的大律师就是水到渠成的事情了。

29. 回到家乡襄阳做律师，能忍愿熬，永远在路上[①]

非常感谢智善法律新媒体的邀请，让我有幸与各位优秀的青年律师朋友们一道总结分享。

受邀伊始，心中些许担忧，自己初出茅庐，资历尚浅，怎敢在各位优秀的青年律师同人面前班门弄斧，但“蓬生麻中，不扶自直”，与优秀之人一道，自己才能变得优秀。

静心回顾，对于过往的律师之路，确有诸多感慨欲与大家分享，概而言之就是一句话：青年律师，永远在路上！

志在律师，奋过思考

人生之所以精彩，就在于它的不确定性。

无论是机缘巧合还是阴差阳错，大学选择了自己并不感冒的法学专业，成为一名法科生，自此与法律结缘。

“既来之，则安之”，在后续学习的过程之中，在法律知识的熏陶之下，我渐渐地发现法律也并非如此枯燥，相反充满着一种魅力。

抽象的法律知识结合具体的案件事实，加之三段论推理，得出最终结

① 侯翔宇，湖北周成律师事务所专职律师。

论，何尝不是一种法律之美！

从被动接受到主动学习，未来法律之路的规划也在悄然进行，律师当是我的不二之选，为什么？

对于当时一个不谙世事的学生，说来也简单，因为“高大上”，对于公检法，家族中的各位前辈们均有所涉及，而我则想成为家族中的第一位律师！

欲成为一名律师，摆在面前的第一关就是号称“天下第一考”的司法考试。

由于在校期间，热衷于参加学生组织，组织校园活动，无疑占用不少专业学习的投入时间。

大三正值司法考试备战的黄金时期，而那时的我，也只能两者兼顾，直至完成校学生会主席团换届，才得以全身心投入司法考试复习。

每天过着三点一线的生活：寝室、食堂、图书馆，起得比鸡早，睡得比狗晚，幸得一考而过，400 分通过当年司法考试。

这仅仅是迈出法律之路的第一步，感谢学生组织的锻炼和备战司考的磨炼，自己得以提升抗压能力，坚定前行脚步。

初入律所，幸遇恩师

最初，也曾想留在武汉执业，但是对于这座城市总有些许陌生感，加之各种因素，思虑再三，选择回到家乡襄阳。

有幸进入湖北周成律师事务所，这是襄阳地区首家以个人名字命名的律师事务所，师从周成主任，彼时全国最年轻的省级律师协会副会长。

师父的成功绝非偶然，举止谈吐之间散发着个人魅力，无论是专业水平还是社交能力均令人称赞不已。

作为律师行业的一枚小白，在师父的悉心指导下，开启律师之路。

实习之初，打扫卫生、端茶倒水、复印打印、会务接待、撰写材料、整理案卷、洽谈客户、跟班开庭等，处处留心皆学问。

师父对各方面的要求都是比较严格的，但也是比较留情面的，无论是专业之内还是专业之外，每当发现我行事有所差池时，师父总会在私下指出并给予相关建议。

一路走来，有幸跟随师父参加各种场合，见识各类场面，积累不少待人接物、为人处世之经验。

同时，对于各类诉讼案件及非诉案件均有所接触，在实战中迅速成长。

“把律师当作事业，而非职业”也是师父经常提及的一句话，初出茅庐的我虽不能完全体悟此间真谛，但也在师父潜移默化的指导和熏陶下，开始有所感悟。

职业是谋生手段，事业是理想追求，“不想当将军的士兵不是好士兵”，作为青年律师，既要脚踏实地，又要仰望星空。

感谢律所，致敬恩师！使自己更为迅速成长。

参与案件，深度认知

每一份委托都源于信任

一个标的额并不大的买卖合同纠纷二审案件，作为上诉人（一审被告）的代理人参与诉讼，一审庭审围绕“原告签署领款单（我方提供）是否实际领款”这一争议焦点展开，原告方提出三点理由主张未实际领款，并获一审法院支持，我方一审败诉。

在接受二审委托代理后，认真分析一审案卷材料，于细节处发现问题，基于对发货单、对账单细节记载存疑之处，一一列出，逐条发挥。

形成较为成熟的代理意见，庭前向当事人详细叙述，当事人的一句话让我至今记忆犹新：“小伙子，这个案子不管二审结果如何，以后有案子我还找你。”

该案最终结果是二审改判，我方胜诉。

如果不是基于对律师的信任，当事人怎会将自己的切身利益委托律师处理。

信任也是一个不断加强的过程，律师业务不是一锤子买卖，而是需要通过一个业务的认可，进而获得更多业务。

每一份信任都蕴含责任

一个刑事案件，被告人涉嫌伪造国家机关证件罪，在外地羁押。

当时正值《刑事诉讼法》修改，新增“认罪认罚从宽制度”，在实务中如何操作，尚不清楚。

在会见被告人时，被告人提出认罪认罚，当时该案处于审查起诉阶段，通过与检察官的两次沟通反馈，确定量刑建议幅度，并与检察官一同去看守所会见被告人，当面签署认罪认罚具结书，对于最终裁判结果被告人及其家属均满意。

在法律框架内，最大限度地维护委托人的利益，对委托人负责，不仅是律师职业道德之所在，更是律师事业责任之所在。

善用互联网

“互联网 +”大数据时代，大大拓宽信息获取渠道，对于律师行业的助力也是显而易见的。

通过中国裁判文书网、最高人民法院的庭审公开网、无讼案例库、法天使、北大法宝等各类法律数据库，弹指之间，所需信息尽显眼前。

青年律师虽然执业经验不足，但是通过这种方式，不仅可以迅速拓展眼界，积累经验，防止陷入闭门造车的尴尬境地，还可使工作效率大大提升，在有限的时间内处理更多的事情。

“从零开始”的心态

“九层之台，起于累土”，绝大部分的青年律师进入律师行业都是从零开始，在经年累月的积淀中，构筑属于自己的高台。

没有各种包袱和束缚，从零开始，唯有努力向前。无论大案小案，都应细致对待，认真负责。时刻保持谦虚的态度和永远前行的进取心，也许在不经意间会获得更多发展机遇。

“向一奔跑”的激情

青年律师富有激情，心怀梦想。一不怕苦，二不怕累，什么都愿意干，渴望有事情干。

处处皆学习，整理案卷、排队立案、撰写材料、日常加班、出外勤……

对于这些看似烦琐无趣的事务，不是机械地去完成，而是换一种思路，于青年律师而言，亦能从中受益良多。

例如，整理案卷时将自己作为该案承办律师仔细研究一番；排队立案涉及的管辖相关问题；撰写材料如何一次比一次写得更为出色。

“积极走出去”，多多参与律师论坛、辩论赛、演讲比赛、公益行动等各类相关活动，以此展现推介自我。

不急不躁，静心沉淀

勤　学

“打铁还需自身硬”，律师的核心技能还是专业素养。

法律用以调整社会关系，维护社会秩序，而当今社会发展迅速，法治化进程深入推进，各类法律知识也在适时更新。

希望用“今天”的专业知识去完全解决“明天”的社会纠纷定是行不通的。

唯有不断学习，持续充电，方能使自己更为专业。

愿　熬

律师界的“三五八定律”，揭示了律师是一个需要积累、需要沉淀的职业。

青年律师初入行业，“熬”不仅包括物质层面的收入水平，还包括精神层面的各方压力。

如今青年律师的生存环境与前辈们出道时相比，不能不说是大有改观，但律师行业的发展特点没有本质变化。

要熬得住今朝的黑暗，才守得住明日的繁华。

能　忍

律师从事法律服务行业，每天接触着形形色色的人与事，难免会因为各种原因出现一些争议，甚至遭受差别对待。

作为年轻气盛的青年律师，应保持不卑不亢的心态去解决出现的问题，在合理的范围内忍让，何尝不是展现风度的一种方式。

先杂家，后专家

执业初期先做杂家，广泛涉猎，一方面可以对律师业务有全方位接触了解；另一方面又能缓解执业初期的经济压力。

在积累一定执业经验的基础上，找到自己兴趣专长之所在，精确选定执业领域，术业专攻，把业务做精，成为专家。

永远在路上

借用莫言先生的一句话与诸位共勉：

“当你的才华还撑不起你的野心的时候，

你就应该静下心来学习；

当你的能力还驾驭不了你的目标时，

就应该沉下心来，历练；

梦想，不是浮躁，而是沉淀和积累，

只有拼出来的美丽，没有等出来的辉煌。”

青年律师的修行之路漫长，虽道路是曲折的，但前途是光明的。

不急不躁，静心沉淀，在时光岁月中，做更好的自己，We are one，On the way！

30. “90后”诉讼律师的北漂生活①

从法大硕士毕业快一年，脱去了学生的青涩和稚气，我变成了年少时期待的模样，成为一名刚入律师行业的实习律师。

回望这一年的时光，我在尝试着不断让自己学习和成长，“释法意若芳芷，解世间之讼争”是我努力的口号，让自己保值增值是我奋斗的目标。

参与办案回望

1. 商事仲裁案件的思考

最近有幸加入全国性仲裁法学学术团体“中国仲裁法学研究会”，成为青年仲裁人志愿团的一员，也引发了我对商事仲裁案件的思考，结合平时和指导律师参与办理贸仲案件的心得，特表达感受如下：

谙熟仲裁规则的重要性不言而喻，我平时会翻看买的《仲裁法一本通》，里面有仲裁法、贸仲和北仲的仲裁规则等内容，还有撤裁相关案例的

① 张芳芷，北京德和衡律师事务所实习律师，中国政法大学法学硕士。

书籍，我还会去所里借阅仲裁的相关书目进行阅读。

这里尤为强调的是我们也需要关注最高人民法院有关仲裁的相关司法解释，比如《最高人民法院关于人民法院办理仲裁裁决执行案件若干问题的规定》《最高人民法院关于审理仲裁司法审查案件若干问题的规定》《最高人民法院关于适用〈中华人民共和国仲裁法〉若干问题的解释》等。

有关仲裁的公众号也比较多，推荐贸仲和北仲的官方公众号，还有环中商事仲裁、商事仲裁员观察、仲裁法一本通、仲裁圈、仲裁研究院、中国仲裁、仲裁法学研究会等公众号，这些公众号的文章质量都很高，也体现了学术界和实务界最新的仲裁观点和理论。

仲裁的私密性使借鉴参考案例的难度增大，且仲裁员都是业界优秀的教授或律师，因此提高自身的业务水平，对于一个刚入行的实习律师来说具有重要作用，在大量阅读仲裁相关书籍的同时，结合实务经验，及时做总结和归纳，是增加法学功底不错的选择。

2. 民事诉讼案件的思考

最近因为疫情的原因，线上的民事诉讼业务讲座如雨后春笋般产生，无论是所内还是所外的实务讲座，我基本都会花费大量的时间去仔细听，并认真做好笔记。

这些讲座包含了很多律师的实务经验之谈，还有目前实务领域的司法现状，我会带着思考去听上述讲座。

有些问题还会在会后和主讲人积极探讨，不得不说，听了最近四个月的各类线上讲座，对自己的业务提高起到了很大的作用。

做律师很大一部分原因是我很享受诉讼博弈的快乐，案件越复杂，我越想找到打开案件大门的钥匙。

因为我在读研期间拥有多家律所实习的经历，浅尝辄止地涉猎过破产、私募基金、明星肖像权、房地产 PPP 等相关业务，也考过了证券、基金、期货从业资格考试，这些实习经历也促进了我对于案件的思考，拓宽了我的知识面和案件理解力，这也让我更加坚定地成为民商事诉讼律师的决心。

在和指导律师参与办理一些民事案件时，和当事人的沟通很重要，了解当事人的诉求，才能更好地为当事人服务，解决其目前存在的问题。

最近一年，我也在不断摸索寻找案件请求权基础和破题之道的方法，推荐用 alpha、威科先行、无讼等查找相似案例，在大量案例的搜寻中，比较能快速找到案件的破题点，而且还可以研读中国人民大学、北京大学、中国政法大学等法学老师的最新学术观点，在找法条和找案例中不断寻找解决问题的方法，是一名实习律师的基本功。

法律文书的写作也是一名律所职场小白成长的必经之路。最近网上有很多不错的法律文书写作课，也有大量的法律文书写作书籍，学会写一份合格的法律文书，即一篇说明文风格的议论文，是完成指导律师交代的任务中占比很重的内容，我会欣喜地发现指导律师对自己所写的法律文书修改逐渐变少，也是侧面对自己能力的一种认可。

日常生活回望

毕业快一年，也是开启“北漂”的第一年。

我逐渐爱上了平淡生活的烟火气，也真真切切地体验到了做饭的无限快乐。母亲说生活的点滴乐趣都藏在了厨房里，我现在能够理解这句话的含义了。

由于我的梦想是励志做 80 岁还能出庭的诉讼律师，我会在平时非常注重养生，饮食上做到健康、清淡，自己做酸奶喝，大量饮用自配的蜂蜜柠檬水和枸杞大麦茶，白天高效完成工作，晚上绝不熬夜，定期敷面膜，穿衣上注意季节变化等，培养良好的作息习惯，也是成为一名出色律师的基础和前提。

虽然已经离开法大的校园，但是仍然和导师、同学保持着联系和沟通，因为研究生室友也在所在的家乡做律师，我们虽然不在一个城市工作，但是会时常在微信上交流案件，也会把实务中存在的问题和对方交流与探讨。

此外，因为研究生的导师同时也是一名兼职律师，而且在北京刑辩圈非常有名气，平日也经常和导师保持密切的联系和沟通，请教老师相关的业务，导师一直是我学习的榜样和工作的偶像，期冀未来有朝一日可以成为像导师一样专业、负责的律师。

毕业后的这一年时间里，亲戚朋友咨询案件的情况变得非常频繁。

我都会第一时间给出专业的解答，职业成就感和认同感油然而生，还能促进我对于案件的思考，以点带面，研究更多的法律问题是生活中最大的乐趣，还会获得学以致用的快感，帮助了他人，也提高了自己。

从实习律师到执业律师过渡

从实习律师到执业律师的过渡，我希望未来的一年里，可以很好地完成指导律师交办的工作任务，如往常一样，及时作出归纳总结，并且能够举一反三，引发类案的相关思考，尽量缩短自己的成长期，努力在未来成为一名专业的执业律师。

去掉自身的短板是当务之急

由于和指导律师参与办理的案件涉及国际贸易相关内容，最近在努力学习日语和英语，提高英语听力的过程虽然缓慢，但是坚持是我唯一能做的事情，沉浸式听力学习法是我目前学习英语的方法，希望等到明年自己成为执业律师时，英语会是我的加分项，而不再是自身的短板。

拓宽办案思路、提高业务技能是未来成长的重要环节

带我的指导律师在信用证和保函方面有着丰富的实务经验，我也开始逐渐关注国际贸易与海关的相关业务领域，包括密切关注今年最新的国际贸易术语 2020 版本（Incoterms®2020）以及《最高人民法院关于审理独立保函纠纷案件若干问题的规定》等相关内容，在工作中不断学习和成长，才是走向专业律师的正确之路。

积极参加业务相关的活动，向专业化的律师迈进

指导律师就像是引路人，是我未来执业方向的灯塔，因为参与了一些贸仲的案件，我对商事仲裁业务产生了浓烈的兴趣，目前不仅成为了中国仲裁法学研究会青年仲裁人志愿团的成员，也多次参与中国美国商会（American Chamber of Commerce in China）的培训和讲座，利用周末的时间旁听北仲举办的仲裁论坛活动，加快学习的步伐和进程，不断提高自己。

结　　语

未来的路那么长，我会记得当律师的初心，也会一直保持做律师的

热忱。

脚踏实地，才能仰望天空，顺利完成从实习律师到执业律师的过渡。

31. 从银行支行长到执业律师，从焦虑到平静①

引　子

在晴朗午后，静坐窗前，品一杯咖啡，任阳光肆意倾泄在身上，让阳光暖暖的触觉和浓浓的咖啡香一起奏出曼妙的和弦来。

打开电脑，指尖却流淌不出任何文字。突然发现我已经太久没有抒写过自己内心的情绪了。

也许是时候关照一下我尘封已久的过往，回望一下自己的律师之路了。

回　望

2012 年自武汉大学法律硕士专业毕业的我没有选择走法律行业，算是跟风选择了当时就业特别热门的银行业，也如家人所愿，回到家乡十堰市。

回望这次选择，也许冥冥中早已注定 6 年后的重新抉择。

我在一家国有银行，以银行前台为起点，先后在对公前台、公司业务管理员、客户经理岗、办公室综合管理岗、营业主管岗、见习支行长、支行长工作，用最短的时间里从一个职场小白做到了银行基层管理者，做了五年二级支行负责人。

为了快速的成长，我始终以空杯理论、归零心态要求自己，努力学业务、学管理、学营销、学证券、学会计，并考取银行从业资格证、证券从业资格证、注册会计师（经济法、公司战略与风险管理）以及银行内部各种证书。

在工作中，我也始终冲在前面，带领团队争创佳绩。

努力确实是有回报的，我的努力让我取得了一点成绩，也获得了一定的

① 涂玉山，武汉大学法律硕士，湖北维力律师事务所专职律师，执业领域：银行金融、公司治理、民商事纠纷、劳动纠纷。

认可。我曾在旺季营销竞赛中取得好成绩，也曾在银行内部演讲比赛取得佳绩；我曾在运动会上力拔头筹，也曾获得领导同事支持信任……

日子原本可以这样平静如水地过下去，继续做我的基层管理者，买房、买车、成家、生子，从此我工作生活的湖面再难泛起一丝涟漪。

重　　启

在银行工作的六年来，多岗位的锻炼确实让我学到了很多东西，在这方面我一直是心存感恩的。

在银行的工作既让我比较深刻地了解了银行各项业务，也让我在业务管理、市场营销、风险管控等方面积累了较深厚的经验，还让我砥砺了心性、开阔了眼界、夯实了业务基础。

然而，从 2017 年开始，我渐渐开始迷茫起来。

老牌国有企业里面的体制机制、工作方法、工作氛围越来越让我感到压抑，频繁的应酬交际也让我的胃亮起了“黄灯”，对拉关系跑业务我也越来越感到厌倦，对文山会海侵蚀业务生活也感到深恶痛绝。

我渐渐离专业越来越远了，离人情世故越来越近了。

这就是我要作为终生从事的事业吗？这就是我想要的生活吗？从业 6 年就开始倦怠，从事一辈子那该怎么度过呢？

经过一年的思考，我终于下定决心。

2018 年 1 月我带着家人的不理解和埋怨离开从业 6 年的银行，离开家乡，来到武汉，开启了我的律师之路。

我好像一台电脑，系统完全格式化，然后重启，我的职业和生活也全部重启了。

以前的点滴努力，以前的一点经验，以前的些许成绩，都随着格式化一键归零了！一切重新出发！

体　　制

罗振宇说：“在互联网的时代下，每个人都可以 U 盘化生存，自带信息、不装系统，随时插拔、自由协作，互联网时代提倡个人崛起和个体协作。”

但初来武汉，初入律师行业的我，深刻体会到的却是：离开主机，你啥也不是。离开体制，你不再是你，你的些许成绩，仅仅是平台赋予你的。之前一些人认可你，仅仅是因为你处于平台的某个位置之上。

如同我最喜欢的电影《肖申克的救赎》里的经典台词：

“监狱里的高墙实在是很有趣。刚入狱的时候，你痛恨周围的高墙；慢慢地，你习惯了生活在其中；最终你会发现自己不得不依靠它而生存。这就是体制化。”

体制就是这种东西，身在其中时，我们享受着体制带来的安全感和便利，但我们却厌倦它，憎恶它，想逃离它；但当我们最终离开体制，失去体制带来的安全感和便利时，我们又怀念它的好来了。

我也是如此。刚离开体制的我，感到了很大的不适应。

心理上的极大落差、收入的极不稳定、经验的欠缺、学习的压力、职业引路人的缺乏、生活上的不安全感、感情上的不确定性等全部不留任何情面，迎面袭来，料峭如寒冬的北风。

与辞职前厌恶体制截然不同，有时我竟然开始怀念起体制来了。

平　静

初来武汉的一年，我始终处于焦虑之中，急于解决生存问题，急于积累经验，急于证明自己，急于让家人理解，急于……这种心理状态，相信是每一个青年律师都曾有过吧。

然而事与愿违，急并没有带来任何益处，相反让我不能静下心来去体会、去积累、去领悟。

第一年我先后换了两家律所，加入过几个团队，追随过几个资深律师，然而问题依然没有解决，我依然急，依然没有走在正确的路上。

随着时间的推移，我跟其他青年律师的交流的机会多了起来，也结识了几名青年律师，深入了解了青年律师的整体处境，也从几名稍资深律师身上看到了他们成长的轨迹和路径。

我渐渐明白急没有任何用，你再急，经验不会自己长到你身上；你再急，案件不会自己撞上你；你再急，收入也不会自己提升；你再急，你的家人也不能理解、包容；你再急，该走的路一步也不能少；你再急，该吃的苦必须你自己承受。

所有这一切终须经过时间的流逝，知识和经验慢慢地积累，如同酿酒一样，在无人关注的时间里慢慢地自我沉淀、发酵。

你唯一需要做的就是平静下来，默默耕耘，平静等待，“而困而知，而勉而行”。

“平常心是道”，作为青年律师真的太需要用理性认真思考，用态度平静生活了，而我让自己平静下来用了一年半的时间。

定　　位

心态平静下来后，我开始重新定位我的工作生活。

定位对青年律师的意义重大，对作为半路出家的初入行业的律师意义尤其重大，我更是如此。

刚开始，由于我对律师职业缺乏了解，也没有合适的领路人，在专业方向选择上走过一段弯路。

摸索过一段时间后发现，与其过早地盲目选择专业方向，不如从最基本的事情做起，多观察、多了解、多思考、多揣摩，肯下笨功夫，才能精通真功夫。

渐渐地我对自己的职业定位清晰起来了：我要做一个靠谱、走心、有温度的专业律师。

在专业方向的选择上，也可以结合自己的特长和以往工作经验，以金融行业为主体，以房地产和公司治理为两翼，不断拓展自己的专业知识、业务能力和执业经验。

定位准确了，方向明确了，就需要选择一个适合的团队了。

为了在一个成熟的团队中通过多做业务，多向资深律师请教，来提升自己的经验和能力，拓展自己的眼界，锤炼自己的法律思维。

我选择加入了湖北维力律师事务所李涛团队。

李涛律师团队是一个比较成熟的专业律师团队，团队成员众多，团队成员专业素养较高，团队氛围也特别好。

加入团队以来，团队成员给了我很大帮助，从他们身上学到了很多宝贵的执业经验和成长感悟。

来湖北维力律师事务所李涛团队的 9 个月是我成长最快的一段时间，然而现在我的经验依然还很不够，成长永远在路上，我将始终厚道为人，踏实做事，将每一件事情全力做好，尽快成长为一名成熟的职业律师。

逐　梦

我想每一个立志走上律师职业的青年人都是在追逐梦想，而追逐梦想的过程注定是一条孤独而艰难的路程。

在此将《肖申克的救赎》最经典的台词送给每一位刚刚走上或即将走上律师职业道路的青年们，以此共勉：“有些鸟儿是关不住的，他们的羽毛太鲜亮了！”

叁

青年律师必备技能和面临的问题

32. 律师的工作时间和个人时间的界限到底在哪里？①

毕业即失业，第一选择曾是读博

我是李贺娟，2014 年 7 月硕士研究生毕业后进入律师事务所，2015 年 12 月取得律师执业证。时光荏苒，进入律所已经快 3 年了。

说实话，律师职业并不是我毕业时的第一选择。受老师们的鼓励，我在毕业时准备了考博继续深造，最终取得北京一高校某博导门下第二名的成绩，可惜这位博导当年只有一个招生名额，尽管她努力帮我争取名额，但终未能如愿。

毕业即失业，带着迷茫离开了学校。

从郑州到武汉，幸入得伟，得遇名师

因为当时男友已找到工作，我毫不犹豫跟着他来到了武汉，进入本地前三甲的律师事务所得伟君尚，师从资深律师、律所高级合伙人、湖北省巾帼建功标兵获得者胡燕早律师。

一切就是这么简单，我开始了我的律师之路。

很庆幸，自己在入行时可以遇见一个好师傅，不仅接触的客户多属有文化、有素养的人，而且代理的案件类型多样，诉讼标的较大，且多为疑难复杂案件。这对于我各方面能力的提升起到极大的促进作用。

同时，也庆幸在一个好的平台上，有机会参加各类活动，增加对外界的了解、开拓视野，比如到西安参加某律所联盟举办的“政府法律顾问法治论坛”、到贵州黔西南州望谟县参加贫困助学及红色教育活动等。

① 李贺娟，湖北得伟君尚律师事务所执业律师，擅长业务类型：民商事诉讼、公司法律顾问。

律师的工作时间和个人时间的界限在哪里？

不可否认，律师工作是很辛苦的，为了完成客户托付的事务，不辜负客户的信任，律师们不得不牺牲休息时间、周末时间加班加点研究案件、审查合同、草拟法律意见书、律师函、案情分析报告。

我清楚地记得有一段时间，每天晚上加班熬夜到12点钟才能将客户发来的合同审查完毕；曾经有两次，为了做投标文件，整个团队熬夜到凌晨2点钟，并在第二天早上9点钟之前赶到几十里外的单位参加投标。

当招标单位选择你所在团队作为它的顾问律师，当你的工作得到客户的认可，你会觉得你的付出得到尊重，一切都是值得的。

说实话，我也不止一次想换工作，因为律师这个工作太特殊了，我完全搞不清楚我的工作时间和个人时间的界限，每天处于精神高度紧张的状态。

但是，律师这份工作的挑战性，让我觉得它充满魔力，又实在舍不得放弃。我讨厌过一成不变的生活，如果我每天的工作都是重复像拧螺丝钉一样的事情，我觉得我迟早会崩溃。

我的经验：青年律师该如何提升自己

在刚入行的时候，总是小心翼翼，生怕说错话、做错事，没有方向，总在等一个正确答案的到来。时间长了，你会发现，好多事情是没有所谓的标准答案的，因为好多资深律师也并不知道问题的答案。

其实，只要掌握了如何解决问题的一套方法，一切真的就不一样了。我的方法如下，写出来供大家参考：

第一，针对具体案件的法律检索必须要全面。

学习不应该是毫无目的地学，建议在具体案件中遇到某方面的问题时，把有关该问题的法律规定（还包括司法解释、最高人民法院批复甚至最高人民法院院长信箱）、案例及理论界、实务界有关于此的内容全部收集并仔细阅读，然后把其中的要点提炼、总结出来，无论是有利于己方或不利于己方的观点。这不仅有利于对案件的分析，而且有利于对某一问题的全面把握。

关于案例，你可以根据搜集到的案例，来了解某类案件需要的证据材料及可能的争议焦点问题。

我刚入律所时，曾向师兄请教如何尽快具备处理案件的能力？师兄是一个专业功底扎实、做事严谨的人，他回答说他有一个笨办法，就是抄裁判文书网的案例。

看原告的诉讼请求及证据、被告的答辩意见及证据，双方的质证意见，然后先自己预测判决结果，再看法院的本院认为及判决结果。通过这个方法来了解法官的裁判思路，进而指导该类案件的处理，同时了解某一条文的司法运用。

我真的感谢师兄传授秘籍给我，但我没有师兄那么勤快，并没有抄过案例，但是我把这个方法用到了案子的处理当中，真的很见效。

2015 年 4 月，我被安排准备制作某申请承认和执行外国仲裁裁决案件的开庭资料，包括证据目录及代理词等。由于该案件属于团队办理的首例申请承认和执行外国仲裁裁决案件，我并没有得到任何可供参考的模板。

通过从裁判文书网的已生效裁判文书中寻找答案成了我的救命稻草，我最终找到了十几个案例，首先核对这些案例的申请人举证部分，仔细查阅申请人均提供了哪些证据，查漏补缺，综合这些案例做了一份较为完整的证据目录。

其次仔细研究被申请人的答辩意见，总结被申请人可能存在的抗辩理由，完成代理词的初稿。得益于充分的证据及细致、周密的论证，法院最终裁定承认并执行该仲裁裁决，支持了申请人的诉求。

第二，注重对外交流，多向同事、同行学习。

学习应该是多方面的，不仅是书本知识的学习，还应该在交流中学习。每个人都有自己的长处、每个地方的律师都有不同的特点，因此注重在跟不同人的交流中学习也是十分重要的。

对于我来说，我们团队跟所里同事的业务合作较多，不可否认，每个律师的处事风格、行文风格都不尽相同，但只要留心，真的能从不同的人身上学到不同的长处，这一经历让我很受益。

另外，关于对外学习，特别推荐王露律师创建的“8090 律师群”，其会定期开展各类分享，包括业务、营销、礼仪等各个方面，这确实是帮助青年律师弯道超车的一剂良方。

第三，勤思考，多动笔。

特别想强调一点，无论你学了多少东西，最终你必须能把这些东西转化成自己的东西，那自己的思考、消化、总结就必不可少。

所以，青年律师必须多动笔。最近深圳的杨怡律师发起“抄法条”活动，虽显得小儿科，但这真的有助于你在抄写过程中加深对法条的理解，这种做法值得提倡。

另外，我还想分享一个写作的小技巧，文章是改出来的，不是写出来的。刚开始写作时，不要急于求成，需要多次打磨，方能成文。一旦写的多了，自然而然就感觉很轻松了。

结　语

纵使律师工作虐我千百遍，我仍热爱这份工作，并会继续坚持。

最近，我刚开了个人公众号“听律说”，开始在业余时间做一些总结。说来惭愧，虽然在硕士研究生期间参编过法学专著，但前几年除了写法律文书、草拟、审查、修订合同，居然没有写下其他的只言片语。

我相信，这些总结输出是一个开始、一个新的起点，我的律师生涯会以这些总结为基础进入一个新的阶段。期待与各位同人携手同行，一起见证法治中国更辉煌的明天。

33. 律师入行之七年不痒[①]

律师，对于老百姓来说是一个神圣而又赚钱的职业，但台上一分钟，台下十年功，外表光鲜亮丽的事物，总是需要破茧的蜕变。

我是一个“80后”律师，入行七年。一个巧合，相识青青若，得以把对律师行业的一点小小体会，与大家分享交流。

① 王一，上海建纬（武汉）律师事务所执业律师。

入　门

本人王一，是一个地道的武汉伢，2007年进入大学学习法律。2010年，以400分一次性通过司法考试。

司法考试通后，同年11月，即大四上学期，进入武汉综合性大型律师事务所——湖北得伟君尚律师事务所实习，师从高级合伙人董水生律师。

菜鸟期

2010年进入律师事务所与其说是菜鸟期，不如说是还没孵化出来鸟的时期。当时在高分通过司法考试之后，真的是觉得自己是最牛的人，认为高分通过司法考试，是一件很厉害的事情。而且我大学时期，已经代理过几起民事诉讼案件，并且经过了武汉晨报和长江商报的报道，当时觉得尾巴翘到了天上。

理想总像天上的云彩，蓝天白云是少数的，大部分天气还是阴天和雾霾。觉得自己很厉害的我，如初出茅庐的青蛙，进到律所之后发现到处都是专业律师，谈吐、气质、专业，瞬间觉得自己差的太远。

师父董律师教导我，律师要做的好，至少要打三五年基础，当时觉得领导在忽悠我，但现在看来，字字如真理。在做律师助理的前几年里，当时是没有律师证的，因为在大学期间内通过司法考试的，需要统一时间发放法律从业资格证。

我一开始的工作就是，打印，复印，送材料，拿材料，旁听开庭。当时觉得落差很大，感觉就像五星少将艾尔豪威尔被下放到了炊事班，紫薇格格被关到了容嬷嬷的小黑屋。

心里是一个失落，觉得我一个高分通过司法考试的人，怎么能做这种小事，于是，每天下班的活动就是，与刚刚入行的小伙伴一起谈天谈地，想着怎么度过菜鸟期。

生存期

都说律师前期很辛苦，很累。在我入行之前，一直觉得自己不怕吃苦，不怕累，但是入行之后才发现，律师的苦和累，不是加班，不是出差，而是工资低！一直都是生存在贫困线的边缘，此时省略1000字。

老百姓对于律师的看法是，穿着西装革履，出门开着好车，出入高级写字楼，而现实是，自己养不活，所以那段时期总是有辞职转行的冲动，很多当年一起入行的小伙伴，都在前一两年转行，退出了律师行业。现在回头来看，律师前期最难的不是辛苦，而是坚持。

进步期

在进入律所第三年之后，开始跟着师傅四处开庭（我称之为打怪），那段时间，走路是加速的，开车是超车的，工作是加班的，心情是愉快的，case是充满挑战的。新案子，准备应诉，调查，出庭，裁决。

此时的阶段是愉悦而充实的，人一直处在一个忙碌期，诉讼律师最大的挑战就是出庭，案件的输赢决定了当事人的利益，也决定了个案的成败，也是最刺激的事情，熬夜加班甚至是通宵加班，都不觉得累，这种状态是积极的、向上的，同事们之间聚餐、聊天都会一起讨论、争论自己的案子，进步期是一个很难忘的时期，是一个进步很快的时期，我很感谢师傅带我学习、进步，使我实现从菜鸟到律师的转变。

选择期

2014年年底，我决定从大型综合性律师事务所，跳槽到专业性律师事务所——上海建纬（武汉）律师事务所。离开总是难舍的，不过新的环境，新的起点，律师行业趋势就是综合性到专业性。建纬所是一个专注建设工程、房地产法律事务的律师事务所。

在这里，我的新领导，是一位非常优秀的高级合伙人——许宏律师，在许律师的指导下，受益颇多，参与各类专业诉讼，也学习了很多专业知识，包括做人的道理。

在建纬所三年里，有好的师傅，有好的领导，有幸认识了一位非常优秀的老师：高级合伙人，秦明杰律师，一位在奥地利代表中国企业开庭的资深律师。

在这里，领导们对我非常的好，严格要求又不乏鼓励，让我在律师专业领域又上升一个台阶，转眼，在建纬所已经执业近三年。

多看书 多听闻

律师为当事人提供服务，是一种谋生手段，也是一种促进公平正义的方式。在入行七年的时间里，现在已经基本解决生存问题，需要慢慢反思，如何才能更好地为客服提供更好的服务，我的答案是，多看新闻，多看书。

法律只是一个工具（tool），是为了某一个行业服务，比如建设工程律师，需要了解建设工程事务；房地产律师，需要了解房地产行业。行业是基础，法律是工具，只有通过多读书，多看新闻，才能将法律与其他行业相结合得更好，才能将法律运用得更自如。

七年“不痒”

在婚姻中，人们都相信七年之痒定律。这要从美国女星玛丽莲梦露曾主演过一部电影《七年之痒》说起。电影英文名称：The Seven Year Itch，剧情就是以此为主题，而“七年之痒”就是随着电影的卖座，衍生而成的西方谚语。现时此谚语已广泛用于中文当中，甚至比它的起源（电影《七年之痒》）更为华人所熟知。因此，“七年之痒”也成了外遇的代名词。

而在律师的行业，我认为七年恰好不痒，因为在前七年，没有因为其他因素放弃律师信仰的人，就不会放弃了，因为有信仰、有感情，愿意为其倾注心血，付出所有。

每年新闻中都会播出律师过劳死的新闻，觉得律师很辛苦，容易发生意外。这种事情固然存在，但绝对是少数，但也可以反映出，律师行业很辛苦，而且律师愿意为自己的事业辛苦。

入行七年中，有酸甜苦辣，有经验也有教训，有几点心得可以与小伙伴们一起分享：

1. 善于倾听

律师是一个用嘴巴和文字表达的行业，但更需要倾听。有的同行在接待客户时，思维迅速，逻辑严密，容易抓到案件的思路、条例、法律关系，这是极其重要的，但此时，客户讲述的很多内容，办案律师认为与本案无关，就要求对此部分内容不再讲述。

事实上，很多事实和证据当事人没有提取那么精确，只有在聊天对话中才能显露出来，建议律师在办案时，多倾听，少打断，最后再归纳案件，再补充询问，这样效果也许会更好。

2. 学会制作工作底稿

一般情况下，每个律师在同一时期不会只办理一个案子，每个案子持续的时间长短不一，有的长则几年，在此情况下，办案律师不可能清晰记得案件的细节和办案思路，所以需要在案件办理过程中，制作工作底稿。

因每个人的工作习惯不同，底稿内容也不同，但基本内容应当有：案件事实，诉讼请求，答辩观点，法律适用，法律依据，争议焦点，相关判例等，如果长期保持此习惯，案件办理过程会事半功倍。

3. 律师文书自己阅读三遍

很多律师在写完文书之后，如代理词、起诉状、答辩状等，就向法院提交，结果很多时候都会闹笑话，错别字是一个降低自身价值的重大因素，如"贵院"写成"桂圆"等。建议在写完文书之后，第二天再通读几次，可能会有新的思路和发现，文书价值也会提升几个档次。

以上几点心得其实是很容易做到的，但长期坚持，却不容易。比如，开庭早到、着装职业、案件事实清楚等，在每个案件都做到，就不是那么容易的事情。希望小伙伴们继续注意点滴细节，我自己仍然没有完全做到，也在以此要求自己。

结　　语

感谢师傅董律师，感谢许律师、秦律师，以及对庭战斗的律师同行，给予胜诉或者败诉的法官。好的师傅，强大的对手，才能让我一直进步。律师是一个一直需要学习的职业，只有不断学习，不断更新，才不会被淘汰。

最后和大家分享一段话：

一个真正伟大、优秀和成功的律师必须具备以下素质：他必须掌握法律知识，并且是人类行为方面的专家，他必须是口才流利的演说家，机制的策略家、优秀的指挥官，一个多才多艺的人，他必须对人类生活的各方面具有广泛知识；他必须对人和人的行为方式有一种内在的知识。——D.N. 辛哈

加油，共勉！

34. 律师，你加班的原因恰恰是你从不健身[①]

我是一名“90 后”律师，就是被贴满标签的“90 后”，遭受种种非议但不可避免终会成为社会中坚力量的“90 后”。

结识青青若，源于我喜欢跑步应邀进入她组织的律跑圈，相识一年有余。此次邀文我很忐忑，一方面觉得自己文笔一般，另一方面觉得资历不够担不起重任。她告诉我一定要写，第一个目的是写给自己的阶段性总结，第二个目的才考虑它的传播价值，于是乎便有了此文的“出生”。

入行的回忆

2014 年 11 月司考成绩出来第二天就信心满满地踏上了面试律所的不归路。拿出最正式的衣服，背着双肩书包就去了武汉万达国际面试，现在回想，保安没有拦下我拒绝入内真是万幸。面试内容我至今还记得，与法律无关。第一题是中国有哪几个直辖市；第二题是谈谈对“愤青”一词的理解。回答完毕，要求当场书写一句最喜欢的话。结局是谈及薪酬期许值，由于初生牛犊不知“天高地厚”而告终。

曾纳闷过面试为何如此提问，现在也算是懂得面试那些问题的意义何在。律师是一个综合能力要求高的职业，看似简单的问题，却在短短的一刻钟将一个人的基本常识、思维格局、性格在某种程度上全然了解。

我明确自己要做律师，所以我无法在各大招聘网站海投简历。律师初期如此煎熬，我需要考虑律所离家的距离，以此计算不同交通方式的在途时间，目的只是不想再因每天上下班路途的折磨而导致我对工作产生抵触情

① 江福全，湖北维力律师事务所专职律师，专业领域为刑事辩护。

绪。毕竟，人这一生，最大的幸福之一，便是找对事业，每当太阳升起，我们能开心地与工作相伴。

考虑自己大四尚未毕业，我需要提前电话确认某些律所是否接收我这样的应聘者来决定是否投简历。不知不觉 12 月底，武汉的服装零售业疯狂打折，向父母要了一笔美其名曰的投资买了人生第一套正装以及新的皮鞋和公文包，面试了我后来工作的第一家律所，湖北安格律师事务所。面试还算顺利，当下我就决定不再面试其他律所。于是乎从 2015 年正式进入安格所进入律师圈，开始探索我的律师生涯。

入所的初期我做着端茶倒水、复印案卷、种种跑腿的活儿，偶尔参与案例的探讨、旁听客户的咨询。空闲时间全都在看团队业务领域（交通事故与保险）的专业书籍以及案例，逐渐熟悉交通事故案件赔偿项目的计算方法和法律依据。我渐渐地具备一点理论基础，便组织模拟法庭演练，和其他同事分别轮换代理原被告，其他师兄或指导律师扮演法官点评。

再后来我便开始跟着师兄去开庭，熟悉庭审流程、学习他们调解的谈判技巧。就这样点滴积累逐渐上道，在某些场合能独当一面，便开始了频繁的出差生活。那时一周五天工作日，平均每周有三天在省内不同的城市辗转，这三天以不同的排列组合的方式出现，或连续三天或隔一天一次，常常是行李箱中备齐三套正装行走在路上。那一年体验过炎炎夏日衬衣从湿透到晾干的不断循环，也体验过寒冬凌晨里赶火车说话磕牙哆嗦的狼狈。

总之，吃了一点苦，成长非常多。

2016 年 7 月实习期满申请执业律师证，因为某些原因毅然决然选择转所。8 月中旬拿执业证当天因为缘分和推荐结识了湖北维力律师事务所，进而放弃了某一业内大所的 offer，选择湖北维力律师事务所执业至今。进入律师圈快三年，跟过风格迥异的 boss，下面以我的自身经历分享一些执业过程中的认知。

求同存异意识

拿执业证那一刻，内心才开始确信自己是一个真正意义上的律师。一拿证便接了一个服务合同纠纷案，我代理提供服务方（违约方）。对于案子的焦点问题我自己论证完有了基本结论，可那时总觉得自己是新人，会怀疑并担心自己处理不好影响客户权益。可我又羞于和其他同事探讨，害怕出糗闹笑话，更害怕被嫌弃专业能力。

最终我还是鼓起勇气和同事探讨了该案，果然，我们的意见截然相反。但正因为和同事的探讨，我听到了不同的声音，开庭前根据同事的意见再次完善代理词，最终法官也支持了我的代理意见，这也算是我执业生涯一个好的开端。

后来即使是我熟悉的专业领域的案件，有些问题还是会拿出来向同事请教、探讨，我更乐意听见不同的意见。常常就是在这些不同的声音中预见到庭审过程中对方律师可能提出的问题，同时也更辩证、全面地看待每一个法律问题。

我现在的 boss 也常跟我说，“虽然你独立并顺利地办理了很多案件、结果也很理想，但专业上是否足够到位，是否存机会成分？你需要在不断反思中提升自己。”

我觉得青年律师应该学会从自己的思维定势中抽离出来，在探讨中提升自己的全局思维，同时提升自己的专业能力，这样更能给客户提供专业而优质的法律服务。

风险防控和道德规范

入职维力所后，boss 对我要求最多的是执业风险的防范以及执业道德的规范。她认为每一个律师在专业能力上随着时间的积累都会各有建树，但习惯一开始就得养好，就像一件精美的瓷器一开始坯子得打好。

记得她去台湾旅行，我接手各种事务，由于时间紧迫加之我们无法联系，我自认为最大限度地维护了当事人权益便自作主张作了决定，本以为 boss 即使不夸奖也会肯定我的当机立断。

不料 boss 虽然没有骂我，但非常严肃地告诉我，我的决定虽是维护了客户当下的权益，但这个决定背后隐藏的风险一旦爆发，客户不仅会找律师的麻烦，还会造成不可控制的风险爆炸。于是乎，深夜 12 点我们一个在大陆一个在台湾，依托着小小的手机屏幕开始探寻补救措施。庆幸后来我自己成功化解风险危机，不过现在回想还是会觉得惊险。不过这件事也让我明白无论什么事权衡清楚才决定开口说、着手做。

每一个案件的背后都隐藏着各种“段位”的当事人，律师这个职业决定了必须和形形色色的“人”打交道。在利益面前，当事人和律师分道扬镳很正常，所以要规范执业防控风险，千万不要打擦边球，不要因为小小的“不要紧”诱发大爆炸。否则影响心情是小，影响执业是大。

执行力

在第一家所工作时，服务过中国平安财产保险股份有限公司深圳分公司。工作上与我对接的那位神奇女子，给我的印象用两个词概括：敬业、执行力高。她的邮件必定是及时并备注详细，拿着直接可用。

相比别的公司法务，差别非常明显，不是忘了授权就是忘了案件资料等，常常是一催再催才能补全。我很喜欢和她那样的人共事，令人愉悦。

慢慢地我也开始将手头的工作尽可能处理到我能达到的最后一步，一是不想给别人添麻烦，二是避免再加工处理，出现疑问在沟通上也会省时省力。其实这种时候节省的是双方的时间和精力，何乐而不为呢？

后来接触了一些和我同期出道的青年律师，大家经常抱怨加班很多，事情忙不完。我相信工作量大的绝对有，也不在少数。可确实存在一个现象便是有些人加班的原因是执行力很差，常常因一个事情磨蹭太久导致工作堆积。

我基本都会预判手头事务的轻重缓急，我的同事都知道我这个人对耳机很痴迷，紧急的案件我都是带上耳机一个人在电脑前敲打键盘写文书，办公室的探讨不听不说不参与。以至于我一直以来秉承的风格都是当被问起工作进展如何了，我的回答基本都是“已经发到你邮箱了，请查收一下”。

有了执行力时间才能更富裕，才有空间满足身体和灵魂在路上。

结　　语

最后，引用我很喜欢的一段话：

“我不喜欢运动，我只是喜欢坚持以及可控。我通过对身体的控制，明白了每天要为自己做点什么。”

不断重复地以饮食和器械对身体控制获得了肌肉线条的同时，你会明白，合理控制你的眼、耳、嘴、脑，学会观察、倾听、表达、思考，终会成长为你想象的样子。

35. 做自由的斗士①

非常感谢智善和青青若，提供了这一次宝贵的机会，让我能与广大同人们进行一次交流，我觉得很荣幸。

我关注智善比较早了，也一路看着智善越做越好，“以最大的可能连接所有的湖北法律人”，我认为智善做到了，身为湖北的法律人，我为有这么一个平台由衷地感到自豪与欣喜。

爱自由，爱正义

我是杨家凯，一个爱自由并打算把律师工作融入到生活乐趣中的“90后”。

对于文章标题我想了很久，怎样才能贴切地剖白我的内心呢？最终定下来：“做自由的斗士”。想表达两层意思：一则追求法的价值——自由与正义，一则追求自身的自由烂漫。

说起做律师的初衷，也就是为自由，为正义。自小就“自由散漫”惯了，想事情天马行空，做事情不按常理，所以不喜欢被限制，恰好觉得做律师可以最大可能挥洒自己，这是为自身的自由。为正义，是觉得正义可贵，可为之奋斗始终。

除了自由与正义，还有一大理由，是觉得律师这一职业是相对公平的，不太掺杂那么多说不清道不明的东西，一分耕耘一分收获，回报率相对高。

① 杨家凯，湖北瀛楚（东湖新技术开发区）律师事务所律师，擅长领域：知识产权。

亦余心之所善兮，虽九死其犹未悔

有人曾说，做律师的初期需要怀揣一些理想与信仰，不然很难撑下去。和大多数律师同人一样，最初进入行业感觉比较煎熬，我也是靠着信仰支撑自己一步步走过来。

关于煎熬，尤记得两件事。第一个是当初准备司法考试，因为各方面的因素，我最终只有44天有效备考时间，那时是脱产在家备考，心里压力自然是多了一些。除了考前几天，40天里每天都是早7点开始，凌晨2点休息，头发自然脱落了不少。有时候烦躁了，努力劝慰自己静下心，压力过大了，就在深夜无人的马路上撒腿狂奔，抒发情绪。和大家一样，也都熬过来了。

第二个是通过司考之初，只身一人在武汉租房工作。那阵子工作很难开展，身体又出了毛病，老跑医院，几乎把钱花干了，倔强的我又不肯向家里求助。

于是交完房租的我，在一个冬夜回家的路上，发现自己身家不过两枚硬币了。回家需要换乘，没有了换乘的钱。我永远都不会忘记那个寒风凛冽的冬夜，背着沉重的包，在飘着大雪的无人的路上走了六公里。那夜我在楼下呆坐了许久，心生凄凉，觉得怎么就那么难。

最后我暗暗告诉自己，杨家凯，这条路是你选的，你爱的，你要还是个爷们儿，就给我一直走下去，不回头，不后退。

入行初期的体验大概就是这个了，要有信仰支撑，再难的关，也要从容走过。现在回头看，所有的难都不是难。

用技术加速成长

和大多数同人一样，刚接触律师职业，我深感自己欠缺经验。大错误不犯，小错误却不断。许多门道、技巧，对我来说都是全新的概念。这样的境况令我感到迷茫，也会焦虑不安。

在不安中度过了一段煎熬的时光，我觉得这不是办法，得想出路。我想到，一方面，律师职业确实需要大量的积累，这需要时间和经历去沉淀，短时间内是无法见效了；但是另一方面，可以利用现成的技术，去尽可能缩短周期。

于是我开始试着做时间管理、知识整合，也开始有意训练思维和表达。在这里分享一下我个人常用的APP，有些用的也尚不纯熟，权当抛砖引玉，期待大家的分享。

时间管理类

我的目标效果：

1. 知道每天时间用在何处；

2. 优化时间分配；

3. 每日的日程清晰且预先提醒。

使用软件：

1. 爱今天APP。“爱今天”是一款监控、分析时间使用情况的软件，将时间使用分为四个母项目：投资（对实现个人计划有帮助的时间使用）、固定（对个人计划无帮助但必须产生的时间使用）、浪费（无帮助且不必须产生的时间使用）、睡眠。

各个母项目又可以自定义细化多个子项目，如在“投资”中设置“一周读书8小时”“一周写作4小时”，在“固定”中设置“通勤”“洗漱”等。一天结束时，我们可以看到自己在各个项目的使用情况，同时也可以关注到自己是否偏离当初设定的目标，可以起到督促作用。

2. 高效Todo APP。这款软件的特色在于，第一，按照任务的重要、紧急程度将任务划分为四个象限：重要且紧急、紧急不重要、重要不紧急、不重要不紧急，有助于厘清轻重缓急；第二，统计数据，评估每日工作效率。除了这两个功能，我还依赖它来提醒日程安排。

3. 奇妙清单APP。这款软件也包含了日程类APP的基本功能，我主要使用它的项目管理功能。建立母项目，再在项下建立详尽的子项目，设定截止日，既可以监控项目整体进程，也明确目前项目亟待解决的问题。

知识整合类

我的目标效果：

1. 知识分类清楚，层次清晰；

2. 知识及时更新；

3 随时可学习、调用。

使用软件：

1. 印象笔记 APP 及电脑客户端。相信许多同人都比较了解印象笔记，它的功能实在太强大了，而且官网介绍比较充分，我就不多介绍了。

我个人最喜欢它的笔记组和标签功能。我会将搜集到的法律法规、实务文章按照部门法丢进相应的笔记组。有时一篇文章跨部门法较多，甚至跳出法律类别，这时候我会使用标签功能，为文章打上 5~10 个标签。

当我需要检索某个关键词时，比如“律师职业”，可能既检索到“职业道德”笔记组内的文章，也检索到“人文历史”笔记组内的文章，这样可以保证全面检索，同时有助于我们从多领域、多角度考虑“律师职业”问题，比如刚刚这个例子，没准就可以形成一篇有关律师制度沿革的文章。

2. 订阅法律图书馆的“新法规速递”和周刊以电子邮件形式接收每日新法更新。

3.Pocket APP 及电脑客户端。这是一款以文章收藏为主要功能的 APP，可以将暂时来不及看的文章剪藏，上下班路上离线查看。其功能与印象笔记有所重叠。

思维及表达训练类

我的目标效果：

1. 办案思路较清晰；

2. 办案思路可视化；

3. 表达流畅、逻辑清晰、主旨明确。

使用软件（或方法）：

1. Xmind 电脑端。

Xmind 是著名的思维导图软件。其可以用来组建逻辑结构图，在办案中列明案件法律关系、争点、法律支撑、对方辩点、应对方法等。

同时，Xmind 拥有“下钻”功能，可以针对某一个点再行建立一个新的思维导图文本，只需轻轻一点击，即可查看。这样，可以兼顾整体与局部，会使得整体逻辑清晰、简洁美观，而局部仍然要点详尽。

此外，思维导图文本既可以PPT演示，又可以打印纸质文本，用来讨论案情也是一把利器。

2. 关于训练表达，我推荐一个有意思的小游戏：连词成句。

所需材料：取54张小卡片，分为三摞，每摞18张，分别写上动词、名词、形容词（褒义、贬义各一半），这些词汇建议在报纸、新闻中随机选取。

游戏方法：随机抽取一张名词卡、动词卡、形容词卡，30秒钟内连词成句，要求表述流畅、逻辑合理，同时主旨明确。它既是一种朋友间玩乐的游戏，又是锻炼表达与应变力的好方法。

以上都是我的一些尝试，这些都是一些常规的APP，其实也谈不上是在用“技术”。可能各位同人对它们的熟悉程度比我高，用得也比我好，期待大家的分享。

想多一些文人风骨

有句话我非常喜欢，“为天地立心，为生民立命，为往圣继绝学，为万世开太平”，我想应该有这样的文人风骨。

在这样河清海晏的年代，我想我能做的就是，去随心挥洒我对法治那种特殊的热爱，砥砺前行。

而我也深知，虽然国家与律师同人已经做了大量的普法工作，可大众获取法律知识的渠道仍有种被阻塞的感觉。

于是，由着我的本心，我在毕业之前就开始跟随学校社团在社区尝试法律服务，也开通了自己的微信公众号“法律圈儿”（Legal-circle），初心是普法，普及一些日常生活中可能会用到的法律常识。

做着做着，又有意加了一个功能，做成表达自我的平台，发发自己的小文章，给好朋友们看看聊聊（因为本来也是个伪文青）。

我现在给自己定的小任务是，每周一本书，每周在公众号里推一篇文章，这大概是我每周最开心的事了。阅读、写作、法律，平生三大挚爱，因为这个全部结合在一起，就连由此带来的繁忙，我也因之甘之如饴。快哉快哉！

除了线上，我还在线下做志愿律师，为一些条件比较困难的同胞免费提供咨询和帮助。虽然有时觉得身体比较累，但是也觉得由衷自豪而开心，因为我在里面可以找到价值感，也觉得自己很光荣。在法治伟业面前，我那小到非常不起眼的一小步，也一定对它有所裨益。

最爱君子，温润如玉

说了那么多工作，最后说说我自己。我是一个比较理想主义的人，站在现实里，还望着云彩里，并且努力在现实里让理想不断生出嫩绿的芽，呵护它。

作为一个“90 后”伪文青，爱“上马击狂胡，下马草军书”，也爱“竹杖芒鞋轻胜马”，爱“大庇天下寒士俱欢颜”，也爱“闲敲棋子落灯花”。

心有一匹野马，天下皆是草原。

熟悉我的朋友都说，我是一个外“柔”内刚（这形容好奇怪）的人，颜值拖了后腿，够不上谦谦君子，但是内心刚强是够了，情绪会有低落，但打不死锤不烂。

而我呢，想做一个温润君子。除去工作，最想做舒张、随性的我，在信仰与生活里策马奔腾。

感激自己生活里的一切，感谢。

36. 好奇心是律师成长最大的驱动力[①]

从开始到现在，转瞬七年

大学毕业之后没有立即进入律师行业，而是去洛阳嵩县旧县镇做了一年半的特岗教师，随后我就在驻马店市执业至今。

我进入律师行业已经有近七个年头，时间不算短，但是前期磕磕绊绊，

① 黄东亮，河南一帆律师事务所律师，专业领域：房地产（诉讼和非诉讼）、商务谈判、公司法律顾问。

成长并不算迅速，好在经过摸索和突破，逐渐步入一个良性的发展轨道上，这个过程必然是痛苦的，但是收获也是满满的。那些适用于其他律师的发展规律，在我身上也都逐渐体现，比如“三五八”什么的。

当青青若邀请我谈谈自己的成长经历时，毫不夸张地说，我感觉诚恐诚惶，往期嘉宾都很优秀，起点高，进步快，干货满满，高大上！到我这里了，我不想说差距很大，但是我至少确信在前行的道路上尚需继续努力。

每一个律师的成长环境都不相同，有起点高的，“五院四系”毕业，毕业即进入一线城市一线大所，跟对人做对事，履历闪光，人生开挂；也有像我一样起点不高，摸打滚爬，而后才探索到自己的道路。任何脱离环境谈成长，都是耍流氓，比如王健林说，年轻人呐，先定个小目标，挣他一个亿。这个小目标对很多人来说，是终其一生都无法实现的大目标，因此，经验脱离了现实环境，对很多人就不具备指导意义。

好在，律师行业还是有一些共通的经历和感悟，有规律可循。所以，我不准备谈具体经历（好像也没有可以拿出来说道的光辉事迹，只有具体而微的小事），只谈两点浅薄的感想，算是形而上的东西，算是耍个小聪明，规避了具体的环境，试试能不能引起大家的共鸣。

好奇心是律师成长最大的驱动力

回首过去七年，如果说我还有所进步的话，那一定是因为对律师行业深深的热爱和对成（jīn）功（qián）的渴望，哈哈，瞎说什么大实话。

二者所占比例在不同阶段是不一样的，在前期阶段，对成功的渴望更强烈一些，急需脱贫致富奔小康；在稳定之后，如果还愿意去拼，去精进业务、开拓思维，肯定有超脱经济的因素存在，我把这种因素称为热爱，准确来讲就是好奇心，这种好奇心来源于以下几点：

1. 律师行业本身就充满魅力

律师行业很特殊，发展时间短，生命力却很旺盛，呈现极其丰富的内涵和外延，而且在可预见的将来，必将更加丰富。

同为律师，却大不一样，在地域、知识结构、专业分工、律所组织形式上，可以说千差万别。

从不同的角度，可以作出不同的划分，仅就专业化来讲，有人这样描述专业化前景：一个刑事律师离婚时，也得聘请一个离婚律师。这虽是一句玩笑话，但是深刻反映了律师专业化发展的趋势。

可以说，律师行业存在无数的可能性和挑战性，律师行业没有天花板，你可以见识到各式各样的人，听到各种各样的故事。

这是律师行业所具备的独特魅力，它没有为你的未来发展设限，你完全可以成为自己想象当中的样子，成为一个有魅力的人。只要不违背行业的本质，无论你追求什么样的外在状态和心理高度，都是妥当而且可行的。

2. 律师行业让我们不断探索思维的边界

法律在制定之初，就经历了价值的排序和取舍，就经历了各种思维的交锋，在执行过程中，当理论触碰到实务，这种交锋又得以放大和突出。

法律问题，从来都不仅是法律问题，它的背后折射出历史、经济、社会、人文等一系列的问题，进而上升到哲学的高度。

所有的学科最终都能归于哲学，但是法律行业的思维碰撞尤其明显，我们的工作内容就是煎熬的思维过程，就是不断推翻重建。

做律师越久，越觉得没有绝对正确的真理，越不敢轻易下结论。就像看《奇葩说》，正方说完后，我当时就信了，以为反方无话可说，但反方又能换个角度或者站在更高的维度上进行反驳，如此反复几次，我们的脑洞大开，原来还可以这样说！没错，思维没有边界，思维那么大，难道你不想去看看吗？

举个例子，勤于思考能带来显而易见的好处是：对于漫天飞舞的新闻，我们不会随便引用，我们会判断是不是标题党，它的结论是否正确。

如果想发表意见，也会尽可能先收集详实的资料，然后谨慎地说：“根据我所能接触到的现有材料，我认为……”（这话是不是很熟悉，满满的套路啊）。就凭这一点，就能击败全国60%以上的网民。

除了上述两点原因之外肯定还有其他吸引人的理由，比如终身学习、全方位的能力培养，等等。

3. 律师行业让我们不断探索自我的边界

当然，律师也有很多烦恼，工作强度大，生活不容易有规律。罗曼·罗兰说过，世上只有一种英雄主义，就是在认清生活真相之后依然热爱生活。

律师职业肯定与当初的想象也有出入，与理想中的样子有出入，但是因为有强烈的好奇心驱使，我才会认清律师真相之后依然热爱这个行业，痛并快乐着。

一般来讲，好奇心与创造力是成正比的，律师执业中所遇到的各种痛点，我们也能用恰当的方法去解决，实在解决不了就调整心态，既超脱又专注。

律师行业本身有魅力，在执业过程中又能发现新的兴趣点，这样才有满满的内驱力，把事情做好。无讼的余朋铭说“你是无法把人教会的，最多只能想办法激发他的内驱力”，这句话反过来就是“我们无法 copy 别人的成功之道，但是我们可以依靠强大的好奇心去探索属于自己的路径”。

终身学习是律师成长的阶梯

关于学习，很多律师前辈已经给出了系统的指引，我说几点自己的感悟：

1. 善于从身边借力

我喜欢看和菜头的《槽边往事》，连评论都看。有一条评论说“我喜欢你推荐的书，介绍的电影”，和菜头回复说“你很聪明，懂得节省时间”。深以为然。

如今信息过剩，每个人的时间和精力却有限，看别人推荐筛选的内容，做到有的放矢，不失为一种高效的做法，比在浩瀚的内容中漫游要好些。

具体到工作中，积极主动接近比你优秀的人，观察他们的做法，成长的速度可能会快一些。

2. 不忽视前人的智慧

在《十三邀》节目中，许知远和马东的对话给出一个说法是，我们现在探讨的很多东西，都是古人已经探讨过的，技术在更新，但是人的心理结构发展很慢，以 100 年为时间轴，几乎没有变化。

正好前两天，本地雨过天晴，天空出现鳞状云，我随手拍几张发到朋友圈，一个朋友引用刘禹锡的诗进行评论：

雨歇晚霞明，风调夜景清。

月高微晕散，云薄细鳞生。

与当日当晚境况一字不差，说明1000多年来，大家的心理结构并未太大变化，面对此情此景，感慨一致。

从前人的书籍中，真的可以学习到很多东西，解决现实的问题。

3. 广泛涉猎

一个好的律师从来不只是精通法律，他在营销、心理、时间管理、思维方式等各方面，都应该是均衡发展的。尤其是现在法律服务触及的领域越来越广，我们的知识结构应该跟进。

前段时间我参与一次商事谈判，前期双方分歧较大，谈了好几轮，中间几近谈崩，当然在大家的共同努力下，最后还是达成了协议。

事隔一段时间，对方的老总见到我，说他和他的律师都比较认可我在谈判中发挥的正面作用，认为谈判的成功有我很大的功劳。能够得到来自对方的认可，我当然是很高兴的，这比己方委托人的认可更让人欣慰。

总结一下，我觉得商务谈判与诉讼和一般的非诉业务都不一样，它不要求剑拔弩张、口若悬河的法庭辩论式口才，它也不要求严丝合缝的逻辑，它不拘泥于任何形式，它只要求在照顾到己方核心利益的情况下，双方能够达成最终的一致意见。

那么在这个既定的目标下，就要求我们不仅要熟悉该业务领域的法律，也需要我们对心理学有所了解，分寸拿捏到位，语言不在多而在于能够说到对方心里，当谈判陷入僵局，能提出建设性的意见。

所有这些，都需要我们平时付出努力，作大量的积累。谁也不知道哪片云里有雨，谁也无法预料事情的发展方向，当我们跳出律师的固有思维方式，有可能离正确姿势更近一些，我们就可以为委托人提供超值的法律服务。

结　语

好奇心驱使我不断去探索，读书和学习让我获得一个良好的探索路径。我觉得这两点是我这几年的执业内核，其他技能以及思维方式都是在内核的指引下发展起来的结果。

越探索，越是觉得没有唯一恒定的标准，对每个人每件事都要保持敬畏和善意，夏虫不可语冰，万一自己是那只夏虫呢?

37. 律师面前的三座大山：专业、当事人、心态[①]

初　　心

读书时很多人问我为什么会选择学法律，工作之后又有很多人问我为什么选择当律师。这个故事，我讲了很多年，也讲了很多次。

初二某天中午放学，在回家路上蹦蹦跳跳的我看到了这一幕：佝偻着背的老奶奶，用一根扁担挑着两个差不多空了的菜篮子，努力小跑着追公交车。可在她离车门不到半米的距离时，公交车便关上了车门发动驶离，她蹒跚着追着，公交车始终没有停下。

在那个年代我们那里的公交车大多是由司机所有，收多少车费赚多少，所以他们不喜欢搭载这种老人，一来他们的东西占用很大的空间影响上车人数，二来老人容易磕着碰着，稍不慎麻烦就来了。

那一刻莫名的难过，然后如种子发芽般长出了一个想法：我要当律师！为什么？因为很多普通老百姓不懂法不知怎么维护自己的权利，我要帮助他们。

现在细想起来，总觉得因这件事触使我产生当律师的想法有些不着调。但确实就是在那一刻我确定了一生的信念和理想。此后，无论发生什么，我始终固执地认为胡幸是要当律师的，当很棒很棒的律师。

高中时自己呆呆萌萌的，有个女同桌喜欢逗我，经常问我一些刁钻的问题，比如以后家里人就是不让你当律师怎么办？以后当律师你帮不帮坏人，等等。每次我都会一脸认真地满口公平正义地给她讲道理。现在想起总是觉得忍俊不禁。这粒根植于内心的种子就这样慢慢发芽长大了。

文理分科时我特意查了法学是文理兼收的才放心大胆地选择理科；高二铁了心把自己随时自动触发发呆技能的坏习惯一点点纠过来；高考填报志愿时根据法学专业来选学校，填报志愿后忽然觉得那个害羞腼腆木讷的

① 胡幸，北京盈科（武汉）律师事务所律师。

自己需要提前锤炼一些当好律师的技能而一瞬间开始外向活泼。

大学时不放过任何一个可以锻炼自己某些方面的机会：说普通话舌头转不过来就苦练；为了练习与陌生人交流想尽各种办法进学生会外联部；每到周末一个人在街上的大小商店跑赞助练习如何最得体地说服陌生人信任你；大三准备司法考试时只对自己说一句话：你这辈子必须当律师，但这辈子只考一次司考，所以该怎么做，自己想；大四看了一堆心理学的书籍，因为当律师可是个斗智斗勇的活。

这些年来习惯了把当律师当作自己的人生理想和人生使命来对待，且近乎一种执念，由此一路以来勤奋且热血。

现　　在

律师的成长历程都是野蛮而血腥的，毕竟在律师的战场上分毫之间刀剑已出，静默之中胜负已分。

在我并不算太久的律师生涯里，深深地体会到要想当好一名律师就得攀登上横亘在律师面前的三座大山：专业能力、处理与当事人关系的能力、心态控制能力。

律师们都是在一次次披荆斩棘一次次跌倒爬起中突破、成长，而我的历程也是这般的。

专业能力

律师专业能力的提高依赖于知识研究与经验积累，在这两个过程中前辈的指点、教导又至关重要。经常嘲笑自己是野路子成长的律师，因为我不是由某一个师父手把手教出来的。

我从开始进入律师行业就一直是跟着团队，团队里不只有一个律师，但没有哪个律师有义务教你；团队里所有的律师都是师父，但前提是得自己先主动学习。

在这种非传统学习模式下，必须善于学习才能得到所需要的知识，因此身边的一切事物、接触到的每个人、经历的所有事件都是知识来源，正所谓一切皆师。有同事曾打趣我说，一听到好东西眼睛就滴溜溜地转，不知道在打什么鬼主意。

是的，经常滴溜溜转着眼睛听听这个律师打电话、看看那个律师写的材料、捕捉某些律师谈话中有价值的内容和技巧等，然后满载而归。记忆中某次被派独自去对方地盘与经验老到的生意人和老律师调解谈判，怕斗不过对方而忐忑不安，小心脏紧张地扑腾着却强压场面，对方的套路一环扣一环深不见底，还好没被套进去，且好好学习了一番，结果却因学到对方的套路太兴奋而坐反车了。

一直非常感谢我遇到过的每一位前辈，团队里的律师或者其他接触的律师，他们有些专业水平超高、有些严谨度超高、有些谈判技巧超高，每次接触都会教给我许多东西。

刚开始师父甲对我总是无语无奈却很有耐心的教导，曾因太频繁地发问而自己不去找法条研究被他训斥过几次，现在查看法条时偶尔脑子里还会蹦出师父甲那句“你这不看法条的习惯怎么还不改啊”。

师父乙有空时，便会把最近开庭中遇到的需要注意的问题跟我讲讲，而我乖巧状认真地听着。

师父丙一直跟我说要培养良好的做案思路和习惯，庭前庭后抽空给我讲类型案件的思路和方法，结合实践帮我捋清楚。还有很多很多师父让我受益良多。

就这样我一点点获取的知识被整理储存并运用，最后结合实践形成了我目前的知识体系、经验体系，这是很多人的功劳。

就我经历的所有来看，律师间的经验传承极为重要。所以真心地感谢，感谢我遇到的所有的师父们，感谢我那么幸运能遇到你们。

处理与当事人关系的能力

对律师而言，当事人既是朋友又是敌人。我手上同时跟的案件多时达八九十个，少时也不低于 60 个。由于基数大每天要沟通的当事人不在少数，遇到的问题也不在少数。有的当事人不理解法律程序也听不进解释，有的当事人执意非要按他的想法来做，有的当事人非把电视剧里看到的搬到现实中来套用等各种问题层出不穷。

我觉得做好尽职尽责用心且让当事人看到你的用心这句话了，正常讲理的当事人都是能沟通好的。具体的方法论先不在此一一论述，讲讲我和一位老爷爷当事人之间的趣事。

有个民刑交叉情形下民间借贷纠纷案的当事人是位七十来岁的老爷爷，老爷爷思维活跃，为了案子经常自学法律知识后来和我们探讨。《继承人》电视剧播出时他一边观看一边以电视剧里的方式方法及程序高效推进的速度要求我们，而且给我发了这么一段话：

“最近几天我在看东方电视台每晚七点半播出的电视连续‘继承人’，有点意思。建议你看看，我觉着剧中湯宁这个角色的气质，处事风格，她的那些萌萌的可爱，似乎在现实中的你的身上能找到她的一些影子。所以，我对这部连续剧更有着一份亲切感。推荐你看看。”

一边默默念叨着我哪有在当事人面前表现过萌萌的可爱啊，一边默默地去看了这部电视剧。边看边跟他解释电视剧里的那些和司法实践的差别，再有说服力地把他说通，后来他再也不提电视剧了。

与当事人相处是一门极大的学问，我还在修行的路上。

心态控制能力

能力逐步提升的过程中，我从懵懵懂懂的屡犯错误到可以独当一面，回过头看看，一路走过来充满艰辛，但是弥足珍贵。若是有人问我虽有那么深的执念可曾想过放弃，我的回答便是想过，真的想过。

律师作为处理纠纷、平息矛盾的职业，对在职者的各项技能从纠纷解决能力到运用各类资源能力等都要求极高；且接触的多是社会的黑暗面，接收的多是负面情绪。

对初入行业的青年律师来说，不仅工作中的挑战和压力极大，心态控制上的挑战和压力更大。当屡屡出现问题心力交瘁时我反复地问过自己，真的要坚持吗？明明有无数条轻松的路可以走。最后的答案是坚持。因为那是梦想是执念，因为我永远记得第一次看到自己的名字出现在判决书上时那种无法言喻的欣喜与满足。

面对青年律师都会遇到的折磨及谋杀律师职业生涯的第一刽子手——心态问题时，庆幸的是我最终没让自己崩溃。初期最大的心理问题在于事情太多(同时跟进至少 60 个以上不同阶段不同情况的案件)，能力不够(初期专业能力、办事能力、沟通能力皆有欠缺)，时间不够，精力不够，期望太高，达不到自己期待的目标而心态失衡。有段时间每天接打三四十个电话还要出外勤，在公交车上站着，一手拿着本子拽着栏杆，一手拨号打电话，导致很长一段时间听到手机铃声响就头皮发麻恶心，接完电话就想摔手机。

曾在低谷期跟团队老大说过这样一段话：我本来觉得自己无论什么样的工作强度都可以把所有的事做好，但后来发现也承认自己只是一个普通人，不是天才，我做不到在有限的时间精力里把所有的事做完美，虽然我不愿承认却必须要承认。那是第一次承认自己不行，却让我学会了怎么对待自己。在恰当的时候认清自己、原谅自己何尝不是解救自己提升自己。人最难放过的是自己。

我不是一个心态好的人，也慢慢学会通过各种方法调整自己，慢跑、瑜伽、静坐等。总结调整心态的几点方法：(1)必要时降低对自己的期待；(2)切勿急于求成；(3)坚信坚持做好现在的每一天会得到自己想要的；(4)用持续发展的眼光看待一切问题，不要过于注重某一刻的结果。

未　　来

刚刚脑海中浮现出一句话：我经历过的所有苦难如果没有击败我，便会成就我。何必焦虑，一切慢慢来，不管此刻结果如何，渐渐积累，坚持到最后终会收获自己想要的。这世间聪明人可怕，比聪明人更可怕的是疯子——坚持自己的信念和理想的疯子。

谨以此文简单回顾自己走过的路，分享律师初期的艰辛和美好。

38 解开青年律师的“斯诺克”：扎实的基本功和对细节的注重才是正途①

初　　心

时间如白驹过隙，一晃2017年已接近尾声，想起自己刚毕业那时，因为

① 易砼，北京观韬中茂(武汉)律师事务所律师，专业领域：建设工程纠纷。

不喜欢体制内的各方面束缚，所以没多想就选择了律所。为此还和我老爸争论过一番，老爸总觉得进检法单位比其他选择更好。

我相信我们很多家长会有这种考虑，但是老爸终究还是拗不过我，于是便尊重我的选择，但是始终以怀疑的姿态看着我，我想我这要是达不到预(夸)期(下)目(海)标(口)那到时候可能就丢脸了，所以就憋着一股劲儿琢磨着一定不能让自己失望吧。

现　状

毕业有三个年头了，工作倒也谈不上很忙，空闲时间还是相对较多的。大部分律师在平时的业余时间可能会去跑步、打篮球、踢足球、旅游、聚会等，而我是一个喜静的人，平时不喜欢多说话，有空余时间的话更愿意一个人去打会儿斯诺克。

哪怕是在没有对手自己一人练球的情况下我也会很专注地打好每一个球。因为这样我可以独立思考，也能切实地感受到自己的进步，更能培养自己的专注力和自律能力。

我知道这种性格习惯和行为方式对律师从业来讲不是很有益，从某种程度上来讲不利于自身的发展，但是每个人都有自己的特点，就像同样的律条会被不同的人解读成不同的意思，我想差异化也就是多彩化的体现吧。

之所以喜欢并且谈论这项运动，除了这项运动本身的魔力吸引着我之外，我觉得斯诺克运动与律师行业是有着很大相同点的。

法学本科、研究生七年的磨砺再加上执业前期三年到五年的沉淀和积累，其磨练程度也不亚于一项竞技体育运动。

作为一名运动员来讲，赛场上任何一个小小的失误都可能影响或者决定整个比赛的结果，同样我们律师平时一个小小的失误也可能让当事人遭受巨大损失，所以这就要求在平时做案件时做到一丝不苟，重视基本功的练习，争取在上场之后做到零失误，只要比昨天的自己发挥出色，其实也就已经赢了。

我觉得对于我们青年律师来讲基本功尤其显得更为重要，因为我们现在没有那么丰富的经验和阅历来把控案件的走向，唯有在每一个细节上面争取做到不犯错误，这样在最后才可能获得最好的结果。对于青年律师来讲尤其重要，这也是我执业一年多以来感悟最深的一点。

细　节

1. 法院内部案件的流程走向

对于法律法规的研究和理解相信每位律师都有自己独到的方法和见解，在这里我就不再赘述。

有时一件案件的周期会拖得比较长，这个除了因为法官工作量太大而忙不过来的原因外，我觉得还有就是我们可能不是很懂法院内部案件的流程走向，以至于在我们打电话或者直接去找法官催案件进展的时候会碰到一些困难，这就需要我们谙熟程序了。

我这里所说的程序不光指的是诉讼、执行程序，还包括一些具体的如保全程序、鉴定程序、小到法院内部的案件分流程序及领款程序等，因为像后面所提到的这些具体的程序每个法院都有自己的办事风格。

就拿保全来讲，现在武汉市下辖 15 个区法院，能做诉前财产保全的很少，大概只有一些远城区可以，能做诉前财产保全一般会极大推进案件的进展速度，特别是像一些工程类案件。

我们在平时办理案件时可能会经常碰到需要鉴定项目部章或者个人签字的情况，这时如果因对鉴定程序不了解而无法较为准确地判断出大概所需的时间，这样势必会影响我们同当事人谈判时对时局的把控进而影响整个案件的结果。

另外，在执行案件中虽然已经知晓执行款项到了法院账户，但因不知道法院内部对于执行案款的审批程序而造成的信息不对等从而给当事人以错误的信号，同时给我们造成困扰等，这些都是平时需要多加留心注意的。

2. 检索和处理文档

对于我们青年律师来讲，检验基本功的另外一些方面可能就是平时我们日常做的最多的检索和处理文档了，利用各种资源来查到我们想要找的东西。

想要权威的数据就上裁判文书网或是最高人民法院官网，想要综合检索和批量下载就上威科先行，想查找大量案例就上无讼等。

处理文档时需要检验有无文法和文字的错误，再看有无适用法律有误或者引用了失效的或者是未生效的条文，最后需要查看间距及字体字号是否合适，整洁合适的版面确实是能够彰显律师风采的。

3. 其他

至于其他方面如生活上我只能说因人而异吧，我觉得开车和吃饭算是比较重要的基本技能了；如果和法官一起出去保全或者实地调查，怎样让法官很放心地坐在车上或者说让别人能够在车上休息，如果聊天的话怎样聊天才会不显得尴尬和无趣，这些只能全靠自己去体会和学习了。

期　许

尽管刚开始时会有很多不如意，可能会面临着各种各样的压力和阻力，但是我们一定要坚定信念，不忘初心，踏实做事。不能因为一时的失败而气馁，越是困难的时候越要回头想想，我们当初为何出发。

很喜欢罗曼·罗兰的一句话：生活中只有一种英雄主义，那就是在认清生活的真相之后依旧热爱生活。我们能坚持下来并且热爱它们，不仅为了生活本身，更为了因为生活而产生的那种美好。

39. 律师的基本功从何而来？[①]

无心插柳柳成荫

动笔写下这篇文章时，正抢下从汉口回宜昌的最后一张高铁票，坐上返程的高铁。在此之前的 20 分钟，刚签下一份意外的代理合同，而这个案子的签约，于我而言，既在预料之外，又在情理之中。

这是一起因婚姻问题引发的家庭共有财产确认纠纷案件，并且是现下很普遍的婚后男方父母出资，房产登记在夫妻名下的情况。在我介入之前，

① 霍春华，湖北民基律师事务所合伙人，党支部副书记，宜昌市律师协会副秘书长。

男方咨询过单位的法律顾问，法律顾问的意见是，无论是从婚姻法解释的规定还是从物权登记主义角度分析，争议房产都应该认定为夫妻共同财产。后来朋友打电话给我，让我推荐一名武汉执业的律师。

在推荐的过程中，与老人聊天时，我注意到房产是老人变卖唯一住房后，为了与儿子儿媳共同居住购买，两位老人始终参与看房、买房、装修的决策过程，并且始终与子女共同居住在诉争房产中，而且房产登记在儿子儿媳名下没有取得老人同意。据此我提出本案可能不适用婚姻法司法解释，从购房的经过和各方真实意思表示看，诉争房产可能构成家庭共有财产。

最后，意外的是老人主动提出委托在宜昌执业的我担任他们的代理人。两位老人说，“你也知道，一开始我们是准备请武汉的律师，但你在明知我们不请你的情况下，还如此耐心，我们觉得你很负责。”

最近几个月来，类似这样无心插柳柳成荫的意外之喜，除了案件以外，另一件最让我高兴的事情，莫过于“民基法学院”意外入围宜昌市第二届十大法治事件，学员们对“民基法学院”的好评以及社会对“民基法学院”的认可，让作为创始人之一的我，深刻体会到了从单纯的执业律师成长为奉献社会的法律人的幸福与期待。

和前文中案件的签约一样，“民基法学院”创立时，我们从未想过以此博眼球、争荣誉，从筹划、设计到具体实施，我们考虑的就是怎么把内容做好，让学员们在享受中收获知识。最后“民基法学院”能够收获这样的意外之喜，也许正是我们坚持用心做内容的结果。

情定法律和民基

大一的时候，我也经历过未来人生选择的迷茫。非法学专业的我，在第一次接触法学后，被法学的包罗万象吸引，就连素有“枯燥”代名词的司法辅导教材（俗称“三大本”）都被我读得津津有味。于是，从大二开始，跟随着兴趣，我在完成管理学课程的同时，踏上了学习法学的新征程。研读法学教材，聆听老师授课，得益于两年的积累，毕业前，我顺利通过了千军万马闯独木桥的司法考试，如愿拿到了进入法律行业的“金钥匙”。

毕业时，和广撒网投简历、跑面试的同学们相比，我的目标异常坚定和清晰，那就是回到家乡做一名具有哲人精神的律师。

选择律所时，被湖北民基律师事务所创办的《民基律师》吸引，会工作、懂生活的律师形象在民基律师的文字下徐徐展现。大四毕业前，和民基所联系时，在素未谋面的情况下，办公室刘主任（生活中被我们亲切地称为“刘妈妈”）默默记下我的生日，并在生日当天发来祝福贺卡的暖心之举，让我倍感温暖，也更加坚定了我选择法律和民基的信念。

正如你现在所见的，最终我如愿地成了法律人和民基人。

在积累中成长和收获

青年律师的成长是在不断学习、总结、积累的过程进行的，我也不例外。

两年基本非诉业务

一进入民基所，因为所内人事变动，就面临需要两个月之内接手顾问单位非诉业务的挑战。犹记得当时内心的高压和忐忑，但幸运的是，两个月的过渡期内，我得到了民基两位殷主任和其他前辈给予的大量实践机会和一对一的专业指导，在高强度的学习和历练下，顺利地实现了所内非诉业务的接手工作，而且一干就是两年。

如今，很多的青年律师在执业时，不愿意做基本非诉业务，尤其是合同审核、起草和商务谈判业务。原因就是基本非诉业务，需要24小时待命且要面临和研究的法律问题涉及各个领域，很累人也很锁人。相比之下，诉讼和大项非诉业务相对更自由更轻松。

但是结合我自身的成长经历，我非常感谢执业初期那两年高强度的基本非诉业务工作经历。

两年的时间里，除了在文书审核、设计和写作上打下了坚实的基础外，最重要的是逻辑思维能力、商业思维能力和法律问题分析研判能力得到了综合提升，而这些在随后几年的诉讼和大项非诉业务的处理中，让我始终受益无穷。

第一件诉讼案件

除了基本非诉工作的所获所得，第一件诉讼案件代理过程的坎坷和案件最后的结果，不仅让我对律师这份职业心存敬畏，更教会了我如何办案。

案件的委托人是一名地地道道的农民工，也是家庭的唯一劳动力，在工地上干活时，被施工方的挖掘机不幸压伤，导致下半身全瘫，伤残等级达到二级。在协商索赔无门的情况下，委托人找到了我的恩师殷书月律师。在得知委托人的不幸遭遇后，殷律师带领我向委托人伸出了援手，垫资启动了本案的索赔程序。

考虑到本案中存在劳务外包，走劳动关系确认和工伤索赔不仅存在一定的败诉风险，而且耗时过长，委托人等不起。最终我们在向委托人充分释明不同诉讼方案利弊，并征得委托人同意后，选择了人身损害侵权的索赔方案。索赔中，我们抓住施工单位和受害人的委托单位在特种器械设备作业中存在的违规操作问题，将两公司作为共同侵权人同时列为了被告，增加了责任主体，提高了后期索赔款的到位率。

案件启动后，我们第一时间到案发现场进行取证，锁定了现场证据；找到了相关证人，得到了相关证人的证言并成功说服相关证人出庭作证。经过整整一天的庭审，一审法院最终支持了委托人的全部诉请，判决两被告各赔偿委托人 50 余万元，合计 100 余万元。

为拖延付款时间，两被告先后启动了二审和再审程序，并在再审阶段申请中止了案件的执行。经再审法院主持调解，各方就赔偿事宜达成一致，其中一被告在和解后立即向委托人支付了和解款 40 余万元。与此同时，我们恢复了对另一被告的执行，通过在全国各地寻找财产线索、要求执行法院对被执行人拒不配合执行行为进行的处罚等不懈努力，最终在案件进入执行后的第二年，从被执行人远在湖南和新疆的银行账户中冻结、划扣了赔偿款 50 余万元。至此，本案赔偿款全额执行到位。

这起案件，相比执业多年后代理的工程类和商事类案件，案情、法律关系相对更简单，标的额也相对更小，但对委托人和我而言意义重大。

于委托人，案件的每一点进步对他们都是生的希望，每一笔赔偿款，对他们都是救命的稻草，所以作为代理人，我责任重大。对我自己来说，这个案件是我职业生涯中诉讼业务的真正开始，我不仅全程参与了这个案件，还承担主要诉讼和执行工作。

通过这个案件的代理，我学会了如何权衡诉讼方案，确保当事人利益的最大化；我学会了如何与委托人、证人、办案法官、被告等各方参与人沟通；我学会了怎样随机应变、攻坚克难。

最近三年

得益于执业初期打下的坚实基础，执业后我迅速进入了角色，并积累了丰富的成功经历。最近三年，先后代理了各类诉讼、仲裁案件 300 余件，其中仅代理的建设工程类案件涉案标高达 3 亿余元。

同时，带领团队为我市数次大型群体性活动、“华祥商业中心”、“山水国际”、“磨基山旅游综合体”等商业地产项目、某发房产公司的土地合作开发项目、某国企的数次投资并购项目等提供了专项法律服务，包括商业论证、全程法律服务、尽职调查、交易文件起草等。

近几年，在建设工程和房地产领域案件代理中的种种经历和体验，让我对这个领域产生了浓厚的兴趣，业务重心和研究重心也逐渐往该领域倾斜。

犹记得在一起商场租赁纠纷牵涉的工程造价鉴定案件中，我与公司工程人员戴着安全帽，整天泡在工地对着一张张图纸和一沓沓工程资料看施工痕迹、核工程量的日子；犹记得作为被告代理律师，在鉴定中与鉴定机构、原告和法院为每一个数据、每一项合同条款、每一项鉴定要求据理力争的场景；犹记得为弄清工程造价中的细微变化，从一次次厚着脸皮地到造价咨询机构请教，到最后弄清原因并与造价员们成为朋友的喜悦；犹记得在好几起作为被告方代理人时，从工程造价鉴定的第一个庭审博弈环节，就将工程造价在征求意见稿基础上审减数百万元的成就。我相信这些宝贵的经历，将引领我在这个领域不断前行。

用心方有所成

初识法学时拜读了江平教授的《沉浮与枯荣》，书中，江平教授对律师的定位深深地影响和指引着我。他说，律师应当具备哲人的精神，以真智慧给人以启迪、帮助，为人指点迷津，不应沦为法律贩子，满身市侩习气，流连忘返于应酬、饭局和市井之中。

进入律师行业后，我的老师、前辈也时时告诉我，要踏踏实实做事，认认真真做人，切莫投机取巧。如今，回过头来，看自己成长与蜕变的过程，对此感受更加深切。

做人也好，做事也罢，用心方有所成。

40. 青年律师的核心是职业技能和业务素养①

初入律所

我是况怀波，是一名“80后”青年律师，在湖北得伟君尚律师事务所执业，目前从事律师职业将近六年。

故事还得从头说起，大学毕业后便进入目前的律师事务所实习，刚进入律所那会儿，自己还是一个愣头青，对社会认知不够，对自己认知不够，对律师职业认知不够，各方面总是差强人意。

但我对自己总算还有点信心，毕竟在大学法律专业知识够硬，也受到过学弟学妹的称赞，而且我一直向往成为律师，也喜欢律师这一职业。于是带着这份对律师职业的崇敬之心，开始了我的职业生涯。

恩师吴灿江

在律师实习时，遇到我职业生涯中第一位师傅——吴灿江，当时他是湖北得伟君尚律师事务所中最年轻的高级合伙人，没有之一，外表气质形象一看就知道很商务化，专业技能也是无可挑剔，总给人一种大律师范儿。

在他的指导和熏陶下，我慢慢步入正轨，开始了实习律师的日常：打印、复印、写材料、送材料、约见客户、跟班开庭等。

在每天的重复之中，慢慢地，我学到了很多，在工作中不能理解的，经

① 况怀波，湖北得伟君尚律师事务所合伙人律师，专业领域：商事仲裁与诉讼、破产清算。

过时间的发酵，慢慢地都懂了。这就是师傅对我潜移默化的指导和熏陶，导致我在执业中，很多言行举止都会像他，职业技巧那就更不用说。但我还需不断磨练才能赶上师傅。

独立之初

跟随师傅经过3年多的学习，因自身发展和生活压力，经过不断的思想斗争，我选择了独立执业。作为非武汉本地人，在我这个年纪和阅历，独立执业意味着可能几个月没有工资，交不起房租，甚至生活窘迫……

但是我知道，我必须选择独立执业。即使如前面所说，但我内心有一颗坚定的心，相信终会守得云开见月明。

可能是因为自己性格较好，在执业中，结识了很多优秀律师。作为青年律师，没有人脉关系，没有诉讼经验，就没有案源。但是在执业初期，周围的律师给了我机会，哪怕很小的案子，但总能解决我的“饥荒”，对此，我一直心存感激。

他们总是跟我说他们也是这样过来的，知道青年律师的压力和难处，虽然我不知道，在他们那个时候有没有人关照和支持，但至少从我看来，这就是一种恩惠，我告诫自己要心存感恩之心。

职业信仰

当我扪心自问我为什么会选择做律师时，我的答案是因为律师职业给我带来的不仅仅是衣食无忧，更是一种信仰，一种让人充满自信和荣耀的职业。

“作为律师，你的内心要足够强大”，这就是我独立执业后给自己的暗示。

因为律师工作是解决纠纷，涉及纠纷可能就是一些矛盾不可调和后的产物，也是当事人的麻烦，当很多人把麻烦都抛向你的时候，我们自己要进行分类、解决，而自己不能被这些烦恼所左右。

职业技能

俗话说，“受人之托，忠人之事”，这句话体现在律师身上再合适不过了。作为执业律师，应有的职业技能和业务素养永远是核心，毕竟是靠这个职业吃饭。

这里所说的忠人之事，是以律师职业要求为准则，再根据当事人的诉请，依法维护其合法权益，必须是在法律制度的框架内办事，因为我们是法律的运用者，要维护法律的尊严。

记得三年前办过一个劳动争议纠纷的案件，我代理劳动者一方，接过劳动者委托后，便开始走仲裁程序，并经过了一审、二审阶段，最后进入强制执行阶段，虽然当时案件收费不高，毕竟经验并不是那么丰富，但是我对这个案子依然是尽职尽责。我们律所离审理法院较远，每次来回基本都需半天时间，整个程序下来至少有 15 次来回，而且在执行阶段，陪同法官寻找单位的经营地址，查找财产线索等，一切都是为了能让当事人尽快得到应得的报酬。

但在案件执行中，我方当事人因突发脑溢血不幸去世，当事人家属告诉我这个消息时，我既惊讶又同情，也感到身上肩负的使命，同时也感到其家属的不安，不安是因为担心我会放弃，但我没有，我保证一定会完成委托，帮死者拿回生前所应得的。就这样，在不懈的努力下，最终如愿以偿，家属送锦旗相谢。

这个案件虽然历时较长，标的金额不大，对有些人来说微不足道，但对当事人来说，获得的是他的血汗钱；对我来说，这是职业操守的坚守。

坚定目标

就这样，时间在不经意间慢慢流逝，我也在慢慢成长，变得更加职业，更加成熟。当我回顾过往，看见自己一步一个脚印，心里不存悔意，明确目标，坚定梦想。

最后借用一首诗与大家共勉：

律中麟角者，高淡出尘埃。芳草不曾触，几生如此来。——李复

41. “95后”律师如何快速成长？①

我叫吴忧，来自成都“股＋团队”，现在是北京大成（成都）律师事务所的一名实习律师。

跟青年律师汇栏目的前40多期前辈大咖相比，我应该是最年轻的一位，因为我是“95后”。

是的，第一批“95后”也迈入了律师这个行业，我的经历或许不是最丰富，但也有一些从业过程中的所思所感还是想跟大家分享一下。

基于兴趣，从事律师，愿从一而终

我做律师不是出于一个突然的决定，而是从我来到美丽的山城重庆，来到西南政法大学渝北校区，我就知道我毕业后要从事的工作就是律师。

这是有一定原因的。我们总说兴趣最好和工作相结合，对我而言，相对于解决某一个具体的问题，我更喜欢的是解决问题本身，即去解决一个个问题的过程是我最看重的。

而律师处理的各种诉讼纠纷、非诉项目，往往在共性中存在差异，没有一个案子是完全相同的，因此处理每个案件都具有挑战性。

就以我们常见的房屋买卖合同纠纷为例，我半年时间里处理过3个案子，分别有以下情形：

1. 有购房合同、房产证但未过户，购房者（客户）要求继续履行过户的；

2. 有购房合同但没有房产证，购房者（客户）要求开发商配合出卖方办理房产证并进行过户的；

3. 有购房合同，但没有房产证、房屋已经预查封，开发商（客户）要求解除合同以达到解除查封效果的。

这三个案子均存在着明显差异，对于新人的我而言都要100%的努力，去查询案例，和当事人沟通，撰写起诉状、代理词，尽可能地满足客户的合理需求，去解决这些棘手的问题。

---

① 吴忧，北京大成（成都）律师事务所律师，毕业于西南政法大学，业务领域：民商事纠纷。

虽然满足了自身兴趣，但有压力也有挑战，有过头疼和沮丧。

在上述第2个案件中我们想在一个诉讼中达到两个效果：

（1）出卖方配合开发商办理产权证；

（2）出卖方将房屋过户给购房者。

但在立案时遇到了问题，法官认为这是两个诉讼，要求分别立案。怎么办？

张杰律师告诉我，努力查，一定会有同类判例，我们用案例来说话！

功夫不负有心人，在无讼、法信等平台上不断检索，确实找到了支持我方诉求的判例，证据充分说理清楚。拿着案例跟法官沟通后，最终承办法官也认可了我们的诉求。

因此一个案子就是一个积累，在解决每一个案子过程中，或多或少都有一些不同、陌生的地方，就需要律师去检索案例、加强理论研究，逼着自己去学习提高，这也是吸引我做律师的原因之一。

加入股加，从零开始，愿携手同行

在2016年11月底拿到司法考试成绩后，第二天一早我就坐上了从重庆开往成都的火车，去北京大成（成都）律师事务所面试。

有幸加入了罗毅律师、张杰律师、宋军律师成立的“股+团队”。

相比较于同行业的其他团队而言，股加有很大的不同，就因为这些许不同使我得到了飞速的成长。

第一，以tower系统作为协同纽带

在工作方式上，我们以tower系统作为纽带来协同团队成员的工作。大多数的律师团队，在工作安排与交流上仍然采取的是微信、QQ、邮件、电话的方式。不是说这些方式不够好，只是我们或许可以有另一种方式来改进优化我们的协作模式。

我们股+团队就是在tower上通过作统一标准的工作记录、主办律师安排任务进行管理、大量个案归纳总结形成标准化工作流程等方式来实现团队协同。

就比如我们团队有2位新加入的“95后”的小伙伴，刚开始他们对

tower 还很陌生，经过两三个月的场景使用后，他们已经越来越得心应手了，每天都在给自己安排任务，记录工作内容、释放工作状态，还保留了每次任务的资料，下次回过头要再来寻找也十分方便。

我的指导老师罗毅律师常说的一句话就是："重要的不是工具，而是工具背后的思维方式。"

因此这种工作方式让我减少了不必要的时间支出，提高了工作效率，但更关键的是掌握工具背后的使用逻辑和场景，达到事半功倍的作用。

第二，注重知识管理

2017 年是知识付费的元年，而律师群体不论是对办案技巧还是理论知识，都有较强的付费意愿和付费能力。

但不知道有多少律师在忙着办案、忙着开庭、忙着参加培训的同时，能将自己的办案经验和一些思考总结下来，形成自己的知识管理成果，进而输出成一篇篇精炼的文章或是出书立说。

在马贺安律师撰写的《生存与尊严——律师定位与展业方法》一书中就提到教导式展业的方法：

"就是要用推销你的知识来代替推销你的业务。所谓教导，主要是指教导或指导潜在客户，向他们提供有用的知识。当你向公众和潜在客户推销你的知识时，人们就会发现你的学识如此渊博，如此热心地帮助他们，从而赢得潜在客户的注意和尊敬，最终发展你的业务。"

诚如斯言，天同所的成功就是对教导式展业的最好诠释。天同所免费将"诉讼可视化"的理念和技术推广到了全国律师界，甚至有些法院也在效仿这一做法，要求需审委会讨论的案子必须要有清晰的图表。

由此可见，律师重要的是推广自己的知识，而非推广自己的业务。我们团队就是在长期的知识管理中，逐步形成知识沉淀，进而输出成果，现在已经由法律出版社出版了《穿透新三板》一书，知识管理成果《穿透股权激励》也即将出版。

所以，建议各位青年律师，利用好下班、周末的时间，将办案过程中的心得体会及时记录下来，不时翻阅，又有新的收获。

闲暇时多看看书，理论与实践相结合，福至心灵，说不定就有一篇精品文章写出。

第三，每周一篇案例分析及例会演讲

我们团队以股权为核心业务，我跟着宋军律师主要做商事诉讼业务案件，受益匪浅，因此我们每周例会的分享以公司法案例为主，每周一则。

我们现在采取的方法是以案由为主线，逐个去研究每个案由下的案件。

在法信平台上已经有以案由顺序来编排的典型案例了，并以裁判要旨作为标题，更加方便了律师的检索工作。

因此建议各位能够仔细研读案例多作分享，尽可能地去释放自己的专业知识和形象。

每周一篇案例，认真研究，仔细吃透，在三五人甚至更多人面前当众演讲。

一方面提升案件研读能力，另一方面也提升演讲口才，还能够提升团队的诉讼知识能力，可谓是一举多得。

第四，标准化工作流程

智能 AI 的出现使律师行业的自动化，或者说法律知识的自动化将会一步步成为现实。

但在国内律师行业仍然是师傅带徒弟的老方式，指导律师的办案知识、经验往往是随着具体案件的办理而一步步释放，因此青年律师的成长需要经验的积累、时间的沉淀。

我们团队选择了将案件办理流程及经验进行总结，形成标准化工作流程提供给青年律师。比如，新三板挂牌、股权激励等业务，通过标准化工作流程，能够解决 80% 的办案问题，让刚加入团队的小伙伴也能很快上手。

主办律师只需要解决其他 20% 的疑难复杂问题。如果出现新的问题，主办律师在解决新问题后进一步完善标准化流程，使整个流程趋于完善。整个流程就是团队的智慧结晶。

我们总说律师要走专业化的道路，但我想无论是单打独斗的律师还是律师团队，专业化的第一步就是逐渐整理自己的某一类案件的办案经验并归纳总结，形成自己或团队的一套办案标准，在搭建好框架后，就能向专业化继续前进，去解决那 20% 的疑难复杂问题。

掌握方法，抓紧提升，愿弯道超车

前面四十几期都有很多前辈分享了一些方法论给大家，我就从技的角度说两个我自己的提升方法。

通过思维导图整理法条及案例

因为在本科阶段跟西南政法大学的袁力副教授一起参与了关于法院审判权运行机制方面的课题研究，有一年多的时间里都使用思维导图软件来整理各类资料，让我在使用思维导图进行学习方面得到了不少的启发。

首先，用思维导图将文字性的法条结构化，形成一个完整的脉络。

以我自己整理的民事再审制度中当事人申请民事再审部分为例，我就将《民事诉讼法》《最高人民法院关于适用〈中华人民共和国民事诉讼法〉的解释》《最高人民法院关于适用〈中华人民共和国民事诉讼法〉审判监督程序若干问题的解释》等法条进行了整理，细分出请求权基础、再审理由、再审范围、当事人范围、申请材料、再审审查等六个部分。

其中再审理由又可以分为判决／裁定、调解书、不得申请再审这三部分。判决／裁定部分又能分为13项具体的情形，每个情形又有司法解释来进一步界定。

现在只要有提再审的案件，我只需要在了解基础案情后，打开导图核对是否符合再审条件，我就能快速得到结论，比每次都翻法条或者在脑海里检索简直轻松太多。

其次，除了法条整理外，还要加上一些典型案例。

仍然以民事再审为例，最高人民法院有个案子的裁判要旨就是对未上诉当事人的再审申请一般不予审查。如果我们只是看民事诉讼法及其司法解释的话，对于部分没有做过民事再审的律师，关于这个点就有可能会被忽略掉。如果我们的客户想节省二审的诉讼费用而打算通过提再审来解决争议的话，诉讼目的是无法达成的。我们就必须提示客户二审若未上诉，申请再审存在不予审查的风险。

最后，除了知识外，经验也非常有必要整理。

以我办理的向最高人民法院第五巡回法庭提再审的案件为例。

五巡的立案要求就跟四川省高级人民法院有很大不同。除纸质版材料外，五巡要求申请人提供的一审、二审生效裁判及再审申请书的 word 版和 PDF 版，对字体和行距亦有要求；律师作为诉讼代理人还要提供授权委托书、事务所函、律师证和律师身份证复印件的 PDF 版，且都要刻在光盘中。

如果是第一次办理最高人民法院五巡的再审案件，不了解这些要求可能就要无功而返。重新准备材料事小，耽误了再审申请时间事大。

我也是在校友的帮助下提前了解了五巡的立案要求，半小时就完成了立案。那么该案件的办案经验我就会上传到 tower，以后团队成员都能在 tower 上看到，不用再单独询问我。而这部分内容也可以加入导图“再审申请材料”，完成经验积累。

通过整理研究判决书判项，确定诉讼请求

很多青年律师，在刚开始执业时，最常写的文书之一就是起诉状了。当自己信心满满地将拟好的起诉状发给指导律师，虽然自己很满意，但指导律师或许会很不客气地就告诉你诉讼请求是错误的，要求改正。

比如，房屋买卖合同纠纷，我们代表购房者要求卖房者继续履行房屋买卖合同，那么诉讼请求直接写“请求判令某某某继续履行《房屋买卖合同》”，这样可以吗？答案肯定是不行的。

错误的原因就在于诉讼请求不明确、没有可执行性，也就是说，执行法官拿着判决书，看着“判决《房屋买卖合同》继续履行”的判项是难以去执行的，因为不够明确具体。

再深究一下，其实是青年律师写文书经验太少，看过的起诉状也不多，也没有大量阅读案例，写的诉讼请求不符合要求也就不足为奇了。

那么我的解决方法就是去看大量同类案例的判决书判项是怎么写的，大量阅读大量模仿，也就是我们常说的刻意练习。刻意练习是当我们进入陌生领域时一个非常有用的方案。

还是以房屋买卖合同纠纷要求继续履行为例，成都基层法院就有以下不同的判决判项：

（1）×× 公司于判决生效之日起十日内协助 ××× 办理位于蒲江县房屋产权的过户登记；

（2）×× 于本判决生效后十日内协助 ×× 办理位于成都市龙泉驿区大

面街道办事处 ×× 路 ×× 号 ×× 栋 ×× 单元 ×× 层 ×× 号房屋的不动产权属转移登记手续；

（3）×× 公司于判决生效后十日内向 ×× 交付《商品房买卖合同》约定的郫县红光镇港大路 × 号蓉树园 × 幢 × 单元 × 层 × 号房屋；

（4）×× 于判决生效之日起十日内协助办理将位于成都市成华区建设北路房屋过户至 ×× 名下，并向 ×× 交付位于成都市成华区建设北路房屋。

像（1）（2）就是办理过户登记，（3）是交付房屋，（4）是交付房屋加办理过户。

相比较而言，（2）比（1）更具体明确，（4）比（3）更具体明确，也就是说如果下次再办理同类案件，我就会结合（2）（4）的判项格式来写诉讼请求，承办法官甚至可以直接将我的诉讼请求写成判项，执行法官也能清楚知道执行内容。

当然刻意练习需要大量时间做这个工作，是长久的积累过程，因此最好能够有志同道合的伙伴一起来进行整理，然后互相共享，互相督促，共同提升。

有忧世界，无忧人生，愿天下无忧

最后，想用我本科喜欢的一位法理学老师刘文会老师赠我《为权利而斗争》一书上的题字结尾——“有忧世界，无忧人生”。

愿诸位少饮杜康，用法律为己解忧，用法律为他人解忧，无忧无虑，人生无忧。

42. 没有提着案卷袋挤过地铁的律师，不足以谈人生[①]

刚下的一场大雪似乎就在昨日，这几日却已明显感觉到暖暖的春意。提笔在阳光灿烂的午后，心情愉悦，新的一年又要启程前行了。

① 陈鲲，湖北言达律师事务所执业律师，擅长民商事纠纷；从事法律事务八年以上，执业七年以上，办理过大量民商事各类案件，担任公司常年法律顾问，诉讼和非诉经验丰富；专业领域为合同纠纷、婚姻家庭、交通事故、物业纠纷、房产纠纷建筑建材、借贷纠纷、劳动纠纷、工伤人损、常年法律顾问等。

迷茫：初入行

大学的时候原本不是读的法学，后来在父母的建议下转了法学专业。

想到学一门就要爱一门，就准备并参加了司法考试。

2010 年通过司法考试后，我进入立丰所开始了实习。初入律所显得不知所措，年轻的心也缺乏学习的意识，跟着师父零零散散地做了一些琐事。

正式接触案件也仅仅是去法院立过一次案，就这样浑浑噩噩地度过了实习期，现在回想起来不免觉得十分惋惜，浪费了许多学习的机会。

坚持：经验积攒

2012 年我从立丰所转入对我影响很深的道博所，这也是我执业道路的一个转折点。

道博所是专门做交通事故案件的律所，当时的我没有开庭经验，在郝主任的带领下参加了一次庭审，我记得特别清楚，是在江汉法庭，很简陋的地方，等了很久被告方，最后法官组织进行了调解。

此后，我就开始了我的执业之路，因为是工薪律师，不用考虑案源问题，但是工作量也特别大。

那时候的我一个月基本要开 20 个左右的庭，最多的时候一周 5 天工作日开了 11 个庭，出行也是靠公交地铁，基本都是提很重的案卷材料又没有座位，经常都是腰酸背疼还要在法庭上集中精力。

吃过的苦都转换成了经验回报给了我，经过一年多的高强度磨练，我的诉讼经验越来越丰富，同时收获了很多好评，也结识了很多当事人及诉讼相对方的朋友。

在执业过程中我慢慢地也接触了很多其他类型的案件，除了律所提供的案源，也开始有了自己的案子，每一个新类型的案件都是一次学习的机会。

特别要感谢我的律师朋友们，与我一起探讨、研究，给我意见和建议。

微光：独立执业

随着经验的积攒以及个人案件的增加，经过慎重的考虑后我终于走上了“个体户”的律师模式。

时间上自由了很多，跟更多的人开始有了合作，也有了更多学习的机会来进一步提高专业技能以及开拓案源。

偶尔回首不禁感叹，坚持就会有希望。

很庆幸近几年案件越来越多，顾问单位也有了几个，执业之路终于有了微光。

责任：律师费之外

在执业过程中，我接触了很多的当事人，专业技能及处理案件思路也发生了很大变化。

案件本身的完满结果，会使我感到特别的欣慰，这远远胜过高收入。

都说法律是维护公平正义的最后一道防线，律师处理的是当事人无法解决的各种问题。正是因为这样，特别需要律师具有良好的沟通能力、耐心及责任感。

每个案件无论大小及收费多少，都应该细致入微，不厌其烦，考虑全面，这样才能最终维护当事人的合法权益，在赢得信任的同时也打牢了事业的基础，长此以往相信执业之路也会越走越宽。

建议：给青年律师

回首七年执业路，想给青年律师以下几点建议：

第一，要扎实基础，多学习理论知识。

只有理论知识扎实了，才能在具体的案件中找到法律依据，这是办好每个案件的基础。

第二，要多接触案件或者跟着师傅多学习实务，不怕辛苦和烦琐。

律师新人最开始的重心应该是学习具体的经验，要不怕苦不怕累，也不要计较得失，只有掌握了案件的办理流程及办案思路方法，才能独立走上执业之路。

第三，要多参加社会活动，接触各类人群。

因为你接触的每个人、做的每件事都可能成为潜在的客户或者为你带来案源，律师不仅仅需要专业，更需要营销。

第四，要从现在开始注意身体。

律师过劳是普遍现象，听闻许多同行的噩耗深感惋惜，也不免对自己的健康担忧。脱发应该是大家的痛点，除此之外还有肩周炎、颈椎病等职业病。

也正是因为这些，让我不得不把留了三年的齐腰长发剪成了短发。偶尔也会跟着妈妈去做理疗。明明感觉还年轻，身体却各种伤痛。

所以建议小伙伴们在百忙之中抽出时间锻炼锻炼身体，俗话说身体是革命的本钱，也唯有运动和学习 100% 会有回报，能给我们一个健康的身体去实现更多更大的梦想。

结语：第八年，再出发

每年我都会给自己默默地立一到两个目标去完成，2018 年的我在心中早已立了两个目标，希望加油，努力实现。

律师是一个高风险高强度高发展的行业，我觉得需要学习的还有很多，未来需要更踏实认真，同时保持不断的学习，积极吸收其他领域的知识。

之前看到律师界流传“三五八定律”，今年是我执业的第七年，希望在第八年阳光格外灿烂。

感谢一路走来相伴我的亲人、前辈、朋友和同事，我们不忘初心砥砺同行。

43. 青年律师会经历的四个成长阶段①

非常荣幸获得智善法律新媒体的约稿，写作本文既是与青年律师朋友

① 梁幸，中南财经政法大学法律硕士，现为北京市京师（武汉）律师事务所专职律师，现执业领域：股权激励与规划、股权投融资、民商事诉讼。

们一起分享学习，也是自己对从业以来的经历和经验的思考。

经历，是见过、做过或遭遇过的事情。

经验，是从已发生的事情中获取的认识和知识。

任何人都有自己的个人经历故事，也从个人经历中得出个人认知的经验。有趣的是，经历故事相仿的不同人，可能得出的认知十分不同。

我的从业经历称不上“有故事”，与许多法学生的就业轨迹应该大体类似。

我在中南财经政法大学获得法律硕士学位，曾在法院实习三个月，在广东星辰律师事务所开始实习并作为指导律师的律师助理，通过了深圳律协对申请执业的相关考核，2017 年回武汉执业。

在本文中，我从业务学习的角度，与大家分享我对如何从有经历到有经验的思考。

我们青年律师是从实习期开始律师业务学习，一般都经历了学习业务、辅办业务、独立办理、项目负责的不同阶段。

我认为青年律师应当时常反思自己的业务能力所处的阶段，并且应当清楚地认识到，在不同业务领域中，自己的业务能力所处的阶段是不同的。

学习业务阶段

律师在学习业务阶段应当 get 到的 1 个技能点：

能够准确明白师傅或承办律师安排的任务。

在我入行之初，师傅安排给我任务的时候，我经常会出现两种情况，蒙圈或自以为是。

蒙圈的后果是，要么停滞不前要么办错了事。自以为是的后果是，进行了低效工作。

新手存在的问题，在我身上都暴露过：一是羞于开口；二是不知如何发问；三是迷之自信。

经过了几次教训，师傅告诉我，在不清楚任务的时候，先问清楚任务。

学习业务阶段，新入行的青年律师应当通过发问来准确明白各项任务。

辅办业务阶段

律师在辅办业务阶段应当 get 到的 2 个技能点：

完成各类初稿文件；跟进和汇报工作。

在我辅助师傅和团队律师的阶段，最多的工作就是制作各类文件（诉讼类文书和非诉类合同等）的初稿，最容易让主办律师操心的是项目的进展。

我自认为辅办业务阶段是我成长最快的阶段，也正是在这一阶段，我在一定程度上形成了自身的工作习惯和执业观念。

——关于制作和完成各类初稿文件方面

法律文件是律师最直接、最主要的工作成果体现。起草和修改法律文件是律师的最重要执业技能之一，这一执业技能基本上是律师从辅办业务阶段开始学习的。

学习制作各类法律文件初稿，也遵循着由易到难、由简单到复杂的学习过程。

以律师最常用的与委托人之间的法律服务合同（包括委托代理合同）为例，法律服务合同的内容，主要包括：合同双方主体、合同目的、律所工作人员的选任、服务内容 / 代理事项 / 工作范围、律师费金额及支付方式、双方责任、违约责任、合同期限、其他约定等。

可能有的律师认为，法律服务合同不是有范本吗，还需要学习？还只能算是制作初稿？

就我个人的观察，确实有不能制作完善的法律服务合同的律师，不仅是年轻律师。

有的是委托事项未约定清楚，有的是工作范围不明确，还有的是对律师费及相关费用的约定不准确，等等。

以我主要办理的股权业务为例，法律服务合同中的“工作范围”“合同价款及支付”“双方责任”“合同期限”等部分，都需要对律所的范本进行比较精细的修改制作。

比如，在“工作范围”部分，应当明确约定律师针对股权专项法律事务提供的服务内容，如不明确约定，可能造成扩大、缩小、模糊工作范围的后果，轻则律师工作量大增、委托人不认可，重则造成无法按照合同完成工作甚至因违规被客户投诉的后果。

在某些重要和复杂的项目中，可能需要单独制作工作方案作为附件，对工作范围、工作计划、完成工作的时间等进行更明确的约定。

辅办业务阶段是律师学习制作各类初稿文件的宝贵机会。

在这一阶段，青年律师应当认真学习各类文件的范例和制作文件初稿。在主办律师审阅修改后，认真对比和学习定稿文件，找出初稿文件的不足。

通过这一阶段的学习，青年律师一定能够实现快速成长。

——关于跟进和汇报工作方面

首先，要说明的是，跟进和汇报工作的确是一个技能点，而不仅仅是律师需要记住的一个工作。

其次，要说明的是跟进和汇报工作的要求：

1. 律师应当学习和注意跟进工作的方式和方法。

这关系到如何及时和有效地与客户或客户的对接人沟通，如何避免客户的反感以及维护与客户的关系。

比如，对于国企属性和外企属性的客户，其内部工作流程有所不同，律师与客户沟通就需要考虑到相应特点。

2. 律师应当注意工作汇报的质量、效率。

一项业务中的工作内容是有所区别的，例如，程序性工作汇报和实体性质的法律文件工作的汇报应当不一样，辅办律师对完成的初稿和修改稿的汇报方式应当不一样，等等。

最后，重视跟进和汇报工作对辅办业务阶段的青年律师来说有几个方面的意义：

1. 这是律师尽职负责的体现；

2. 为主办律师、团队和自己节省时间成本；

3. 有效避免项目失败的风险，辅办律师一定程度上没有足够的风险识别和判断的能力和经验；

4. 律师执业风险，特别是在刑事案件中，律师未及时跟进案件进展导致错过呈递法律意见书的时间甚至未参加开庭审理的事情并不少见；

5. 及时跟进和汇报工作的能力，能够帮助青年律师更快跨入独立办理业务阶段和项目负责阶段。

独立办理业务阶段

律师在独立办理业务阶段应当 get 到的 3 个技能点：

对法律关系的分析能力；与客户有效沟通的能力；适用法律解决客户问题的能力。

从辅办业务阶段到独立办理业务阶段的过程中，青年律师一般会经历一个非常自然的转变。

我个人对此最直观的形容是自己能够并且敢于发表法律意见和判断。

律师是否处于独立办理业务阶段的最明显的能力应当是客户的问题到了律师这里就能得到解决或明确的回复，而不是需要负责人或其他主办律师来解决。

在独立办理业务阶段，青年律师开始有比较大的工作压力，同时也有比较强烈的自发学习和拓展业务的心态。

青年律师能否在独立办理业务阶段坚持下去，取决于能否成功签约、能否完成委托人的委托工作、能否维护客户关系。我认为，要做到这些，律师必须具备前述的 3 个技能点。

在这一阶段，3 个技能点是相互联系的。

以我办理过的股权投资业务为例，在接洽客户中，客户与目前股东、拟引入的股东之间的关系复杂，各方之间的投资协议等合同条款复杂。

在这种情况下，律师既要听得懂客户的意思，也要让客户听得懂律师的意思，这就非常需要与客户有效沟通的能力。

而能与客户进行有效沟通的前提，是具有独立办理业务能力的律师能够对法律关系进行准确的分析和判断。

在能够准确分析和有效沟通的基础上，律师需要适用法律来满足客户的直接需求——律师如何解决其与其他投资方之间存在的问题。

只有在律师具备前述 3 个技能点的基础上，才能实现成功签约，并有能力完成客户的委托事项和维护客户关系。

项目负责阶段

我将项目负责阶段中的项目定义为：需要多个律师及其他人员一起工作完成的业务。

处于项目负责阶段的律师应当是在具备独立办理业务能力的基础上，有能力分析和分解项目的工作内容、工作流程，并妥善安排项目分解后的工作和流程，有能力把握项目的进展和风险，在出现可能或实际的阻碍后，有能力提出解决办法。

我自认为目前还未完全具备项目负责阶段所必须具备的能力，不在此展开，希望有机会向各位大咖学习和交流。

关于如何从有经历到有经验的思考

我相信，本文的读者朋友们，无论是律师同行还是其他行业，经过阅读本文会对我所处的业务学习阶段有初步判断：比较扎实地经过了辅办业务阶段，处于独立办理业务阶段。

判断的依据可能是，本文篇幅最多和最具体的部分是辅办业务阶段，对独立办理业务阶段也有比较具体的认识。

从这个角度看，我认为律师从有经历到有经验，不仅是经历丰富程度和年龄大小的变化，很重要的一点就是律师业务能力的提高。

对我们青年律师来说，只有充分体现自己的业务能力，才能影响客户（包括亲朋好友、陌生的非法律人士、律师同行）对我们是否有经验的判断。

青年律师在执业中遭受客户、同行和法官等人不同形式的“另眼相看”的情况时有发生，我们是选择发出声音和抗议，还是要选择熬到“看着有经验”的样子？如果两项都不是我们的选择，

我们是否有足够自信选择不去伪装老成？

我们是否能形成并保持独立的自我认知？

我们是否有足够能力支撑自己的自信和自我认知？

当改变不了世界时，就改变自己。

对我们青年律师来说，坚持业务学习，坚持提高自己的业务能力，才能

获取客户、同行、法官等人的信任和尊重，才能实现青年律师的快速成长和后来居上。

这才是律师职业的魅力所在，也是我们青年律师选择这份律师职业的初心。

也许改变自己后，我们会改变世界。

谢谢阅读！

44. 十年后我一定会成为一名律师[①]

经常有陌生人问我："你是做什么工作的？"

我会回答："我是律师。"

然后，对方会继续以憧憬和惊讶的表情说道："哇，律师，真好！"然后继续问："那你收入应该很高吧？"留下了不知道该如何回答的我在心中默默感叹他可能对我们律师这个职业有什么误解。

这梦想始终如一

记得大概是在十年前的初中课堂上，思想政治课老师让我们每个人上台大声描述十年后你想成为的自己，当时我的描述就是"十年后我一定会成为一名律师"。

那个时候的自己对于律师这个职业还没有准确的概念，不知道律师还需要从实习律师做起，不知道要通过考核后才能成为律师，也不知道自己做律师后有没有案源、能不能养活自己，大概就是凭着一种纯粹的喜欢而坚持到后来的梦想实现。

我选择用梦想实现来形容自己，因为大部分人终其一生也无法实现自己的梦想。我属于少数能够实现自己梦想的幸运儿，但这不代表我只是幸运，实现梦想的背后有道不尽心酸与汗水。

① 雷杨，湖北正典律师事务所专职律师，擅长领域：企业破产事务、合同纠纷。

每个人的梦想都不一样，也许抽象也许具体，但只要目标明确脚步坚定，循着轨迹一步一个脚印，好比蜗牛爬上树梢一样总有取得成功的一天。

我的司法考试是在大学快毕业的时候通过的，所以在毕业季大家都在忙着找工作、考公务员的时候，我遵循着自己的梦想选择到现在工作的湖北正典律师事务所成为了一名实习律师，我律师生涯的帷幕也正式拉开。

庆幸自己能够坚定不移地相信自己，没有辜负自己的努力。

初入律师行业的感受

要说我正式成了一名律师后的感受，用一个词形容就是“不真实”，对，不相信自己真的成为了梦想成为的人，进入了自己梦寐以求的行业。

但开始跟着指导律师接收案件后，又发现自己对律师这个职业想得过于简单。

因为你一旦具体地去做与案子相关的某件事情的时候，你就会发现原来这个职业的工作如此烦琐，不仅考验你的脑力同时也考验着你的体力。

入所后最开始学习的就是写作文书，文书是最能体现一位律师工作成果的材料，包括各种诉状、答辩状、代理词、辩护词以及各式各样的合同、协议等。

开始的时候接触到的文书中最多的就是诉状，平时看似很简单的一两页纸的东西，其实是一位律师职业技能、诉讼策略等凝聚而成的结晶。

如何能将文书写得有理有据，在充分表达出自己观点的同时又不显得拖泥带水，同时在诉讼中又能起到很好的引导作用，要达到这样的要求就足够我们这些刚从学校毕业的小青年们学习好长一段时间了。

在此我得感谢我遇到了一位好师傅——我们所的执行主任覃仕龙律师，覃律师从我见习的时候就开始做我的指导老师，到执业后仍旧像我在实习时那样指导我学习，让我从门外汉变为专业律师的道路不至于过于曲折。

我的文书从刚开始的“不着边际”到后面渐渐的成熟再到现在日渐专业都离不开我的师傅的悉心指导。

当然，“师傅领进门，修行靠个人”，律师这个行业讲究衣钵传承，但每个个体的成长更需要自己的努力。

记得我第一次庭审发言的时候，我自认为表面上看起来云淡风轻，但其实内心早已忐忑不已。

作为新手，真正的实战后才发现庭审和想象中的很不一样，除了要面对对方的压力，还要面对来自法官的压力，庭前你准备的东西可能会用到，但操作中还要结合庭审的状况来实时调整自己的诉讼策略。

对案件的把握，与对方、法官的交流都是磨练你、锻炼你的过程，所以我对“律师都是在不断的庭审过程中锻炼出来的”这句话深以为然。

做律师需要些什么

在大学里的自己基本是一个低调到不能再低调的人，和每个大学生一样做着自己该做的分内事，毫无特别之处。

好在自己选择了一份每天都充满着变化的职业，这不仅让我在心态上，而且在生活上也有了更多的感悟。

想成为一名律师，到底需要些什么？我觉得需要以下几点：

1. 充满热情

律师是一个严谨的职业，当你选择成为一名律师时，你要做好足够的心理准备去迎接生活、工作中的挑战。

很多人都说当前的社会大环境是属于法律行业的春天，但我认为这春天更多的属于法官、检察官等法律行业中由来已久且受人尊敬的职业，律师只能算是吹到了一点点春风而已。

除了行业上的困境，刚出道的青年律师还需要在具体的执业中克服种种困（méi）难（qián），坚持下来妥善完成每项工作，才能有出路，所以没有足够的热情是难以坚持的。

2. 自律

自由是每个人都向往的。人们常说律师很自由，的确，我认为律师也很自由，因为你可以自由地选择在家里加班还是办公室加班。

越是看起来自由的行业越需要自律，工作上除了你自己安排以外没人会督促你，每个单个案件的从头至尾都需要律师自己做主。

如何收下案件，如何向当事人交一份满意的答卷，都是律师的工作。

正因如此，律师这个行业对个人把控制自己的能力要求很高，想要成为一名合格的律师，自律是必备条件。

3. 耐心

耐心可能是任何职业都需要的，但作为一位律师，耐心的态度必须从始至终的坚持。

法律问题不仅仅涉及法律方面，社会、经济、政治等多方面都需要进行考量，面对法律问题，面对当事人的法律以外问题，都需要沉下心进行思考，权衡利弊后才能最终决断，这个过程无疑需要很大的耐心。

4. 持续学习

律师行业是一个需要终身学习的行业。在科技手段日新月异的冲击下，传统的律师行业也加入了大数据时代的浪潮中，律师个人当然不能不随着时代的更迭而有所改变。

当然，最基本的以事实为依据、以法律为准绳的职业理念仍旧未改变，但每个律师都应学习向专业化方向转变，术业有专攻，专业才是立身之本。

要专业就必须不断地、持续地进行学习。

5. 健康

身体是革命的本钱，以前我觉得这只是一句口号，但从多名律师猝死在工作岗位上的消息传出后，让我切切实实感受到健康的重要性。

尤其是律师经常持续性的加班加点，大脑和身体都处于高度紧张的状态，如果没有强健的体魄作为支撑，不堪重负的身体可能将带着精神一同毁灭。

写在最后的话

十分感谢青青若的约稿，一直以来都想为自己的过去作个总结，但每次的想法也都仅仅停留在想想而已。

因为一方面觉得自己只是一名普通的小律师，没有什么优秀之处可供各位借鉴；另一方面也觉得自己长久未动笔书写除法律文书之外的东西，文笔没有其他律师作家那么优美。

后来想着总得对自己的某一个人生阶段有所交代，就狠下心逼自己一把，尝试写了不那么有看点的总结。

最近很喜欢齐一先生的著作《生命中的时光》中的一句歌词：

“生活太不容易却仍旧不甘心，问问自己是否拼尽全力。”

我们每个人都在生活这条河流中拼命努力划行着，幻想着能把自己的生活过成一首歌或者一部电影，每份职业带给每个人不同的经历，我却仍旧希望你们的经历都能使你们成为想象中的自己。

45. 为了爱情，从武汉到襄阳做律师①

其实很平凡，其实不平凡

我爱人的名字叫“其凡”，“其实很平凡，其实不平凡”，这是父母对她寄予的厚望，让她做一名平凡而又不平凡的人。

我说刚好，27 岁的我，正有这个感觉。这个结论是我成长过程赋予我的感受。

我一直认为我是一名平凡普通的人，没有什么出彩的地方，中规中矩，生活没有大起大落，工作尚未取得理想成绩，一句话，觉得自己没有所谓的“卖点”。

所以当智善找我分享的时候，从刚开始的兴奋，到现在提笔胆怯。说点什么好呢，思前想后，我就说说我这个平凡人的故事给同样平凡的你听吧。

我出生在恩施土家族苗族自治州利川市的一个小乡村，上大学之前基本没有出过远门，所以我所知道的天空，也就是老家乡村和城市那一眼望得到头的地方。

虽然从小成绩不错，小升初以全乡前几名的成绩被利川市最好的初中录取，初升高考入利川市最好的高中，但却在高考时折戟。对于小城市的孩

① 郭虎，湖北松之盛（襄阳）律师事务所执业律师，中南财经政法大学法律硕士，湖北文理学院理工学院讲师，襄阳日报传媒集团特邀律师。

子们来说，知识，真的是他们改天换命的最好途径，所以这份挫折，无疑是巨大的。

我记忆很深刻，在选择复读或是选择一个分数范围内好一点的大学就读时，我的母亲问过我这样一个问题：“你想不想读书，见更大的世界，遇见更多有趣的人，让你的天不再是眼前的一亩三分地。”

很难想象这是从一个初中都没毕业的女人嘴里说出来的话，我很庆幸，生长在这样的家庭，没有很多钱，但有很多爱，还有全力支持我和我哥通过知识改变命运的父母。

因为急于出去看更大的世界，所以我选择了进入大学求学。

因此在调剂后进入了我的母校——武汉纺织大学就读。从这个时候开始，我才真正开始思考我的人生以及我未来的路，也正是从这个时候开始，我走进了法律这座宏伟的大厦。

上大学，拿过国奖，当过班长，谈了恋爱，过了司考，还顺带着，考上了中南财经政法大学的研究生，继续自己法律生涯的打怪之路。

在我身边这些同样平凡的小伙伴看来，我的经历够丰富，但我还是觉得，我还是那个平凡的人，只是以前在小县城里平凡，现在在省城里平凡。

“免贵姓郭，郭靖的郭”

2016 年研究生毕业，正式宣告全日制学生生涯的结束，开始我的职业生涯。

以前有人问我，“请问贵姓？”我会回答“免贵姓郭，郭沫若的郭”。而现在问同样的问题，我的回答是“免贵姓郭，郭靖的郭”。

毕业之后到了襄阳，一座古代兵家必争的战略重地，这座金庸先生在《射雕英雄传》《神雕侠侣》中提到多达 260 次的城市，这座湖北省域副中心城市，这座小说中“侠之大者”郭靖镇守的城市。

很多人问我为什么不选择在武汉而到襄阳，我说：“因为爱情。”

来襄阳到现在已经两年又半，生活上从未婚到已婚，工作上从实习到执业，在感受这座城市文化底蕴的同时，我也在感受着律师这个职业，这个自己要为之付出一辈子的事业。

作为一个“初生牛犊”，我想与大家分享分享这两年自己的所感所思所悟。

执业感悟

1. 有方法可寻，无捷径可走

我很喜欢这句话，朴实中透露着大智慧，讲的是一种处事哲学。

和很多年轻人一样，二十几岁的我，也会幻想着有什么一夜成名的好路子，但日子是一天一天过，事情要一件一件办。

小的方面，律师这个职业，与知识打交道、与人打交道、与事打交道，件件都不容易。

沉淀、积累，博观约取，厚积薄发，是这个行业自带的高贵属性，所以忌心急，忌浮躁。

我每办一个案子，都会一层一层地剖析它，法律关系、事实证据、有利不利，然后找到解决问题最好的方法。总是想着走捷径会出问题，且有执业风险。

所以我时常告诫自己，寻找方法，莫求捷径，与大家共勉。

2. 专业过硬，知识点面结合

律师，重要的是知识积累；年轻律师，前途尤为重要。

相信很多在类似于襄阳这样的地级市甚至县级市执业的年轻律师会有这样的感觉：很难办特别高大上的案子，更多的是民间借贷、婚姻家庭、房产纠纷等常规业务。

针对这种状况，我主要通过两种方式做自己的知识管理。

一是在办案过程中，由点及面，再由面到点。

刚入行的时候，我师父告诉我，办一个案子，就要把它关联到的知识点全部吃一遍，哪怕不是与法律知识相关的，你也会受益匪浅的。

期初不理解，现在回头看看，很管用。

我曾经作为城管局的法律顾问，办理过一个行政赔偿 & 民事赔偿的案件。

城管执法人员在日常巡逻中发现占道摆放广告牌的行为，遂移动广告牌，纠正该经营户的违法行为。

后该广告牌被风吹倒，砸中商户年仅 8 岁的儿子，导致伤残。纠纷发生后，经营户先提起了行政诉讼，要求国家赔偿。

经营户在行政诉讼一审、二审败诉后，又提起民事诉讼，以健康权纠纷为由要求赔偿。

在办案过程中，我先后学习了《国家赔偿法》《最高人民法院关于审理行政赔偿案件若干问题的规定》《城市市容和环境卫生管理条例》《城市道路管理条例》人体伤残程度鉴定标准、智力残疾的鉴定方法及标准，甚至还学习了气象学中关于风力等级的划分。这就叫以案带面，全面学习。

在此基础上，再结合案件事实及证据梳理思路，重点深入某一点。

二是在日常中，亦要有意识地积累与律师行业相关的知识。

如为了更好地服务行政机关，去了解行政机关的机构设置及职能划分，了解不同部门的沟通方法及渠道，了解上下部门之间管理被管理的关系，梳理之后，处理行政事务更能得心应手。

如为了更好地服务顾问企业，我工作后利用业余时间学习并通过了二级人力资源管理师，并正在学习税务相关知识。

知识是律师安身立命之本，而知识重在日常积累。

3. 成熟点，再成熟点

"这么年轻啊，郭律师。"

这句话是我近两年听到的最多的一句话，相信也是很多和我一样的年轻律师听到最多的一句话。当然，也是我最不想听到的一句话。

在社会心理学中，有个现象叫作"首因效应"。

由于第一印象的形成所导致的在总体印象形成上最初获得的信息比后来获得的信息影响更大的现象，称为首因效应，也叫最初效应。

所以，人与人之间第一印象很重要。

如果见当事人，一身休闲打扮，就好像刚运动回来一样，无疑，当事人心里会犯嘀咕，"这么年轻，还这么随意，我的事情交给他靠谱吗？"

我的做法就是，尽可能让自己看上去成熟些，再成熟些。

方式包括但不限于"将头发梳成大人模样，穿上一身帅气西装"；边框眼镜比全框眼镜给人感觉更稳重；手表也是不错的选择，这是打扮。

行为上，行得正、坐得端，身体前倾眼神交流，都是在与当事人沟通时给当事人留下成熟稳重形象的好方法。

慢慢地，与当事人见面听到的便是“年轻有为”了。

4. 身体永远是你骄傲的资本

“身体是革命的本钱”，这是颠扑不破的真理。

律师职业压力很大，有案子时愁案子，没案子时愁案源，执业年限与发量成反比似乎渐成常态。

我喜欢运动，本科时，寝室哑铃、臂力棒、卷腹轮、瑜伽垫（仰卧起坐用）等健身装备一应俱全。

准备司法考试和考研时，复习回到寝室再晚，哪怕只做几组俯卧撑，我也会运动；读研究生时出入最多的便是图书馆和健身房（中南财经政法大学的健身房凭学生卡免费，业界良心）。

在同学圈里我有个“全能王”的称号，篮球、游泳（自由泳、仰泳、蛙泳）、羽毛球、乒乓球、网球、桌球、跑步（全马 4 个半小时内）、撸铁……谈不上精通，上述全会。

工作后，办公室在九楼，除非有急事，采取的都是上楼梯、下电梯的交通方式；写材料觉得累了，跑到天楼上深蹲，这就是我的放松方式；家里常见的健身器材亦是一应俱全，每天工作回家，都会运动，放松身体，放空心灵，很舒服。

在我的影响下，事务所的同事们也开始锻炼，我想，这也算是正能量的一面吧。

目前的状态是：不运动就有强烈负罪感并且身体会觉得难受。所以健康的身体是我们最应该骄傲的资本。

结　语

以“无情”的目光论事，以“柔情”的目光看人。

在刚柔之间，提升社会评价，锤炼专业素质，实现自我价值。

我很平凡，在人群中都看不见，但在奋斗的路上，其实每个人都不平凡。

最后，感谢智善给我这个机会回顾自己走过的路，感谢一路走来善良的、帮助过我的亲人、同事、伙伴们。

欢迎大家来大襄阳，郭律师请你们吃牛 + 肉面喝黄酒，感受诸葛亮的智慧。

46. 从律所行政岗到执业律师[①]

外企两年

大家好，我叫周琼，就职于湖北森生律师事务所。

2010 年 6 月，像大多数人一样，我带着对未来的憧憬，迈出校园，踏上社会，那一年我还没有参加司法考试。

我最初的目标其实并不是成为一名法律人，而是希望同公务员一样，有一份大多数人羡慕的稳定工作。

高中和大学期间，我一直坚持参加社会实践，进入过很多不同大型企业做兼职，结交了很多朋友，也具备了一定的沟通技巧。

这些工作经验的积累，让我有能力闯下属于自己的一片天空。

大学毕业后不久，我面试加入了一个外资企业做销售，我曾经以为我就适合这个行业。

每天的工作内容就是和不同的客户洽谈商务，不断提高自己的销售业绩。

初入律所，任职行政

然而在工作两年后，我发现我的能力还可以进一步提升，可以接受更多工作重任，于是我辞掉工作，面试进入了湖北森生律师事务所任职行政。

从进入森生律所开始，我才真正了解法律人——律师，这个行业，也是在森生律所奠定了我想成为一名律师的信念。

① 周琼，湖北森生律师事务所办公室主任、执业律师，武汉市十佳群众满意社区公益律师，执业领域：企业法律顾问、民商事纠纷、刑事辩护。

也许有很多和我一样在律师事务所担任行政的员工，想通过司法考试，然后成为一名执业律师。

在这里我可以给大家一些建议：

首先，工作时段认真工作，业余时间认真学习。

在成为律师之前，我们还是一名行政人员，我们第一要做好的应该是本职要务。有条不紊地将工作完成得越好，业余空闲的时间学习才能更加集中精神，不为工作而分心。

其次，认真学习司考培训班的课程。

作为行政，大多数是没有办法停职参加各种学习班的，我们可以选择周末班，或是在网上购买学习班的相关书籍和课程录音，工作之余可以安排时间听录音、看讲义。

整个过程基本是自学时间占多数，有不明白的知识点，还可以向律师同事请教。我觉得司考更多的是考验思维方式，而不是死记硬背。

再次，合理安排学习时间。

除开工作，我们只剩下晚上和周末的时间可以用来学习，那么对于学习时间的安排就显得至关重要了。

我的方法是加速播放讲课视频。对于较为简单或者熟悉的法律知识，可以用 1.5~2.0 的速度播放。

另外还可以在上下班的路上重复播放昨天晚上的课程，以达到巩固加深的效果。

最后，认真完成历年真题试卷。

真题真的不能少，历年真题有很多可以学习和借鉴的思维方式，对于参加司法考试有重要的作用，一定要充分领略其中蕴含的法律逻辑和法律思维方法，反复做题，以达到熟理于心。

律所行政 VS 执业律师

在许多人看来，律师是一个很潇洒、很自由、很有钱的职业，但他的背后是无数辛劳的累积和职业技巧的沉淀，尤其是刚开始踏入律师行业的青年律师，往往首先被开启的是一段艰辛的路程。

做一名行政人员和做一名律师，其实是有很大差异的。

行政的收入来源稳定，工作内容是需要完成律所内部的事务，并配合完成律协、司法局对律所下达的各项任务以及做好工作汇报。

而做一名律师收入来源是浮动的，或者源于你的职业导师，或者源于你办理的案件。

跟随一名好的职业导师很重要，但是能否从职业导师那里充分学习到更多知识和办案技巧更为重要，我的方法是多听、多看、多学，认真请教。

对于有信念成为律师的在校学生们，我认为必不可少的就是到律师事务所实习，也许你只能做一些辅助性工作，但是若你能不怨苦、不怕累，充分发挥所思、所想、所做，那么这一份实习经历将会在你的执业之路上铺垫一块坚实的砖石。

将法律理论充分有效地运用到实践中是一个厚积薄发的过程，对于还在导师指导下成长的青年律师，抑或是刚独立执业不久的律师，我的建议是每一个案件都充分思考，每一个程序都亲自参与。

充分思考，就是法律理论和法律逻辑相结合的过程；参与各个程序，则是将法律理论充分有效地运用到实践中的有效办法。

经验和心得分享

对于青年执业律师，我的经验和心得是：

第一，具备一定的工作经验或实习经验。

具备一定的工作经验或实习经验，能让你更好地处理好同事之间的关系，也能让你掌握基础的沟通技巧和办事能力。

成为律师后，应对该职业的需求作出相应调整。如果是和法律相关的工作，还能奠定一定的法律文书写作基础。

第二，要有强大的文字写作功底。

律师是一个能言善辩的职业。对于法律文书，青年律师不仅要做到会写、能写，还要写得好、写得妙。

律师的法律文书不需要惊才绝艳，而是要善于在其中充分表达自己的法律观点，逻辑清晰、用语准确。要达到这样的标准，就需要平时多阅读和多练习。

第三，要有自信和平和的心态。

无论是与当事人面谈还是参加庭审，律师都要很自信。

这种自信不是盲目，也不是自大，而是对自己案件判断的自信和代理方案的自信。

在律师的职业生涯里，总会遇到一些案件的当事人的案情让你同情，也会出现特别唠叨的当事人或者对于案件特别忧心，恨不得每分每秒都与律师保持联系的当事人，这个时候，就需要律师具备平和的心态，与当事人理性沟通，不受当事人个人情绪化影响。

第四，善于培养和运营自己的人脉。

很多青年律师在职业初期所面临的两大难题：一是经验；二是人脉。

经验可以累积，然而很多律师都不知道如何积攒自己的人脉。

青年律师的第一个案件，很多情况下都源于导师或者亲戚朋友，那么这些人就是你的人脉基础，青年律师要善于认识朋友的朋友。

第五，善于表达，善于交际，善于开阔自己的眼界。

文书写作或者日常交际都需要律师具备良好的表达能力，而成案多少在很多时候就依赖于律师的交际能力。八面玲珑不一定好，但是会增加你的人脉和拥有更多案源。

优秀的律师一定要开阔自己的眼界，不仅仅是认知上的增加，还要学会用长远的眼光看待人、事、物。

第六，善于积累和学习。

学无尽，勤无涯。社会在不断前进发展，法律法规、行业规定在不断更新与完善，所以法律人也要不断学习，不断充实自己。

没有多少案件千篇一律，也没有哪一个律师懂得全部知识，只有不断累积和学习，才能更好地应对不同案件中的不同情况。

第七，要选择一两个主要专业。

青年律师，首先应当是执业律师，然后是专职律师。

专职律师的严格定义就是某一个法律领域的专家，悉知该领域的全部法律法规，并具备该领域丰富的办案经验。

记得有一句话“律师越专业，执业范围越窄”，青年律师在刚起步的时候就需要留意自己感兴趣或者擅长的专业，并对它不断加深认知，不断对该专业学习和累积，形成自己的办案思路、方法。

第八，要有愿意坚持下去的明确目标。

明确的目标，不仅青年律师需要，在校大学生也需要，它可以让人在人生道路上少走弯路，节省不少时间。

执业期间我面试过很多想加入律师行业、刚踏入社会的青年，他们都告诉我都愿意成为一名律师。

然而，很多都在工作未满半年的情况下离开了律所，有的甚至仅坚持了几天。

他们离开后的打算或是考公务员，或是去做法务，或是选择与法律无关的职业。

我觉得，面对未来，他们是迷茫的，如果每一个职业都需要去做，去试探是否适合自己，自己是否能胜任，那么你的人生还剩下多少年？

也许有的人真的是没有目标，也许有的人是没办法坚持，也许有的职业是真的不适合你。

青年律师，要以平和的心态，摒弃浮躁心理，夯实职业基础，修炼职业品质，厚积方可薄发。

愿所有青年律师都能名利双收。

47. 困惑于你于我，一名财税律师的成长路[①]

收到青青诺邀稿是好久之前的事了，囿于最近事较多一直没能及时着手交稿。

感谢青年律师汇的平台，让我能够把自己的故事分享给更多的青年律师。

① 李嘉桐，法律硕士（知识产权方向），注册会计师、（注册）税务师，上海汇业（合肥）律师事务所律师，业务方向：知识产权证券与资本市场税务法律服务。

本文不仅是笔者对自己一路披荆斩棘奋斗的悼念，更是致力于助青年律师的角色转换，希望对各位青年律师们有所帮助，与同人共勉。

法学生如何快速进入律师角色——理论与实践的结合

本科毕业后，我作为保送研究生开始进行知识产权法律专业的学习，虽然国内研究生尤其是法学研究生多侧重于理论研习，但若你决定未来将踏入律师行业，实务学习必不可少。

我所说的实务并非单纯地到公检法或律所实习，而是指广义上的实务，比如商业会谈、展会交流、团体访问等。

大家可能说，我仅仅是一名法学生，没有资源，没有平台，没有机会。

但是各位认真地想想，读书时代的你除了学习还做了其他的什么？

初入校门时，我便致力于成为一名律师，研一除了专业课学习外，还参加了两次外校交流活动、完成了论文发表、创办了个人公众微信号、建立夜读经典书籍会、着手准备毕业论文材料收集、培育花卉，同时还在准备注册会计师考试。

这样的节奏是紧凑的，却又是充实的。

回想那时每日的早起，每日图书馆、自习室、办公室等地的穿梭，小个子的我竟然有那么多的精力，都是因为梦想啊！

时间真的是海绵里的水，挤一挤总是会有的。

由于提前完成了很多任务，让我在后期的学习生涯中有更多的机会侧重各类社会实践活动。

这样的你，还担心自己在毕业的时候是初出茅庐吗？

机会是自己创造的，而不是天上掉下来的，在我们一无所有的时候只有竭尽全力去努力创造机会，丰盈自己的内心，提升自己的专业水平，时刻准备与机会交手。

青年律师如何快速定位——兴趣使然，砥砺前行

在踏入律师行业后，大家面临的就是如何定位了，网上这方面的经验太多，但我想万变不离其宗的便是“兴趣使然，砥砺前行”。

选择了律师职业，意味着选择了一条生命不息、奋斗不止的路，因为法律条文日新月异，因为案与案之间没有千篇一律，也因为我们不仅要强化实务能力更要夯实理论基础。

在如此繁重的工作下，若没有兴趣，恐怕坚持个三五日便想要放弃了吧。

因此，兴趣应置于首位。

但兴趣仅是迈出千里的第一步，若想至千里靠的是不断提升自己的专业素质与综合素质。

专业素质当然是指法律基础知识，包括案例检索能力、争议焦点定位、信息整合、大数据应用等。

提升综合素质的主要途径则为跨学科学习，以我为例，因想致力于税务法律业务，我利用碎片时间考取注册税务师、注册会计师资格证书。

考虑到未来可能向公司上市管理业务发展，我又学习了基金方面的知识，考取基金从业资格。

由于我研究方向为知识产权，在判定专利权利的时候要理解权利要求辐射的范围，于是我摒弃文科生的思维，学习工程图学，帮助我读懂权利要求、说明书及附图，以期更好地服务顾问单位。

青年律师如何平衡家庭与工作——切换模式，利人利己

律师有着不到黄河心不死的勇敢与执着，但很多青年律师，尤其是青年女律师总是难以平衡家庭与工作，或是为家庭放弃了工作，或是忙于工作而滞后了生活。

曾经我也是这样想，但一路走来后发现其实平衡二者并非难事，家和万事兴，齐家治国平天下的老话是有道理的。

在家庭生活中，另一半既是伴侣，也是家庭的合伙人，处理好家庭的关系可以帮助我们更好地处理工作事务，让我们考虑得更为全面。

律师职业是一个较真儿的职业，要求我们细心无偏差，逻辑严谨，但生活与工作毕竟是不同的节奏，因此适时的切换模式不仅是对自我的一种放松，更是对另一半的尊重。

此外，青年女律师不可回避的是孕育阶段。

但这正是我们能够系统提升自我的机会，在这个时期，可以考虑自己未来的定位，根据方向来补足自己的“短板”，虽然需要顽强的毅力，但努力的你终将会看到最美的风景。

想做一名有情怀的律师该读哪些书——经典永远是经典

读书是青年律师工作之余的重头戏，但是市面上的书籍应接不暇，如何在有限的时间选择有价值的书目对我们来说尤为重要。

法律人以事实为依据，以法律为准绳，首先，我们应该做到的是对法条的熟悉，尤其是知晓自己所从事领域的相关法律规定。

其次，要养成对经典阅读的习惯，经典永远是经典，我在此给各位推荐几本著作：

1. 朱迪斯·贝尔的《女性的法律生活——构建一种女性主义法学》。

朱迪斯·贝尔写道：

“我的批判，反对的不仅是女性主义法学，也包括产生此种法学的社会文化；不仅及于任何文化、理论或法理学所宣扬的东西，也及于它们未曾言明的部分。我对于女性主义理论里外都提到的、深植于当代西方文化之中的一个观点既批判又怀疑。这就是个人责任的概念。”

这是一本关于辩证思考女性主义者的书，是一本试图在法律行业为女性寻找非性别挑剔的书。

也是试图通过激进的言语来唤醒甘愿服从男权支配的女性们的书，更是一本以重建平等、重建权利、重建责任为基础的迈向后自由主义的女性主义理论丛书。

2. 古斯塔夫·勒庞的《乌合之众》。

大众心理学的创始人古斯塔夫·勒庞，在群体与个体的心理对比中探究道德、文化、意识、逻辑、时间、信仰等因素对社会制度、个人发展、国家命运的影响。

本书不仅是一本大众心理学奠基之作，还是一本可以帮助法律人从群体与个体的比较视域出发探究法治建设中存在的问题之书。

毫无疑问，这本书的背景是法国革命时期，其中很多内容也是对法国革命过程的映射，但这一背景并没有影响这部巨作的现实价值，相反，这一背景正是对读者的警告——跳出历史看历史是我们审视经典应保有的态度。

信仰法治，就要让法成为群众思考的充要条件，“群众需要一个上帝！”勒庞呐喊道，当代的中国人同样需要一个上帝——“法”。

“法”将具备激发群众“想入非非的感情，使他们在崇拜和服从中找到自己的幸福，并随时为自己的偶像赴汤蹈火”。

当群众将“法”作为自己的上帝，把自己的“一切思想资源、一切自愿的服从行为、发自肺腑的幻想热情，全部奉献给‘法’，将其作为自己全部的行动的目标与准绳”，我们能说我们没有“法治信仰”吗？

3. 罗斯科·庞德的《法律史解释》。

这是关于19世纪法律科学的全部历史，涉及欧洲大陆某些思想和美国宪法中18世纪法律哲学的遗产以及以卢梭理论为基础的新卢梭主义理论（the neo-Rousseauist theory）的兴起。

涉及发生在19世纪形而上学派中的各种不同的运动，而且还将涉及社会哲学派在哲学领域中的兴起以及新经院哲学（the neo-scholasticism）和在20世纪复兴的自然法的哲学根源与法理学根源。

结　语

行文至此，不得不与大家道别。

其实还有很多想与大家分享，比如跨界法律人，比如在做业务的同时做学术研究，比如时尚与法律，希望以后有机会再与大家交流。

千里之行始于足下，相信优秀的你在奋战过后终见黎明！

肆

进阶，你准备好了吗

48. 如何快速实现从律师助理到独立律师的转变[①]

毕业之后就进入律师行业，从律师助理转变为独立律师，我用了三年的时间，应该来说比很多青年律师的成长要快很多，也顺畅很多。我个人感觉，可能我遇到的机遇比较好，机遇的成分占很大一部分比例。

此次青青若邀请我给大家做一个执业分享，说说个人的职业感悟，我个人觉得其实自己资历尚浅，在各位律师同人面前班门弄斧也不好意思。那么我就挑一个比较轻松的话题，跟大家谈谈每个律师都要经历的一个很艰难的过程——从律师助理到独立律师的转变，谈谈我在这方面的经历和感悟。

我的律师助理时期

毕业之后，我进入了浙江回浦律师事务所做律师助理。很感谢我的入门导师，给了我很多接触大量案件的机会，以使我可以通过办理大量的案件快速积累办案经验。

我的律师助理时期大多以办理知识产权案件为主，知识产权案件是相对来说专业性很强的领域。

在我刚入行的时候可以接触大量这类型复杂的案件确实是很难得的机遇。从学习如何调查取证，到如何整理证据，如何开庭，如何应诉，如何做专利检索等一步步地成长。

记得刚刚办理知识产权案件的时候，我与同事、指导老师经常会聚在一起讨论，互相交换意见。所谓“两人技短，三人技长”，团队化操作为我们彼此提供了新的思路，为办理案件提供了更好的建议。

① 钟瑶瑶，浙江利群律师事务所高级合伙人、知识产权部副主任，台州市谨诚知识产权服务有限公司创始人，温州大学瓯江学院法学和管理学双学士，中国政法大学民商法在职研究生，擅长领域：知识产权（诉讼与非诉）、民商经济纠纷、企业法律顾问。

后来为了办出精品案件，提高办案质量，我开始代表我们律所参加各种知识产权主题的培训，并且在一次偶然的机会了解到 iCourt，觉得他所教授的课程与我想要提高的区域非常相合，也有幸受律所的指派去学习了一次“大数据”课程。

之前经常会有同期的律师朋友问我一些问题：是否有必要参加律协组织的培训课程或者商业律师培训？是否可以学习到知识？等等。

我也会跟他们做个经验分享，我在参加了这些课程后，最大的感受是：开阔了眼界，明白了其他律师是怎么办案子的。我们不能只守着自己的一亩三分地，现在知识在快速地更替，科技在快速地发展，工具也在快速地更新。

如果你不去学习，不去跟上步伐，很快就会被同行朋友抛得远远的，然后还在不停地疑惑：为什么他办的案子会受到高度夸奖，结果总能预测的比较准确？可能你会安慰自己：一定是他经验比较丰富，那么我再等等，等自己年纪长了，职业经验提高了也可以做到。

其实我想说并不一定，每个律师不可能办理所有类型的案子，而且也不可能熟知所有的法律规定和司法解释，甚至不一定年纪大的律师就有经验，老司机不如大数据，时代的发展让我们可以使用越来越多的工具去辅助自己办案。

我常用 iLaw 法律数据库，当我学会用 iLaw 的时候，我真的有一种没有不敢办的案子，没有不会做的案子，案例就是老师的感觉。

这些实践操作经验和感悟也得益于参加培训课程。可是我也不是鼓励大家多多去参加培训，课程实不实用，讲课老师好不好，也都是我们要考察的范围，并且也不是说让大家疲于奔走到处参加讲课，毕竟老师授课的内容受到时间和受众等多方面的考虑，并不会对专业知识做太深入的剖析，所以平日里做好知识的积累和扎实的学习才是最有用的窍门。

还有大家可能也迷茫过，刚开始做律师助理的时候好像赚不到什么钱，我个人觉得在这个时期不要考虑赚多少钱，知识才是行走江湖最有用的财富。

我的独立执业时期

我于2016年8月左右离开浙江回浦律师事务所，经过一年多的努力，现任职于浙江新派律师事务所知识产权部主任。

跟大家一样，在我离开执业的第一个律所的时候真的非常不舍，然而因为各种原因，我不得不选择离开，开始新的征程。其实迈出这一步才是最艰难，但是迈出去了就大胆地往前走。

一个偶然的机会，我认识了现在律所的主任——台州市律师协会的副主任，行业内夸奖不断的学术型负责任的律师，能够得到他的信任并委以重任也是我职业生涯中很难得的机遇。

因为以往执业经历的关系，我后来代理的案件中知识产权案件占了很大比例，当然其他类型的案件也有涉及，比如买卖合同纠纷、离婚纠纷、机动车交通事故纠纷、刑事案件等。

并且，为了提高对知识产权的了解深度，我还跟各有所长的朋友一起合办了台州法盾知识产权服务有限公司，对知识产权的非诉工作也有了解，比如注册商标、申请专利、专利数据库检索等。

个人感觉，独立执业的时候是我办理案件类型最多也最深入的时候，确实接触到了很多律师助理时期没有办理过的案件，更加了解当事人的心态，也更加会选择对当事人有利的方案。

并且，当我开始转向直接跟当事人负责、直面案件的时候，我也开始思考比做律师助理时更深的问题，这不单单是办好案件就够了，其实更加要注意案件结果的反馈过程。

我们所的主任曾说："如果你不去说你在做的过程，逐步让当事人理解你的工作内容，当突然一个他不想要的结果摆在他面前的时候，他会埋怨你没有做好没有使他得到他想要的结果，而当他看到了你所做的努力和工作的时候，他才会理解你并接受这个结果。"

这个老律师的经验非常受用。而且，在独立执业的过程中，我与很多青年律师一样，遇到过一些当事人因为第一印象觉得我比较年轻经验肯定不够而没有选择由我代理他的案件，不过我不会因此难过，能不能成为客户也是一种缘分，我对当事人这种想法表示理解，但不认同。

曾经在律师同行的朋友圈看过这么一句话：“律师没有大小之分，只有负不负责任的区别。”

所以，不必为当事人没有选择你而耿耿于怀，做好自己的工作，交出负责任的案卷才是最强有力的回应。

最后，我还想与各位同人共勉的感悟是，永远不要停止学习，像我们所这点做得就非常好，我们所每周都会开展业务学习，可以学习到新的专业知识，同事也都会一起分享交流办案经验，主任也会传递专业知识的学习方向和未来职业的发展方向，这对于我们了解自己的职业定位也非常有帮助。

结　　语

机遇可能无法复制，但过程的努力都不尽相同。我相信各位律师同人只要继续坚持，我们终究会走出属于自己的一片天。

另外也将我的经历和感悟送给尚在转化期煎熬的朋友，可能从律师助理转变为执业律师这个过程非常难过渡，但这是每位律师都必然要经历的过程。

比跨越这一步更可怕的是你不敢跨越的思想，如果坚定地选择了独立执业，那么就别犹豫，别畏惧，勇敢地往前走。

49. 于千万人中发现自己[①]

2017年是我入职得伟君尚律师事务所的第六年，也是我平凡人生中最值得记忆的一年。十分有幸在2017年的岁末接到青青若的邀请，让我有此机会回望过去，厘清所历所得所感，不至于惊觉岁月忽已晚，方知虚度年华。

① 付毓，湖北得伟君尚律师事务所律师，湖北得伟君尚律师事务所团支部书记。

回首六年从业之路，实在是平淡而乏味，我既无生动有趣之经历值得一谈，也无发人省思之经验可供分享，思来想去，唯有将这一路的疑惑与思量剖析一二。

律师是什么？

我在上学时便立志要成为一名律师，毕业时稀里糊涂进了得伟君尚，遇上了“中国好师傅”——李剑律师。上天的眷顾使我的从业之路走得顺畅，时而久之，便心生出“只会做律师，唯有做律师”之意。

现在发觉，每日兜兜转转，上班下班，却未及仔细思考“律师是什么”。

入行初期曾看些不深不浅的文章，大意无非是说律师是法律的仆人，是狡黠的逻辑学家，是操纵语言的辩论家，是长袖善舞的社会活动家。

彼时，我深不以为然。毕竟，身为实习小律师的我既无在法庭上唇枪舌剑的机会，也无客户环绕正经体面的社交活动，只不过是打印复印倒倒水，收发校对跑跑腿。现实让人迷茫。

师傅说，这是对你的考验，不在此时表现出任劳任怨呕心沥血视死如归百折不饶，我怎么晓得你有值得培养的潜力呢。你看，律师也不过是干杂活的小文员罢了。

后来，书写文书到呕心沥血，庭前模拟至视死如归，第一次庭审前，师傅说，来，把你庭上要说的每一句话都写下来。你看，律师其实是个体力劳动者。

再后来，百无一用是书生，应然与实然的距离让理想丢盔弃甲。师傅说，竖起篱笆圈块地，都是老天给饭吃，精耕细作的必定收成好些。你看，律师还得是个农夫。

我想了许久，却寻不出怎样高深的理论来解答“律师到底是什么”，在这行当里，有人会当凌绝顶，有人徒有羡鱼情，人生的际遇是天机，是因果，是耕种的诚心，却无法否认每个人的最初都曾是个小文员。

想来，我们年轻的执业经历大抵相似，因为律师与其他职业相比其实也并无多少不同，不过都是在这尘世安身立命的支点，投入其中，融入其中，乐于其中，获得感官世界的充盈与精神世界的欢愉。

如此而言，是什么不重要，到了什么位置也不重要，三千弱水我唯取之重要，快乐始终多于痛苦重要。

律所是什么？

师傅说，律所是一艘船，高级合伙人、合伙人、专职律师、律师助理在船上各司其职，才能使这艘船驶向更广阔的海面。我很疑惑，我这样的年轻人在这艘船上司着什么职？这船速航向与我有何关系？船驶得快意味着船上的人就走得快吗？若海浪袭来大厦将倾，我还能有一艘自己的救生艇吗？

师傅说，这个答案得管一顿火锅二两酒。这买卖不划算，我拒绝。

如此，我唯有自己去寻找答案，纸上得来终觉浅，此时两眼一抹黑。从前，我司着知心姐姐情感热线当家人之职时，总是这般劝解对前路迷惘的小年轻：若实在不知该怎么走，便牙一咬心一横寻摸一条合眼缘的路先走走，这要命的年头不怕走错就怕停留。

于是，我寻摸了一条路，我还想有些伙伴一起走。2016 年 3 月，得伟君尚团支部推出“金牌律师养成记”，以法律讲堂、模拟法庭、大咖秀三个栏目三个角度来作为寻找答案的起点。

即使此刻在底层船舱里烧着锅炉，我也想见识甲板上的上层建筑的雕栏玉砌，想了解船速与航向，想晓得走得快的人有什么秘诀，想听听那些遥远的海浪。

在“金牌律师养成记”组织运行的一年多时间里，我们邀请高级合伙人行业大咖讲述“我与律师、我与律所、我与生活”，邀请资深律师开堂授课传道解惑，邀请青年律师庭前模拟、庭后复盘。

我无法寻求一个标准答案以验证这是否为一条正确的路，但这条路却让我在迷雾中见到这艘船的全貌，我晓得那将是答案所在的入口，是眼与心均停留于底层船舱时不能寻到的入口。

律所是什么，律所是一艘船。我在这艘船上，此时身处于最底层的船舱。这艘船或驶于平阔海面或驶向专业航道，我虽无参议之权，却可找准方向顺势而为，同向便是助力。

船驶得快从不意味着船上的每个人都能走得快，于先奔跑的人船速才是东风。船上从来便没有救生艇，可海浪袭来前，泳池却一直都在。于唯物主义辩证法而言，我能为这艘船做什么与这艘船能为我做什么，实则是对立统一的关系。

我不知道是否算是找到了答案，更不知找到又能意味着什么，师傅说，有些道理要等长大后才明白。想来，没有阅历的人生自然无法孕育出深刻的思想与见地，我很惭愧。

我想有些阅历。

结　语

五个月前，作为司法部“1+1 法律援助项目”志愿者，我来到了一块从未涉足的广袤土地——新疆。

师傅说，去新疆是为了长大。

去了就能长大？不，于广阔天地中，于千万人中发现自己、找到自己、认识自己才能长大。人生如逆旅，我亦是行人。

一辈子很短，律师也好，法师也罢，剥去职业的外壳，我都祈愿能活成真实的自己，更好的自己。

50. 律师是一个需要懂得放弃艺术的职业①

很荣幸收到智善平台的邀请，平时都自嘲自己是中年“腊”妈，而受邀的这个栏目叫青年律师汇，顿时觉得自己年轻了许多！

从法学院毕业后，我在公司职场已然待了十载又余，在工作和薪资都很不错的时候，我选择了离开，离开了那个我熟悉的地方，迈向了这个未知的战场。

① 高杨，上海段和段律师事务所执业律师、企乐创始人，执业领域：公司、劳动、并购、重组、知产、商事争议解决、税务新政解读和筹划及与企业相关的一站式法律咨询服务。座右铭：人生是场升级打怪的游戏，作为玩家，选择 hard 模式才更有趣！

已过而立之年的我，成了一名女律师。这在外人看来也许非常突然和不解，但从我自己的角度来看，这是偶然中的必然。

这篇约稿主要和大家分享一些心路历程吧，也算是对这段日子的一次回顾。

向内探索，寻找自己的人生之路

从公司到律师，这个想法应该是在我成为一名母亲之后开始逐步萌芽的。

在角色转换期间，我也有过困惑和苦恼。

孩子出生后，时间过得飞快，因此变得异常珍贵，你不由自主地会为孩子牺牲很多自己。

在我不断思考该成为一名怎样的母亲，该如何带领我的孩子去走未来的人生路中，我发现我首先得是我自己。

一开始，我看书、上课、向别人请教。

是的，我们都习惯向外寻找，以为别人可以给我们一个答案，拿过来就能用上，但现实往往是“道理都懂却依然过不好这一生”的状态。

别人的经验再好但并不一定就适合你，我们往往习惯于走在被动接受的路上，忙于应付，不知为何，不知要去哪里，说不上来哪里不对，也说不上来哪里好。

在向外寻求许久之后，我开始明白，我更需要的是向内的探索。

你会发现越接受自己才会越释然，越了解自己才会越自信，去发现和找到自己内心真正热爱的事情，才会成为你最大的力量源泉，才能将你的人生路越走越远。

我试着通过时间管理完成了自我的探索，向内探索是一种向内的自我管理，通过司法考试是我在实践时间管理时给自己制定的任务之一，是我年度清单中的一项。

那一年我收获满满，考了驾照，应对工作中的架构调整，重建工作团队培育新人，拿了年度优秀团队和优秀员工奖，陪孩子适应入园生活，带爸妈境外游，顺便还通过了司法考试。

向内比向外探索要难，但更有用。

爱你所爱，追逐自己的内心所愿

有人以为律师职业很自由，便心生向往；

有人听说律师职业非常辛苦，便望而却步。

的确，律师不用坐班，来去自由，而律师也确实经常加班直至深夜。

所以，这些外在的表现我想都不应该成为你是否选择这个职业的理由，你更需要的是问问自己，内心是否足够的热爱和赤忱。

“生命诚可贵，爱情价更高，若为自由故，二者皆可抛。”自古以来自由都是很珍贵的，律师职业更是需要你的自律和不断的自我学习。

对于我而言，这是一个幸福度很高的职业。

它有将重要的时刻留给孩子和家人的自由，当然也必然需要为这个自由付出更多的努力，可能需要以加班的方式把工作继续完成。

但因为是自己喜欢的方式，做着自己热爱的事情，所以即使加班至凌晨也并不会觉得辛苦。

向内的探索，让你更有勇气去坦然面对，也更有底气去放手一搏，去追逐你内心的想法。这就是向内探索后得到的一种自洽吧。

LIFE IS A JOURNEY！

最终，我选择了那条难走但更有意思的路途，进入了律师行业重新启航。

先舍后得，你所拒绝的决定你的价值

进入事务所后，最困扰我的是法律真的太庞杂，要在这个汪洋大海生存下来而不被它所吞噬，也非易事。

慢慢地我发现，我们不可能什么都精通，什么都想要做的话，不但徒增焦虑，而且很可能什么都做不好。

律师是一个需要懂得放弃艺术的职业，你需要学会断舍离，找出最适合你自己的方向。

所以还是需要我们再次向内探索，找到自己希望开展的主营业务。

在实习初期，为了尽快熟悉行业，的确什么都得做，什么都要接触，但在这当中我们不能停止思考，思考为什么，思考怎么办，思考做的这些对以后有什么帮助。

我深知自己不是刚毕业的学生，我需要迅速找到自己的定位和方向。

如何找准定位同样需要不断地向内探索，想明白要做什么，然后列出拥有什么，擅长什么，优势在哪里，服务对象是谁，可以提供什么样的服务，这些也都建立在对自己和团队的了解之上。

如今是一个高度细分和专业化的社会，我们应该努力做好自己，把属于自己的优势发挥到极致，对不擅长的领域要懂得拒绝，不让自己分散精力，去找专业的人合作，才是最优的解决方案。

不断精进，专注成为更好的自己

当找到自己热爱的事情之后，剩下的就是行动。

所谓尝试总是冒险的，而不尝试是最大的冒险。

对于青年律师而言，我们需要不断尝试和创新，需要找出一条属于自己的道路。

每个时代的律师都有每个时代的特点，我们这一代的青年律师应该懂得拥抱技术，运用工具，为这个时代的律师行业做出更多可能和改变。

青青若约稿的时候，正值我们团队筹备当年法律服务产品之际，受益于大鱼和股 + 团队的启发，通过对企业需求的不断调研和分析，整合我们团队自身的优势，我们针对企业推出法律和财税相结合的一站式顾问服务项目。

目前团队集结了资深执业律师、专利代理师、注册税务师和会计师、金融业资深专家。

我们是一群为企业提供全方位服务的人，我们关注企业，从生存到发展的每个阶段，每个疑问，每个痛点。

我们的使命是与企业共命运共呼吸，想企业之所想，为企业出谋划策，排忧解难，我们拥有丰富的公司治理、争议解决、税收实务、专利和金融方面的从业经验，希望发挥每个人自身的优势，以期解决企业的实际问题，减少企业外部多头顾问的麻烦和成本。

我们会根据时事热点推出专题性的产品，比如劳动法与社保入税、减税降费与税务筹划、股权转让与重组、专利与知产等一系列企业比较关注的问题。

不断地迭代和升级产品，这就是我们未来想要做的事情。

我们认为成为更好的自己和更好的团队是对产品本身最大的保证。

结　语

巴尔扎克在《人间喜剧》里提道：

人类所有的力量，只是耐心加上时间的混合。

所谓强者是既有意志，又能等待时机。

有人曾问我放弃之前曾拥有的一切会觉得可惜吗？

我想说：“人生没有白走的路，每一步都算数。”

为了自己的选择和热爱，持续地输入和输出、不断地积累和迭代，如此足矣，时间最终会给我们一个答案！

期待和大家一起厚积薄发。

51. 执业11年，我想做一名“有温度”的律师[①]

2006年，我通过了国家司法考试，实习期满后进入到湖北法辉律师事务所执业，正式开启了我的律师职业生涯。

我想从办案中的心得体会来聊聊我的律师成长之路。

九年前的杀人案

执业以来，办理过的大量案件，有代表性的经典案例也不少。

但给我印象最深刻的，还是执业初期，代理的一起法律援助案件。

① 吴琼，湖北法辉律师事务所执业律师，中国法学会会员，湖北省司法厅推荐武汉铁路运输法院驻院律师，武汉交通广播电台特邀律师。

2010年某一天晚上，我在家一边吃晚饭，一边看湖北新闻。

新闻里播放了发生在汉口闹市区的一起恶性杀人案件。一名瘾君子（化名：阿文），当街乱刀砍死双亲，周围群众虽奋力相救却无法阻止惨剧的发生。看着新闻里播放的视频画面，心中很是震惊。

没有想到的是，这件案子的法律援助工作指派给了我。本案事实清楚、证据确凿，肯定会判处死刑。作为本案被告人的辩护律师，我该怎么做呢！

通过会见和查阅案卷资料，我渐渐了解到了案件背后的故事。

阿文在家中排行老三，上面还有两个姐姐，是家中最疼爱的小儿子。阿文为人和气，对父母也很孝顺，父母想吃什么，阿文都会买给二老。20世纪八九十年代，阿文通过经商已积攒了几十万元的身家，家中还有不少门面。

会见时，阿文告诉我，他有严重的胃病，每次发病疼痛难忍，后来一位吸毒的朋友听闻后拉拢说吸毒能止疼，阿文从此也染上毒瘾，家产败净，妻离子散。

案发当天，孝顺的阿文见天气很好，特意到父母家，打算接父母出去转转。

可是，刚到父母家就毒瘾发作，遂躲在房内吸食毒品。意想不到的事情发生了，阿文吸食毒品后产生幻觉。

阿文告诉我，他当时只看见一群怪物拿着刀在追他、砍他，他很恐惧，他只有拿起刀砍回去，一刀又一刀，然后逃走。

直到阿文进了看守所，被提审，还不明白发生了什么。

当办案警官告诉他事情经过后，他五内俱崩，痛不欲生，无法面对所发生的一切。

阿文知道自己的恶行罪无可赦，也是心灰意冷，表示只想再见亲人最后一面。

但由于长期吸食毒品，记忆力严重减退，已不记得任何人的联系方式。

为了重燃被告的求生信心，我反复查阅案卷、联系办案机关，但仍然一无所获。

我再次会见阿文时，他依稀记得有位亲戚在某派出所工作，循着这条线索，我终于联系上了阿文的姐姐。

开庭的日子渐近，我不断思考辩护的角度，认真地准备辩护词。

开庭当天，阿文的亲人全到了，他们并没有记恨阿文，庭上庭下哭成一片，场景令人动容……

我作为被告人的辩护人当庭充分发表了辩护意见。

最终，湖北省高级人民法院对本案的被告人作出了死缓的终审判决，阿文的命保住了！

阿文服刑期间，他的姐姐多次给我打电话，表达阿文和家人对我的感激，也提出要面谢，我婉拒了；也有媒体想采访这起案件的经过，我也婉拒了。

我深知被告和他的家人已承受了巨大的伤害和痛苦，外界的过多关注会让他们的生活雪上加霜。

执业不久的我虽然需要宣传、需要增加曝光度，但我时刻谨记自己的执业初衷，我想做一名“有温度”的律师！

大浪淘沙，不进则退

还记得第一次到法辉所时，老主任谢文汉律师给我的执业赠言“律师这个行业，大浪淘沙，不进则退”。

这句话时刻警醒着我，严格要求自己，不断提升专业能力。

对于正在办理的未结案件我会一一列入进度表，在每个案件项下都清楚标明当事人和办案机关联系方式以及办理案件的每个时间节点，形成“办案时间轴”，这样案件进展以及重、难点就一目了然。

过去，律师辩护更多的是停留在法庭上，但现在在“捕诉合一”的背景下，庭前辩护变得比庭审辩护更为重要。

例如，“侵犯财产型犯罪案件”以及“贪污贿赂案件”等，其中涉案物品的价格鉴定就是案件的重点，涉案物品价格鉴定的结论直接影响罪刑的立案数额标准，“数额巨大”或“数额特别巨大”这些情节的考量，是刑事证据中不可或缺的证据种类。

作为刑辩律师，是必须关注到的。

更要学习和研究关于价格鉴定的相关法律、法规，如《扣押、追缴、没收物品估价管理办法》《涉案物品价格鉴定复核裁定管理办法》等。

逮捕环节，“发表辩护意见”就成了影响案件走势的重点了。

在这个环节，我会当面找检察官交流，获得更多的反馈信息，针对检察官审查案件的角度，提出自己的辩护意见，这样更有说服力。

庭前会议程序，熟知《人民法院办理刑事案件庭前会议规程》，充分利用本环节做到非法证据排除等工作就是重难点了。

工作中我总结出“多想一点、多做一点”的办案方法，为大量案件找到了关键证据和突破口。

代理一起“故意伤害致人死亡”案件时，我多次前往案发现场观察、走访，绘制犯罪现场示意图；

在代理一起“交通肇事致人死亡”案件时，选择与案发相同时间、相同天气，和同事半夜前往现场观测和拍摄车流及灯光照明情况，并通过对周边走访，找到了案发当时目击者拍摄的事故现场视频；

在代理一起“工地盗窃案”时，报案人和当事人供述交代的盗窃物品数量有重大出入，我走访市场，了解该类建筑材料的个体重量、体积、市场销售价格等。

律师忌用主观经验去办案，需要开拓思维，多想一点，多做一点，不断精进专业知识和办案能力。

只有这样，才能把案件办好，不负当事人的委托，做一名既有“温度”更有“专业度”的律师。

给青年律师的建议

给青年律师的拙见：

1. 做律师，一定要细心，细心再细心，注意细节。

往往最低级的错误，会影响客户对你整体能力的看法。

2. 尽早选定自己的专业发展方向。

执业之初，青年律师会接触到各类型案件，在这个过程中寻找到自己感兴趣或认为有发展前景的业务领域不断学习，朝专业化方向发展和规划。

我的成长离不开湖北法辉律师事务所，法辉所从 1988 年成立至今，已经有 31 年历史了，我在法辉所执业的这 11 年里，深深感受到了“家”的温暖。

也是律所兄弟姐妹的帮助与信任，让我把律师这个职业变成了一种执着与喜爱，我想正是这样一个“有温度”的律师事务所，才让我更坚定了坚持做一名“有温度”的律师的执业信念。

结　语

执业 11 年，一步一个脚印。踏实做人，踏实做事。

正如我所现任主任陈兵兵律师所说，“种一棵树，最好的时间是十年前，其次是现在。”

11 年来我辛勤耕耘，现在的我将不忘初心，继续前行。

最后，我想借此机会感谢我的家人，是他们对我工作的理解和支持，为我默默地付出，成就了我今天的成绩。我爱你们！

52. 从检察院辞职这一年①

从检察院辞职一年有余，这一年异常的充实，不是在工作和学习，就是在奔跑的路上。

这一年也是收获的一年，比体制内面临更多的挑战、更多的压力，也见到更大的世面，很多事情推倒从来，重新认识。

一种孤立无援的感觉

我即将执业，终于可以真正拥有律师身份，但心中可能没有当初的激动和新奇，更多的是一种任重而道远的压力。

① 周虎，北京盈科（合肥）律师事务所刑事辩护律师。

时常在睡梦中感到自己辞职做律师如同被人一脚踹到大街上，再也没有体制的庇护，从此自己一个人面对工作中的一切。

在检察院出去办案时，不是一个人，更重要的是我们身后有一个强大的机关。

但作为律师时常一个人开车，总有一种孤立无援的感觉。

作为律师办事，保安都会成为你无法逾越的障碍，律师没有得到应有认可和尊重。在权利争取的道路上，总是充满了坎坷和曲折，甚至有可能此去无功而返。

在这短短的一年多，我不断地去探索、去争取、去获得真知，一直极力去逼近那道危险而又看不到的底线。

法律的最高境界是实现公平正义，而实现公平正义的唯一方式就是为权利所付出的抗争。

参与办理了几十件刑事案件

这一年我读了全日制的法学研究生，我选择了回到校园，同时参与办理了几十件刑事案件，每一个案件都是极具戏剧性的故事。

我不断地在校园和司法实践之间穿插，游走于理想与现实、理论和实践、希望和失望之间。

校园也给了我沉淀和总结的机会，每一次走过看守所、法庭甚至案发现场，回到校园我都用心去整理和思考，去极力辨识每一个案件里的每一个人、每一件事、每一个细节。

司法不能完全回应民意，甚至有时偏离了所有旁观者的朴素正义观。

惯性思维是很恐怖的，看到谁都有罪，都应当打击，长期的工作习惯和观念蒙蔽了本应客观公正的双眼，法官的职责和使命是履行客观公正义务，查明事实真相。

法官不能弃当事人双方的利益而不顾，法官也不应当因为迫于政治形势而对所有的案件都不敢作出勇敢的判决，法官应当在自由裁量权的范围内将正义展现得淋漓尽致，真正“让人民群众在每一个司法案件中感到公平正义”。

体制的力量是无穷的，体制的车轮转动起来就很难停下来，但是身在体制的司法者应当坚守良知、不应机械司法、秉持法治原则，让每一个当事人感到司法是文明而有温度的。

我们也理解坚守在体制的人肩负着更大的责任，付出了巨大的牺牲，处在体制的很多人也时常感到一种无力感，很多事我们改变不了，但是依然要勇敢和慎重地作出裁决，至少为了公平和正义付出过努力，哪怕是一点点。

作为律师面对种种的不可能，我为每一个案子、每一位被告人奔走呐喊，不计利害极力争取其应有的权利和尊严。

虽然我也是体制内走出来，太了解其中的不容易、不可能，但是我不愿接受这就是现实，现实最大的恐怖就是我们不得不接受。

我决定从体制内走出来就是为了不妥协、不认命。

我不是为了金钱，金钱永远不可能成为一个人持久的目标，当金钱是理想和追求的附属物时才能体现它应有的价值。

我倾我所能，甚至我的所有，我只为心中那与生俱来的正义感和满腔的热血。

作为法律共同体的一员，困惑也好、怀疑也好、痛苦也罢，但是内心坚定、无怨无悔，对于心中向往的那一束阳光从未怀疑。

做律师到底怎么样？

很多人关心我做律师到底怎么样？对于刚入行一年的新人这个问题并不好回答。

冷暖自知，我只能说我辞职绝不会后悔，一切的努力和辛苦都是值得的。

对于自己的现在、未来我都有一个清醒的认识和定位，我当初辞职也不是为了钱。

其实我现在有时并不想回答关于律师创收的问题，因为创收根本不是做律师的关键。

即使创收千万，挣得盆满钵满，对于律师来说，其实并不一定是一件很光荣的事情，更不值得炫耀。

假使创收千万，

那你是否就能够改变历史而在这一刻让正义变得神圣庄严？

你能否帮助更多的人而让这个世界因你的存在而变得美好？

你是否真正实现自己的个人价值而得到内心的平静？

律师不是商人，律师的行业也不应当是谋取暴力的工具。律师是与人打交道，人只能是目的，而不应当是手段，人与人之间最重要的是尊重。

纵然他是为了还债而铤而走险的毒贩，或者他是生活所迫去盗窃而后转化为抢劫杀人的凶手，我都会全力履行自己的辩护职责。

毒贩也好，杀人犯也好，他们都是一条生命，也曾经在这个世界上灿烂地绽放过，他们是儿子、是父亲、是丈夫，每一次会见和辩护就像是生命的礼赞一样，已逝的生命和即将逝去生命我们都报以足够的尊重和肃穆。

尤其作为一名刑辩律师责任更为重大，关于人权、自由、尊严、良知。

我也一直认为律师是一种崇高的职业，律师不能代表正义，但是至少可以为正义做出努力。

当社会的天平已经失衡的时候，我们律师改变不了失衡的现实，我们宁愿去扮演一粒微尘，让已经失衡的天平变得公平一点，哪怕只是看起来。

历史和司法的进步需要几代人的努力，也许我们没有推动司法实质性的进步和改变，但至少我们应当浓墨重彩用力书写一番，就像现在的庭审直播，我们可以用文字和语言见证这一刻。

很多冤假错案，经过律师几年、几十年的努力，坚持无罪辩护，虽然路途很艰险、结果很遥远，但历史已经因他们的书写而变得离真相更进一步，正义也以另一种方式得到了实现。

经常听到一些侦查人员给当事人家属说请律师没用，就是浪费钱。其实这是一个悖论，既然律师没有用，也没必要煞有介事给当事人讲。

我也从来没听说过一个检察官或者法官说过律师没有用，检察官存在也是因为有辩护律师的存在，没有辩护也就无所谓控诉，甚至审判也变得无关紧要，律师也是法律共同体不可或缺的一员。

几十年前就有人说“读书无用”，但是读书依然被视为人间正道，越是讲一个东西没有用，可能越是不可或缺。

律师无用？在一些高官落马后依然会委托不同的律师，甚至有的司法系统的高官被冤枉后依然求助于知名律师。

也许律师只是那救命的最后一根稻草、一束照进角落的光、一扇能看见外界的小小窗户。

希望不需要太大，有希望就好！

其实打击犯罪根本就不需要法律，也不需要公检法，更不需要律师，但是实现公平、正义需要，查明案件事实真相需要。

法院怎么判决不是由我们律师决定，但是作为律师我们要从专业的角度把一件事情的来龙去脉讲清楚，把道理说明白。

电视剧《我们与恶的距离》随机杀人的嫌疑犯辩护律师王赦一直想找到这些随机杀人罪犯的动机，而不是简单地用死刑来掩盖事情的真相。

随机杀人的嫌犯问他：为什么要为我辩护？

王赦律师回答说：如果说我希望我的孩子，不要再遇到有人再做出类似你犯过的罪，可以平安快乐地长大，这个答案你满意吗？司法是实现正义、查明真相的过程，也是一场庄重和严肃的普法仪式，也是给世人一个交代。

司法的最高境界是不冤枉一个好人也不放纵一个坏人，给被告人以公正的审判、给被害人的家属以告慰，给死去的人亡灵以尊重，在这场神圣的仪式中律师不能缺席！

结　　语

这些也是我这一年对于司法和律师行业的简单思考。

律师的职责和使命，首先是在给当事人提供更专业和优质的服务过程中追求当事人利益最大化。

其次即使是在无法改变司法结果的情况下，也理应极力争取让真相大白于天下：用力书写法律意见书、在法庭上充分发表自己的观点。

当历史无法改变，那这一刻就让我们神圣见证！

53. 离开九年国企法务工作，在家乡黄石做律师[①]

德国哲学家尼采曾说："每一个不曾起舞的日子，都是对生命的辜负。"

从国企法务到新秀青年律师，从生活波澜不惊到"一枝一叶总关情"……

无论工作还是生活，我都全力以赴，绝不辜负。

其中，情怀是我做律师的动力之源，担当是我做律师的心力之源，梦想是我做律师的活力之源。

选择与情怀

情怀是我做律师的动力之源。

2007年，我从一所四线城市普通的二本高校法学专业毕业，在报考中国政法大学硕士研究生折戟败北后，当时还不能报考国家司法考试，受家庭经济条件限制，只能怀揣着含金量不高的毕业证加入了异常严峻的就业求职大军。

在经历无数次投简历被拒绝，参加各种公务员考试落榜后，几度怀疑自己，心灰意冷，近乎绝望。

一次偶然的机会，入职了保险行业，也算学有所用，从保险公司的业务员做起，查勘定损、理赔诉讼等，除了财务部门，其他部门和岗位均有涉足，也算是职业初期积累和历练。

但是，心中的那个法律梦想一直萦绕在脑海，不想离自己热爱的法律专业越来越远，在紧张繁忙的工作之余，还是继续努力学习法律专业知识。

辞掉保险公司的法务岗位，加入了大型国有企业，先后任职子公司的总经理秘书、总公司的法务人员。

虽然岗位职责各有不同，但我都是认真对待，从不懈怠，把每一项工作都尽心尽力地完成好。

① 陆文，中共党员，湖北易圣律师事务所专职律师，擅长民商事纠纷；兼职任教于湖北师范大学文理学院，先后在中国人民财产保险股份有限公司黄石市分公司、大冶有色金属集团控股有限公司从事法务工作近九年，曾任黄石市下陆区道路交通事故人民调解委员会调解员、黄石市西塞山区人民法院人民陪审团、黄石市法律援助中心值班律师。

每一个孤独的夜里，时常在心中问自己：“难道就这么平平淡淡地过一生吗？你当初的梦想是什么？你忘了吗？”

不禁夜不能寐，思绪万千。

“我必须改变自己，给自己一个重新选择的机会！”

为此，白天，在公司井井有条地完成各项工作；夜里，吃完晚饭再次回到办公室看书做题，复习备战国家司法考试。

每次略感疲倦时，都会望向窗外。

夜，很安静，在孤独中坚持，无论是刮风下雨，还是月朗星稀，我都不曾缺席在夜晚寂静的办公桌前。

历经三次失败，终于在第四次考试中以 368 分“低空飞过”。

2016 年，刚刚跨过“而立”，面对巨大的现实压力和诸多亲友的质疑，怀揣着“律师情怀”，我毅然作出了人生的一个重要决定：辞掉了接近九年稳定的国企法务工作，选择在家乡黄石做一名律师。

经过一年的实习考核，2017 年 6 月，我顺利成为新执业律师。

从领取律师执业证的那一刻起，我就暗暗发誓，立下决心，把从事律师职业作为我毕生的梦想来追逐，当作一项事业来用心经营。

《生命的诠释——记首届“全国十佳律师”马军》一文中曾写道：只要你当上了律师，并且你想继续当律师，还要当一个有名望的律师，那么，你的心永远得不到安闲与轻松。

在我看来，律师或许不是赚钱最多的，但却是最能发挥自己聪明才智、最大限度挖掘自身潜能的行业。

同时，律师又是一个永远需要勇气、需要信念，需要甘于在最艰苦的条件下为之奋斗，需要面对各种压力却毅然为弱者权利斗争的职业，而这就是我的“律师情怀”。

价值与担当

做律师需要情怀，情怀的重要特质之一就是有担当。而担当是我做律师的心力之源。

我很高兴，也很幸运，通过工作实践与担当，找到了热爱并愿意为之奋斗一生的事业！

给我印象最深、让我认识到律师的价值并对律师职业有了强烈热爱之情的一个个案件，有我和指导老师代理的某扶养费纠纷案，挽救了一个在婆家饱受屈辱的精神残疾女子，让眉头紧锁的父亲绽放了久违的笑容；

一起因妻子赌博欠下巨额债务而牵连丈夫被多次起诉的债务纠纷案，经过我们的努力，让该男子得以避免遭到殃及；

一起农村中年妇女因被脱保的肇事车辆轧断腿的交通事故案，经过我们的艰难调查取证和调解工作，使伤者的赔偿得到最大的保障等，数不胜数。

2017年，我受法律援助中心指派，担任吴某涉嫌盗窃罪一案的刑事辩护人。

在认真拟定会见提纲，研究整理关于盗窃罪的相关法律和司法解释规定后依法会见了吴某，告知吴某享有申诉、控告、变更强制措施等诉讼权利，向其详细了解案件事实经过，并耐心地解答吴某提出的法律咨询，同时也转达了吴某姐姐和母亲的问候和关心。

在初步掌握案件基本事实后，我到受援人吴某家里实地了解情况，经向吴某的母亲成某某和周围邻居及社区居委会干部走访调查得知，吴某早年因病无钱医治和生活原因致精神有点智障。

2007年吴某与其妻子离婚，当时未满一岁的儿子吴某某由吴某抚养。

接着，吴某的父亲因病去世，吴某与家里仅剩下七旬的老母亲和嗷嗷待哺的儿子相依为命，老母亲体弱多病，靠捡破烂维持生计，家徒四壁，经济非常困难。

我非常同情吴某一家的境况和遭遇，在给予一些慰问金的同时，积极与公安机关沟通，并提交了《取保候审申请书》和《律师法律意见书》，充分表达了吴某的家庭状况和案件的相关法律意见，提示办案民警吴某有精神疾病史，曾做过法医鉴定，希望予以重视和收集这一法定从轻处罚的证据材料，最终公安机关在侦查终结后的《起诉意见书》中提出明确从轻处理建议。

该案在检察机关审查起诉和法院审判阶段，我反复耐心地与办案机关沟通和交换意见，在法庭据理力争，从情理法的不同角度为吴某进行有效沟通和辩护，法院采纳了我的辩护意见，当庭宣判，判决被告人吴某犯盗窃罪，判处有期徒刑六个月，并处罚金人民币 2000 元。

庭审结束后，旁听席坐着吴某的母亲和姐姐已经泪流满面，起身拉着我的手连声表示感谢，在经济非常困难的情况下，还执意缴纳了 2000 元罚金。开庭后半个月，吴某走出了看守所。

为了表示感谢，吴某家属特地到湖北易圣律师事务所，赠送了一面“援助律师　执业为民”的锦旗。

该案通过我从侦查、审查起诉和一审阶段的专业和敬业的努力，有效地维护了吴某的合法权益。

“弱智青年误入生活迷途　援助律师竭力助其知返”，该案也被黄石市司法局评为“2017 年度黄石市法律援助十大精品案例”，同时也入选“湖北省第四届法律援助百优案例”。

通过自己脚踏实地、一步一个脚印的努力之后，我发现，如果律师能够全心全意维护委托人的利益，也能获得别人真诚的尊重！

同时，我渐渐意识到，律师虽不能像医生那样治病救人，但通过为当事人排忧解难，律师同样可以为社会作出贡献。

而“了不起”，不是律师的标签，“诚信责任、理性谨慎、高效优质”才是律师的标签。

梦想与追求

我们都在努力奔跑，我们都是追梦人。

作为一名新执业律师，我严格要求自己，勤奋敬业，认真办好当事人委托的每一件案子，扎扎实实做好案件代理的每一个环节和程序，受到当事人和法官们的一致肯定和好评。

2016 年 1 月，当事人倪某等 38 名汽车消费者相继在黄石市 A 汽车销售服务有限公司购买某品牌轿车。

车主们均已交纳全部购车款，但 A 公司在将车辆交付消费者时未随车交付车辆合格证，车主们多次前去催问，都被以汽车合格证正从汽车生产厂家拿回的路上、保证3月前发放为由搪塞，迟迟没有兑现承诺。

因没有汽车合格证，导致车主们购买的新车无法按期缴纳车辆购置税和办理车牌，上路行驶将会被交警部门处罚。

无奈之下，车主们相约向工商管理部门、消费者协会、公安派出所和政府信访办等寻求帮助，政府相关部门也多次组织协调和调解。但终因A公司拖欠武汉某银行的汽车销售贷款无力偿还而银行拒不返还被质押的汽车合格证的原因而无法达成调解协议。

当事人倪某通过朋友找到我和我所袁三慧律师，请求通过诉讼途径帮其追回汽车合格证。

历时2个月8天，我们圆满地完成了诉讼代理任务并取得了非常好的结果，实现了法律效果和社会效果的统一。

毫无疑问，这起诉讼案件的胜诉对车主们最终拿回汽车合格证起到了重要的推动作用，这是消费维权的胜利，也是法治的胜利。

此类纠纷多数情况下是销售商已关门停业，企业主携款"跑路"，无力退款，涉案人数众多，矛盾尤为激烈，极易引发群体性事件。

这个案子是该批车主中的第一起，具有代表性和典型示范效应。

2016年这起案件被评为"黄石市2016年度十大消费维权典型案例"，并被中国消费者协会官网报道。

在办好案件的同时，我也积极参加党建和律师协会组织的各项活动。

2017年在中共黄石市律师行业党委组织的"喜迎十九大·党在我心中"主题演讲比赛中荣获二等奖。

2017年11月，根据市委组织部统一工作部署，就"党建所建相互促进，共推律所跨越发展"接受黄石电视台采访。

为了进一步提升自己的专业水平，积极撰写论文，参加全国律协组织的律师论坛活动，不断开阔眼界和思维，与全国的优秀律界大咖和精英交流探讨。

2018年1月参加在广东省深圳市由全国律协举办的"第十届中国律师论坛"，论文入选论坛精选论文集。

2018年11月参加在安徽省合肥市由全国律协民事专业委员会举办的

“第二十届中国民商法实务论坛”，论文入选论坛论文集。

2019 年 2 月被黄石市律协评为“2018 年度全市律师参与信访值班工作优秀律师”。

2017~2018 年连续两年被评为“湖北易圣律师事务所优秀律师”称号等。

双手捧过一份份沉甸甸的荣誉，我意识到，每一次当事人将案件托付于我，都是一份沉甸甸的责任和使命，唯有将受托之事办好才是最好的回馈。

为此，我时常告诫自己，务必戒骄戒躁，不能好高骛远，要不忘初心，牢记使命，一如既往地办好案子，加强业务学习，不断提高自己的政治素质和业务素质，做一名有担当、有作为、有使命感的青年律师。

路漫漫其修远兮，吾将上下而求索。

在我看来，做律师需要一种执着追求的精神，一种超越自我的力量，一种乐观进取的态度。

赞美可以使你充满自信；打击可以使你越挫越勇；磨难可以使你更加坚强；帮助可以使你心存感激；依赖可以使你更有责任心。

我愿始终保持一颗开朗、进取与感恩的心，努力追梦。

54. 一个小法师的自白与思考[①]

复工的第一天，接到了智善的邀稿，感觉我这小法师刚披上外衣，沙场还没征战几回，本来想婉拒的。

但“智于心，善于行”真的太戳我，所以就整理思绪，静心思考，小结我入行三年的点滴得失。

敢问路在何方？

在中国政法大学读研的三年感觉体力脑力几乎消耗殆尽，毕业后得以

① 任昊，泰和泰（北京）律师事务所公司事务部律师，中国政法大学法学硕士，擅长房地产及建设工程、公司商务、劳动人事等领域法律工作。

顺利到了一家律所实习，随后转正。

毕业后，整整两年才走完北京律师执业转正的全部手续，拿到执业证的那一刻，别提多高兴了，恨不得举国同庆，大贺三天三夜。

然而兴奋之余，我却有点患得患失：拿到律师执业证之后，我该怎么继续走？

回想刚刚到律所实习的那两年，我的目标定位明确：循规蹈矩、人见人爱，不怕淋雨、不怕晒，不当小透明，不做出头鸟。

业务上，按部就班完成被交代的任务；生活中，跟姐妹的合租生活有滋有味，有模有样。夏日吹风冬日雪，别提多自在了。

然而，常言道，律师是法律商人，除了自带资源或死皮赖脸，铁饭碗基本是不存在。而且，律师这碗饭吃得好不好，更是参差荇菜，冷暖自知。

人都说入行三年是个门槛，门内的原地踏步，持着助理的心态，做着助理的活儿，拿着助理的工资；门外的逐渐成型主办律师或专职律师，独当一面，飒飒游兮。

而我，眼看着时间流淌，温床睡多了怕凉的样子，是不是也是时候调整调整了？

于是仗着是律协培训第 71 期的小班长，“滥用”职权跟很多同阶段的律师保持联系，互诉衷肠；嬉皮笑脸地问候原来学生会和同门的师兄师姐，就入行三年之后的个人发展问题沟通很多；跟家人朋友的絮叨就更多了。

逐渐地，听得多了，渐渐地明晰了后续的道路，那就是：专业化道路的花式行走。

正如商业机会的瞬息万变，律师的业务也如此，一般而言，经济大环境趋好，增资扩股、投资并购就大行其道；遇到寒冬冷风，经济性裁员、破产重组就逐渐火热。

与商场相同，也有很多业务一直不温不火，踏实肯干的律师经过几年逐渐积累，同样能得一席之地，养家糊口并不太难。

那么，所谓的专业化指的内涵究竟是什么呢？

我的理解，专业化就是逐渐确定自己的法律服务的专业领域，可以是诉讼、非诉的整体方向，也可以是民事、商事、知产、刑事大类，抑或地产、建工、劳动、财税等小类别。

其实，就早期入行的律师，单从所接触的工作内容来看，除了少数红圈所或精品所的专项业务外，一般律师接触的法律业务相对广泛，诉讼、非诉业务都接触。

而一般的法律问题，经过基础的法规、案例检索、分析，都可以进行应对处理。此外，逐步入行后，接收到的法律咨询也更多于劳动纠纷、交通事故纠纷、买卖合同纠纷等。

高级进阶的复杂商业模式、争议解决处理方案、行业经验等，短期是很难速成的，这也是小律师与大律师的区别所在。

而且从我的定义来看，专业化似乎也并不是太狭窄。

很多律师都是在现有承办案件的领域，逐步进行周边拓展，随着处理法律事务量的积累，逐步夯实固化个别领域的办案经历经验，专业化就水到渠成了。

专业化之路的花式行走

1. 花式行走第一步，选择同行者

我是双子座，喜欢独处，也是人来疯。都说独行者快，同行者远，但结伴而行的最重要原因其实是：结伴会走得轻松。

无论是谁，朋友是缺不得的。三五好友，撸串喝酒，里短家话，嬉笑怒骂。但工作与生活不同，工作难免夹杂着利益纠葛，一般很难与同事成为真正的朋友。但其实，如果在利益分配上松一点手，可能合作得更轻松更长久。

年初跟一起培训的专门做知识产权业务的 L 一起合作了两个案子，我负责谈客户催流程，她负责案面文书，合作得很成功，也特别愉快，最关键的是客户也非常满意。

朋友 Z 的建筑屋面保温层敷设的问题专门咨询我，仗着服务过一些建工领域的客户，随即提出了翔实的处理方案。

虽然在律师行业，合作办案很普遍，但合作愉快还能赚钱却是个门道。

当你逐渐树立强化自己的专业方向，就会有更多的朋友愿意咨询你相

关问题，随之而来的就是更多的合作，从而就更有机会接触相关的案件。

2. 花式行走第二步，积累道岔，灵活换道

近几天律师界传出了几个新闻：敬海律师事务所创始人王敬律师离开了敬海律师事务所，加入了广悦律师事务所；方达律师事务所的创始人周志峰律师转行加入蚂蚁金服，担任首席法务官。

可见，律师转换职业赛道并不罕见。而支撑转换变道的"道岔"源于对各道进程的敏锐旁观，伺机而动。

职业选择尚且如此，对执业领域的拓展调整亦是相同。

听过很多大律师讲解初入行时从事的其他职业或者其他领域，有很多与后续成名的领域毫不相关。但之所以最后能够转向变道，相信不同领域的法理、法商关联度也提供了一定支持。

而这种逐渐养成的法律思维模式就是必要的"道岔"。

关于法律思维的形成，根据我的经验提供以下几个方法：

一是比较思维。我的硕士专业是中美比较法，入学的第一课就是英美法系与大陆法系的比较。而在具体的法律规定中，通过横向比较、体系内比较、历史纵向比较，多种角度的总结思考，会逐渐加深对法律的理解与运用。

二是模板思维。在我从事的非诉领域，模板思维的意思是固化法律服务的基础流程，如一个厂房租赁合同的核心风险点、公司注销的基础流程、仲裁案件中的各项申请 / 异议权的行使等。当你愿意花时间把处理的案件的要点及核心程序模板化、标准化，相信通过梳理、总结，你的服务质量一定会更上一个台阶。

3. 花式行走第三步，配备法宝器具

跟一般团队律师一样，我的专业方向来自团队业务方向，团队内接触的案件全部源于合伙人，这就一定程度上为青年律师铺好了道路。

路，其实就在这里，怎么走得好，却完全看自己。

有人说，90% 的律所基本不培养人。这样说不是苛责无情，而是律所没有义务这样做，像我所在的泰和泰律所这样，在各地办公室专门成立青发委，投资设立泰云讲堂的毕竟是凤毛麟角。

在不断突破传帮带的传统师徒模式的情况下，如何有效进行自我提升，

是每一个对自己负责的员工的必修课。具体的进击法宝下面详细道来。

我的进击法宝

行走江湖，没有屠龙宝刀，也得有个小技傍身，切记亢龙有悔。专业化之路的进击，法律基础的夯实自不必多说，主动式的自我提升确是修炼内功。

登高自卑、循序渐进，十八铜人固然炫酷，但青袍扫地僧也是好不快活。

疫情防控期间各种云培训风生水起，智拾、无讼、英才、梧桐树下等培训机构、各大律所（本所的泰云讲堂）、知名律师、律协专委、行业协会，最高人民法院也开通了中国法院网络电视台连续放送业界大咖的课程。

自是现成的好处，我一般不会落下。报名的每一场讲座、参加的每一次座谈，我可都是抱着吐纳天地的精气神儿听完。

各类讲座听多了，逐渐打通各领域的外膜，自是一种畅快。当然，通过司考的各位的学习方法和路径不必我多言。

曾习武多年的我一直崇尚“唯快不破”，下面我就分享几项“奇技淫巧”助攻一下：

1. 工具软件加持。

天眼查、启信宝之类的自不必说，幕布、石墨、法天使、印象笔记、坚果、Keynote、Tower、Teambition、Alpha，有兴趣的可以尝试着用用，没准儿就突然提速增效，不用加班也未可知。

此外，我还要强调一下一直为人忽视的工具“WPS”，它的功能真的很强大，Word/Excel/PPT 无缝切换，全文翻译，投屏，协作，PDF 编辑甚至直逼体量大还得绿化的 Adobe Acrobat。

2. 数据库的使用。

在法大读书的三年，因选的专业是中美比较法，磕磕绊绊地一直趴在 Westlaw、LexisNexis、HeinOnline 这几个数据库里久久不能忘怀。毕业之后因业务方向转变，基本上算是抛弃，转而投入威科先行的怀抱，这让我彻底撒了欢儿。其中，基本的法规和案例检索跟无讼差不多，但里面的实务指南和专题聚焦真的巨好用，更新也非常及时。

3. 各类公众号和自媒体。

法律人成长的天同诉讼圈、比较公司治理、高杉 LEGEL、法与思、法悟、法经笔记、iCourt 法秀等，我私心推荐，各位也不妨搜搜赵丹喵、六神磊磊，还有我最爱的毕导。当然，很多同人也自己开通订阅号，总结积累，撰写自己的小文章。我会总结沉淀形成小文章发布在自己的公众号中，这也是一种督促自己、强制沉淀的好方式。

4. 沉浸在爱里。

我从来不信什么无欲则刚，反之，父母朋友的爱是我一直前进的原动力。感谢我的老爸老妈、亲戚朋友，爱我、照顾我、信任我，让我从容自信，甚至傲娇。

如何化解负面情绪，如何平衡工作生活，需要自己慢慢摸索试探，总结反思就一定会越来越好！

结　　语

最后，关于青年律师弯道超车的问题。其实，很难。正如富豪哪有那么多白手起家？顾头不顾尾的拼命三郎往往被现实泼的一头冷水。

然而，对于追求速度和超越的车手来说，对过弯路线一般更青睐“慢进快出”的路线，也就是“出弯超车”。

所以，青年律师们莫要心急，先站稳了脚跟，扎实了马步，再出招儿时，那定是气定神闲，到那时候，敢问，超车还需要弯道吗？

55. 法律人的尊荣，在于法律人的寂寞①

“花儿”是我的网名，沿用多年。

春有百花肆意，夏有清荷灿烂，秋有金菊骄傲，冬有寒梅暗香。一年四

① 甘丽妮，北京大成（武汉）律师事务所专职律师，中共党员，职业方向：公司法律顾问、投资并购、民商事争议解决、知识产权。

季，时运不同，却美美与共。

我喜欢花儿的生命感，一如我喜欢用“律师”身份面对不同的当事人时，感受到的不同的温度。

421 分，自信笃定

2010 年，大四在读的我参加了国家司法考试。6:00 起床，23:00 休息，180 多个埋首寻路、踽踽独行的日子，自律而笃定。

最终，所有的付出被定格为成绩单上的 421 分，也算的上是得偿所愿吧！

毕竟，喜欢法律这一行，总得拿出点儿可见、可感的成绩。

在和学弟学妹们分享司考经验时，我没有提那些所谓的备考方法。个体不同，学习的方法也因人而异，我并不认为自己的备考经验有多大的参考价值。

一如今天，我不打算跟大家分享如何选择执业方向，如何开拓案源。

那年，我给大家分享了自己对于“信念”的理解，分享了汪国真的《生活》：

当欢笑淡成沉默，当信心变成失落，
我走近梦想的脚步，是否依旧坚定执着；
当笑颜流失在心的沙漠，
当霜雪冰封了亲情承诺，
我无奈的心中，是否依然碧绿鲜活。
有谁不渴望收获，有谁没有过苦涩，
有谁不希望生命的枝头挂满丰硕，
有谁愿意让希望变成梦中的花朵。
现实和理想之间，不变的是跋涉，
暗淡与辉煌之间，不变的是开拓。
甩掉世俗的羁绊，没谁愿意，
让一生在碌碌无为中度过。

整理你的行装，不同的起点，

可以达到同样辉煌的终点。

人生没有对错，成功永远属于奋斗者！

这是当年我写在《司法考试法律法规汇编》扉页的一首诗，也是过去九年里，我常常追问自己的话语。

而立之年，百折千回之际，它是我重新踏上“律途”的向导。

九年法务，迎来转折

在襄阳市中级人民法院毕业实习期间，扎实的专业基础、沉稳的工作态度，以及求真务实的工作作风，令我得到了庭长的认可。

机缘巧合之下，庭长引荐我进入一家世界500强企业襄阳分公司工作。

一年后，“志不在襄阳”的我，怀揣着2000元只身来到武汉，先后进入行业翘楚，进入上市公司。

法务工作，一干就是9年！

其间，我曾于2015年申请过律师执业。但一年之后，因为难以言说的原因而中断。

钱多、事少、离家近，领导认可着，各种员工荣誉拿着。我以为，自己会在企业法务的道路上一直走下去……

30岁这年，人生迎来转折。这一年，我有了女儿。

她惊人的成长速度常常让我觉得惶恐：我能跟上女儿的成长吗？办公室的方寸之地，法务头顶那片触手可及的天，是我想要的吗？人生的下一个9年，我该何去何从？

我想成为让女儿骄傲的妈妈。

我期待着未来的某一天，当女儿跟任何人提起自己的妈妈时，她的内心是踏实的、自信的，眼睛是闪闪发着光的……

我决定重新成为执业律师！

30岁，幸运如我

一直觉得自己是个幸运的人！

毕业实习，遇到了袁庭长、苏老师、吴老师和晓波老师，他们是我参加工作后的启蒙，也奠定了我之后多年，处理每一项法律工作时的敬畏心理。

苏老师倒在了工作岗位上，终年41岁，用自己年轻的生命和热血，诠释了法律人的初心。

后来，步入职场，遇到了谢经理，遇到了饶姐……

他们是不同的法律人，他们曾对我有过不同的要求。

时隔多年，我还是能清晰地记起谢经理的乐天做派、充分授权，也依然记得饶姐的高标准和严要求。

直到现在，每年初我都会买两本标注当年日历的笔记本，写法律文书的行文习惯，也大多源自饶姐。

无疑，重新申请律师执业，我也是幸运的。

选择大所还是小所？独立执业还是从律师助理做起？纠结徘徊之际，师父伸出了橄榄枝，让我有机会进入北京大成（武汉）律师事务所。

同时，考虑到我曾经的工作经历，考虑到长远发展的需要，在执业方式上，师父也给予了我莫大的自主选择空间！

后来，遇到郭律。从进入事务所的那一天开始，所有的文字，意味着相关的责任、义务和担当。

一份报告，十易其稿，从文字到标点，逐一打磨。上一次如此耐心帮我字斟句酌的，还是晓波老师。

法律人的严谨，在晓波老师和郭律身上，展现得淋漓尽致。

执业之路，遇到他们，小甘何其有幸！

第一案，两难抉择

正如刘若英《幸福的路》中所唱：一路庆幸贵人帮助，一路也有人劝退出……

父母老迈、稚子年幼。为人女、为人妻、为人母的责任，令恢复执业的道路荆棘丛生。

案源，几乎是所有律师执业初期面临的重大问题之一。尽管我曾在企业工作近 9 年，完成了一定的资源积累。然而，案源，依然是我遇到的第一个障碍。

恢复执业后的第 31 天，我才通过网络接到了自己的第一个案子——保险追偿纠纷。

这个案子，注定要在我的律师执业道路上画下浓墨重彩的一笔，不仅仅因为它是我恢复执业后，接到的第一个真正意义上属于自己的案子，纯风险代理，标的额仅仅 11500 元，比别人的律师费还少。更是因为开庭那天，女儿突发疾病，躺在千里之外的医院里！律师的义务与母亲的责任交融在一起，那种两难抉择的牵扯，至今刻骨刻肌。

曾经在襄阳市中级人民法院、企业承办过大量的车险理赔纠纷，车险是我熟悉的领域。而且这个案子本身事实争议不大，主要是法律适用方面，原、被告存在差异化理解，所以处理起来得心应手。

但是，我还是做了全套的思维导图，做了法律分析，做了大量案例检索，做了充分的庭审预案……

4 个月后，收到了法院意料之中的胜诉判决。

回顾办案笔记，我知道，这个案子，我的收获远比律师费要多！

案源这种东西，大概也讲究蝴蝶效应。

在车险追偿的案子打开局面之后，第二、三、四、五个案子……纷至沓来。

律师的角度与温度

在这一年承办的所有案件中，婚姻家事类案件最见温度，也令自己感触最深。

有时候，我会庆幸，自己是在恰当的时间，遇到了恰当的当事人，接受了恰当的委托。

现在的我，有了家庭，有了孩子，经过了婚姻初期的磨合，有了生活的经历，所以在处理这类案件时，能理解当事人的法律诉求，也更能明白他们的情感需求。

说来也有意思。大概 7 月的时候，深度接触了三个离婚案件。当事人们都奔着诉讼而来。

但是，在我设身处地地为他们考虑，入理也入情地提供解决方案之后，两个和好如初，一个协议离婚。

自己也喜提“知心大姐”称号，搞得我一度以为自己是“月老”，而非“律师”。

就在上周，刚刚处理完一起离婚纠纷。

当事人最初找我时，义愤填膺，带着满腔怨恨。在接受委托后长达一个多月的时间里，随时接受当事人的咨询，疏导其内心的困惑。

从法律的角度帮助当事人达到诉求，从情感的角度帮助当事人完成心理建设。最终，整个庭审进行得非常顺利，双方当事人也当庭达成了调解协议。

每每结案，收到当事人挚诚的感谢信息时，律师职业自豪感不禁油然而生……

律途的紧迫与辛苦

老公曾问我：“有没觉得今年过得吭哧吭哧的？”

可能吧。

毕竟，我重新执业，短期内，生活的压力大半转移到了老公的肩上。

于我而言，埋首寻路，总觉得自己遇到的各种难，都是应当的，所以很少站在老公的角度考虑过他的情绪……

紧迫感，除了来自老公无意间流露出的情绪，也来自日渐繁重的工作任务。

法务工作朝九晚五，必要的加班都是非常少的。

但律师，是传说中的“7 × 24 stand by”。时间总是不够用，睡觉就成了一件相对奢侈的事情。

大概从 8 月开始，就很少凌晨 12 点之前睡着了。9 月中下旬，调整为 10 点哄娃睡下，然后夜里两三点再爬起来开工。

其实这话写出来有点矫情。毕竟，对于那些熬过来的律师而言，加班，不过是众多律师执业故事中最为普通的一件小事！

虽然偶感紧迫，但总体来说，重新起跑不是件坏事。

确实是晚了这么多年才踏上“律途”，但曾经经历的每一个人，每一件事，都付出过时间和生命，经历过生活，便少了年少时面对未知的患得患失，少了些许焦虑，多了点滴从容。

结　　语

蝉噪林逾静，鸟鸣山更幽。

山林的智慧，源于它经年累月的沉淀，巍峨、深邃、沉稳、广博。

拾级而上的过程，总是辛苦的。最有效的捷径，却不过是一步一步，夯实基础。

都说，“法律人的尊荣，在于法律人的寂寞”，熬得住，才熬得出。

在此，我特别想再次引用刘若英《幸福的路》作结：

如果我孤独，别只为我哭，给我你一句祝福；

这一条路，是未知数，没有人拥有地图；

我明白现在自己身在何处；

我很在乎，走这条路，有天能找到幸福。

56. 一名知识产权律师的专业化探索之路[①]

客户：高律师，你好。

我：你好。

客户：我与房产中介签了房屋买卖合同，现在发生争议了……

我：中介的做法可能已经构成违约了，如果协商解决不了，建议你委托律师维权。

① 高鹏友，北京金诚同达（南京）律师事务所专职律师，南京市律师协会知识产权保护法律专业委员会委员，中南财经政法大学知识产权法硕士，执业领域：知识产权、反不正当竞争、诉讼与仲裁。

客户：你可以给我推荐专打房产纠纷官司的律师吗？

我：好的。（我内心：我也可以代理的呀。）

以上场景相信绝大部分律师都遇到过，至少并不陌生。

当下法律越来越健全，法律争议领域界限更清晰，当事人对“专业律师”要求不断提高，法律服务市场也越来越专业化，律师专业化已是大势所趋。

我从中南财经政法大学硕士毕业后，选择做知识产权律师至今已有将近三年时间。

我先后在南京知识律师事务所和北京金诚同达（南京）律师事务所从事相关法律服务，我在探索成为一名知识产权专业化律师的道路上“挣扎”着，有得有失，喜忧参半。

专业：专业化的“原始积累”

做律师前，我本硕阶段的专业都与知识产权有关。

本科阶段是知识产权专业，主要学习的是法律知识，辅助学习知识产权有关的课程；

研究生阶段是知识产权法专业，学习的课程与知识产权更为紧密，结合案例研习、实务和相关文书撰写。

七年的知识产权学习为从事知识产权律师工作积累了较为丰富的专业知识。

我认为学习期间的知识产权知识的积累是律师专业化的“原始积累”，这种积累为我在知识产权领域初期更快地进入这一领域提供了敲门砖，对于相关知识产权业务也有着较大帮助。

学历专业知识的原始积累既不应成为律师专业化的执业领域范围的限制，也不直接决定未来职业的方向，选择相近的专业领域可以，跨界也是可以的。

我知道行业内很多优秀律师并非科班出身，跨界的亦不可胜数。

我们知识产权律师领域经常会听到“是否是双证律师”（律师证和专利代理师证）的话题，双证律师一直以来都是被推崇的。

我从事知识产权业务领域后，遇到的问题是："我没有理工科背景，无法取得专利代理资格，那么专利相关的业务是否无法从事？是否需要再补理工类别的学位呢？"

我也有过要补理工学历的打算，后来我认为从事专利侵权诉讼、专利行政调处等事务，专利代理证不是必不可少的。

首先，知识产权律师还可以分为版权、商标、专利等更为详细的领域，众多领域中"择一瓢饮"足矣。

我的同行中很多人专门做专利诉讼、商标诉讼或者版权诉讼，都取得了很好的成效。

其次，专利侵权诉讼、行政调处等事务虽然与技术紧密关联，但毕竟技术的保护所依托的法律，归根结底还是法律事务，积累经验同样可以取得成功。

热爱：专业化的起点和落地

热爱是专业化的原动力。

律师专业化需要律师选取某一领域作为执业的专门领域，无论最初选择的执业领域是机缘巧合，还是"早有预谋"，如果想深耕某一领域，若没有热爱，不会走得长久，走得长远。

根据"不正经的二八定律"，每个专业领域都有 20% 的成功律师，也有 80% 左右不温不火、维持生计的普通律师。

无论是知名的大律师，还是创收高的律师，他们都有自己擅长的专业领域。

当然这并不意味着有了自己的专业领域就可以成功，但是没有专业领域的万金油律师是难以一览众山的。

虽然我读本科时选择知识产权系"误入"，中途也有过换专业的尝试，但最终还是"将错就错"。

本科阶段的知识产权专业学习更多的是围绕着法律，知识产权只是辅助。结束本科阶段的学习，我选择继续读研，在专业选择纠结之后依然选择了知识产权——中南财经政法大学知识产权学院知识产权法学。

三年研究生学习结束后，面临就业选择，我选择了做一名知识产权专业律师。

虽然以往的经历，从大学本科知识产权专业，到研究生阶段的知识产权法，再到当下的知识产权律师，我的选择都有被动的因素，但“日久生情”，知识产权已经成为我的热爱和兴趣。

相比于其他类案件来说，知识产权专业领域目前还处于听起来高大上——“前景很好，很高端”，专业化程度在不断提高，但是其在业务水平和业务创收等方面的竞争力是不强的。

其他专业领域我想也有类似的问题，那么选择自己所感兴趣和热爱的专业领域，才有可能把律师专业化坚持下去。

我不赞同盲目的选择，更不赞同无谓的坚持。遵从自己的喜好，遵从内心的选择。

团队：专业化的加速器

律师专业化的途径大致有两种：

一是初期做“万金油”律师，有了稳定的案源和收入后，选择某一专业领域作为执业的专门领域，其他领域不再涉足；

二是从事律师行业一开始便加入某一专业化团队，从专业化团队走出来的律师自然是某一领域的专业化律师。

从业初期能够加入专业化的律师团队，对于个人专业化的成长帮助是非常大的。

专业化团队不仅可以帮助解决初期的案源匮乏困惑，而且可以提供专业化的服务培训，参与专业化的案件办理流程，从而可以学到有关某一领域方方面面的技能和经验。专业化的服务团队是律师专业化的加速器。

我进入律师行业选择了一个专门从事知识产权业务的律师事务所——南京知识律师事务所，该单位的业务既有知识产权基础业务（包括专利申请、商标注册、版权登记）和专利无效、商标撤三等延伸业务，也有知识产权诉讼业务。

虽然我本人因为资质原因不能直接参与相关基础业务，但是耳濡目染使我对于基础业务及相关知识产权延伸业务有了更为清晰的理解和把握。

我的指导老师也是知识产权领域的佼佼者，他言传身教给我们很多知识产权服务的技能。

但是稍有遗憾的是，我们没有较为稳固的律师团队，更多的时候都是"野蛮生长"，这对于新入行的律师来讲是弊大于利的。

当下我所在的团队是新组建的以知识产权诉讼为主的律师团队，紧密的人员关系、案件的规范化承接，为我的专业化道路提供了较大的帮助。

当然我们的团队仍然处于探索发展阶段，未来有着无限可能。

青年律师走专业化道路要"选专业团队，选专业律所"。

专注：探索之路漫漫

学科交叉、复合型人才等词语成为最近几年的网络和社会热词。

那么做专业化律师是不是与"综合素质"人才背道而驰呢？

其实选择某一领域成为专业的律师，并不意味着完全放弃了其他领域的内容，特别是相关的知识学习。

律师专业化是一个综合各方知识，不断学习的过程。

例如，我本人作为一名知识产权律师，经过本硕的学习，基本了解和掌握了知识产权领域的知识。

但是这就足够成为一名合格的知识产权律师的基本条件了吗？其实远远不够！

知识产权本身是民事权益，诉讼维权离不开民事诉讼法。

在以知识产权诉讼业务为主的情况下，民事诉讼、民法等基本的知识内容是必须要学习的。

作为知识产权律师相关的公司法知识、劳动法知识等都是不能完全置之不理的。

另外，知识产权中的专利与技术，版权与文艺、技术等又是紧密结合的，其他专业亦是如此。

专业不是画地为牢，不是屏蔽所选专业领域之外的其他专业，应当是相辅相成的。

从专业到专注是一个前进的过程，作为选择以知识产权作为专业化领域的律师，我还刚刚迈出一小步，未来还有很漫长的路要去探索，还有很多专业知识需要学习。

未来律师专业化愈加激烈，青年律师要想在律师专业化道路上有所突破，应当尽早规划，按部就班。

弯道超车不易，专注前行方可步步为营。

57. 专业，才是人生逆袭的最好武器[①]

很早就关注智善，这是湖北法律人共同交流的一个很好的平台，我参加过智善组织的一些活动，也认识很多智善的作者朋友，所以和智善算得上熟悉。

青年律师汇上的文章我也基本都看过，看到很多年轻律师拼搏奋斗的历程和感触，有很多值得我学习。

感谢智善给我这次机会，让我也和大家说说我的故事。

关于读书学习

我本科就读于中南财经政法大学，研究生就读于华中农业大学，都在南湖边上。

在中南财经政法大学读书时，通过课堂学习及在学校法律援助中心做志愿者，逐步了解和关注法律的应用。

后来去东莞市中级人民法院实习，也关注从审判者的角度去面对和处理案件审判和执行问题，当时就觉得自己所学的真的太少了，还是要继续学习，才能真正跟上社会对我们法律人的要求。

后来考研究生，当时身边很多朋友都被保送到北京名校，自己也想去北

① 沈大力，上海星瀚（武汉）律师事务所律师，毕业于中南财经政法大学、华中农业大学，中南财经政法大学武汉校友会法律分会秘书长，执业领域：公司金融、海事海商、民商事诉讼。

京，但未能如愿就选择调剂，也感谢华中农业大学接纳了我。

当时也有考虑是否再战一年或者直接去南方工作，但当我的导师给我这个学习机会时，我仍然决定继续读研，因那时我更加意识到学习的重要性及个人的能动性，我知道为什么及怎么去学习。

读研时间很短，做课题、发文章、写毕业论文，交流学习，很快就过去了。读书学习最重要的是养成问题意识和研究性思维，能客观理性地看待很多事情，而非人云亦云。

现在学校给很多学生开放式学习的机会，学生也都很优秀，我常看郭倍倍老师组织学生讨论、写作和外出“立体式”学习，学生们视野更加开阔，行动力也很强，我们律所也有参与相关的实习项目，希望能给师弟师妹们一些帮助。

关于国企法务

这里说说我为什么毕业去国企工作，当时也有些偶然因素。

在读研三时，我的老师让我去参加一个青年知识产权论坛，我去做了一个报告，主办方之一就是我的老东家。

当时，我对这家单位的办公环境、工作氛围感觉都不错，后来有机会在单位实习工作，我就直接留下了（一样有笔试面试考核程序），当时甚至都没找其他工作。

可能别人会奇怪，如果我的职业是为了做律师，为何研究生毕业没优先选择做律师呢？

因为我知道做律师起步很艰辛，在武汉待遇不高，我家里是农村的，我不愿毕业后还依靠家里支持。

而且那时我还真没想过企业法务和律师的本质区别，觉着企业法务就是公司律师，在企业内部风险防控和诉讼案件处理上一样发挥着重要作用。

只是由于我们单位风险把控得比较紧，日常交易也有各类格式合同，法务要处理的事情就比较少，参与诉讼的机会就更少了。

后来单位部门改革，我就主要做发展规划研究工作了，只是兼带着参与一些法务工作。

基于此，在工作三年后，为了最初专业法律人的职业理想，我最后还是选择了离开。

但在国企工作中，我也了解了公司内部及集团运营管理中的风险防控要点，这为我之后做企业法律顾问也提供了帮助。而且，之前单位的领导、同事也大都是专业人才，我们之间的沟通交流也都很愉快。

关于律师执业

我现在执业的单位是上海星瀚（武汉）律师事务所，在武汉还比较小众，可能做海事海商业务的朋友会更熟悉点，我们总部在上海，2018 年 3 月才正式设立分所，不过 2016 年就开始在武汉设有办公室。

有很多朋友问我为什么加入星瀚所，说起来也有些偶然，之前看智合报道，看到星瀚所的定位是一家精品所，业务都比较新颖，就有关注星瀚所“星瀚微法苑”公众号，比较有好感。

而且很巧合的是，我高中同班同学恰好就在星瀚海商部，他原来在上海铭汉律师事务所，2016 年原上海星瀚律师事务所和铭汉所合并成现在的星瀚所（RICC&CO），他也就到星瀚所了。这样我们交流了下，他帮我推荐，我就也进到星瀚所了。

星瀚在上海业务领域比较齐全，公司金融、海事海商、刑事反舞弊、海关业务等都是特色领域。

星瀚的战略是“创新驱动、综合解决”，价值观是“热爱法律的技术派”，使命是“高效、负责的伙伴”。

很多朋友开玩笑说知道我们所，是我朋友圈发的多，基本每天早上上班时间会发一篇原创专业小文章，这确实是我们律所一个特色，大家都比较好学能写，公众号做的也不错。

借这个机会，我讲几个星瀚所的特点：

1. 一体化管理。

星瀚所总部在上海，在武汉、南京有分所，北京、大连有办公室，但都执行相同的制度、统一的管理。

业务流程规范、严谨，律师代理的每一个案子均会登进系统、接受利益冲突查询，由客户服务部全程跟踪。

我在武汉也可以办上海的案子，武汉忙不过来，上海、南京的同事也可以随时对接，大家是一体化协作的。

2. 重视学习和调研。

大家会共享知识库，各部门办案总结资料、格式文本，每周五中午有专业学习会，听所里同事或外请专业大咖分享。

我们会经常在案件处理过程中总结一些经验或者就某些专业问题调研写文章，我也负责和参与写了几个专题的文章，涉及国有产权交易系列、企业清算与注销、私募基金投资人维权等。

3. 强市场运营团队。

星瀚有一个独立的市场部，我们的公众号、招投标等很多事务都由市场部同事来完成。

他们做的东西比较好看，而且确实能够帮助律师提升商业意识，能更好地协助客户实现商业目标。

我在上海总部待过半年，跟着上海公司金融部团队资深律师一块学习，上海工作氛围很浓厚。

我们是下午 6 点下班，但很多同事要工作到 10 点左右，再坐地铁回去，强度很大，关键他们除了做案子，还要备课、调研、分享、学习，对时间的珍视真的值得我学习。

这也无怪乎我们计时收费，在上海很多客户也是愿意买单的。等我回到武汉想要计时收费，却发现推进难度有点大，当然这也和地域环境、文化有一定关系。

不过我们还是拓展了一些客户愿意接受我们的服务模式，这也算是本地业务开拓的一点小成果吧。

这里再提一下我们对律师工作的专业负责要求。

对于非诉和常法事务，所里通常要求在工作时间段中，2 小时内告知收悉客户邮件，4 小时内告知客户常规法律问题，一般情况下合同审查、文本起草 1 日内给予客户回复，对于复杂文本或调研工作，通常在收到任务后 2 个工作日内答复客户。

对于诉讼案件，要做好第一次接洽记录、对客户材料进行整理，做好基础法律检索、提供初步法律意见书和报价方案，确认委托后要准备好证据材料及相应文书，开展团队讨论，制作庭审报告，完善庭后代理意见等工作，通常我们在开完庭当天就会尽量将庭审情况报告给客户。

所以我觉得实践技能是可以不断学习运用提升的，但做事高效、负责却是基础要求，这也是我们所技术派律师的价值观。

关于组织和参加校友会

我是毕业后偶然参加校友聚会，后赶上第四届武汉校友会换届，当时还没有建立正式的法律校友专业交流群，校友会师兄让我牵头管理法律小组群。

我们就从管理好一个群做起，开始四五十人，到现在接近 800 人的两个大群，法律小组也正式成为中南财经政法大学武汉校友会法律分会。

目前法律分会由中和信所李文师兄担任会长，邦信阳中建中汇所殷滤师姐任副会长，德恒所张晓苗师兄、中伦所孙才华师兄担任顾问，我担任秘书长，另有 11 名年轻律师、法务校友在秘书处做志愿者。

法律分会有自己的章程、群管理规则及活动安排计划。

基本每个月会有一次线下的专业交流，邀请了中伦所张粒大师姐、盈科所戴涛、君合所狄青、金杜所李沛然、立方所唐宾、立丰所夏爱华、天达共和所杨斌、弘愿所冯志国、两高所李元元、湖北银行余华、深度工匠陈镜荣校友、金地商置胡道君等分享交流；

组织校友去弘愿所、民本所、左岸所、立方所、忠三所、盈科所、中和信所等单位交流学习；

在我们的公众号“中南法言”平台上发布了上百条校友单位法律类招聘和实习岗位信息，我们还在学校、汉街等校友活动点举办聚餐活动，增进校友之间交流与信息共享。

有人问我为什么要参与组织校友会活动，之前在内部分享中也和大家交流过，我认为这就是一个“法律人的小与大”的关系话题。

是选择一个人自娱自乐，还是一群人做一些有意义的事情；是做一个精进的法律人，还是通过一个组织实现组织内成员的共同进步。

关于业余生活

我的业余生活比较简单，工作时间工作，下班回到家和周末大多数时候还是会工作，或者学习、备课、写文。

不过事情不那么紧急的时候，一般也会下班回家做饭。最近和老婆在家学习了几个菜，有时发下朋友圈，很多朋友说要来家里吃饭，还是挺有成就感的。

我们说干脆周末有空的时候就在家弄个家庭开放日，欢迎朋友们来家里吃饭、聊天，目前已经成功办了三期，请了法律圈和心理学圈的老师、朋友们一起畅聊。

我是一个乐观派，从农村一步步走到现在，也有过许多选择，但经历还不算太多，反倒是律师执业过程中见到了许多别人的生活。

其实我身边也有很多很优秀的人，他们开朗大方、对人真诚且富有才华，我很欣赏和佩服他们。

我也一直坚信，我们行走在路上，都是为了更好地生活。

我会继续坚定前行，也相信大家都会有美好灿烂的前程，感谢各位朋友对我的关心和信任！期待我们更多的相遇！

58. 离开体制做律师这一年，我经历了什么[①]

离开体制

老家房屋后面有两棵不知名的树，几年不见，现已亭亭如盖。

今日白天里吹的是南风，听到初三和高三等马上开学的消息，疫情似乎马上要结束。

---

① 张润根，北京盈科（南昌）律师事务所律师，毕业于江西警察学院，法学（侦查方向）学士，专注于毒品犯罪、金融犯罪、职务犯罪、网络赌博等重大复杂的刑事案件。

在被疫情关在家的时光里，每天早晨，我起来刷牙的时候，都会忍不住走到阳台去刷，一边刷牙一边呼吸新鲜的空气，去看看近旁的这两棵大树，又比昨天更加的高大茂盛，仿佛一切都在与世无争地茁壮成长。

我拖了一张凳子，坐在屋门前，刷着手机里的朋友圈，百无聊赖。突然系统消息里弹出雷阵雨的天气预报新闻。

我掐指一算，如今是2020年3月21日，原来我已离开体制一年整了。

但不知为何，我仿佛感觉离开了十年之久。

印象中，那天出发去南昌的天气和今天类似，雷雨交加，3月里下冰雹。

南下深圳

1. 东莞法务

记得刚辞职的时候，我焦虑不安。我去过东莞应聘法务。

他们给我说9000元一个月，只要我帮他们去开庭，帮他们追网债，工作人员告诉我，开庭也是走过场，几乎不用说什么话的，因为他们已经和当地的法官打过招呼的。

后来，我发现东莞那家公司是一家P2P公司，幸亏没去，好像没过多久那家公司被查了。

2. 大型律所

离开东莞，我挑了一个国内某大型的律所去面试。

因为没有人引荐，我只能在他们的微信公众号找到他们的招聘电话，然后他们和我约好面试时间。

刚出来，不敢乱用钱，我是坐地铁去的，明明导航显示目的地就在周边，但就是找不到，心急如焚，生怕错过面试的时间。

我一路顶着烈日，本来穿的还算像样，却热成了人模狗样，我不断地问询，路人好像把我当傻子一样。

好不容易，来到了我要面试的律所。

我一进律所门，就看见有几个人坐在沙发上面和几个外国人交谈着，我瞬间脑子里弹出了几个英文单词，以备不时之需。我挑了一个角落上的位置坐下来观察着这个律所的布局，终于发现前台的位置。

趁前台没人咨询的时候，赶紧走过去跟前台接待说，我是来面试的。前台接待问我有没有预约，我说预约了，是某某律师叫我来的。于是，前台接待叫我等一下。

过了几分钟后，有一个女孩子来了。我问她是不是微信公众号上的某某律师，她说不是。她说，我也是刚来的。我心里顿时无语。

后来，她把我带进了律所，先带我逛了一遍一层的办公楼后说，上面还有一层，跟这个类似，就不用去了。

然后，她问我来应聘什么？我说律师助理，她问我有没有律师证，我说我有公职律师证，需要转过来变成社会律师证。

她想了想跟我说，转过来要三个月，后面改口又说要半年时间，叫我好好考虑一下，如果有消息会电话通知我。

可是，到现在，我还是没有接到她的电话。

3. 深圳律所

再后来在知乎上搜索到一家在深圳龙华区的律所，名字我忘记了，那家律所刚刚成立，有意向叫我去，我本来打算去面试。

后来在深圳市中级人民法院的同学陈波请我吃椰子鸡的时候告诉我，龙华那里太偏了。

于是我没去，如今那家律所的律师还时常给我的朋友圈点赞。

4. 胡大帅：烧烤和酒

深圳之行并不顺利，唯一值得欣慰的是他乡遇故知，我通过朋友圈动态惊喜地得知了我的室友胡大帅在深办案，带着一路的心酸，找到他住的酒店。在酒店里，他点了外卖：烧烤和啤酒。我们边喝边聊天。

我说，我想去那家国内大型律所，但是没人引荐。胡大帅拍着我的肩膀说，兄弟，我就知道你是干大事的。我说，别取笑我了，我现在还和你住一起，蹭你公款消费的酒店。

他说，喝，苦心人天不负。

喝着喝着，他不断地安慰我，我也来劲了。我就跟他说，易胜华大律师叫我回南昌发展。

聊着聊着，我跟他说，我五年内要开律所。

他说，兄弟，我相信你。

我说，好！此时此刻，让我们铭记此刻，他乡遇故知。就是这个酒店，这张床，这个外卖，这瓶酒。我们一起想一想，未来律所的名字吧。

我灵机一动，大声说道，律所的名字就叫公专所吧。天下为公，大公无私，公平公道专业，同时，也是致敬母校，因为我们的母校曾经叫“江西省公安专科学校”，简称“公专”……

5.“周黑鸭”：潮汕火锅

第二天，胡大帅和同行的同事去办事了。他们早餐都没有一起吃就走了，留下一个孤单的我。

我联系了一个老乡兼同学。他叫“周黑鸭”，也面临着换工作。我跟他打了电话，两个脆弱的男人，立马产生了共鸣。我们约了地方见面。

“周黑鸭”穿得人模狗样，西装革履，但是掩盖不住他日久的疲惫。我们随便找了个他工作旁的火锅店。

我记得叫潮汕火锅还是什么的。因为他还要上班不能喝酒，我们只能喝王老吉。我们点了好多牛肉和牛肚。很多天没有吃过一顿好的我，吃得特别满足。

我和“周黑鸭”的聊天内容，也是一样，憧憬着未来。

他说，今后，合作的机会多得是，并多次跟我说赚钱的项目，听到他满嘴跑火车，我差点就信了，但是到现在他还没有把那个赚钱的项目分享给我。

6. 伤离别：决定回南昌

吃完饭，我们两个互相给了对方一个紧紧的拥抱，就像恋人般的不舍。我目送他回公司上班去了，转身我就泪目了。

繁华的大都市，我们又是如此的渺小和平凡。在这个陌生的环境里，没有人愿意在乎你的感受，倾听你的故事，因为他们也许和你一样，在这血淋淋的现实中夹缝求生。

多情自古伤离别，南下深圳无故人。

我整理了一下情绪，朝苍天叹了一口气，蓝天白云，可是我的心里乌云密布。

于是，我独自去旁边的超市逛了逛，以免被行人发现我的忧伤。

我估摸着，钱也用得差不多了，就买了一张高铁票，回南昌了。

初入律界

1. 有裂纹的皮带

入职前一天，我老婆手里攥着她的私房钱，带着我去天虹商场买了两套像样的衣服。

我记得当时她还帮我挑了一根皮带，皮带头上印着的是豹纹头图案，售货员说寓意很好。

买完单后，她突然发现豹纹头旁有一根连反光都很难发现的裂纹，店员建议我们换一根，然而我老婆讲价便宜 100 元拿下了。

当时我真不能理解她这占小便宜的心理，明明可以换的，但是还是要买这条有“瑕疵”的皮带。

时隔一年偶然从她口中得知当时为什么不肯换一根的真实原因。她解释道，猎豹就是我，裂纹谐音“猎物”，猎豹和裂纹组合在一起表示猎豹猎取猎物。

现在想来也不知她说的是真是假，姑且相信了吧。至今，我还一直戴着那根皮带，我觉得那是我的幸运物。

2. 三个月颗粒无收

买好装备后，我向我老婆要了 8000 元钱，就出发去南昌了。我估摸着 8000 元钱，可以用两个月的。两个月后要开张的。

可是，三个月，我颗粒无收。

我每天跟着我师兄忙前忙后。看着他律师费几万几万的收，羡慕得要死。

两个月过后，钱也用得差不多了。

3. 屋漏偏逢连夜雨

屋漏偏逢连夜雨，我上一年帮我姐夫在中国建设银行贷的 4.3 万元贷款也到期了。

他跟我说，他还不起了，叫我向同学借钱周转下。

熟悉我的人都知道，我是不可能向同学借钱的，因为我想保存那份单纯的友谊。所以，我没有借。

银行打了三个电话给我说，再不还，就列入失信名单。我一边催促我姐夫还钱，但是他公司倒闭，欠下一屁股债；一边在想办法筹钱。

当时我萌生了白天去跑滴滴，晚上去送外卖的想法。开滴滴，我接客的时候也可以宣传自己是律师，提高知名度；送外卖爬楼梯可以锻炼身体，也可以放张名片在外卖里面，让有需要的人找我。

但是，银行可能知道我之前在单位上班，甚至用通告单位的手段来要挟我还钱。

我没办法，在支付宝借呗借了5万元还了那笔贷款。

直到现在，我姐夫也没有还钱给我。我还帮他到上海免费打过一场官司。

文字疗伤

1. 写日记

那段时光里，无案源，收入低，又有贷款，平时又奔波于工作。

我十分焦虑，甚至怀疑自己当初的抉择。

但我总能抽出这种悲观的情绪，让自己咬牙坚持下来。抽离情绪的手段就是写文字和看《别在异乡哭泣》。

于是，我开始写文字抒发情绪，尤其是喜欢在火车站和火车上写文字，听着火车的鸣笛声，望着沿途风景，还有一排排的铁轨，我陷入了沉思，告诉自己，未来已来。

转型日记 | 2019年3月29日

凌晨一点的南昌站，未眠。

梳理这几天的工作情绪，紧张兴奋着，同时透露出一种浮躁。

可是每次来到火车站，都能够让我浮躁的心安定下来。火车站有着形色匆匆的人，形态各异，推着行李箱的人来来往往，农民工席地而坐，对面的小姐姐低头看着手机，左边的中年人盯着手机打了个哈欠……

我仔细观察身边的人儿。原来我也是他们眼中那个提着个公文包为了生活奔波的人。我好奇思考着每个乘客背后的故事，同时坐在候车厅的一隅细数自己的点点情绪。

总有一种感慨：每个人都在为了他自己的那个生活奔波着，五味杂陈；我们又是多么的渺小，多么的平凡；突然心里闪过一丝温暖，好好善待身边的每一个人。

算算转型做律师的时间，刚好半个月了。要我谈从事律师行业的感受，我肯定是不权威的。但我有种说不出来的感觉，突然有种无形的压力压着我，若隐若现的，想想目前最主要的就是经济压力。

转型日记 | 2019 年 4 月 16 日

那位没伞的孩子必须努力奔跑，加油！

转型日记 | 2019 年 5 月 9 日

飞机飞过天空，天空之城。落雨下的黄昏的我们。此刻我在异乡的夜里。感觉着你忽明忽暗。我想回到过去，沉默着欢喜。

李志被封杀了，何以寄托？

转型日记 | 2019 年 7 月 3 日

出差的路上，南昌火车站。我坐在候车室座位上吃泡面。

2. 五台山僧人

一会儿，一位僧人坐在我旁边，我朝向他看了看，头顶上有六个点。

他和我笑了笑。然后，他主动跟我说话，叫我帮他看着行李，他去开水间打开水泡泡面。我点头说好。

他泡了一桶香菇鸡肉面，但是没有放鸡肉，一边啃辣条，一边吃泡面。可能是平常粗茶淡饭吃多了，觉得辣条很有味道吧。

我们聊了起来。

我问：你是哪里的僧人？

他回答：山西五台山的。

我问：五台山有多少僧人？

他回答：有几千人。

我问：你们有没有工资？工资高不？

他回答：有高的，也有低的，我的不高。

我好奇地问：你为何出家啊？

他回答：看破红尘。

我问：什么是红尘？

他回答：红尘就是人生。

我问：你的人生没有七情六欲吗？

他回答：有，但七情六欲是波浪。

我问：有了七情六欲怎么办？

他回答：归零。

我问：什么是归零？

他回答：归零是大海。

我问：为什么是大海？

他回答：七情六欲是波浪，归零是大海，波浪只是大海的一种现象。

我问：你们平时做什么？

他回答：念经。

我问：你们天天，甚至一辈子吃斋念佛，会不会觉得对这个社会没有什么贡献，或人生没啥意义？

他回答：没有贡献就是最大的贡献，没有意义是最大的意义。

我问：如果对这个社会没有贡献，那么当你老了会不会后悔，觉得自己白来一趟世间？

他回答：就像电池一样，为自己是耗电，为他人或者社会是充电。

我问：既然为他人和为社会是充电，你为何不去充电，而去出家？

他回答：我先守住一个本我，再有机缘去充电，并且这个社会有好多人在做充电的事。

我问：什么叫守住本我？

他回答：让自己心存善良，不去作恶，不去危害他人，就是守住本我。守住这个本我就是对这个社会最大的贡献。

我问：实现自我利益和奉献社会是不冲突的吧？

他回答：不冲突，那叫作双赢。

我问：那我们年轻人应该入世还是如你般出世？

他回答：年轻就应该去奋斗，去修行，去做大乘菩萨。

我说：我要上车了。

他举起右手，做了一个阿弥陀佛的样式。

我说：合张影，见证缘分。

师友相助

1. 朋友帮助

文字之外还得面对现实。

房子该租哪里？吃饭该怎么解决？衣服该怎么洗？交通工具该怎么办？案源在哪里？等等一系列的问题，接踵而来。

可我很幸运，因为，我有大逼哥。

大逼哥，是在南昌华东交通大学里面当老师的，也是刚从鹰潭市检察院辞职出来，南昌读研后留校的。他给我提供了住宿，吃饭，还帮我拓展案源。

当时他说了一句话很让我感动。

他说，张润根，你不会饿死在这里，至少有我在这里，我又没有结婚，还是一个人，一个月四五千块钱工资，够我们两个人花。

说完，我注视着他，竟无语凝噎。

后来，我特意写了一篇文章《岁月在基情四射的日子里充分燃烧》铭记我们的初心。

可是，他的人脉有限，加上学校氛围复杂。我当时给他下了个目标，一个月一个案源，但是到目前，一个也没有。

于是，我想此路不通，大逼哥只能是我的后勤保障。

案源还是要自己开拓出来。

2. 自己开拓

我当时的心情是见到谁都想发名片，想告诉全世界，我是一名律师。

甚至，我在出差坐火车的时候就不断和别人聊天，透露自己是律师，然后发名片，一时间我把自己的微信名改为：在火车上发名片的张大状。

终于，在火车上也获得了一个小小的案源，但律师费甚低，离我心里的目标还是很远。

3. 易胜华律师相助

这时候，我收到了校长的微信，教我如何如何去做。

果然，一个礼拜后，有了第一个案子，律师费 6000 元。

这之后案源慢慢有了起色，经济问题也逐渐得到了解决。

我常常想，如果没有校长的指引，我可能早就饿死了。

任重而道远

这一年来，我带着期待和焦虑出发，除了走遍江西之外，还去了安徽、江苏、辽宁、广西等地出差办案。

大大小小的案子都办过，一路走来也是酸甜苦辣。

我秉承的主义是当事人主义，因为我们办的不仅仅是案子，而且是当事人的人生。

时间不等人，青春就是拿来奋斗的。

就像我在辞职之初说的那样：我想做一个发光的人，不辜负自己和这个伟大的时代。

任律师的生活和社会关系

59. 如何通过跑步重新认识自我[①]

我是盈科（武汉）律师事务所的陈世银律师，很高兴受智善的邀请与大家分享一下跑步给我带来的改变，以及跑步带给我的新认知。

我完成马拉松赛跑的时间从 4 小时 11 分，跨过了 4 小时的门槛，达到了 3 小时 59 分，最终达到了中国马拉松协会认定的一级群众运动员的标准。

今天我主要讲的是如何重新去认识跑步，跑步给我们带来了什么？从跑步中领悟到的新的认知，普通人如何跑步。

如何重新去认识跑步？

很多人都问我为什么会开始跑步？其实很简单，就是因为自己肚子有肥肉，想要减肥。我跑了 2 年多了，跑步确实能够给我带来很多力量。在办公室和家里待久了，我就想去跑步。目前，我只要看到有马拉松或者跑步的活动就想去报名。

其实很久以前，我是一个很内向的人。大家可能会有这样的疑问，能够与大家进行分享的怎么会是一个内向的人呢？其实这都是逼出来的。我在大学时就主动把自己逼出去，主要就是担任学生干部，大一担任班长、参加学生会，大三做了学生会主席。这些社会活动都逼着我不得不去做一些改变，勇于在人群中展现自我，发表自己的观点。这对我的成长来说，有着很大的影响。

跑步是另一个让我变得更加自信的原因。毕业之后我就一直待在盈科，从实习生到实习律师再到执业律师，当然如果以后发展得好，可能会成为一个合伙人或高级合伙人。这应该是每个青年律师的目标，一个成长境

① 陈世银，北京盈科（武汉）律师事务所律师。

界。并不是因为这个头衔多好听，而是因为它会驱使你去突破自己。

我们律师在执业生涯中会遇到很多“瓶颈”，有可能一辈子也无法突破。就像马拉松一样，如果有人要跑全马并取得冠军，这几乎是不可能的。但是，有些瓶颈却是很容易突破的，比如你想 6 小时跑完马拉松，再到 5 小时，再到 4 小时，再到 3 个半小时，这都是可以通过我们的努力一步步实现的。没有谁能够在不经过无数个日夜奋斗的情况下而轻松地突破“瓶颈”，跑步是这样，青年律师的成长也是这样。

跑步是一项全民运动，也是一项人类的本能，大家不穿鞋也可以奔跑。为什么这样说呢？因为在远古时期，跑步是祖先狩猎的方式，而且只有跑得快、跑得久才能得到猎物，并且保护自身的安全。所以，只要大家肯迈开腿，每个人都可以成为一名跑者。

跑步在当下其实是一个非常热门的话题，中国马拉松年会上有一组数据，2016 年全年参加比赛的人次达到 280 万人，比 2015 年涨了将近 130 万人，跟 2011 年比翻了近 7 倍，这是一个历史新高。跑步成了越来越多人的一种生活方式，并成为他们展现自我的一种方法。大家都知道有些名人也是十分热爱跑步的，比如村上春树，他还写了《当我谈跑步时我谈些什么》这本书，他把跑步当成了生活的一部分。股神巴菲特甚至将跑步融入了公司文化，据我了解，他在挑选公司接班人时把长跑也作为一项考核指标。万科的王石、搜狐的张朝阳这些企业家也都热爱跑步，并参加马拉松去挑战自己。明星当中陈意涵、张钧甯也参加了马拉松。我们的同行律师中也有很多人跑步，比如天同律师事务所的蒋勇，据说跑鞋成了他出差的必备品。今天律师事务所主任黄诚泽也是经常跑步的。很多人都在用行动践行着跑步这个健康理念。

跑步能够给我们带来什么呢？

很多时候，我们并不太认识自己，不知道自己存在的很多面。大多数时候，我们只沉浸在一个非常狭窄的事情里面，比如律师关注的就是律师费、找关系。而在这个过程中我们会有不公平的感觉，但是这种负面的情绪在我跑步之后突然间就没了。跑步帮助我解放了身心，放飞了自我，我的注意力也从这些负面情绪上移开了，有种一条小河汇入大河的感觉。

一开始学法学时，觉得它是一门很单纯的学科，但时间长了却发现其实它很复杂。利益、情感、规范、制度、行动、秩序等因素以不同的方式连接交织，并且以不同的方式相互影响、渗透，让律师这项工作变得异常浮躁。从事这项职业的人都很难做到置身事外，保持一个平和的心态。法律也不像我们看到的那样单纯、独立、客观，在不偏不倚的表象下，还有许多复杂的东西，这需要我们的理性思考。而跑步恰巧就能够帮助我在这项浮躁的工作中保持一种平和的心态。

作为律师，我希望我的身体能够负荷律师的工作量。跑步最直接的作用就是使我的身体硬件得到了一个升级，能够满足任务工作量。就像电脑，用久之后就需要不断升级强化来满足更多的功能需求。在跑步这项运动中，我们身体任何细小的毛病都会在跑步之后被放大，比如睡眠不足、心肺功能不佳、体质不均衡等问题都会在跑步之后暴露出来。跑步还能够促使我对身体进行管理，尽量地去健身、少喝酒，并且开始注意饮食健康与睡眠质量，通过长期的跑步实际上也达到了减肥的效果。

跑步也可以促进身体的新陈代谢，能够让老旧的细胞排出体外，对女生来说可以美容、瘦腿，最重要的是可以增强我们的体质，增加抗寒能力，加强心肺功能。日常跑步中只要做好防晒和保养工作就不会很容易晒黑。在跑步过程中，我也看到了一些特别美的景色，跑步之后发朋友圈对我来说也是一种享受。

跑步不仅让我在硬件上有了升级，也让我在软件上有了升级。这个软件升级就是内在和思想上的升华。一场全马有 41.295 公里，在这个过程中什么问题的答案都可以被找到：关于竞争的问题、关于怎么看待快与慢的问题、关于撞墙走不下去的问题、关于律师执业疲劳的问题以及如何找准自己位置的问题、如何笑到最后的问题。没有任何一项运动可以给我们这么多的答案。

通过跑步明显的就是让我变得更加自信，我相信自己能够做好很多事情。既然跑都坚持了，还有什么是不能坚持的呢？都跑了这么多路，还有什么是我没办法完成的呢？跑步中坚持 1 小时的抬头挺胸对身形的塑造也是有很大帮助的，会让人变得更加自信，带给我更多的力量。

跑步可以磨练人的意志和毅力，增强我的韧性和耐性，提高对环境的适应能力。长期坚持运动的人，在完成定量工作的时候是有一定优势的：行动会更快；潜力会更大，能够发挥最大的机能去完成任务；体能恢复速度也加快。一个人能够不断地在3~4个小时之内奔跑是需要极大耐力的，在跑马拉松时就需要很大的毅力和耐力，通常跑到30公里的时候，身体会排斥这项运动，开始浮现一些负面念头，很多没有坚持下来的人都是这样放弃的。

坚持跑步、坚持锻炼，其实也是时间管理和自律的一个表现。当跑步成为一种习惯，我们就会想尽办法腾出时间给它。那我们就会规划自己的相对时间，也会逼着我提高效率去完成工作。跑步可以帮助我们缓解压力，成为完成工作与学习的动力。它就像一颗糖果一样存在我的生活当中，我每天都会想着尽快完成任务，然后去做自己喜欢的事情。在这个过程当中，我会感到放松，也会更加自律，满足感也得到了极大提升。许多时间管理者在时间管理的项目里面都有阅读和跑步这两项。

跑步可以扩展我们的社交圈。跑步让我的社交范围变得更广，社交内容也变得更加丰富，感受到更多的正能量，通过跑步我认识了很多律师，也遇到了其他行业的一些跑者。很多时候，不是律师业务的交流往往可以带来意想不到的效果，因为目的性不一样，对方的心理预期与接受度也是不一样的。可能今天有一个公司的老总，如果你去和他谈法律顾问，他或许不会理你，但通过跑圈认识之后将会增加你业务的成功率。我有一个案子，当事人的儿子就是我参加马拉松时认识的。

跑步从某种程度上来说，也是律师的一个名片，这能够让客户感受到你是一个积极向上的人，对你更加信任。现在，湖北也有了律跑团，全国也有了律跑团，这为我们认识同行提供了一个机会。对于青年律师来说通过跑步很容易融入律师这个行业当中，也很容易获得认同感。在跑步过程中，你的经历、执业经验不是别人在乎的东西，大家关注的只是跑步，而参加跑团也促进和鼓励我坚持跑步。

跑步带给我的新认知

通过跑步我也有了一些新的认知，这些认知对我的工作也产生了很大的帮助。其实我们的人生也是一次马拉松长跑，跑步的过程就是人生的一个缩影。从 3 公里到 5 公里、10 公里、15 公里、21 公里、42 公里，在其中的每一个横断面，我都发现了一些让我惊讶的事情。达成目标取得的阶段性成果能够很大程度上促进能力的提升，驱动我主动去学习跑步的知识。我们总是认为是先学习知识，再用知识去提升能力，然后再达到一定的目标、取得成就。这样的认知会造成这样的问题，我们一直在做一件事情却难以取得成就，比如，即使做一辈子的饭我们也不可能成为一个好厨师，普通人经过 10 年、20 年还是成不了经理、董事长。

有人存在这样的认知，知识的积累自然能带来能力的提升和成果的出现，时间的积累自然能带动能力的提升和成果的出现，但事实上，我们每个人都会偷懒，而且随着年纪的增加能力也会下降。所以时间的积累对于跑步、律师执业来说，结果可能是正的，也可能是负的，成果当然也有好有坏。简单的重复若没有精进的结果，其实就是没有结果。很多人觉得，我们只要去做了就会有结果，只问耕耘，不问收获。其实这是最可怕的一个态度，但却被很多人列为标杆。我也认识很多人，他们坚持跑步很多年了，但他们的体形却像气球一样忽胖忽瘦。

通过马拉松，我能领悟到如果想要有一个好的成果，掌控我们的人生，需要认识到几个关键问题。

一万小时理论告诉我们，5 年、10 年、20 年的努力会让你成为某个领域的专家，但是这个前提是要精进和持续。如果每天进步 1%，而不是日复一日简单的重复，也不是负向的坚持。坚持的作用，就像银行复利一样，我们往往高估了 10 年以后的自己，却忽视了 1% 的成果。大家可以看几个公式：

1.01365=37.8；

0.99365=0.03。

这说明积跬步以致千里，积懒惰以致深渊。每天进步 1%，一年之后可以提升37.8倍。但是每天退步1%，一年之后会退步到0.03。这是一件多么可怕的事情。

即：1.02365=1377.4；

0.98365=0.0006。

只比别人努力一点的人，其实已经远超别人。别人比你多努力一点，你就被别人远超。

第二个新的认知，就是专业的事情由专业的人去做。这在律师行业体现得更为明显。只有专业的人去做专业的事情才能取得一个很好的结果。回顾这几年我跑步的历程，其实在半马之前都是自觉自发的状态，心情好的时候多跑一些，心情差的时候就不跑了。没有计划，也没有目标，当然也没有系统，都是顺其自然，想跑就跑。在我跑半马之前，总共才跑了400公里，所以我的成绩也不是特别好。但是，后来我开始全马训练，按计划进行，定了4个月的目标，每个月的跑量从80公里到150公里以上，坚持4个月后跑量也累计了将近四五百公里。虽然我也有偷懒的时候，计划完成率也只有70%左右，但是通过这个月的汉马比赛，成绩明显得到了提升，耐力也从21公里增加到42公里，我觉得都是得益于系统的训练才取得了今天的成果。我认为专业事还是要专业做，通过目标的驱动、升级，然后提升能力，再通过不断的学习，最后才能达成目标。这是我通过马拉松发现的一个成功的模式。

第三个新的认知，就是习惯比坚持更重要，越享受，越能坚持。人的90%以上的行为其实都是受习惯驱使的，这是有科学研究数据的。很多人为什么那么优秀，我认为他们的好习惯更多。而优秀本身就是一种好习惯，所以把坚持变成一个好习惯其实是非常重要的。坚持是一个积累能量的过程，当我们乐在其中的时候，我们才会去坚持。因为享受是一个美好的体验，所以养成一个跑步的习惯才是最重要的。

第四个就是思想决定行动，心态决定一切。心态其实就是我们的主人，在生活中我们很难控制遭遇，但我们却可以控制我们的心态。我们不可能改变别人，但却可以改变自己。其实人与人之间的差别并不大，真正的区别是每个人的心态。所以一个人能否成功地跑完一场马拉松，主要取决于心态。心态是思想对外的表现，但是思想又决定行为，行为决定习惯，习惯又决定性格，性格最终才决定每个人的命运。其实大家都知道，我们用什么样的心态对待生活，生活就会回报给我们什么。所以，为什么有人会跑马拉松，有人会跑全马，有人却连 3 公里都跑不动，究其原因就是心态不好。

跑步的小技巧

对于怎么跑步这个问题，我只能说一些草根化的东西。我认为每个人都能跑步，都可以去跑马拉松。人人都可以通过跑步来挑战自己的极限，我在马拉松活动中看到很多的残疾人，他们中有些两条腿都没有的就坐着轮椅跑步，双眼失明的就在别人的牵引指导下跑步，小儿麻痹症的也在跑马拉松。

作为律师，时间是无法把握的，我觉得晨跑是最好的解决时间的办法。晨跑能带给我们很多的益处，晨跑会让人的情绪变得饱满。有研究表明，晨跑可以帮助我们减少焦虑，稳定内分泌，同时也能促进睡眠质量的改善，有利于我们形成一个更好的生活习惯和跑步习惯。而且，早晨锻炼的人比其他时间锻炼的人更有可能去坚持完成一个计划。晨跑让我养成了早起的习惯，给了我更多思考的时间。晨跑并不会让我们觉得累，消耗精力，实际上晨跑可以激活你全身的细胞，让你一整天都有活力，而且能让你当天晚上更好地入睡。

跑步的时候最主要的是要做到慢，一开始就要做到慢跑。就像做律师，刚出来的律师一定会想赶快超过谁，想马上有 100 万元的收入。然而，老律师都会提醒我们要慢。很多时候，想快是快不了的。以前我并不懂得这个道理，记得我最开始参加马拉松的时候，开跑之后就像脱缰的野马一样，跑到 20 公里的时候就有了放弃的念头。后来，我慢慢地领悟到，只有慢下来才能跑得长。这是一个最基本的生理原理。我发现 3 公里和 5 公里其实是有一个门槛的，如果跨过了这个门槛，慢慢跑，那你很快就能达到 10 公里。我记得最开始跑到 5 公里是很艰难的，一直花了大概 2 个月的时间，但 2 个月之后我发现我的身体发生了一些变化，整个人变得更加轻松，心情也更加愉悦，睡眠质量也有了提升。

跑步需要准备什么？

首先要有一双好的跑鞋，保护好我们的双脚。如果没有对双腿进行好的保护，那么造成的损伤是难以恢复的。第二个就是要有一群跑友，相互鼓励、帮助和指导，有助于完成跑步的目标。第三个就是要树立目标，比如一天的、一年的、一场马拉松要多久完成，然后根据这个目标实践我们的跑步计划。当然说得再多，也不如实际的行动，跑步的最佳时间就是现在。如果想要自己跑得好，又不会受伤，是需要了解一些专业知识的。会跑、悦跑圈、咕咚、跑步圣经、跑步学院这些公众号都会推荐一些跑步的相关知识。

村上春树的《当我谈跑步时我谈些什么》带动了很多人开始跑步。《跑步圣经》这本书其实是一本关于跑步哲学的书。对于初跑者来说，《爱上跑步的 13 周》其实是最好的，这本书里面有一些关于跑步的心得和计划，而且这个计划是可行且无压力的，完成了 13 周之后，就会把跑步当成一种习惯。《法律人的马拉松》这本书主要是由全国的一些爱好跑步的法律人写的，内容也是可圈可点，就像是法律人版的《当我谈跑步时我谈些什么》。这本书适合那些刚刚开始跑步，而恰好又是法律人的朋友。

但是，跑步与马拉松其实是两个概念，跑步只需要你迈开双腿，而马拉松却是另外一个层面。因为马拉松是一项极限运动，对参赛者的要求很高，再加上现在一些人的体质都不是特别好，有心血管疾病、过度肥胖、平时锻炼比较少的人最好不要马上参加马拉松。至少保证每周运动三次，每次的运动时间都要在 1 小时以上，并且长时间的训练之后没有不良反应，通过 2 小时高强度运动之后而没有不良反应的时候去参加马拉松可能会更好一些。

知行合一，其实是最重要的。知道了就要去行动，想一千遍不如去做一遍，所以从现在开始希望大家有跑步的冲动，同时也去实践这个跑步的理念。

60. 书记员、法务、咖啡馆老板，我是如何通过10年努力成为一名失败执业律师的①

在得知青年律师汇的青青若联系我希望我能为栏目写些什么时，些许忐忑让我上上下下，思绪万千又令我不知从何下笔。因为我从未仔细回想自己迄今为止的职业生涯究竟是如何发展到今天这一步，尤其是从现阶段几乎毫无成就的状态来看，回忆过去就意味着反思我过往乏善可陈的十年。这着实将是一件令"鸵鸟"痛苦的事情。

但编辑邀稿，一时冲动应了下来，虽然我的缺点早如过江之鲫层出不穷，但失信从不在列。所以，我只能在此论一番"我究竟是如何通过十年努力成为了一名失败的执业律师的"，希望大家看到我的卑微与无知后能对自己现阶段的执业状况产生一些信心，毕竟幸福是需要对比的，我想我的作用应该在此。

对于法学专业的学生而言，就业是一件令人苦恼但你无法过分苦恼的事情，因为就业的方向十分固定，公检法、律师、法务，这三大块就是现如今法学专业同学们大部分的就业方向，当然你说你想当科学家或者卖猪肉，这个也没有人会阻拦。所以，根本不需要太苦恼自己究竟做什么，你只需要考虑，别人到底要不要你，你究竟是否足够优秀。

我本科毕业时不像"青年律师汇"里其他真的是"青年"的律师同僚，那时光景较早，当然也没有早到1979年刚刚恢复律师制度，但算算也是十年前。

自己都不明白要为什么反反复复自言自语十年前究竟算不算久远，一方面我没想自己居然参加工作已经十年，另一方面没想自己工作了十年竟然真的乏善可陈。

可十年之前的回忆明明就在眼前，于是我在心中追思这十年光阴发生了那些与我息息相关或者司法界发生的重大事件，以及检法机关司法改革的各项成就，这才体会出十年光景中的那些波澜起伏，像是将人高高抛起，那种下坠的感觉即便脚踏实地后，依然记忆犹新。

① 楚斐月，法学、经济学双学士，法律硕士，曾先后任职于某中级人民法院、某上市电子商务集团，现为湖北山河律师事务所公司法律事务所部专职律师、人力资源委员会成员，主要为客户提供银行、证券、房地产等方向的法律服务，并为多家大型国有银行、金融机构常年法律顾问团队成员。

基层法院书记员

十年前，我本科毕业后回到十八线小城（文中所有单位均为本人虚构，人物皆为想象，绝无事实部分，如有雷同，纯属巧合）的中级人民法院从事书记员工作。

记忆里那时候每天做的主要工作似乎就是装订庭里的卷宗，庭里也好像等我等了足足十年，把卷子统统留着等我上岗的那一天，于是我上岗的第一天便是学习如何装订出一份符合标准的卷宗。毫不夸张地说，我办公桌旁那台老式钻针装订机是我在法院运用得最为娴熟最为频繁的工具。

那时候尤其是在小城市，铁饭碗的概念依旧深入人心，一份稳定的职业和与国同休的工作单位是多少老人对子女的期盼，我的父母自然也不能免俗，所以家人对这样的工作当然是表示赞同，于是我几乎可以想象出我究竟是如何在这十八线小城了却余生。

那时候的我自大、愚蠢、无知，经常产生一种不知从何而来的自信心与骄傲情绪。跟随法官前往当事人单位调查时需要做访谈笔录，我既不会记录也不问旁人究竟该如何正确记录，毫无羞耻心地胡乱记录一通交给法官敷衍了事，法官看了看我写的笔录后默默重新记录一遍才让当事人签字确认。我想，那位法官当时内心应该是有脏话的。

律师到庭内就案件的调解内容进行协商，庭长招我坐在一旁帮忙记录，经过上一次的事件后，我已经大概知道了该如何书写一份合格的笔录，但知道的只是笔录的抬头与格式，我记录下了所有不需要记录的"废话"，全文看去毫无重点，字迹也是潦草不堪，根本无法得知究竟当事人双方达成了怎样的协议，我记得当时庭长看了看我，欲言又止。于是庭长只能自己重作争议焦点总结，一字一句复述给我听（我真的有听进去，谢谢庭长）。我想，庭长当时内心应该是有脏话的。

庭里当时只有两位书记员，另一位书记员复习司法考试九年，其实那时我也没有通过，甚至一次考试都没曾参加，可我偏偏自觉司考应当是简单的，是不需要用九年来通过的，于是经常嘲讽对方，结果现如今那位已是某区法院副院长。现在回想起来，他也经常嘲讽我，只不过我当时太无知，一直以为他是在认真夸奖我。我想那位书记员当年被我嘲讽时内心应该也是有脏话的。

那时候的人民法院，没有大数据去计算结案率，所以负责结案率的分管副院长基本靠吼，每个季度前两个月不开庭，最后一个月早中晚开庭。没有判决上网，所以万一也许可能真的写错字了，别人也不知道，真错了你拿过来，我再给你换一份。

没有现如今的反腐倡廉和投诉机制，信访窗口常年是没有人的，立案窗口不负责信访工作。所以那些信访的究竟该怎样信访我也不知道。反正院门口每天都是有人或站或躺地挂着木牌，木牌上用红油漆书写着一番无处说理的苦闷。后来我才知道，其实我们中院已经被礼貌对待，同市检察院门口是用沥青写的，刷都刷不掉，我路过看见笑了好久。

那时的我不满法院工作强度大、收入低、当事人难沟通，殊不知在彻底进入网络时代后，可以投诉维权的途径数不胜数。一级法院不受理，可以向上一级反映，上一级不受理可以向同级人民政府反映，是个行政机关就设有信访窗口，而且窗口还必须接待。

结案率也开始用上大数据，科技改变工作量，以前难以统计，现在一目了然。判决上网再加上法官终身责任制，对于拿不准的案子，自己不审清楚弄明白，根本不敢写判决，万一写错了，校对的只负责文字不负责法理，上了网，这就如同秒删微博被截图，真的收不回来。

所以相对现在检法系统的同学们，那时候法院的工作压力不可比较。可我仍然在抱怨一切，抱怨天，抱怨地，却从没抱怨过自己。

那时候的我，刚刚工作，无论在怎样的平台，都应当认认真真埋头做事，做好自己作为书记员的本职工作，如果你是一个茶杯，却总觉自己是烧水壶，既没有茶杯的用途，又不能用来烧水，那么这个茶杯其实就没有存在的价值和意义。

所以一名初进入职场的法律人最重要的就是脚踏实地，把自己能力范围内的事情做好，写一份裁定，格式是否正确，是否没有错别字，遣词造句是否恰当，要从职场的开始便养成这样的黄金习惯。现如今，许多从业几年的律师，做起案件来侃侃而谈，下笔一看错字连篇，这样的律师，即便法学素养再深厚，恐怕受人肯定的程度也是有限的。

然而自大、愚蠢又无知的我，基础工作做不好，平时也不认真学习法学理论和法学知识，竟然还产生出自己被大材小用这样的念头，执意要把铁饭碗给摔了，我想庭里的同僚为我送行时的那些喜悦应该都是真情实意。

上市公司法务主管

从法院辞职后，我来到江浙沪包邮的杭州，开始应聘法务岗。

三年时间里，我从港资企业法务助理，跳槽至独角兽企业法务专员，又跳槽至上市企业法务主管，其中的辛酸没有太多值得向外人道也。

因为太多比我优秀的人比我更加刻苦，在这三年时间里，我厚着脸皮无数次接触自己从未听说过的业务种类和客户需求，请原谅一个十八线城市的书记员一开始真的有些分不明 B2B、B2C、O2O 彼此之间的优劣势，GMV 究竟如何看广度和深度，金融供应链设计架构或者究竟该如何提升用户端愉悦性。

但我是快乐的，每天会有不懂不明白的地方，每天我都会在记事本上记录下所有的“不知道”，每天下班后我都会花时间让自己比昨天更进步一点点，这是成长的快乐。

当看到自己对不熟悉的业务逐渐开始得心应手之后，那种成就感无与伦比，尤其是当一群优秀的同事对你的工作给予肯定评价时，我更加认定自己的付出都是值得的。

在从事法务工作的那段时间，我依旧是自大、愚蠢，但相对不再如过去那般无知。因为我身边环绕着无数名校毕业生，他们头顶的光环随便摘出一顶都可以让你咋舌称赞，比如本科便是竺可桢学院或光华的学生，光这样的学院就已经和我等 211 学子划分出天差地别，并且也确实有许多优秀人才出自这样的龙潭虎穴。

同事中甚至有在浙大本科学习期间就有资格参与帮助博导设计杭州轨道交通这样的天才存在。于是虽然我没有吃过猪肉，但终归看见一群“猪”成天玩命奔跑，让我见识更大、更不一样的世界，我的无知似乎也就痊愈了一些。

正所谓“父母在，不远游”，再加上当时为企业服务的律所均为杭州顶尖律所，为企业服务的律师都是当时杭州一线律师，这些律师早已不仅仅局限在“律师”的概念，他们超越了律师本身的服务范围。如优秀的涉外律师，大多具备极高的语言天赋和多国法学教育背景，也见过投融资律师同时具备 CPA、ACCA 背景。

遇见过这样优秀的律师们，一方面让我深深认知到自己与优秀律师之间如云泥一般不可相提并论；另一方面也激发了我的求知欲与好胜心，毕竟我还是那个自大的我。

执业律师

于是我重新回到学生时代，给自己一段时间沉淀，希望可以通过回炉学习的机会锻造出更优秀的自己，在未来有机会胜任更多更具有难度的工作。于是依旧自大、愚蠢、无知，有一些见识带着极强求知欲的我再一次转换跑道，开始走上律师岗位。

在执业的这几年里，有为大型国有银行、上市企业提供常服，为 30 余家企业完成挂牌工作，参与过新股发行、Pre IPO、ABS 融资，企业并购做过小许，破产清算略有微薄经验，诉讼案件无论应诉起诉均无败绩。

我想我应该还是做的太少，无法在民商事领域细化出更为专业化的方向，如同民商万金油，好像什么都会，其实什么都不会，这样的律师最可怕。但好险我仍有自知之明，对客户也秉持极强责任心，宁可少做一单业务，也要将现有手头业务做好。

我胆小怕事，极度担忧出现受人之托却误人要事的情况发生，所以一切的一切都以为客户尽心尽力完成委托为准则，做不到的事情不承诺，做得到的事情尽量不承诺，以相互信任为基础，起步慢一些没关系，总不能踉踉跄跄跑出半里后回头发现全是客户的埋怨眼神。

咖啡店老板

絮絮叨叨说了好半天，要说为青年律师提一些建议恐怕力有所不逮，技术有所不及，只能没羞没臊地将自己不成熟的过往说出来，望新晋律师们可以不必再走我已经走过的弯路，而我也会继续努力，争取下一个十年能够说给大家听一个“如何成为一名成功律师”的故事。

目前能做的就是，为了让大家可以更加愉快以及更高强度地加班，来推荐几款咖啡器具和一点咖啡小常识。

摩卡壶

第一款是在国外使用率极高的摩卡壶，壶分上下两部分，粉加在壶下层，水也加在下层，通过煤气炉直接加入，待水沸腾之后气压将热水注入中细度研磨的咖啡粉中，这样出来的咖啡液比滴滤式的要带有意式浓缩的浓度和风味，但又不属于纯粹的espresso，价格在100多元，十分亲民，友情提示粉不要磨太细，太细会被气压冲到上一层，因为摩卡壶本身自带的金属滤网并不精细。

便携式浓缩咖啡机

第二款是一款所谓的便携式浓缩咖啡机，既然加上了“所谓”来称呼，就已经说明了它究竟是有多么的不好用，量少、费劲、难清洗、易损坏，并且价格三四百元一点也不亲民，有这个价格，完全可以有更好的选择。

aeropress

第三款便是前年很火的aeropress，同样三四百元的价格，但是比minipress还是要方便许多，是一款中规中矩的产品，咖啡液比滴滤要浓郁，清洗也算方便，勉强推荐。

法压壶

第四款是简单到不能再简单的法压壶，既可以做热饮也可以做冰咖，中年养生还可以泡茶泡枸杞，简直是居家必备。

使用方法也非常简单，去除细粉，用常温水，冰置8小时，使用冰块杯，加入黄蜜豆，醇香可口。

冰滴壶

第五款是近两年大火的冰滴，确实萃取出的咖啡液口感令人赞赏，并且操作简便，配合合适的咖啡豆，如曼特宁，都是不错的选择。

手动的意式浓缩

第六款同样是一款手动的意式浓缩，设计上获得过德国红点，坦白说，手动真的无法与机器相提并论，并且价格也在500元左右，娱乐咖啡机。

德龙意式浓缩机

第七款是一款德龙的天蓝色小可爱意式浓缩机，这样 2000 元左右的机器，在专业人士口中称呼为玩具机，但还是可以体会到乐趣的，重点是足够可爱呀。

胶囊机

第八款为大家推荐的是多趣酷思的胶囊机，胶囊是雀巢生产，但这一款的机器却是德龙生产，又美又方便，胶囊的种类也是数不胜数，办公室简单将就喝一杯还是可以的。

另一款是雀巢生产的胶囊咖啡机，只不过胶囊口味只有滴滤或浓缩，比较纯粹，不像多趣酷思的胶囊会有奶泡胶囊。

illy 胶囊机

第九款是 illy 胶囊机，机器是 illy 代工生产，illy 的胶囊可以说是胶囊咖啡届的巅峰，每一次打开一盒新的胶囊时，铁罐中散发出咖啡粉的香气，那一刻是最美好的。

大型的商用机

第十款，大家看看就可以了，因为一般家用不需要这样大型的商用机，但这样的机器使用起来是一种享受，用这样的机器制作出的咖啡液或奶泡，都是无可挑剔的，当然价格却是十分挑剔的。

61. 在律所做斜杠青年是一种什么样的体验①

他是一线工人、经理助理、导演、演员、主持人、摄影摄像师、剪辑师、网络工程师、电工、新闻记者、活动策划、公众号编辑、新手老司机、一名厨师……

但就是这样一个在律所工作的人，他竟然不是律师。

① 景松，湖北民基律师事务所品牌运营部主任。

弃理从文

出生于国营厂矿，不锈钢普通话标准，hf 可以分清，平翘舌标准。

一路上被安排得明明白白的，小学、初中、高中直至大学毕业。

理工男，凡事喜欢钻个牛角尖，讲理论原理，更讲社会主义科学发展观。

大学毕业，没有选择本专业相关的工作，而是去了本地一家大型化工企业，只因为心里对化学的那份执念。

从车间基层一线操作工做起，开始了搬砖生活。

每天三点一线——家、工厂、食堂，简单粗暴，三班倒的作息时间以及每班次 12 小时的超长工作时间虽然让我感觉异常艰辛，但是依旧凭着一口气，在 20 多个同批次进入工厂的同龄人当中脱颖而出，不到一年时间走上基层管理岗。

随着时间的流逝，与我一同进厂的小伙伴们慢慢只剩下寥寥数人，每当夜班时我都会思考，当初的选择是否正确？

如果那时选择去建筑单位安安稳稳地做一个施工员是否才是我应该的选择？

当我一直漫无目的地苦苦坚持着自己的执念时，命运却好似站在你的背后拍拍你的肩膀，告诉你，你真的错了。

辞职后，倒像是紧绷的弦终于得到了释放，完全提不起找工作的性子，什么都不想做了。

闲了一段时间，开始疯狂地投简历、面试（本人精通 Word、Excel、Access、PowerPoint、Outlook Express 等软件的安装与卸载；熟练掌握 VB、C++、FoxPro、SQL、java 等单词的拼写；熟悉 Win7、Winphone、Linux、Mac、Android、Ios 等操作系统的开关机；深谙国家法律职业考试，英语六级，初中高级会计资格等级考试的发卷收卷流程。希望在这里做端茶递水的工作）。终于在走了一些弯路后，找到了一份合适的工作——港企行政助理。

这完成了我人生中第一个飞跃，由理转文。

渐入佳境

我们中有一些人在大学毕业的时候响应国家号召去基层做“大学生村官”，把自己的青春和汗水都留给基层，希望以后可以有机会进入事业单位编制和公务员行列，以后有一个稳定的工作，这也是家长最看重的。

正如一位做大学生村官的朋友说的一句话：“公务员恐怕是除了自己外，家人朋友老婆，丈母娘都满意的工作了。”

我们的同龄人中也有出国留学后回国创业的人，他们确实在国外开阔了眼界，也结识了一些有能力的人，回国创业是“如鱼得水”。

他们有的人也历经过很多挫折失败，有的人抵抗不住打击意志消沉，从此一蹶不振，有的人心怀希望永不屈服坚持最后，可谓是苦尽甘来，取得了成功。

这个时代机会和风险并存，强者自救，永不放弃对希望和成功的追求。

而对于我来说，挑战才刚刚开始。

长江钢琴音乐节，年度盛会。

入职不久便参与筹备了人生中第一场万人空巷的大型活动“第四届中国宜昌长江钢琴音乐节暨首届宜昌艺术节”。

如果说日常的工作能够使人逐渐使人了解企业文化内核，那么通过活动就能及其快速地拉近人与人之间的距离。

我开始变得更加忙碌，忙着各种会议，忙着起草文件，忙着各种检查，忙着各种接待，忙得各种头大。

但这已不再像从前一样每天机械地重复，毫无突破与收获，如今在分身乏术中练会了通过交流沟通解决问题。

我开始有了自己的社交圈子，开始有了自己的思考，感叹为什么不早一点从执念中跳出来，早一点回归社会。

我感觉逐渐找到了自己的节奏感，文字工作变得得心应手，报告检查变得轻松愉快，接待任务变得井井有条。

一年之内就解锁了学车、结婚、买房三项人生新成就，瞬间感觉自己膨胀的像一个 180 斤的胖子。

不断提升

民基所在宜昌竖起了专业化、规模化、品牌化大旗，开创了“一所两制”管理模式。

深挖民基文化内核，大力推广民基品牌，线上线下齐上阵——网站、微官网、公众号、微博、所刊、简报、民基春晚等。

民基为我提供了一个更高的平台。

我想说三件事儿。

第一件事儿，我与公众号不能说的秘密——品牌运营部

专业化、规模化、品牌化一直是律师事务所发展的愿景目标。

“三化”的核心是实现律师事务所发展的品牌化，因为品牌最终将沉淀为律师事务所的无形资产，支撑着律所的存续与传承，所以越来越多的律师事务所都组建了专门负责运营律师事务所品牌的部门或者外聘专业机构处理品牌事务——律所的品牌运营部。

在工作初期，我的主要工作内容是负责公众号、网站编辑，其实一开始我在运营律所的公众号时，就有一种在养一个女儿的感觉（我是有多想要个女儿）。

我也想我的闺女每天都能打扮得漂漂亮亮（排版精美）、曝光率高（阅读量大）还有众多拥趸（粉丝数多），所以总是在挖空心思想办法在增粉的路上一路狂奔，但是效果往往却不尽如人意。

那时还没有原创保护一说，所以在民基初期的公众号推文中，绝大多数都是以转载他人阅读量最高的内容为主，但是发现效果并不好，文章阅读量依旧寥寥数人，粉丝数反而还掉了几个。

渐渐地我才发现，公众号定位作为公众号运营的开始，就像一个人的性格和品质，决定着公众号以怎样的风格形象出现在目标用户面前。

定位应该是稳定的，一旦确定了订阅号的定位，不到万不得已的时候，都不要更改或者多次转换。

正如微信公众号的宣传文案，再小的个体，也有自己的品牌。

但是律师行业与餐饮、零售等服务行业差别太大，究竟要如何针对自

己的品牌、文化与公众平台完美地融合并找准自己的精准定位，这是一个问题。

就这样徘徊了一段时间后，我发在现在这样一个信息极度爆炸的时代，只要你拥有一部能上网的智能手机，就能够主动或者被动获取大量信息，但是这些信息往往充斥很多的垃圾信息，而用户却没有那么多时间去甄别。

所以在发布律所日常新闻的同时，如何去建立一个优质的板块，打造属于我们民基自己的“IP”成为了我 2016 年工作的指导方向。

“鉴于微信作为中国活跃用户最多的移动社交平台，我组建了自媒体营销团队，打造了民基所的‘社交货币’——民基法律评论，我们集中精力，通过原创着重打造‘制造话题’‘表达观点’的社交货币，我们选取每周的热点事件，通过法律人的视角对其进行点评。”

在民基所提出“打造民基 IP”的指导思想下，我们不断地探索和研究该版块内容如何更加丰富、热点新闻的切入点如何能够抓人眼球、评论具有一定的深度，并且通过一次次样式改版并加以推广至其他图文消息最终推动了律所新一代 vi 以及 logo 更新的进程。

第二件事儿，通宵达旦请给我一首歌的时间——《民基法律评论》杂志

如果说让你在网络编辑与杂志编辑中二选一的话，你会选择什么？

实在不好意思，这俩我都占了。

在逐步搭建并摸索出了一套属于民基公众号、网站的运营模式后，我开始接触另一片汪洋大坑（海）。

当我第一次拿到由我独自编辑排版的《民基法律评论》时，无法抑制内心的狂喜。

看着一篇篇曾经仅能通过网络传播文章在这一刻集结成册，此时正沉甸甸地被我捧在手里，我已经忘记那些通宵达旦的日子，只想用一个时间节点来记录这一瞬间——2016.08.05。

“《民基法律评论》是一本时事热点话题法律评论分析，文章内容由我所律师撰写，并经品牌运营部工作人员进行编辑成书。严格意义上来说，它是我所第一本学术性刊物。适逢民基所创立十周年，《民基法律评论》应运而生，它代表了民基律师对于时事热点问题的一分思考，更加代表了民基律

师充分利用新媒体的优势努力走在时代的前沿。”

“每期法律评论都有着非常高的点击量，读者也会在下面留言和我们互动，我们也因此成为了‘智善湖北律所公众号排行榜’榜单常客。正是和同事的一起坚持，才明白了‘要想走得快，一个人走；要想走得远，一群人走’的真谛。西方著书，都习惯加上‘谨此献给的人’，我谨将此书献给曾经的、现在的、未来的民基人。”

第三件事儿，从台前到幕后最长的电影——民基春晚与《生活就是舞台》

“其实我是一个戏精（演员）。”

大学两年文艺部副部长，培养了我的文艺技能；港企工作一年，提升了我活动策划协调能力。

于是在2016年度的十周年民基春晚中，筹备组在刘主任的带领下，在领导以及各位律师的支持下，我们卯足了劲、上好了弦，尽力打造出一台在当时看来几近完美的视觉盛宴。

作为副导演的我感觉亚历山大，但我毫不退缩，先前一步当起了舞台设计、相声演员、行为艺术家、歌手、音控师、道具师、游戏策划。

所以你能看到我好像有分身术一般一时出现在这里一时出现在那里，我的天哪，简直太神奇了。

感谢每一个工作人员辛勤劳动和民基家人们的积极配合，虽然晚会依旧有些瑕疵，但这仍是一台于我而言有着极其特殊意义的晚会。

2016年8月13日，长阳、清江河畔，《律师如何拥抱“互联网+”》论坛活动大幕开启，民基与智善亦是结缘于此，而活动开场时发布的由民基所全体成员自编、自导、自演的MV《生活就是舞台》作为民基十周岁的生日礼物闪亮登场。

一台DV，两台车，9个人历时一天的外景拍摄，炎炎夏日中，我真想说，这剧组穷得甚至连台吹风机都没有。

然而就是在这种艰苦卓绝的环境中，我们民基人不怕条件简陋、不怕高温天气，迎着朝阳踏着落日，用自己的方式表达了对民基的热爱。

一路同行

在民基的日子，我对民基、对自己有了新的认识，原来每一个民基人，都是背后的支持者，只要你一声令下，他们都能给你最坚实的臂膀。

我回想起殷书月主任在不经意间跟我说过的一番话：

“的确很多的人都想站在舞台的前面，但是站在舞台背后的人，更应该得到人们的尊敬。”

我恍然大悟。

也许殷书国主任在我的办公室里让人题字“大巧若拙”亦是如此。

我已适应现在的工作节奏，心态逐渐从普通的工作人员向管理者转变，我知道自己需要学习的地方还很多，虽然路漫且远兮，我将跟随每一个民基人的脚步上下求索，笃定前行。

P.S. 我从来没有做过一道像“夏天穿着花裙子躺在床上的黑长直是男是女”这样摸不着头脑的题，这简直是一个法律圈版的薛定谔的猫。

62. 动人的是最初的时光[①]

2010：实习律师兼办公室主任

我是2009年通过司法考试，2010年本科毕业。在校时我就志在做律师。

毕业那年，本计划在成都找份律所的工作。联系了几家律所，无奈初始待遇微薄，担心不足以支撑吃住，最后回到家乡射洪，一个毗邻重庆的县城。恰好当年新成立的四川泽曦律师事务所正在招聘办公室主任，于是我成为了一名“实习律师兼办公室主任”。

就这样，我怀着对前景的未知和试一试的心态开始了工作。我的主要工作是打扫卫生，甚至于我侄女在几个月里都说我其实不是律师，是个清洁

① 任雪峰，农工民主党党员，四川大学法律硕士，北京盈科（绵阳）律师事务所高级合伙人，擅长处理商事、刑事、家事纠纷。

工。除了打扫卫生，我还做些端茶倒水、打字复印的工作。

没事就对着电脑研究网购、看看卷宗研究文书；别的同事需要支援的时候，我就帮帮小忙、跑跑腿什么的。有时候我就纯粹在那边发呆，总体感觉是大家都在忙工作。而我，告诉自己：我只是在休假。

星期五的下午，一般会比较难熬，所里其他律师一般不来，基本也没有客户过来咨询什么，而我得枯坐等钟。

每天回家吃完饭，第一件事就是把当天穿过的衬衣刷干净，皮鞋清洁上油。然后，期待下一个工作日会变得不一样。

8 月到 11 月，我也说不上来自己是怎么走过来的，好像什么也没有做，自己却感觉还比较满意。有忙的时候，但是一直做比较单一的工作，比如在案子上，基本只做文书工作，多的时候，我一下午也写过 8 份催贷起诉状。

11 月的时候，一位中国政法大学民商法专业的朋友来所里实习了一个月，后来奔公务员去了，其间聊过很多，她笑我年纪轻轻跑县城里猫着；我笑她，好歹也是政法名校毕业，回县城考公务员。

12 月的时候，所里确定要增加四名实习律师，我莫名兴奋，这意味着所里人气会更盛，无聊时可能会多个伴。

大厅新添的办公格子、前台都是我从网上买回来的，我会觉得我真的是这个所的一部分，很重要的那部分。

当然新进的实习律师，也没有一个比我年龄更小，最小的也比我大 5 岁，也没有一个是像我一样之前几无实务经验，都是以前做法律工作者，考过司法考试后转做律师的。现在想想，或许县城多是这样。

元旦，所里聚餐，我端着酒杯信誓旦旦地对主任说，争取 2011 年做 2~3 个案子，主任说没事，不急，慢慢来。就这样，转眼到了 2011 年。

2011：从坚持不下去，到找到成就感

2011 年 2 月的时候，我接了两个案子，一个是离婚纠纷；另一个是装修装饰合同纠纷，最后都调解结案了。

接着又做了一个给未成年人辩护的援助案子。这个援助是我第一次出现在法庭（也是最初 9 个月里唯一的一次），之前我虽然有时候要求跟随其

他律师一起去观摩一下，但总是未能成行。

接了案子后，心态就开始不好了，特别希望及时得到锻炼的机会，希望不仅只做文书、卷宗方面的工作，想多到庭实践。

3 月、4 月、5 月，我过得特别苦闷，一个人的时候总是怀疑自己选择的道路是否正确，并经常说些要去外面看看的话。

主任就找我谈话，说我们这个工作本来就是一步一个脚印走出来的，不宜过急，但凡一鸣惊人的，一般都不得善终（这是我演绎的，原话不是这样）；公务员虽好，但不及我们自由，收入也略低，支持我做任何选择，但建议我慎重考虑。

道理是这样没错，我也都知道。可是，总是面对电脑屏幕，我难免心酸。更心酸的是，我这样坚持，却总是要受到家人的冷嘲热讽。

6 月初开所务会的时候，我一改平常不发言的作风，直言需要得到参加庭审的机会，所里一直在讨论的“一带一”，在我身上开始实行。

不过，我不幸地有两个师父，一个就是我们主任文格，另一个是杨坤律师，两个师父的法律工作经验加起来超过 40 年了，本来对我来说是好事，但我也由此开始了漫长的加班之路。

6 月开始，也开始多了些援助案件，出庭的时间也多了起来，可能真的是我幕后工作做得多，案子看得多的原因，出庭倒也没有特别露怯。

有那么一天，主任来了之后，递给我两份广告报纸，报纸的头版底端约有 1cm 高的版面（个人感觉算很大的版面了）印着“本刊法律顾问：四川泽曦律师事务所 文格、任雪峰 电话……”那一刻真的感觉很感动。

对于我这样一个涉世未深、没有案源的实习律师，直接、间接拿钱给我用，其实真的帮不上我任何忙，但是让一份充斥在县城大街小巷的报纸上印着我的名字，却会让我重拾信心。

8 月，我做刑事援助的时候，第一次做了改变定性的辩护，希望将信用卡诈骗罪的定性改为盗窃罪，从而降低罚金。后来得知，合议庭当庭是被我说服了，不过最后找到成都市中级人民法院的一个类似案例，决定与其保持一致。所以，其实法庭最后没有采纳我改变定性的辩护意见，依旧定了信用卡诈骗罪，不过判决免予刑事处罚。

中旬的时候，主任告诉我，让我和他一起做商业银行的法律顾问，分一半顾问费给我。

过去七年了，现在想起这些，依然心潮澎拜，从坚持不下去，到重拾信心、找到成就感，只是两三个月时间。当然，也要感谢师父们给予的帮助！

2012、2013：执业三年，老了十岁

工作进入“正轨”，聚餐喝酒大量增加，运动量开始减少。一两年间，因我的不克制，使我的体重增加了几十斤，从毕业时的 60kg 的“瘦子”，变成了 80kg 的“胖子”。

再加上着装偏职业，我迅速变老了十岁。

有次开完庭，我和客户一起吃饭。客户问到我的年龄，我开玩笑说道，79 年的。客户说，不可能，我看你应该是 81 年或 82 年的。

还有一次，我上球场不到 10 分钟就累得下来了，队友跟我说，别那么拼，我们都三十几岁的人了，别伤着。

又有一次，老姐拉我陪她逛街，一位“有眼力”的导购先误认为我是老姐的老公，老姐否认后，又误认为我是老姐的哥哥。

于是，我自己也开始接受，我“三年老了十岁”这一现实了。

2013 年 3 月，我没有继续兼任“办公室主任”。

两年多里，我最喜欢做的事情是，在办公室打扫卫生：

把自己常坐的两张桌子擦了，把大厅的茶几收了，把两个师父的桌子整理一下，把办公室沙发擦了，接着是前台会议室和卫生间；

把全部地板扫一遍，然后拖一遍。300 平方米的办公室，我需要一个小时。

从我到所参加工作，几乎一直都是我在做清洁，偶尔有人帮我分担。但是，我还是喜欢一个人做，尤其是在晚上跑去做。

只有在打扫卫生的时候，我才最清楚地知道我是谁，我是干吗的，我扮演的是什么角色，我还有多远的路要走。

说来，那时的我必须算是最出色的律师之一了，开个一人所估计也绰绰有余。

既能做业务，又能做行政（下达上传各项文件、政策，安排日常工作、会议，组织活动宣传、集体学习，参加司法行政工作的各项会议，撰写简报、新闻稿、栏目稿、汇报稿、各种总结各种稿，搞定年检注册、不定期的省市县领导视察），还兼做内勤（打扫卫生、接待来客，购买办公设备、日常用品，修电脑、修水箱，连办公桌都是我自己买回来的）。

我总觉得我还差得很多。尽管我看起来已经有 30 多岁了，尽管毕业后体重已经增加了几十斤，尽管我已经逐渐适应了我的律师工作，尽管居然有人说我做得如鱼得水，尽管我还拿到了 2013 年度县优秀律师的荣誉。

那时，我想，我有的是时间，足够改变我自己。

2014、2015：解决了人生所有问题

2014 年，我成为一名有房（按揭）、有车（按揭）、有商铺（律所购置新办公室入了一小股），顺利解决了温饱问题的律师；上半年结了婚，下半年考上了四川大学的在职法律硕士研究生。朋友们笑我说，突然解决了人生所有问题。

可是，怎么可能那么容易。

这一年，我开始到成都参加学习培训和各种会议，我也开始慢慢觉得，外面的天地太广阔了。可我已经在县城待了四年，有几家顾问单位，有本地执业的成熟经验。我很犹豫，是要到外面去看看，还是在县城里安逸地老死。

那年，我年方 27 啊！我想，大不了失败再回来。

于是，我开始着手，联系成都的律所，以及向律所提辞职。整个过程长达半年。

然而，剧情反转，最后因为妻子不愿去成都，想继续在绵阳生活，恰好她又怀上了孩子，我妥协了，来到了“科技城”绵阳，进入现在所在的四川科通律师事务所。

确定来现在的所，只花了周末两天，查了查网页，打了几个电话，可谓仓促至极。甚至对于进入新所，是要做“授薪”律师还是“提成”律师，我都没有思考，那时自信地以为：干什么模式都可以，我一定行。

我记得确定到绵阳执业的那天傍晚，我在省道上开着 60 迈奔赴绵阳，吹着风，看着晚霞，仿佛自己奔向幸福，一片惬意。

然而，骄兵必败。

我做过一段时间“授薪”律师之后，很快回到“提成”律师的怀抱。

绵阳对我而言，毕竟人生地不熟。为了拓展案源，抱着试一试的心态，我开始在网上进行推广。

此后，每天要去网上解答法律咨询，接听免费咨询电话。慢慢地开始有一些网上咨询客户，转为线下委托客户。

同时，在第一次去市法律援助中心值班时，我接到一个刑辩的指派，并在半年后拿到受援人赠送的锦旗。

就这样，才在一年后慢慢打开局面。

2018：结束单打独斗 回归团队

当我 2018 年 1 月提出重回团队（“授薪”模式）时，几乎所有人都不理解。

大家眼里看到的是：一个虽然没有大客户，但是一年小案诉讼能做三四十件的提成律师，要回到团队接受“老板”的“压榨”。大家都不明白发生了什么。

事实是，我认为在精力有限的情况下，如果在客户质量和个案收费上没有突破的话，最后的结果只会是我累死也不可能再有上升和突破。

因此，发展趋势应该是建立团队，或者提高个案收费，或者开拓新的业务类型。

而回到团队，向成功的团队学习经验，无疑是最好的捷径。

一回到团队，我迅速被“捧杀”了。被票选为管委会委员，担任第一业务部部长，配备了平均学历最高的部门成员，安排部门承办的业务中囊括顾问费最高的两家顾问单位。

看似很美，但是个中痛苦，自不待言。面对新的业务类型，要花很多时间研究，团队多次加班到深夜，甚至我累得直不起腰。

未来：望向成都

非常感谢智善的邀请，让我有机会静下心，细细回想过去八年的工作。

但我发现，记得最清楚的反而是时间相距最远的一些人和事。

最让我感动的是记忆中那些默默执着坚持的时光。这也是这次交流讲了很多实习和执业之初经历的原因。

我想，我再也回不去最初的美好，体会不到那种每小进一步都兴奋不止的感受；也没时间下班就回家，更不可能洗好衬衣、擦亮皮鞋后静静看着它们。

但我期待，终有一天去到成都，甚至更大的舞台。也或者，有一天我再回到最初给我美好的县城。

而现在，我需要在选择的律师之路上，继续坚持下去。

63. 诗情在左　事情在右①

开年上班第一周的周末，收到青青若的约稿讯息，很意外，因为没想到会约稿约到我这里，心想：我可是一名头上还尚未带有光环的青年律师，资何以谈？

但与此同时，更多的是感动，智善的小伙伴们的勤勉以及他们对律师职业共同体的这份热情打动了我。

因此，我毫不推辞地接收了这份“新年礼”，然，来而不往非礼也，于是有了这篇分享文章，一则践诺，再则期待与各位同人交流。

写在前面的话

春节假期，《中华诗词大会》这一档节目很火，我想之所以能火，说明随

① 从其福，中共党员，1984 年 12 月出生，湖北阳新人；现为湖北得伟君尚（湖北自贸区宜昌片区）律师事务所合伙人，副主任；毕业于湖北师范大学，法学学士学位；大学毕业后先后在法院、乡镇府、司法局等部门工作，担任书记员、助理审判员、办公室副主任、副局长、副乡长等职务，2014 年辞去公职从事专职律师；执业领域：并购及破产清算；执业格言：为公民权利奔走，为个人自由奋斗！

着人们物质生活的日益丰富，大家对传统诗词文化这一精神层面的渴求越发强烈。

昨天下班回家，一推开门女儿就欢快地跑到我跟前，很是兴奋地告诉我，她今天获赠了一只可爱的小仓鼠，她还给小仓鼠分别取了大名“小艾”和小名“仓仓”。

在这之前我给她读过一本充满爱与暖意的书——《小艾，爸爸特别特别地想你》，她也一直期待自己能养一种小动物，猫狗或兔子之类。

今天终于如愿以偿，女儿脸上洋溢的笑容超过了我以往给她买的任何玩具或零食所能带给她的这种幸福感。

党的十九大报告指出，中国特色社会主义进入新时代，我国社会主要矛盾已经转化为人民日益增长的美好生活需要和不平衡不充分的发展之间的矛盾。

写到这，请大家原谅我行文的突兀，但也请大家跟着继续往下走，因为我绝不是在作官体文章或是谈政治学习体会。

我想跟大家谈一谈诗情，希望通过我的诗情，能够激起大家畅谈的“话意”。

也希望我的真情告白能对同龄或同行（xíng）的年轻法律人有所裨益（诸如在就业、择业、创业等方面）。

因此，在下面的每一个话题环节中，我都会附上我每一个人生职业经历对应的拙诗，以供评（踩）赏（踏）。

我也曾是不一样的烟火

2008 年，在公务员省考和选调生选拔双双入围须“二选一”的抉择下，怀揣投身基层法治建设的法官“梦”，我独自背着行囊从鄂东来到鄂西南，在宜昌市下辖的县城法院工作，被分配到离县城 3 个半小时车程的边远法庭工作。

前后在法院领了四年的薪水，却只为法院干了两年的活，余下两年因参加省委组织部的下派挂职行动被安排到乡镇工作。

因时常堆砌些诗歌文字，朋友们都调侃我在屈子家乡沾染了不少

“骚”气。

但确实这四年尤其是在乡镇工作的两年，让我深刻地认识了我足下的“乡土中国”，以及深刻体会到法律职业梦想与现实存在巨大差距的“法治之惑”，当然还有情感之困。

有过挣扎与徘徊之后，遵照“成家立业”的祖训及内心我结婚了。

婚后两地分居，犹记相思苦海，苦水倒灌长江导致汛期水位猛涨，且尚欠老婆一次蜜月之旅。

2012 年，为解决两地分居问题，我参加隔壁 C 县的司法局副局长职位公开招考，成功晋级并在 12 月 4 日法制宣传日当天赴任新岗位，同月迎来了我的女儿的降生，时间节点上可谓“无缝对接”，人情心愿上可谓“天公作美”。

待到闺女蹒跚学步时，遵照组织安排再次赴乡镇工作，分管安全生产和农业，在乡镇工作三个多月后我便毅然离职。

离职前为了站好最后一班岗，搞好春节后煤矿复工检查工作，我将辖区煤矿挨个爬了一遍。以至于后来有同事调侃，我是被吓跑的！（平均每个煤矿爬下来少则一个半小时，多则两三个小时）

2014 年年初，我下海了，同一年，深爱着我且不忍见我孤单的老婆也毅然辞教，伴我共闯荡。

突然，想到 Beyond 的那句“原谅我这一生不羁放纵爱自由”，给母亲怎么解释她肯定都不会接受我的抉择，但这确实是我当时内心真实的写照。

这就是我，我也曾是颜色不一样的烟火。

野　菊

静秋日暮，
乡野深处，
几杯淡酒下肚。
整齐了队伍，
吆喝着上路，
三间几家村庐，

依稀灯火渐露。
秋雨霏霏，
浓浓云雾，
落叶遍地尽枯。
战战急刹处，
满地黄花入目，
烂漫乡野秋菊，
一路花开簇簇。
纵是平常馨香，
群芳几人能妒？

（2010 年 10 月 25 日于秭归）

阅史与预势

如果真有时光机，我希望它先能带我们回到 20 世纪 70 年代末“文化大革命”刚刚结束，中国改革开放刚刚起步的时代。

那个年代，人们才刚刚分清鬼和神，也还没有《年轻的朋友来相会》里的我们这些“八十年代的新一辈”人，人们的职业类别或背景血统栏里更没有“律师”这个字眼儿。

不是说我想借助时光机回到那个时代，而是要去看看那个时代的不易，因为正是那个时代的人们经历的艰难坎坷，孕育着我们后来的 80 年代这辈人的幸福，也正因为那个时代的不幸，才给我们这个国度和国民上了一次惨痛深刻的“人治法治孰是孰非”的历史法治课，也才有了接下来这 40 年的法治进步发展历程。

读史有学问，这里面最大的学问我想就是谦卑，知道我们来路不易，谋业之艰。

从 1978 年到 2018 年，40 年弹指一挥间，《宪法》《刑法》《刑事诉讼法》等法律法规的出台，结束了“无法无天”的时代，作为法律职业共同体一员的律师行业，迎来了 40 年的快速发展，律师职业从无到有，律师队伍从人数极少到如今 30 余万之众。

不得不说，作为“80后”律师，我们是幸运的，也是幸福的。

回到前面讲到的党的十九大报告关于中国社会主要矛盾的论述，这段论述对我们当下社会历经的转折与变革进行了精准的概括，是为时势，历史发展的大趋势。

最近也有一部很火的电视剧叫作《大江大河》，通过对1978年到1992年这段急剧变革的历史阶段的三个代表性小人物命运的聚焦，深刻解读了其所身处的变革大时代。

其实，我们当下身处的新时代又何尝不是这样一个变革更为急剧的时代。

我们都喜欢引用狄更斯的名言“这是个最好的时代，也是最坏的时代”。

谈我们律师职业展望与定位，也不能脱离当下的这种语境。

作为新时代的青年律师，除了扛起前辈的旗帜去开疆拓土广积粮源之外，我想更应该紧随时代的脉搏去思索职业的使命与价值。

我想，也算是畅想与展望，新时代的青年律师应当顺势而为，这些“势”在我的肤浅理解之中至少包含以下几个层面：

一是律师应当更广泛地参与国家现代化治理与政治改革的实践。

江平教授对律师行业的鼓与呼应当成为我们这一代律师的努力方向，我们期待下一个10年、20年，更多的律师应站到政治舞台的中间甚至中央，成为国家现代化治理与政治改革事业的中流砥柱，而非旁观者和局外人。

二是律师应当更注重职业的传承。

我们期待更多的律所能成为百年老店，建立在文化的积淀、制度的革新和专业的分工基础上的律师队伍，得以生生不息。

三是律师应当更积极拥抱科技的变革。

每一次科技都给人类的命运带来深刻的变革，助推人类文明的一次次腾飞。我们期待更多的前沿科技变革在为律师赋能的同时，让律师更好地为时代赋能。

四是律师应当更主动走向世界。

尽管太平洋彼岸的特朗普喜欢筑墙、设卡，尽管当下经济形势有很多悲观消极的情绪，但我们相信全球化大趋势是不可逆的，我们期待更多的中国律师和中国律所能走出国门，走向世界。

这些“势”，既是时代的后发之势，也是青年律师发展的先发之势。

运河·东山——改革开放四十年有感

东山巅，
运河边，
秋高日暖，
波光潋滟。
腐水臭沟换新颜！
五八年，
红旗展，
鼓足干劲，
力争上游，
多快好省总路线！
昨忆苦，
今思甜，
功碑铭记，
饮水思源，
谈笑变幻甲子间！
开门户，
解禁言，
效率若生命，
时间即金钱，
摸石过河四十年！
新时代，
逐梦谈，
盛世可望，

其路维艰，

前史尤须后人鉴！

（2018年10月11日于宜昌东山运河公园）

“无折腾，不故事”

很幸运在投身律师行业之处便遇到了我的两位入行引路人D律师和L律师，D律师高尚的人格魅力、优良的执业操守、深入骨髓的文化气息，以及L律师办事的果决、思维的缜密和待人接物的谦和深深地感染着我，他们一言一行无不在教诲着我也将终身影响着我。

跟着D律师主要从事诉讼和公司法务实践，师父的快意恩仇和侠者风范让我对诉讼律师高山仰止，跟着L律师做了一年多时间的非诉业务，她的温润、理性所支撑的运筹帷幄让我意识到法庭之外律师也有主战场，同样可以有大的作为、展现风采。

“两年学做律师，两年像个律师，两年是个律师”，至今还记得师父跟我分享的这句话，感恩初入律途的这四年。

犹记从山区小县城来到宜昌特大城，虽蜗居于毛坯房，但尤未悔，虽每日奔波于法院、律所与客户“三点一线”之间，亦未觉累。

2018年，有感于传统提成制律所的种种弊端以及职业的危机感，我选择了离开，开始了人生新的“折腾”，加入探索律师一体化模式的新尝试之中，虽感前路充满变数，但心之所向，只能一往无前。

“一个人走，可以走得很快，一群人走可以走得很远”，我总是用这句话来宽慰自己，寻觅着新征途上的同路人、同行者，希望能并肩前行，探索出律所发展的新路径和新模式。

北上赴北京iCourt学习，东到上海参加中世联盟论坛、智合论坛取经，东奔西走绝不在家固守，收获了新知，开阔了视野，更加坚定了我走一体化律所建设的新路子。

“无折腾，不故事”，这是我给自己煲的心灵“鸡汤”，虽喝不下，但闻者足戒，也不妨一闻。

“青青子衿悠悠我心，但为君故，沉吟至今。”

2018年，是我的创业之年，我们还在找人、招人，找一起做事、一起逐梦的人。

路

最温馨的路，
是回家的路。
路的那头，
通向情感的归宿。
最关键的路，
是抉择的路，
在十字的路口，
下了命运的赌注。
最漫长的路，
是故乡的路，
越走越远，
日渐模糊。
最不愿走的，
是回头之路，
怎么都回不到原点，
也终究前进不了一步。
但最难走的，
还是脚下的路，
但每一步脚印的深浅，
都将决定着你人生的高度。

（2015年1月22日）

诗情在左，事情在右

在屈子之乡工作期间，兴许真是沾染了屈大夫的“骚气”，陆陆续续写了不少诗，拍了不少风景照，虽难登大雅之堂，但真实记录了自己成长的历程。

写诗似乎成为我记录生活和情感表达的一种常态。

但做了律师之后，越发觉得事情越来越多，诗情越来越少，这是件很苦闷的事情。

对于律师职业尤其是青年律师的艰辛，我能感同身受。所以我更愿意同年轻的法律人分享关于职业成长的一些感悟。

1. 关于择业与职业

“道路千万条，适合第一条，择业不谨慎，亲人两行泪。”对大部分在校法科生的择业情况我没有做过专门的统计，但可以肯定的一点是绝大多数法科生毕业时不会考虑从事律师行业，而是深造考研、考公务员或者出国留学等。

这背后有传统的“学而优则仕”“升官发财”“治国平天下”等儒家伦理观念的影响，也有“律师得能说会道会写会背”“做律师得靠关系”等落后世俗认知的作用，但实事求是地讲，还是因为律师行业整体的尊荣感不够。

“律师是一个看起来很美、说起来很烦、听起来很阔、做起来很难的职业”，刘桂明先生对律师行业的概括似乎很恰如其分。我绝不会鼓吹法科生毕业后都来做律师，我本人毕业时也压根没有想过做律师，但我坚信的是会有越来越的法科生毕业后会将律师作为自己的职业选择，这正如我也坚信未来的法官检察官一定也会从律师中产生。

2. 关于学习、生活与新职

信息化时代，每一个行业从业者最大的恐慌是本领的恐慌，律师行业概莫能外。

随着大数据时代的到来，科技的进步、知识的更新、分工的细化等使传统的律师行业生态面临着急剧的变革。

法律服务市场在需求日益扩大的同时，也日益对律师个人提出了更高的要求。

学习是律师的常态，除了专业的学习之外，我想谈谈专业之外的学习和新职，如对历史、文学、艺术等其他学科的学习也尤为必要。

律师除了做好当事人委托的事情之外，还必须有生活的诗情，养成阅读、交友、旅行、健身等习惯，这既是缓解执业压力的有效方式，也是生活的意义与目的所在，否则做律师太枯燥无趣了。

律师在做好当事人委托的事务之外，还必须以当下有限的方式积极参与政治生活，参与到国家现代化治理和法治进步的实践中去。

律师之外，无论你是做党代表、人大代表也好，或者是政协委员、民主人士、自由人士也罢，只要你能替法律发声，为社会的公平正义执言，同样也是在体现律师自身的价值，而这些价值，与金钱无关。

3. 关于专业与团队

我个人肤浅地认为，前 20 年，中国律师行业经历着雨后春笋、鱼龙混杂的发展态势，律师职业身份标签被重新捡拾起来，律师也有了一定的经济基础和相应的政治地位。

未来 20 年，律师行业从业人数从 40 万人向 100 万人的发展走势，律师行业从没有传承机制的传统模式到有着文化价值传承的一体化体制的发展趋势，以及中国律师走向世界引领全球化的发展态势，势不可当，且已在路上。

因此，团队协作和专业化分工对律师个人发展及行业进步而言更为显得重要。

年·路

盘山路，
一步步，
从山脚走到山谷。
那片竹林深处，
有儿时的欢声和笑语。
小溪流，
一股股，
从门前绕到屋后，
那根老房残木，
有燕子的旧窝留下的泥土。
响锣鼓，

一户户，
从村东头到西头，
那铿锵的节奏，
应和着孩子们奔跑的脚步。
团圆饭，
一桌桌，
从除夕到十五，
那每一盅酒，
都酝酿着亲情的温度。

（2019 年 2 月 6 日于阳新老家）

本人自幼生活在农村，教育启蒙于村完小，没上过幼儿园，高中大学均非“一流”，亦无“海龟”壳色。

目前律师业绩栏尚无“大案要案”记载，头有白发几许但尚无“光环”，偏安小城未在“一线”行走。

所思所谈纯属结合个人从业经历有感而发，拙拙成文，蒙智善诸君不弃，愿与各位同人交流请教。

64. 其实我是一个律师[①]

“你们开庭是不是要带假发？”这应该是我出道时被问得最多的一个问题。

在那个娱乐资源匮乏的年代，老式港片里的律政剧给了大家对律师最直观的一个印象。

一开始我会很正经地一一解释，告诉他们那是英美法系的套路，我是社

① 喻曦，湖北立丰律师事务所合伙人，湖北省律协行政法专业委员会委员、湖北省公安厅信访案件化解律师团成员，武汉市人民政府办公厅法律顾问、武汉市审计局法律顾问，武汉市律协海事海商专业委员会委员，武汉 896 广播电台律师团成员，执业领域：政府部门法律顾问、行政纠纷化解、民商事及海事海商纠纷、涉税纠纷服务。

会主义法系，跟大陆法系差不多，不用戴假发，开庭以法官审判为中心等，但是慢慢地我就放弃了，这事根本就对不上正经的路子。

随即我就更加一本正经地告诉每个提问人，“对，我们要戴假发，还要穿袍子，每句话前面必加法官阁下，退庭还会唱国歌”。

如果统计一下每个人听完的表情，刚好印证了《安娜卡列尼娜》里的那句话“幸福的人都是相似的，不幸的人各有各的不幸”，不过还好，我看着他们的表情，一如既往地欢乐。

如果简单概括我这六七年的律师生涯，就像我和陶警官的对话，“老陶，其实我是一个律师”，“嗯，三俗律师”。

为什么做律师

为什么会做律师？如果这个问题是对一个科班出身的人提出来，我总觉得跳过了一个逻辑，那就是为什么学法律？

我的回答极其简单粗暴，因为不用考高数。

人生的选择哪有那么多风花雪月和豪情壮志，不过是找软柿子捏罢了。

不过老天爷对我不错，我还真挺喜欢这个学科，莫名的亲切感。

虽然我一开始并非那么勤奋和具有慧根，但是喜欢这种东西很容易产生惯性，继而慢慢演化成习惯。当然这也间接诠释了自己经办的离婚案件里，夫妻双方那种合不爽利、分亦不舍的矛盾。

再到现在，我很满足这种感觉，就像郭老师的相声里讲的，纺织女工就那么爱纺织？炼钢工人就那么爱炼钢？

如果一个人的兴趣爱好和工作能结合在一起，那是多么幸福美好的一件事情。

况且不进法学院我也认识不到我太太，虽然她研究生读的是哲学，但是毕竟在一个园子里，学科的障碍总比不过地理上的优势。

冥冥之中总会有那么几个注定，我应该这辈子就是吃这口饭跟这个人，况且这口饭还挺好吃，当然我指的是口味而非拿筷子的姿势。

毕竟除了律师之外，无论公检法、机关单位还是公司法务，都不免早8点半要去打卡，下午5点半才能下班，要知道幼儿园可是早8点前送到，下午5点前接走。

所以细想一番，无论何时何地，既是兴趣使然，又能让我养家糊口，还能过得体面，我找不到不热爱的理由。

法学院的日子

大学那几年我确实不太勤奋，一直忙着玩乐队、收集打口CD、旅行、恋爱。

我玩贝斯的手艺一定好过对法条的理解，我收集打口CD的厚度一定超过全部教材。

当然后面那两项就不用展开了，只是偶尔看到自己的Peter签名款贝斯跟儿子安全座椅摆在一起时，会跟太太感慨下人到中年的唏嘘。

只能在每次开庭路上，从MUSE、My Chemical Romance一直听到Metallica聊以慰藉。

记得当年吉他手大黄曾指着滚石杂志上两张James Blunt照片说，无论哪一种都是我想要的生活，一张是他巡回演唱会的现场照，一张是他开party的照片。

为了这个目标吉他手大黄一路过关斩将读到博士，远赴加州伯克利分校留学，但归国后却进了网信办，违背了他当年的誓言。

我不知道大黄会不会感慨，总有一天人会变成自己讨厌的样子。

但不可否认，每个人曾经都会有自己的梦想和生活方式，就像我当年上的每一节课都坚持两个原则——听得懂的从来不看书，看得懂的从来不背书。

又回到那句话，老天爷对我不错，我有一个非常优秀的法理老师，尊敬的周萍老师。

在此再次感谢她当年的教导，是她告诉我，所有的法律条文，本质上都是一个法律逻辑的闭环。

在这句话以后，我感觉自己貌似有了顿悟，慧根不足之人也只能用貌似做修饰，毕竟当时没听懂，以为这是在打机锋。

慢慢地我越来越明白这句话的价值，既然是成文法就一定是一个社会秩序下形成的规则的具体表现，既然是规则就一定会有背后的逻辑，无论是教材还是法条，无论内容是一个字还是一百万个字，都是想表达这个逻辑。

毕业前我的顿悟让我开始疯狂般地学习法律，泡图书馆，抢座打架都干过，直到现在都有习惯拿着本法条在那一个字一个字地琢磨那个逻辑。

不过想来也是奇葩，我居然是在合同法的课程上完以后才明白了民法总则写的什么。

细想之下，大学那些年是两个女人造就了我的现在，一个给我了事业的基石，一个给了我家庭的支柱。

在此再次感谢我的老师和太太。

绕不开的司考

读法学的孩子，这辈子就不可能绕过司法考试这个坎儿，这种压力只有经历过的人才会明白个中滋味，形容起来只能说是语言的尽头。

但是这种经历确实印证了阿尔·帕西诺在《魔鬼代言人》里说的那句话，“压力之下只会有两种结果，崩溃或者进化”，幸运的是我经历了三次。

第一次考试时每天各种打了鸡血喝鸡汤，印象最深的是有天晚上从文泰楼出来，经过花坛，脑海里满是小时候的画面。

因为我外公是军人，隶属于黄继光那个部队的，我是他和外婆带大的，从小每天晚上准时准点看新闻联播外加主旋律电视剧。

其中有一部电视剧是写解放西藏的，有一个情节是，一个部队临时接到上峰的命令，需要立即在限期内赶到指定地点，接到命令后部队马上开拔，没有机械装备可以靠脚走。但人总得吃饭，埋锅造饭的时候，两个战士一边扶着枪冲盹，一边聊天，“我好羡慕后边那匹马。”“为啥？”“你看它累死了，眼睛闭上就不用睁开了。”

那天晚上我脑海里就是这些，我也好希望自己是那匹马，能躺到那个花坛上再也不用起来，万幸我没有躺上去，也万幸那一年没过，更加万幸的是无论剧里还是现实里，西藏解放了，军人永远值得尊敬。

第二年我明显沉默了很多，万幸依旧没过，出分数的那天，兆根兄请大家吃饭，那年头这种饭局应该是个传统，考过的人被大家吃一次大户，既是给他道贺亦是给我们冲喜。

那天晚上我喝了很多酒，迷迷糊糊地告诉他，“我很羡慕你”，他也喝了很多酒，但很清醒地告诉我，其实过了也没什么，当年我不懂，后来我才明白，人生难得一知己。

等到第三年，我决定再试一次。很感谢我的父母可以这样骄纵我，毕业依旧“校飘”，而且是三年。

我想他们所承受的压力应该更大，那一年我告诉我母亲，“我想再考一次，不然我会觉得这辈子都过得不爽利”，她只回答了一个字“好”。

万幸那一年我过了，查分的那天我出奇的平静，虽然没有废材逆袭流小说里那种夸张的高分，但是我过了，我想也应该过了，毕竟也见证了三年法制建设。

但我脑海里莫名浮现了《洛奇》里的那个片段——

洛奇告诉自己的妻兄，

“我感觉心里有一头野兽在嘶嚎”，

后来打完那场比赛，他的妻兄问他，

“那头野兽走了吗？”

洛奇回答，

“走了，他已经平静了。”

写到此处，我依旧会觉得感动，就像少文老师说过的，“如果你都不能感动自己，何来感动他人”，司考理应如此，随后的生活更应如此。

谈谈我的工作

1

如果不考虑以签订书面劳动合同和缴纳社保为标准，毕业后我干过三份工作，在餐馆端过盘子送过外卖，在电玩城当过主管，最后就是做律师。

想来确实像个黑色幽默，但至少前面两份工作教会我两件事情：第一，下馆子一定不要点茄子烧豆角，反正都是要拉一遍油的，你根本吃不出来新鲜程度；第二，夹娃娃机是有窍门的，操纵杆要怎么摇，才能中。

万幸我最后还是回到了律师这个行业。

我得感谢我的舅舅和父母，你看人生的关键时刻，还是亲人最爱你。

出道以后我基本没有休息过，我算是个工作狂，不打麻将、不打游戏、不泡夜店，除了研究案子就是看书，曾经最疯狂的记录是一个星期睡眠时间不超过20个小时。

到现在，我依旧强调，万宝路、黑咖啡、单一麦芽威士忌构成了我肉体存续的基础。

对于这样的工作方式，我的同事一直都不太理解，好在我太太明白我——当年差点死在文泰楼前的花坛，现在再怎么逼迫自己，也无法感受曾经。所以很多时候我会觉得有些许无趣，差那一口气就死掉的感觉，再也体会不到了，如果硬要装下文艺，只能说曾经沧海难为水。

我开始执业的律所是得伟君尚，跟着律所主任蔡学恩律师。

具体的工作由大师兄李威律师带我，我很感激李威律师对我的指导和帮助，很难想象一个外表看起来很像打牛的班子，性格却极其温和，业务水平极高。看来喜欢钓鱼的汉子确实会有那种反差萌。

当然在他的带领下，我也成为中国烟草公司的忠实客户，不过一想到烟草公司是他的客户单位，这事总让我觉得细思极恐。

虽然一切都很美好，但拿到牌照后第一件事我依旧选择独立执业。

2

想来在当时这应该算是个自杀式冲锋，无论当时还是现在都会有人不理解。

但我的解释依旧简单粗暴——主任业务确实很高端，但是就算我跟着做了一辈子，依旧只会是一个熟练的技术工，你一辈子也不可能成为他。稀缺的是资源而非技术。

除此之外也很难对自己进行定位，每次身边的人需要法律帮助时，我都羞于告诉他们我是做非诉的，我是做破产清算的，离婚、借贷、故意伤害什么的我不会。嗯，对，就是不会。

想来想去韭菜翻新苗还是得接地气点，所以我决定从传统业务开始。

当你选择了一条路以后，剩下的就只能是咬着牙往前走，不知前路荆棘，亦不可回头。

开始那几年确实很苦，不单是经济上拮据，时常啃老，更多是精神上的痛苦，每个人都很忙，唯独你坐在那儿，这也印证了罗斯福新政的观点，有工作才有尊严。

3

但日子还是得一点点地过，转折点应该是在2015年，感谢省律协当年在襄阳开了一个研讨会。

作为襄阳的女婿，这座古城确实是我的福地。

当时最高人民法院和省高级人民法院行政庭的法官给我们做了一个交流，有一个数据我至今难忘，法官让我们发挥想象，2014年全国上访案件有多少件，有的回答几十万，有的回答上百万，但最后的答案让大家目瞪口呆——5000万件，而且法官强调了三次，是有记录的案件数，果然重要的事说三遍。

既然是上访，无外乎刑、民、行政这三个范围，不用太做分析都能知道这里面肯定是行政类的占大头，所以转身法官又问了我们2014年全国行政诉讼立案的有多少件，我们依旧错误估计形势，无一中第，最后的答案比上一个更让人惊讶——27万件。

那一天我才发现这块市场大得惊人，而精耕这块业务的律师少得可怜。

后来事实证明，中央层面永远比我们更先明白这种不平衡，无论是中央依法治国政策的出台、行政诉讼法的修改、司法改革试点都在试图改变这种现状，让社会变得更加法治，更加有秩序，同样这种变革也慢慢唤醒了这块沉睡的市场。

我开始选择我的业务方向，要精耕这块领域。

各种因素夹杂在一起，我陆续成了湖北省律协行政法专业委员会委员、湖北省公安厅信访案件化解律师团成员、武汉市法制办公室法律顾问成员、武汉市人民政府行政诉讼代理人、武汉市人民政府办公厅法律顾问、武汉市审计局法律顾问等。

后来经提醒，我突然发现如果单就政府信息公开领域，我是唯一一个在市一级部门，从办公厅答复到法制办复议直至应诉全程都参与了解并承办相关业务的律师。市一级听证、复议、应诉等案件合计超过400件。

感谢信息处和复议处各位的指导和帮助，在此就不一一鸣谢。几年间不知不觉中，这条路我已经走了很远，赶路的时候有个伴儿，挺好的。

4

在得伟工作近六年后，我选择了改变，2018 年来到了湖北立丰律师事务所。

感谢律所张用江书记的接纳和指导，在我见过的律师里面，他是少有的、到这个级别还会亲自做案子、搞研究、发表学术文章的大咖。

所以我对他应该算是尊敬外加欣赏吧。像他这种级别的大咖都能是这样的风格，窥一斑而知全豹，湖北立丰律师事务所我来对了。

湖北立丰律师事务所的传统优势业务是刑事领域，但全体同人并不满足这种单一的认可，努力在往综合大所的方向前进。

顺着这个趋势我也开始反思，我突然发现行政法领域和民商事领域很多时候会有重合，在涉税部分体现得最为明显。

简单举个例子，像合同纠纷中经常会出现赔偿违约金的情况，那么从法律审判角度来看这个很正常，但是从企业财务涉税方面就会存在无法进行成本抵扣的问题，至少是企业经常忽略这个部分。

同时按照税法相关规定，违约金属于价外费用，是可以开具对应税票的，那么仅此一项，每年民商事审判中就会衍生出无数涉税案件，特别是在国家层面营改增等涉税政策出台后。

又一块沉睡的市场即将被唤醒，我也开始向这类行民交叉领域延伸，从头开始学习税法，准备 CTA 考试（注册税务师，Certified Tax Agents），经常能体会到当年司考的那种折磨，我又感受到了那种乐趣。

当然，这里面也有我二叔的功劳，他是个搞工程的项目经理，按照武汉人的一般理解，你可以把他看成是一个搞工程的土老板，但一定是一个很有趣的土老板。

当年我刚拿牌照，他很激动地跑过来问我："你这律师证，挂单位，一年给你多少钱？"因为建筑施工行业都有挂证的习俗，请允许我用习俗这两个字来形容，我想了一下告诉他"其实不给钱，而且每年还要交钱，这个要给年检费的"。

当时他看着我，我看着他，他深吸了一口烟，然后就走了，嗯，对，就是走了，所以我现在无论从业务需要，还是从那口烟的角度，都想拿到 CTA 的牌照。

5

我说过，我的法理老师告诉过我“所有的法律条文，本质上都是一个法律逻辑的闭环”。

其实这句话后面还有个但书，就是“除了海事海商、票据类基于商事交易习惯而产生的法律，不可适用”。

这种跳出三界外、不在五行中的事情，总是会让我有莫名的探知欲。

后来我就成了武汉市律协海事海商委员会委员。

感谢在解哥和旭哥的帮助下，我也慢慢接触到这方面的业务，个中乐趣，两个字，烧脑。

工作和家庭

其实嫁给律师是一件很痛苦的事情，作为妻子你很难向别人真实描述你先生的工作，但是别人一般会莫名的反应，律师好。

这种事情，作为妻子，细想一下，就属于那种说了矫情、不说憋屈的情况。

我们没有上班的概念，因而也不会有下班的概念，时间永远不确定，我们没有工资一说，因而也不会有固定家用的概念，家庭财政也永远处在风雨之中。

嫁给律师的人，要么是心大，要么就是真爱那个男人，反正我是后者，我很开心。

我有一个朋友，是同行，当年第一次去老丈人家上门，作为未来的岳父，那种天然抢女儿的矛盾心态，会逼迫每一位父亲想探知未来女婿的一切，于是乎，岳父仔细而不失礼貌地讯问我那位朋友，嗯，对，我用的是讯问，而非询问，但解释半天都很难讲清楚。

突然我那位朋友的太太掏出电视遥控器，换了一台，指着电视说“嘞，这就是他”，至此，客厅安静了，几分钟后，岳母发话了，“还说什么呢？都快过来吃饭”，这事也就成了。

我不得不感慨，虽然现在已经自媒体满天飞，但是传统媒体的社会背书效力在老同志，特别是岳父母那还是挺管用的。

所以我参加 896 律师团做广播节目，上电视节目，还不断邀请身边的同行参加，既是作为律师向社会发出自己的声音，一种社会公益服务的体现，也是想让父母和岳父母看到自己，长辈的支持，是很重要的。

最后聊下情怀

三十不惑，突然想通了一件事情，或许我们的维度应该更高一点，用时间的维度去衡量——

我们所生活在的这块土地，从人类发展的角度可以理解为一块思想的试验田，也就是社会主义思想的试验，而且还是为数不多仅存的并可以持续发展的试验，那么社会主义司法制度必然是这个思想田里的重要组成部分。

我有幸参与到这个宏大的事业中，会莫名的中二和热血，成则传奇，落则传说，都将是人类思想实验中的一次进步，但我相信会成功，我也相信这次成功有我的一份努力。

如果要文艺一些，我会引用保尔·柯察金的那句话“我的整个生命和全部精力，都献给了世界上最壮丽的事业”。

我想和这个世界谈谈，我想说，其实我是一个律师。

65. 去吧，我的英雄[①]

去吧，去吧，我的英雄

——《赛德克·巴莱》

阅读让我发现自己

我不属于那种一开始就知道自己要什么的人，只是在不断的试错中发现了自己。

偶然一次生病，买了一本《安娜·卡列宁娜》，由此爱上了阅读。

---

① 李坤，北京盈科（武汉）律师事务所律师，盈科武汉大要案协作委员会核心成员、盈科武汉青年律师工作委员会副主任，盈科武汉“优秀律师”、盈科总部“未来之星”AMAC 基金从业资格；具有跨国集团公司法务工作经验，主攻法律服务领域为合同、公司、证券、投融资；具备私募基金从业高管资格；擅长公司股权结构及章程设计、股权激励、交易结构设计、企业合同管理、并购、投融资等法律事务，已为诸多知名客户提供融资、并购重组、企业合同管理、股权激励等专项法律服务。

法国诗人兰波笔下“生活在别处”，经昆德拉之手命名小说后，增添了诱惑和魅力，它与“想象另一种可能”一样曾指引着我大学初期躁动不安的心去满足内心的渴望，去追逐王小波式的精神家园，去寻马尔克斯笔下霍乱的爱情，由此，我与书在迷茫挣扎中结缘。

在我的阅读史中，可能出于在《历史深处的忧虑》中对人文知识的好奇，可能出于在《纯粹理性批判》中对法哲学的喜爱，也有可能出于香港律师出庭时的绅士风度，一种莫名的力量，让我在大学初期便产生想成为一名律师的念头。

于是，我通过阅读市面上一些律师出版的书籍，渐渐认识到要想成为律师，需要有丰富的智识上的积累和书写功底。

为此，我制作阅读清单，践行着每周至少阅读一本书的计划。

在大学四年期间，我阅读了大量的世界名著，包括东西方的哲学、历史、人物传记、诗歌、散文等各种类型书籍300余本。

我坚持参加学校和社团的读书分享会，坚持写作论文及文章30余篇。

曾多次获得校级、院系级读书分享会的奖项，其文章也多次被校级刊物、社团组织论坛转载，在校内引起众多同学和老师的关注。

我始终认为，每一代人都需要同时拥抱世界文化遗产和建立智力上的自尊，每一个人都需要通过自己的方式去发现世界，承担相应的责任，付出相应的代价，接受源自内心的喜悦和挫败。

身体是革命的本钱。

人们要想实现自己的理想需要有健全的心理和健壮的体魄，我坚持长期的体育锻炼，积极拓展各类体育运动，曾在大学时期担任校级散打队队长，培养了包括但不限于散打、健身、篮球、游泳、跑步等体育爱好。

事实上，参加体育锻炼也是人的意志与惰性相斗争的过程，坚持体育锻炼可以循序渐进地提高人的抗压能力，培养竞争的意识与乐观的心态。

老师，带我进入律师之门

“人有旦夕祸福”

毕业时无果的爱情，连续三次失败的司法考试，意外的伤病，羞涩的口袋，颠沛流离的住所，高薪的诱惑……

这些都曾动摇着我继续走律师道路的决心和勇气。

是胡乔木先生的评价让我印象深刻并给予我鼓励：“你戴着荆棘的皇冠而来，你握着正义的宝剑而来，律师，神圣之门，又是地狱之门。但你视一切险阻诱惑为无物。”

“行不言之教”

培养法律人最好的地方永远是律师事务所，幸运的是，在实习律师（助理）阶段，我师承陈律师，陈老师不仅有着中国顶尖法学院的博士学位和法学副教授的职称，还是英国某大学的访问学者，他有着古典英国律师的智慧与绅士。

他培养学生的方式十分严酷，要求我除了睡觉外，一天到晚都必须与他待在一起，这是所谓的“行不言之教”。

“打破与重建”

根据老师的要求，每周工作六天，留下一天看专业书。

每天早上六点半起床到八点半学习民法，每逢此时我总是觉得度日如年，因为老师会在这个时间段问民法的学习进度，有哪些不懂，提醒我要时常写下学习过程中的困惑。

刚开始觉得他提的问题我根本没思考过，一度怀疑自己是否适合学习法律，又出于不想回答错误，常常把自己逼到了智力的边缘，他坚定地要求我一定要给答案，我的回答自然几乎都是错的，他给了我武汉大学图书馆的账号，让我自己去查相关文献，查完后再回答，最后针对答案再给我逐一讲解。

“以战养战”

陈老师对于其所经手的每一份合同里的每一个字，甚至每一个标点符号的修改都会手把手地教。

他教我一边工作、一边加强基础理论的学习，让我研习《法理学》《法逻辑学》《法律文书学》等。

起初，我并不适应这种在智力上被逼到角落的感觉，面对他的问题已不再敢于开口，可以说三观常常处于崩溃的边缘，神经也变得脆弱，强迫症越来越明显，这些细节现在回忆起来仍然肚子疼。

在陈老师的指导下，我坚定地将公司法领域作为主要研修的方向。

通过大量阅读与公司法的法律业务相关的书籍、判例、律师文集、公众号文章等丰富了对于公司类法律事务的基本认知。

“知者为师”

向每一个比我知识丰富的人学习。

通过积极参加律所组织的各种法律业务培训、部门主任与高级合伙人的传授，熟悉了对律师承办公司法领域的法律产品；

通过跟老师一同接待客户、代表客户与对手谈判、与各级法院工作人员的沟通等，锻炼了接待客户、洽谈案件的能力；

通过跟随老师起草、修改、整理、收集、归类合同文本，不仅锻炼了识别合同风险、把握交易风险的能力，还为团队建立了专属的合同文本库，为后期承接客户，提高团队办事效率提供了有效的帮助；

通过自学参加考试，获得了私募基金从业资格。

“保剑锋从磨砺出，梅花香自苦寒来”

在四年的学习（律师助理）期间，我始终秉持诚实信用的原则积极拓展客户，凭着勤勉尽责的态度积极服务客户，获得了老师及其团队的认可，我正式成为一名独立执业的律师，并成为盈科武汉大要案协作中心最年轻的成员。

律所，给予我全方位的提升

盈科武汉分所管委会会定期安排各部门主任做培训或讲座，给青年律师分享他们专业领域的知识和经验，让青年律师开拓视野。

盈科青工委会定期举办各项拓展活动，目的在于给青年律师学习、交流、分享的机会。

通过参加一些活动，不仅学习到了许多弥足珍贵的知识与办案技巧，也获得了一些奖励：2016 年 1 月 5 日，荣获北京盈科（武汉）律师事务所“年度优秀律师助理”；2017 年 5 月 11 日，荣获北京盈科（武汉）律师事务所青工委“五·四青年节朗读者”比赛特等奖；2017 年 7 月 3 日，荣获北京盈科（武汉）律师事务所“青年律师之星”；2017 年 8 月 31 日，担任盈科武汉分所团支部组织委员；2018 年 1 月 26 日，担任盈科武汉分所“不忘初心·筑梦远航”年会主持人；2018 年 3 月 21 日，担任盈科武汉分所青年工作委员会文艺委员；2018 年 5 月 4 日，代表盈科武汉分所参加盈科总部举办的“2018 年新时代青年律师发展论坛”；2018 年 1 月 26 日，荣获北京盈科（武汉）律师事务所 2017 年度“优秀青年律师”；2018 年 9 月 21 日，担任盈科武汉分所青年工作委员会副主任；2019 年 2 月 11 日，荣获北京盈科（武汉）律师事务所“优秀律师”荣誉称号；2019 年 3 月 29 日，荣获北京盈科律师事务所 2018 年度全国青工委“未来之星”一等奖。

律师是一个需要全方位能力的职业，在参加律所活动的过程中，我发现了自己的不足和特长，与同事结下了深厚友谊，丰富了自己的生活。

客户，让我更加自信

独立执业两年多来，我严格遵守国家有关律师管理的法律、法规、规章和全国律协的各种规范性文件，遵守律所的管理规定，恪守诚信勤勉的准则，不断总结经验提高报案能力，努力为客户提供优质高效的法律服务。

2016 年 10 月，我就“物业公司是否有权锁业主的车”的问题，接受《武汉晚报》记者的采访并予以公开报道，随后被包括但不限于新浪网、凤凰网、长江网、中国搜索头条等在内的多家知名媒体转载。

2017 年 4 月，我接受“保时捷买卖合同纠纷”的原告（受害）方委托，而受委托时客户手上“零证据”，涉案主体更是多达七方。

经过长达两个多月的证据收集与整理后我们方才起诉，前后历时一年半，经过一审、二审，最终均以胜诉的结果交付客户。在胜诉判决被公开后，我接到全国数十位与之相类似的受害者和代理律师的致电，或寻求代理，或寻求胜诉经验。

2017 年 5 月，我作为签字律师为某上市公司股东大会见证、股权激励、股权回购、增减资出具法律意见书；为某私募基金管理人登记、重大事项变更出具法律意见书。

2017 年 11 月，我代表某团中央企业完成对某有限公司过亿元股权和债权的投资工作，服务内容包括主持各方协调会、法律尽职调查、设计交易方案、参与各方谈判、制定法律文本等，获得客户一致好评，并在其后获聘为该公司长年法律顾问。

2018 年 4 月，我获聘担任某高新科技企业、瞪羚企业法律顾问，为其在两轮融资中提供法律服务。

2018 年 7 月，我代表某大型央企项目公司对江苏常州、山东临沂、山东青岛的几家教育机构的并购项目提供专项法律服务。

2019 年 3 月，我获聘为中国民营企业 500 强、湖北省民营企业前五强的某集团公司法律顾问。

大学毕业六年来，我先后担任含上市公司、央企、高新科技、500 强企业等在内的十余家公司和相关社会组织的法律顾问。

通过自身努力、积累和总结，不断地学习相关学科的知识，提炼专业发展的业务精华，不断努力提高自身业务水平和综合素质，为客户提供高效、优质和专业的法律服务，积极帮助客户有效预防和控制外来的风险，为客户创造价值，增加了客户对律师行业、对盈科律师的满意度和信赖度，从而为树立和维护律师良好形象做出应有的贡献。

这些小小的成绩给予了我莫大的鼓励。

未来，期待我们共同创造

伴随着商业模式的不断革新、市场化经济的不断发展、中国法治化进程的不断推进，律师在各个领域所扮演的角色将越来越重要。

同时，大数据和人工智能技术不断取得突破、顶级会计师事务所对大型律师事务所越来越多的兼并、专业分工越来越精细化标准化，全球律师行业将面临更多机遇和更为激烈的竞争。

作为一名中国律师，如何建立划时代的执业理念，如何更好地运用革命性的工作方法实现管理的可视化，如何定位与团队、律所、行业、客户的关系，如何为社会创造更多的价值，我们现在拥有前所未有的机会可以参与甚至塑造下一个时代的法律服务。

未来，期待我们共同创造。

去吧，我的英雄。

66. 从后厨、快递员、特勤蜕变为执业律师[①]

七月的天，骄阳似火，智善媒体与武珞所联合举办的“法律人的美好生活”圆满收官。

很幸运，活动结束后我收到了智善法媒的约稿，智善戢编辑说：在“法律人的美好生活”的分享会上，我的职业历程给她留下了深刻的印象，让我在“青年律师汇”做一期分享。

当“青年律师汇”这一词汇引入眼帘，既陌生又熟悉，熟悉是因为自己一直在关注着“青年律师汇”，有许多优秀的青年律师在上面分享律师执业心得与体会，自己也学习到了很多关于律师执业的经验；

陌生则是因为，我认为我与“青年律师汇”存在一定的距离，因为我只是一名刚入行的“小白”，并没有太多的执业经历与心得体会。

突然有一天自己受邀成为“主角”，我却有些失措。

传说世界上有两种动物可以到达金字塔的顶端，一种是老鹰，另一种则是蜗牛。

老鹰和蜗牛它们是如此的不同：鹰矫健、敏捷、锐利；蜗牛弱小、迟钝、笨拙。

而我就是那只不起眼的蜗牛，很慢很慢，但是一直在向前爬。

我毕业于武汉警官职业学院，一所隶属湖北省司法厅的专科司法警官院校。

大部分学生的出路就是潜心备考公务员，未来成为一名光荣的人民警察，那时的我并没有那么着急地选择这条路。

2014 年 6 月，学校开始组织校外实习，为了养活自己，从那时起我便开始了我的谋生之路，做过军训教官，干过后厨，送过快递，考过交通特勤，通过了司法考试，最终成为了一名律师……

在我的身上并没有太多光鲜的履历，也没华丽的人生经历，没有上过双一流、985、211……甚至都没有上过一个正儿八经的全日制本科……

① 唐逢进，湖北武珞律师事务所专职律师，专注刑事诉讼、交通事故责任纠纷、合同纠纷、劳动纠纷、公司法律顾问服务。

我是一名非典型律师。

“该不该搁下重重的壳，寻找到底哪里有蓝天，

随着轻轻的风轻轻地飘，历经的伤都不感觉疼，

我要一步一步往上爬，等待阳光静静看着它的脸，

小小的天有大大的梦想，重重的壳裹着轻轻地仰望……”

每当自己懈怠、懒惰的时候，杰哥的《蜗牛》一直回荡在耳边，提醒着我继续走下去。

回想起自己的求学之路，我始终认为我并不是一个很聪明的人，无论是小学、初中、高中、还是大学，我并不是爷爷奶奶、父母眼中令他们骄傲的孩子。

但是自我懂事开始，我始终记得一个简单而通俗的道理——人要走正道、人要奋斗、人要不停地“奔跑”。

小学的时候，我在老屋斑驳的墙壁上用笨拙的字体写下“勤奋”；

初中的时候互联网刚刚兴起，宿舍室友翻墙外出上网，但那时的我被告诫上网不是正道，于是乎与这些“翻墙”的学生划清了界限；

高中的时候，我一直都是班级上靠后的那个“角”，那时的我成绩并不是很好，但是让同学们都感到奇怪的是每天班级早朝读我都是第一个到教室，每天晚上也是加班加点，我就是大家口中的那个——花了最多的时间，花了最多的精力，学习成绩就是提不上去令人心疼的小青年。

不出所料，我还是上了一所专科院校——武汉警官职业学院。

2012 年 9 月开学季，母亲把我送到了学校，一切手续都办妥了，来到学校的我并没有刚入学的那份憧憬与期待，我深深地记得，开学的那天我在学校的露天看台上整整坐了很久很久，脑海里不停地在思考，不停地在反思，一直在问自己：后悔吗？甘心吗？这是自己想要的吗？从那一刻起我作出了决定——“我要改变”。

环境能对一个人产生巨大影响，如果能在不利的环境中清醒地保持内心的宁静，追寻自己真正想要的，那才是真正的强大。

大学专科我学的“法律事务”，一个介于法盲与法科生之间的专业，既然选择了与法律沾边，凭着一股倔劲儿，我下定决心要把法律这条路走到底——考司考。

对于一名法律专科生来说，这或许是一个遥不可及的梦想，一个想都不敢想的事情。

意料之中，一些冷嘲热讽不绝入耳——“别人正儿八经的法科研究生都考了好几年”“你还是好好拿个专科毕业证考个狱警过稳定的生活吧”……

但是值得庆幸的是，我就是有点倔，就是有点不信邪。

于是在大学期间我报考了武汉大学法律本科，开始了自己专升本的道路。

2015 年年初，实习期的开始也意味着自己即将毕业，同时也意味着自己即将失业，大多数同学选择离开了武汉回到自己的家乡，有的选择潜心备考公务员，而生存是自己不得不必须面对的现实，于是我开始了自我谋生之路。

我的第一份职业，是一名军训教官，每日起早贪黑，带领学生喊口号、踢正步、拉红歌，人生第一次体会到嗓子吼到说不出话来的真实滋味；

后来我成为了一名后厨，从打杂到打荷，到上档口做菜，典型的 996 工作制，让我深刻体会到了生活的不易；

再后来我成为了一名快递员，直到 2014 年 12 月我通过了武昌分局的招考，进入武昌大队机动中队成为了一名特勤人员……

2016 年 6 月我本科顺利毕业，并开始了两年漫长的司考之路，回想起这两年，感慨良多。

我深知自己法学理论不深厚，同时还要兼顾工作，所以我从头一年的 11 月就开始了备考。

因为工作的特殊性，我没有固定的上下班时间，只能利用碎片时间进行学习，计划被一次次打乱。

为了调整被打乱的计划且不影响同事休息，我把我备考的地点挪到了装备室，利用备勤空隙确保当天任务当天完成。

为了利用好碎片时间进行学习，站岗间隙的几十分钟都不敢怠慢，走路听音频，睡觉听音频。

为了节约时间，我放弃了锻炼，最终胖了 30 斤。

那时的我做的梦都是知识点，那时的我还成为了同事眼中的“异类”。

第一年，以 16 分之差遗憾落榜。那时的我陷入了绝境……

第二年，无论是从精力、时间、外部环境上，压力成倍地增加。

2017年司法考试的改革通知最终还是落地，因为自己并不是全日制法学本科，意味着自己如果今年不通过，将会与法律职业彻底无缘；

工作模式的熟悉导致工作量的成倍增加使我没有更充足的时间去备考；来自各方的冷嘲热讽不绝入耳——“你就是个水货”“花了这么久的时间都没过，还不如好好地拿个死工资过日子得了”“你不是读书的料，不然你也不会考一个专科，算了吧”……

这时候，我又开始犯“倔”了，心里暗自较劲：“咱走着瞧！”

第二年，我如愿了，开始了法律职业生涯，成为了一名律师。

开始备考的时候，我关于司考的了解仅限于道听途说，纯粹属于摸着石头过河，后来也总结了一部分经验，仅供即将参与法律职业资格考试的法科生参考：

1. 确保充足的备考时间，若边工作边考试，要拉长备考的周期；

2. 拟订日计划与周计划，确保计划的完整执行；

3. 拟订计划时要为自己预留充足的锻炼与娱乐的时间；

4. 勿以司考老师的名气大小选择老师的课程，要选择适合自己的老师；

5. 重视主观题的训练；

6. 反复地听课，反复地练习；

7. 备考司法考试，要有破釜沉舟的必胜决心；

8. 最后就是坚持下去。

步入律师行业已有一年半，五年前的我似乎无法想象我能成为如今的自己，但似乎冥冥中又注定了什么……

实习第一年，我进入了湖北忠三律师事务所，实习期里，并没有接触太多诉讼案件，主要以顾问单位的事务性工作为主。

非常荣幸，在忠三所，师从严道清主任，严主任作为国内知名的律师，在其指导下，奠定了我初入律师行业基本的价值观，主任告诫我：

“律师行业的本质是服务行业，作为一名律师不应该端着架子去为客户服务，应当接地气，用心服务；律师要有开阔的视野以及前瞻意识，做一名有‘格局’的律师，站得高看得远，才能成为一名引领行业发展的优秀律师。”

严主任的谆谆教导一直伴随着我的律师执业生涯初期，奠定了我律师执业生涯的基础。

后来，因各方面的原因以及自身想更多地接触诉讼案件，于是我来到了湖北武珞律师事务所。

从事律师一年多来，我从来不敢正视自己过去的职业经历、教育背景，有时候它甚至给我带来的是心理上的自卑感，因为我身边的律师同仁都是来自于名校，拥有硕士、博士高等学历，而我……

律师本是一个充满自信的职业，而自卑却一直伴随着我律师执业生涯的初期，直到我来到武珞所，遇见了李少波老师。

老师说："你要学会发掘自己的亮点，人有长处也有短处，善于扬长避短。你的过去并不应当成为你职业生涯的累赘，反而是你人生的亮点，首先你一路走来，追寻着你自己的目标一步一个脚印，就证明你是一个自律的人；其次，这么多年你能坚持不懈地走过来，你一定是一个执着的人；最后，一路专科、本科、司法考试考过来，你也一定是一个善于学习的人；所以老师相信你，你也要相信你自己，未来一定可以成为一名大律师！"

老师的悉心开导，使我如沐春风。

在业务上，武珞所以刑事业务为主，对我的业务直接指导的是郭川阳律师，他是一位在政法一线深耕 14 年的前辈，拥有丰富的刑事办案经验，诉讼经验几乎为零的我倍感压力。

初次接触刑事案件，谈不上太多的经验，只有三个月关于办理刑事案件的心得与体会。

来到武珞所的第一天，郭律师就直接让我针对某某非法吸收公众存款梳理阅卷笔录并形成初步的辩护意见。

最开始的真实感受——"懵"，摸着石头过河，难免会出现瑕疵或者错误，经过郭律师的亲历指导，在案件办理过程中，边做边总结对于刑事案件我有了初步的思路。

对于一个刑事案件，阅卷笔录是一位律师了解案情的基础。最初的我认为阅卷笔录有统一的格式可以参考，后来我发现，阅卷笔录是根据不同律师的习惯，有不同的呈现方式。

在整理阅卷笔录的时候一定要把握两大要点，首先是梳理案情，构筑案件人物关系，其次是根据案卷划分案件的核心证据，并区分案件中对犯罪嫌疑人有利与不利的证据，对案件作出宏观把控。

后来我对该非吸案件形成了初步的辩护意见，当然，结果意料之中，无法达到一篇完整的辩护意见的标准，又修改数稿。

刑事案件中，前期所做的一切工作，目的是向案件的主审法官呈现一份完美的辩护意见，辩护意见需反复打磨。

首先要分清楚辩护意见的大方向，是做无罪辩护还是做罪轻辩护，但无论按照哪一个方向展开论证其内容应当围绕五大主线展开——事实辩、证据辩、法律辩、政策辩、情理辩。

在论证过程中不仅要寻找公诉机关提交证据的漏洞，还应当对于己不利的事实作出回应，这样的辩护意见才会显得更为立体。在辩护意见的呈现方式上应当将观点直接明了地展现在大标题中，同时在辩护意见的书写过程中要善于利用可视化的呈现方式展开论证过程，这样的辩护意见才会更生动。

在郭律师的亲力指导下，我经历了自己律师生涯许多的第一次，第一次阅卷、第一次参与回见、第一次与侦查机关面对面沟通案情、第一次向承办法官递交辩护意见……

我很幸运，在郭律师的指导下，在我的律师生涯承办的前两起刑事案件，犯罪嫌疑人均取保候审。作为律师行业的小白，谈不上太多的经验分享，还有许多需要向律届各位前辈多多学习的地方，通过边学习边总结，我相信我的律师道路会越走越宽。

一路走来，我认为我是幸运的，曾经共事的朋友，调侃我说："我的人生一路开挂，是一次完美的人生逆袭"，每次我都是轻描淡写，一笑带过。

但谁知道这一路走来自己经历了什么呢？只有自己知道。

每一个成功的人都会有一段无人问津、痛苦不堪、无法与人共享、孤独、彷徨、辛苦、艰难的日子，但是如果你过去了，这就是你的成人礼；

过不去，这永远只是你痛苦不堪的垂死挣扎，人生是你的，怎么走没人能陪你，没人能带着你，你想要的更多，你就要用更多的苦难去交换，你的敌人，只有你自己。

最后，非常感谢智善法媒提供了交流的平台，让我有机会在忙碌之余静下心对自己的成长进行总结，祝愿智善法媒越办越好！

67. 七年时间，从市场销售到执业律师[①]

接到智善邀稿后，其实我心里面是五味杂陈，原本早就想写一篇总结性的执业的文章，但是一直无法入手。

因为觉得自己是一个很平淡、很平常的青年律师，没有什么特别的地方。

接到本次邀稿后，我觉得那就从法学院毕业那年开始叙事和总结吧。

2012 年夏天

2012 年夏天，原本一头乌黑头发的我，多了几根白发，这应该就是传说中脑细胞被杀的太多，可以想象那年夏天付出了多少时间和心血。

那年考完司考本来信誓旦旦自认为可以通过，但最后的结果却是差 5 分过线，当时可能觉得自己不是干律师的料，我也考虑过转行，毕竟我们一个班的从事律师行业的现在统计也不到 10%。

那一年面临毕业找工作的急迫，当年很多同学参加 10 月的公务员国考，为的就是能有一个稳定体面的工作，我当时也很彷徨和迷茫。

最后我决定暂时先从事与司法考试有关联的工作，于是就进入了司法培训学校，这是一家台企，我在企业里做一名市场销售人员，常年在各个高校法学院奔波收生。

这家公司的市场主管一直都很专业、很努力工作，在他们看来这是很平常的事，他们总会把自己的工作当成自己的事业，尽心尽力。

有很多时候我和同事晚上 10 点多还在跑市场，做市场活动。

这个台湾企业派过来的这帮同事的工作态度也深深地影响了我。

一年多的销售工作，让我受益匪浅，但心里面从事律师职业的念想仍然挥之不去。

白天上班，晚上抽时间看司考辅导教材，周末时间出去做兼职，总觉得攒的钱不够多。想多积累一点积蓄，为进入律师行业提前做好充足的“弹药”准备。

① 杨耕田，湖北法辉律师事务所执业律师，中国政法大学民商经济法学院经济法专业研究生，擅长各类合同纠纷、公司法律事务、建设工程纠纷。

因为我在大学时期就听说了，在律师实习期间或者刚入行的律师基本上收入微薄，甚至没有，所以这一年我其实是有两份工作，正常的工作日是做一名市场销售人员，周六周日做另外一份兼职工作。

幸运的是，经过一年的努力，也积攒了 10 多万元。当时想，即使从事律师行业，一年没有任何业务收入，也不影响我的生活。

这一年除了努力地工作、兼职以外，剩余时间我基本上都是用来准备二次司法考试。

所幸的是，我通过了司法考试这个门槛。

进入湖北法辉

这一年对我来说是丰收的一年，司考通过了，拿到执业证书以后，我就开始从这家台企办理离职，然后进入了湖北法辉律师事务所实习。

进入湖北法辉律师事务所以后，当时第一感觉就是，律所的同事很友善。

当时的湖北法辉律师事务所还是一家国有企业，是武汉市一家资历很老的老牌国有综合型律师事务所。

学习办案到独当一面

在湖北法辉律师事务所，当你遇到法律和实操问题时，他们都会很耐心地给你解答，每个帮助过自己的前辈律师都可以称作自己的老师，慢慢地与同事熟络以后，就帮着做一些助理性的工作。

等通过几件民事案件熟悉了整个代理流程后，律所开始分配了一些交通事故的案子让我做，代理费虽然只有几百元，但是这类人身损害赔偿类的案件却为自己熟悉民事案件奠定了扎实的基础。

基本跟我预想的一样，第一年实习的五个月基本没有任何收入来源，幸好有之前的老本儿可以支撑。

这一年跟着好几个律师做助理，写诉状、立案、开庭，虽然只有短短的三个词，但是诉讼案件的每个环节，都有每个案子自身的特点和切入点。

经过近一年的律师工作，结合自己所学的理论知识和实践，基本上对民事、刑事诉讼的案件可以独当一面。

开拓业务的一些渠道和方法

借鉴很多同事开展业务的方式、方法，自己也开始摸索自己的一套开展业务的方式。

2014 年的夏天，顶着骄阳，带着自己的名片，去工业园区一家企业、一家企业地跑。

虽然很辛苦，但是也收获了自己的第一家顾问单位。

入驻华律网、法顾网等一些法律推广类的网站，多解答法律问题，与在线咨询者多互动；积极参加一些商会活动，结识一些企业客户。

以上是当时我开拓业务的一些渠道和方法。

多学、多问、多跑，这是 2014 年，我律师执业的标签。

进入 2019 年，随着自己客户资源的积累和业务的拓展，现在业务量也基本稳定，目前已经申请了做律师事务所二级合伙人。

八点心得

叙事完了，现在该总结了。

第一，我觉得作为一名职业律师，必须要从自己的“行头”开始。

必须要穿的“职业”一点，要给当事人一种很专业的外表形象。这在与当事人的交谈和意向客户的交流中会是产生天然的加分。

第二，要注意自己的言辞。

做律师以后有很多话语话术，要尽量使用“法言法语”，让意向客户或当事人听起来自己是专业的，习惯以后也会对锻炼自己的法律思维有一定的帮助。

第三，做律师有条件的最好有一部汽车。

律师有的时候需要的是效率，武汉确实很大，有的时候从单位到远城区的法院可能要 2~3 个多小时。

如果乘坐公共交通工具，有可能去法院的路上一天就要花费五六个小时，这会大大降低律师的办事效率。

所以执业的第一年，我就用积蓄去二手市场买了一台车，原本一天的行程半天就处理完了，剩下来了大量时间可以做其他事情。

第四，自己每做一个案子都要用心去推敲。

要厘清法律关系，要分析案子的走向。初步整理对方可能会出示的证据，尽量做好预案。

一个案子的成败与否，与代理这个案子形成的思路有很大的关系，所以我认为代理案件也要有大局观。

要先对案子的策略、思路，有一个清晰的认知。这样可以在今后案子的开庭辩论、质证等环节，让自己抓住一个主线和思路，增强自己的目的性和核心点。

当法官整理争议焦点的时候，自己也要对争议焦点作出思考。

有时候法官归纳的争议焦点不全或者不充分，那么这个时候如果你发现这类问题，要及时发表自己关于争议焦点的法律意见，这样在一定程度上也可以起到一定的引导作用，协助法官将案件审理清楚。

第五，增强自身的学习。

我在执业的第二年就报了中国政法大学的在职研究生课程，这其实是一个很好的督促自己学习，锻炼自己再学习能力的机会。

时间和这么多年的工作告诉我，如果长久不学习、不思考，自己的思维能力会下降。

对于做律师这个行业来说，思维的敏捷性和知识结构的全面性，对自己的执业至关重要。

要拓展自己的知识面，不止对法学的知识，而且对会计、税务等与法律相关的知识要有了解。

互联网和新生事物要多关注，多了解相应的法律规定。律师的法律专业素养很重要，同时知识的全面性对执业也有很大的帮助。

第六，对待每一个案子都要认真与当事人和企业处理好关系。

因为无论这个案子的成败与否，假如这个当事人认可你的为人，认可你的专业，即使败诉了，今后他们遇到法律问题也会继续找你，甚至将你推荐给身边的朋友。目前我已经有好几个案子的当事人都是二次甚至三次委托。

第七，要提高自己的风险防控意识。

律师行业，在执业的过程中也处处存在风险和诱惑。不要做违法、违规的事儿，不要抱侥幸心理。

在代理案件过程中要对自己的判断、证据、诉讼程序、保全等事项了熟于心，避免因为自己的疏忽给当事人造成损失，否则不但有损律所和自己的名誉，严重的可能承担民事赔偿责任。

第八，要保持一个很好的习惯。

健康的身体是承受高强度工作的基础。所以自身一定要养成勤锻炼的习惯，保持一个良好的工作状态。

要多与同事交流沟通，遇到案子可以与他们讨论案件，分享心得。

结　语

以上是我一点小小的心得，律师执业是一条充满荆棘、挑战、风险的漫漫长路，要时刻提高自身的风险意识。

之前听过一句话"律师是一个看起来很美、说起来很烦、听起来很阔、做起来很难的职业"，现在想来确有一定道理。

68. 律师独立执业之后要找的两件事：专业化定位、团队伙伴①

早先，因参加智善和股＋举办的"股＋私塾"的活动而荣幸地与智善结缘。

在我眼里，智善是非常踏实、真诚的法律新媒体，并且不遗余力地推动年轻律师的成长。

所以，当青青若向我邀稿的时候，十分开心，刚好借此机会，回顾近些年来让我自己难忘的点滴。

非法本生的司考

先从我的大学讲起，我的本专业并不是学法律，而是当时最热门的国际

① 王以菲，北京盈科（上海）律师事务所律师，擅长企业股权架构设计、各类合同纠纷、公司商事等复杂疑难的民商事领域争议解读。

贸易，不过毕业之后再也没有接触过本专业相关的工作，而是进入了一家国企，根据公司的安排做起了风控和法务的工作。

因为工作的需要，我只能从书店里买书、从网上下载资料学习民商法、民事诉讼法、劳动合同法等相关的法律知识，在实践中遇到问题再向公司的顾问律师请教。

当我的孩子出生之后，公司的业务不算太忙，闲不住的我萌生了想要挑战一下所谓“天下第一考”的司法考试的想法。

但当我准备齐所有的备考书籍后，我发现是自己把事情想简单了，光教材就是厚厚的八大本，加上历年真题、模拟题，所有的书堆在一起超过一米之高，其中像刑法、刑事诉讼法、行政法、法治理论等都是我几乎没有接触过的领域。

但是，目标一旦定下了，便没有退路，我提前六个月开始了我的备考生涯。

于是，上班空隙的时候、午休的时候、下班以后、周末的时间全都成了我备考的时间，连开车上班的路上也听的是老师上课的音频，越到后面发现时间越不够用。

整整半年，我几乎没有看到过下班路上的落日，每天关上办公室的灯、锁了门，走到停车场再回望整个办公楼，已是一片漆黑。

周末的时间也至少有一天是图书馆里第一批进去、最后一批出来的。

日复一日的学习已经成为了习惯，对于这一切我倒也不觉得苦，只是那段时间给孩子的陪伴太少、太少，错过的再也无法弥补回来。

当考完试，成绩公布的那天早上，我躲在卫生间，用手机一遍一遍地刷着查分系统，当分数终于跳在我眼前的时候，我紧张地用手捂住了屏幕，手指一点、一点的往右移露出一串一串的数字。

82 分、80 分、90 分，当我看到前三个分数的时候，心顿时凉了一大截。因为卷四是我最薄弱的科目，我预期能考到 90 分就不错了，这样总分是达不到 360 分的。

索性，抱着豁出去的心态，我把手从屏幕上全挪开了，当最终 370 分的数字跃然出现在我眼前的时候我简直不敢相信，再回头看了一下卷四的分数居然是 118 分。回想备考最后的阶段把主要精力放在卷四主观题上的时间总算得到了回报。

到现在，我还清楚地记得，我冲出卫生间想把这个消息告诉我先生的时候，竟然一句话都说不出来，眼泪忍不住地往下掉，所有的努力终究没有白费。

曲折的转行

考完了司考，内心自然有了更多的想法。多年国企的工作虽然安稳，但总觉得并不甘心这样度过一生。

终于，我还是决定换个工作环境，并将目标锁定了现在这个看上去美好但充满挑战和艰辛的职业中，它意味着我可能清零从头开始，意味着我从甲方变成了乙方，我的身份、姿态都必须完全反转。

我先生开始是反对的，反对的理由其实也在理，无非是我并没有专业优势、这行也许要熬的时间比想象的还要久，不但辛苦，还会导致我没有时间照顾家里等。

但最终，在一次“草坪会谈”之后，他终于默认了，并且在相当长的一段时间里成了我最坚实的后盾。

我开始向心仪的律师事务所投递我的简历，我心想，多年的工作经历，理论和实践都不缺，先谋求一份助理的工作总不难吧。

而现实，再一次狠狠地打脸。一个多月过去了，我收到的反馈寥寥。

后来我才知道，相比于我这样有多年工作经验的人，合伙人更喜欢仍是白纸一张、可塑性强的应届毕业生，我大概就属于他们眼中的“难管型”选手。

那段时间，我内心的焦灼可想而知，原本信心满怀的我意识到自己竟沦落成了“滞销品”。

终于有一天，我接到一个电话，电话那头的人用浑厚的声音和我的对话我到今天还记得。

他告诉我他是盈科所的合伙人张律师，他看了我的简历，认为我的经历跟他很相似，问我愿不愿意去律所和他聊聊看。

他仿佛是在我绝境之中看到的一丝曙光，我第二天就去律所见了张律师。

聊完之后才知道，张律师甚至是在34岁才考的司法考试，在此之前做过电视台主持人并在人民银行工作了多年，因为年纪大，他当年没有师傅带过，每一步都是靠自己摸索来的。

因为相似的经历使我最终获得了这个工作机会。

1. 第一个客户

人的所有第一次总会记得那么清晰，而我的第一位客户在我实习的第3个月出现了。

它便是我服务过多年的前东家。

当我的前同事打电话给我问我是不是清楚长春某汽车零部件客户（下称A公司）具体情况的时候，我心想这家客户我再熟悉不过了。

当时销售部门为A公司申请了将近1200万元的信用额度，作为负责额度审核的部门，我特意去过A公司现场不下三次，考察客户的生产、运营情况以判断是否有还款能力。

当我发现A公司因为和集团之间关联交易过密，负债杠杆率过高，下游客户的回款也经常不正常时，我拒绝了对A公司无担保的授信。

当A公司提供了由其全资控股的专为一汽大众做一级配套的B公司做担保后，我才给了400万元的授信额度。

而当我的同事在电话里说A公司的欠款已经达到1000万元并且有将近3个月没有回款之后，我也大吃一惊。前同事说领导已经下决心通过诉讼解决了，并且想找我们过去谈谈。

于是，我和合伙人一起去了趟公司。我们跟公司领导建议应当立即诉讼并且采取保全，保全的时候优先保全B公司的银行账户。

因为我很清楚，保全A公司本身很可能打草惊蛇却保全不到任何财产，而B公司的现金流充裕，一旦保全也很可能影响其对一汽大众的供货，这种损失是A公司无法承担的，这就很可能逼迫其跟公司调解。

当我把策略分析给公司领导之后，没有想到公司领导竟然爽快地说，那行，这个案子就交给你们做。

因为保全得当，案件的确如之前预料的节奏开展。

同时，因为我在公司任职时拟定的所有销售合同的模板都约定“所有的因追讨债权产生的律师费、诉讼费等由债务人承担”，涉及A公司的这份也不例外。

最终，A公司在调解时承担了所有的律师费用。而我，因为分得了部分的律师费奖励，竟然不算赖地度过了实习头一年最艰难的日子。

现在想来，也许以前走过的每一步都不是白走的，有些看似的偶然也都包含着其内在逻辑。

专业化定位

在领到执业证之后，考虑到年龄和家庭方面的因素，我很快决定独立执业。

刚独立时候的心情跟大多数年轻律师一样，无比的孤独、彷徨，有案子来就接了。

刚开始的时候接过一个争取抚养费的案件，案件虽然小，前后跑法院、医院花费不少时间。

从那时候开始有深刻的体会，所有人都讲的专业化定位的确非常重要，定位的事情做好了，从长远来看是事半功倍的，最直接的体现就是会提升效率，降低时间成本。

同时，它还关乎着我们如何定义产品，采取何种形式的营销策略，在专业方面我们该把更多的时间往哪里投注，也关乎到我们如何更好地提供法律服务。

于我而言，既然有着长期的企业工作经历，对企业的运营流程、公司治理痛点都很清楚，很自然地先把定位放在了服务企业端客户上，担任企业的顾问和处理商事诉讼。

所以，后来但凡有刑事案件、行政案件、婚姻类案件我基本也是交给其他专业化团队操作的。

但我也清楚地知道，光定位到这里还不够，我的目标是希望做一名行业律师，成为某个行业、业务领域内的专家。

这个过程需要摸索、试错，需要我们在日常承办案件时、在参与各类社交活动时、在和各类专业部门打交道时多去体会、寻找、锁定，并且善于复盘，从中总结自己的优势，逐步定位到目标上去。

在这一点上，希望和广大的律师同行们共勉。

创业路上的团队伙伴

独立执业之后我感到自己做的另一件最正确的事情是，找到自己创业路上的伙伴。

大家一定都听说过一句话“一个人可以走得很快，但一群人可以走得很远”。

我相信专业化、一体化、法律服务升级是未来法律行业必然的趋势，而作为一个个体想要完成上述的转型几乎不可能。

我自己在刚独立之后的大半年时间里也是一人“孤军奋战”，非常缺乏归属感，在闲的时候内心慌张、在忙的时候疲于奔命，很少有时间、动力去想定位、做内容。

到年底复盘的时候，发现虽然业绩达到了年初定下的目标，但是从长远来看并没有给自己沉淀下来太多专业化的内容，没有太多时间沉到自己的客户或者潜在客户中，在品牌建设这件事上依然没有进展。

有幸的是，当我还是助理的时候，结识了另几位在专业方向上比较接近、都服务于企业客户、个人价值观趋同的伙伴，他们在律师行业的资历比我都要深，当他们相继从团队独立出来的时候我们很自然地走到一起组建了我们自己的团队。

我们每个人有自己的专长，团队的张律师执业年限比较长、诉讼经验丰富，她适合在诉讼案件方面给专业性意见；夏律师有良好的资源优势，负责跟各个园区的接洽工作；我就属于对团队战略定位、品牌运营相对有想法，比较喜欢讲课，我在团队品牌运营上会花更多时间。

自从团队组建之后，我们在各个园区、孵化器、加速器的亮相逐渐增多，每个月至少都有两次的对外授课。

每次授课基本上团队成员全员参加，我们根据各自擅长的领域讲授不同的内容，包括初创企业股权搭建、股权激励、合同风险管理、劳动用工风险管理、互联网行业、文创行业的法律风险管理等，不断树立专业化团队的形象。

在业务方面，我们每个相对复杂疑难的案件都会经过团队的讨论之后制定诉讼策略，庭前模拟法庭，庭后复盘，所谓的案件九步法等，也只有建立在分工合作的基础上才能实现。

虽然团队成立的时间还不长，但我们每一个人都已经极大地感受到了在一起的温暖，孤独和彷徨的时间越来越少，取而代之的是相互督促、鼓励带来的团队整体提升和自我提升，专业化、品牌建设的成果自然逐渐展现，我相信我们会越走越远。

做一个好律师，做一个有趣的人

虽然我在拿到律师执业证之后很快就独立执业了，但我至今仍然很感恩当时带教我的合伙人。

不仅因为他把我领进这个行业、手把手教我做案件，还在于他告诉我一件无比重要的事“不会玩的律师，不是好律师”。

他说的玩，其实是把生活过的有趣，而不是做一个只知道办案、赚钱的机器。

他把我带上了玩狼人杀的道路、带我进入户外的世界、让我迷上演讲这件事情。

而我，因为这些兴趣爱好结识了很多的同行以及各行各业的朋友，甚至有些成为了我重要的事业上的伙伴、客户。

狼人杀

当我还在新律师执业集中培训的时候认识了一群爱好“狼人杀”的小伙伴，每天午饭后在华政的咖啡厅里集合开两局成为这段“枯燥”日子里最快乐的回忆。

一个月的集中培训过后，大家建立了深厚的友谊，我们中的一些后来成为同所的同事甚至进入一个团队，我和其中的一位在我们各自独立执业之后还陆续合作过几个复杂的诉讼案件。

当时深深地感慨，认真地玩一个游戏，也能玩出合作伙伴。

徒步

2017 年、2018 年我和事务所“盈天下户外运动俱乐部”的同事们一起，分别用了 6 个小时、8 个小时环太湖、滴水湖徒步了 30 公里和 40 公里。

很多同事在参加之前几乎没有主动锻炼过。

路漫漫其修远兮，我们用脚步丈量着勇气和毅力。

每一程的最后 10 公里都已经超出体能的极限，完全靠意志力支撑。

我作为 2018 年俱乐部参加 40 公里挑战赛唯一的女选手，也深刻地体会到同伴之间的相互鼓励、协助对完成这样一场徒步挑战的重要性。

完成挑战之后脚底的水泡、全身酸痛也完全被挑战成功的满足感所取代。

2018 年我还去了新疆的腾格里沙漠徒步了 3 天、100 里，去体会沙漠的空洞和寂寥。

“每一个人脑中都有过这样的梦想，背着包和生命中最重要的人，在一片一望无际泛着金黄色的沙漠中并肩穿行。”

因为这句话，我踏上了腾格里沙漠的远征。

在广袤无垠的沙漠中，坚持就像信仰一般，想过放弃，却只能坚持，前方不见终点，回头亦不知起点在哪。

当我们完成了 3 天的征程，所有的脚印已在风中淡然无痕，只留下恬淡的领悟。

2019 年，我希望能去攀登一次 5000 米以上海拔的雪山，在此也诚邀山友一同前往。

除此之外，我在参加一些律师行业的学习、交流活动中发现不少律师的演讲能力仍然有待提升。

演讲

对我这样一名需要经常出庭的诉讼律师，我依然感觉到演讲是一项需要长期培养的能力。

因此，我加入 TEDx 的策展和志愿者活动并参加了两家 Toastmaster Club（国际演讲俱乐部），在其中的一家担任教育部副主席。

在这个过程中和志同道合的朋友交流演讲经验，在不断的犯错、锻炼、评价、被评价中提升自己的公众表达能力。

结　语

最后，我想跟很多年轻律师共勉的是，每个人的潜能都是无限的，不要局限于自己的想象能力，不用过多考虑每件事情背后短期的收益。

当我们在每个阶段尽力去做该做的事情并把它做得漂亮时，未来将自然地向我们展开。

69. 从企业文化师到新浪微博知名法律博主①

智善－青年律师汇栏目向我约稿的时候，我正在处理手头上扎堆的工作，得知这个栏目展示过许许多多优秀的青年律师的风采，我欣然应许，借这个平台跟大家分享关于成长的那些事。

与许多怀揣着梦想的人一样，我的奋斗历程并无特别之处，正因为心怀朴素的人生观，我走每一步都脚踏实地且经过深思熟虑，生怕一不小心浪费太多时间做无用功。

情缘难舍，恍然大悟

2011 年我开始接触法律。

深受港剧《律政佳人》英姿飒爽、口若悬河风采的吸引，我对法律拥有崇高的敬畏。

可以一整天沉浸在浩瀚的法学海洋里，与枯燥无味的法律条文深情对望，深入学习法律背后的逻辑及原理，研究解读相关案例和法条。

这些在外人看来枯燥乏味的学习，在我的生活里，成了必须坚持的习惯。

成为律师之前，我是一名企业文化师。

职业选择前，我对自己做了一次全面的梳理并结合自身的强项与性格特点，选择了做游刃有余的工作——

我笔耕不辍，脑子不停转动，在文字与策划的工作中自如切换，协调、调配、动员人员参与文化建设，在搭建企业文化平台的过程中，我拥有无限的激情，能力与专业获得了认可，得到了短暂的满足。

虽然工作稳定，但心中依然对法律有割舍不下的情感，每隔一段时间总有逃离现状的冲动，后来我才恍然大悟，我的初衷是想成为一名律师。

梦想就像伴侣一样，是需要坚守的，况且它已陪伴我许多年，我不能对它置若罔闻。

① 吴婉婷，广东荆紫律师事务所专职律师，揭阳市榕城作协会员，佛山市禅城志愿者学院中级讲师，新浪微博知名法律博主，主攻方向：婚姻家事纠纷、民商事纠纷、刑事辩护。

于是我跳出舒适区，转身和过去告了别，开始规划我的律政道路。

鼓足干劲，力争上游

后来我成为了一名律师，我想尽量忽略掉阳春白雪，只讲述职业过程中的一些经历与感悟。

这并非一篇励志文，大家都审美疲劳了，跨领域、跨专业、跨行业投身到另一个职业当中，不是寥寥数语说得清的，必定是付出了巨大的努力。

彼时忆起，脑海中依然闪现出当年的画面，各种思绪交织缠绕在身。

成为律师之后，虽然劳累、忙碌，但我真正感受到幸福感。

曾与朋友交流过做律师的幸福感来源，我们不假思索说出了相同的答案——

并非金钱、名望、地位等，而是源于案件胜诉带来的满足感，利用专业的法律知识，积累的实践经验、技巧，为当事人争取合法的权益，获得了当事人的认可，自身也会收获幸福感。

法律人，谁没有试过在堆积如山的案卷前伏案疾书，谁没有试过夜半三更在电脑前敲敲打打过一宿，谁没有在节假日被工作填得满满的，谁不是轻松惬意的旅行要让步给工作……

法律人的生活，一直在工作的路上是常态，时刻保持迅速反应的准备，随时准备解答法律咨询，提供解决问题的方案，与各式各样不同性格的人沟通、打交道，一开始虽有不适，后来逐渐成为习惯。

亲身感受，情法并具

我从小有阅读的习惯，喜欢阅读、写作，也许与文字打交道许久，对他人的经历容易产生情感上的共鸣，对当事人的经历有代入感。

这种代入感常常促使我使出浑身解数，力求每个案件办到极致，办成精品案件，尽量不让当事人失望。

虽然对自己过于严苛，压力也不小，但我深刻记住入行前一位前辈跟我说的一句话：

“律师，就是要穷尽一切办法，为那个最佳的结果。”

我将这句话奉为至理名言。

执业至今，参与办理过大大小小的案件：

参与办理过全国扫黑办挂牌督办，重大涉黑案件王某的辩护工作，争取到减刑、实报实销的结果；

参与办理过具有较大影响的套路贷案件，为当事人争取了胜诉结果，免去偿还对方主张的高达 500 万元的款项；

在一起假冒注册商标罪中为当事人争取到取保候审、缓刑的结果，获得了他们一家的感谢，当事人走出高墙之时的欢呼雀跃模样与第一次在看守所会见时痛哭流涕的样子简直判如两人……

有时候，因为对他人经历有了恻隐之心，也会做一些力所能及的公益援助。

比如最近的一起离婚案件，在了解了当事人生活拮据、经历坎坷、生活揪心后，我索性提供了法律援助，这个过程中，连办案费用都要自己掏腰包，更别提收取律师费了。

离婚案件当事人负面情绪多，絮絮叨叨没完没了，经常受到打扰，被迫听一些跟案件无关的抱怨。

身为律师同时也要扮演心理咨询师的角色，给予情感上的疏导与调解，尽量劝导当事人以平和的心态处理纠纷，也许是因为给予一些情感上的关怀，对他人的经历有怜悯之心，许多当事人总喜欢委托我办理离婚纠纷。

执业过程中，我接触了形形色色的人，更有一些当事人因为被骗取钱财，冲动地想要放火报复，我得知后，要立即制止这种想法的蔓延，劝其采取正规的法律途径解决问题，以免得不偿失。

当然也有一些人，因为不懂法，只顾着描述生活事实及表达情感，而不顾案件所需证据。

对于这类当事人也要有足够的耐心和技巧，要让他们知道，有些话多说无益，法庭注重的是法律事实，法庭的真相隐藏在证据里，一切以证据为首要。

律师就是尽量让观点、文书通过证据材料、逻辑推理及法律法规的适用来反映事实的原貌，细致、专业才有可能找到问题的关键点、案件的突破点，从而击中要害。

独立执业，团队协助

律师职业，起步很难，执业前期很难，很多人都深信二八定律，在市场资源有限的前提下，多数资源被少数人垄断，如何在有限的资源里，获取一部分，这是每位独立的执业律师需要深入思考的。

我爱好自由，喜欢无拘无束发挥，一旦有人用条条框框限制我，我会拘束一些，所以，我一开始就选择做独立律师，不做授薪律师。

即便是独立的执业律师，但在讨论案件、合作案件、办理案件的时候，我们是一个团队。

我相信聚沙成塔，多数人的力量、观点、办法汇聚在一起，案件会做得更好，为了结果，经常要探讨、深究，检索相关的指导案例、法条、司法解释，真的是追求事无巨细，生怕一不小心就错过有用的资料。

永远学习，终生学习

时代在变化，市场在变化，新法实施，旧法更新，司法解释多，会议纪要多……

需要保持苟日新、日日新、又日新的学习态度，才能跟得上变化莫测的社会，知识系统才能有所更新，九层之台，起于累土，量变引起质变，只有专业才能遇案不惊。

如今的我，积极撰写原创文章，书柜上永远都有读不完的书籍。

我会把时间分成五份——

五分之一用来读书研究；五分之一用来专心创作；剩余的用来工作与生活，参与研讨会、讲座、沙龙、论坛等知识盛宴，对外讲授课程，与同行探讨观点，探讨分析疑难案例。

努力学会荣辱不惊、遇事不惊、信手拈来、有条不紊。

作为一个年轻的法律人，感恩一路走来，各位前辈的指导帮助，各位客户朋友的支持，未来很长，继续前行。

70. 你要专业、热忱、温暖、美好、内心丰富[①]

坚定选择法律，执着追随信仰

1983 年农历七月初七，我出生在钟灵毓秀、人才辈出的位于湖北省东北部、大别山南麓的罗田县。

与法律的结缘，它对于我来说："这是一个注定的选择"。

由于自幼对法律工作者抱有深深的好感，在填写大学志愿时，我毫不犹豫地选择了法学专业，在那时起就立志做一名执业律师。

律师需要面对不同行业、不同领域、不同阶层、不同文化的社会群体，工作范围涉及法律、经济、行规、道德、文化、习俗等多个方面，需要大量的知识储备和沉淀，所以，四年的大学生活，我遨游书海，忙碌而充实。

回忆起第一次翻开法律读本，可以形容自己"如同遇见一位久违的老朋友"，我对法律的逻辑之美有一见如故的亲切感。

别人眼中枯燥乏味、背起来苦不堪言的法律条文，我学起来津津有味，乐在其中。

"庖丁解牛，就是因为了解了牛的内部结构，才能达到游刃有余的境界。"

我学起法律来，能够很快地把握法律条文的内在逻辑性，在理解和应用上得心应手。

几年下来，我就像海绵一样汲取了大量法律知识，为我现在从事律师工作打下了坚实的基础。

2007 年，我以 388 分的高分顺利通过全国统一司法考试，取得了法律职业资格证书，通过实习期后正式成为一名执业律师。

面对两种选择，选择留在家乡

一时间，来自北京、上海、深圳的多家知名律师事务所都给我发来了热

① 张良，湖北神宇律师事务所合伙人副主任，黄冈市律师协会建筑与房地产法律专业委员会主任，黄冈市第三届青联委员、罗田县人民政府法律顾问团成员，八届省律协医疗纠纷法律专业委员会委员，长江日报公益律师团成员、《婚姻家事纠纷解决之道》《企业知识产权痛点法律问题解决之道》编委会委员。

情的邀请函。

一边是更高的发展平台、更好的发展前景；另一边是家乡小城对专业法律人才的渴求。

面对两种选择，一向目标清晰的我犹豫了。

选择北上广深，无疑能够更好地成就“小我”；

选择家乡，一样可以将一身本领奉献给最需要法律帮助的人们。

“案件不分大小，成就不分高下；只要能推进法治进步，捍卫法律尊严，在哪里都能体现自身的价值！”

故土情深，考虑再三，我毅然决定选择留在家乡。

每个人都渴望成功，为成功而拼搏，就像奔向一个遥远的目标，道路可能崎岖漫长，风景可能平凡乏味；

但无论如何，在通往成功的路途上，最需要的就是坚持不懈，就像我坚信的，“持之以恒，必有所成”。

专业和温度，源自深植内心的力量

回忆刚刚成为律师的日子，我感慨良多：

“入行第一件事，就是要学会‘营销’，像推销员一样，这也是市场经济的需要。”

案源稀缺是青年律师从业道路上最大的困难，很多当事人也会把经手案子的数量作为评价律师能力的重要标准。

因此在执业之初，一方面，我在前辈的帮助下用理论指导实践，勤学善思，夯实自己的基本功；

另一方面，加强与业内精英交流，不断提升和扩大自己的知识面；最重要的是，不挑不拣，扎扎实实办好每一个案件。

我始终认为，每个案件都要花大心思、下苦功夫，完全理解掌握涉案相关法律、法规，全面了解涉案证据，确定行之有效的维护当事人合法权益、化解纠纷的方案，为当事人占得先机、赢得利益。

此外，与委托人深度沟通，洞察案件的真相，了解委托人的真实诉求，直击案件关键，最终解决问题。

在执业初期，我迅速熟悉各个类型的业务，快速地成长起来，逐渐形成了自己的办案风格。

对律师来说，成功的案例就像是作家的作品、诗人的诗篇、记者的新闻，也是经济学家的数据、哲学家的思辨、政治家的政绩、企业家的产品。

我的能力，就是用案例累积起来的。

“只要当事人委托了我，对我来说就是一种信任，一种责任。我只有竭尽全力，才能上不愧于法，下不愧于当事人，我们不仅仅办的是案件，而是办的别人的人生。”

一句看似平凡的话，也道出了我对律师这一职业最深刻的认识。

在执业的 10 年间我代理了 500 余件各类案件，涉及刑事、民事、婚姻、经济等领域，在依法维护当事人合法权益的同时，也得到了社会各界的高度评价，使一系列重大案件的犯罪嫌疑人、被告人获得了减轻、从轻或免受刑事处分的处理结果，为顾问单位、案件当事人共挽回经济损失数千万元。

从业以来，我最引以为傲的，就是每次结案后当事人以及社会对自己的肯定。

律师是一门实践性很强的职业，虽说自由，但又非常具有挑战性，不可能一蹴而就，必须在一个又一个案件中历练、摸索，才能得到积累与提升。

法律代表公平与公正，但律师本身并不能代表这一点。我尊敬的同行、我国著名刑事辩护律师田文昌说：

“律师既不是天使，也不是魔鬼，既不代表正义，也不代表邪恶；律师只是通过参与刑事诉讼的全过程，来实现和体现法律的公平与公正。”

我对此的理解是，“律师”这个称呼不仅仅是一种荣誉，更是一种责任，一种使命，一种为实现社会正义和法律价值而不惜付出的勇气和胆略，一种“先天下之忧而忧，后天下之乐而乐”的处世精神和高尚情怀。

做了这么多年律师，不能说是每件案子都做得很好，但我在尽自己的努力，争取做到更好。

为了使自己的业务技能日臻完善，我近年来一直利用周末和节假日的时间奔赴各地与同行交流，学习国际先进经验，融会贯通为我所用。

2018 年 10 月和 2019 年 1 月，我先后两次作为大陆精英律师代表，参加香港大学知识产权律师高阶培训课程。

香港大学是世界第一流的大学，这里有全亚洲最著名的法学院和最本真的教育理念——最好的教育不是灌输，而是启发。

来自香港、台湾、大陆三地顶级的学者与律师进行授课，大师的身教、同行的风范，一点一滴，对求知若渴的我来说皆是思想的启发。

我印象最为深刻的是北京大学贺卫方教授讲的一个关于灯光的小故事：

有个人在一盏路灯下面找钥匙，其他人问他："你确定钥匙就掉在这个地方？"他回答："我不确定，但只有这个地方才有光，所以我才只在这里找！"

贺教授以此鼓舞大家成为一盏灯、一束光，在我看来，这意味着律师一定不能单调、自满、固步自封，而要专业、热忱，温暖、美好、内心丰富。

从业者唯有成为一个更美好、更专业、更正直的律师，才能推动建设一个更好的法治环境。

律师不是一国之内的法律阐述者和运用者，他们是整个世界的服务者，法律或许以区域为界，但律师以服务于人类为己任。

为此，除了做好本职工作，我近几年来还热心于公益事业。我坚持担任法律援助志愿律师和值班律师，为社会上的弱势群体和困难群众提供法律援助；多次受邀为市民、学生举办法律专题讲座，不遗余力地组织开展法律宣传教育活动，受到社会的一致好评。

虽然做公益是无偿服务，但感恩社会的心是无限的，今后我将竭尽所能，将这份感恩之心延续下去。

薪火相传，砥砺前行

一家没有传承的律所，不会走太远。

精神、文化的传承是湖北神宇律师事务所的根基，传承一定是发展的前提。二十余年，薪火相传。

任何伟大的事业都需要薪火相传、代代奋进，律师是自由、独立、充满尊严的高尚职业，也是遍布挑战、风险甚至血泪的艰难职业，更需弦歌不辍，坚定理想。

只有清醒而客观地看待自己这个行业，才可能真正有所作为。

2018 年，是中国改革开放 40 年，也是中国厉行法治 40 年，作为一名法律从业者，我感慨不已。

新的社会背景下，案件的复杂程度增加，刑民交叉或各领域交叉的案例日益增多，当事人的法律意识也在增强，在选择代理律师时，对律师的专业水准、资源配置等提出了更高的要求。

对于律师专业化，我个人认为，现在社会分工越来越细，法律行业里的专业分工也趋向细化，没有谁能掌握全部法律知识，所以必须坚持专业化。

律师的专业化分工，是社会、经济、法律发展的必然结果，因为律师所要面对的问题已经越来越专业化。

相应地，律师的知识、技能储备也随之越来越专业化、个性化，律师更需要广泛学习，加强联合。

对青年律师的建议，我个人的经验是：

青年律师最重要的，还是沉下心去踏实钻研和积累，千万不要觉得“万金油律师”是个贬义词，那是成为专业律师的必经之路。

同时，应该在此阶段充分尝试各种各样的案件，当你对案子能够触类旁通、驾轻就熟，你的执业方向才能逐渐清晰显现，探索自己擅长的类型，寻找能发挥自身优势的领域。

我自己也是在经历这个阶段后，才发现适合自己的领域。

结　语

每一个个体，都对应着全部的人类；每一位律师，都映照着整体的法治。

不安于现状、勇于挑战认知边界，重塑知识结构，拓宽我们的群体联合，在追求律师的更高境界的道路上，孜孜不倦，做满怀热情的追光之人，这是我的路途，也是我的相信。

陆 律政佳人

71. 律途为心①

为心而生，随性而活

我是张莹，非法学专业出身，在一个尴尬的年纪选择了自学法律。跨专业做律师为什么？——为了折腾，为了女承父业。老张法官莫名躺枪。

答案有些许牵强，但我不愿过多地去解释。知己，寥寥几句便明我意；路人，再多言语又如何。为，己想为之人；行，己愿行之事。活在当下，始终努力向前就好。

天将降大任于斯人也，必先苦其心志，劳其筋骨，饿其体肤，空乏其身。

司　考

往事不堪回首，那段每天 16 小时高强度学习经历是我此生都不愿去回想的。希望与痛苦交织在一起的折磨，让人的精神几乎到了崩溃的边缘。

通关经验，做真题、看书、学习计划，缺一不可。真题，尽可能做到 5 遍，解析认真阅读；讲义与辅导书熟悉到随时可回想起知识点的具体位置与记号笔的颜色；认真制订学习计划，精细到每一个小时。念念不忘，必有回响。

坚定的信念，良好的学习习惯，这就是我的通关秘籍。

不积跬步，无以至千里；不积小流，无以成江海。

实　习

琐碎的小事、送不完的快递、少到可怜的工资……抱怨、苦恼、负面情

① 张莹，北京盈科（武汉）律师事务所专职律师，擅长领域：企业法律顾问、经济纠纷、人力资源管理，担任湖北银泰百货、爱普克斯等多家大型企业常年法律顾问，曾代理过武汉知名房地产公司、国企、外资企业管多起企业纠纷案件，参与武汉神动新三板挂牌，合肥初瀛、长安兴业、小明太极、卡氏文化等多家私募管理人登记。

绪困扰——这就是实习期。我想我在实习时与大部分实习律师的感受是相同的，可是当我拿到执业证那一刻回想起一年的实习期时，却有种莫名的感动，这使我突然间释怀了。

那些你厌烦的琐碎小事，使你养成良好的工作和学习习惯；那些你讨厌的人或事，教会你如何去待人接物；那些送不完的快递，让你了解到实务中诉讼程序……做则学，学则做，不做谈何学？

“别人的事情，差不多就可以”也是很多实习律师在工作中普遍存在的一个“态度”问题。别人的事情与我有何关系？差不多就可以，即使有问题，有师父在后，不必担心。

态度决定一切，将他人事情当成自己的事情去处理，你才会用心去分析、整理；你才会拼尽全力在复杂的案情中追寻那一丝也许会翻盘的证据。请不要矢口否认，这是人的天性，并不关乎对错。因此，当你走进律所实习的那刻起，请你以一个执业律师的标准严格要求自己。细节关乎成败，从点滴做起，从小事做起。

古之立大事者，亦必有坚忍不拔之志。

执　　业

时间规划、工作总结、定时学习、工作记录，我想这是每一位年轻律师执业前所 get 到的“执业标配”，但是我想说的是关于我们年轻律师心态的问题。

我认为年轻律师在刚执业时应抱着“学习”的心态，将浮躁的心沉下来，问问现阶段的自己究竟可以做什么？怎样可以做到最好？

业务上，应尽可能多向前辈及同行请教；

物质上，维持自己正常生活需求即可，无须给自己过多的压力，拒绝为赚钱而赚钱的思想，用长远的目光来规划自己的工作和生活。

也许，你会觉得初期执业时很苦，但你要坚信，终有一天曾经的脚踏实地必将成为你事业上最重要的基石。

明师之恩，诚为过于天地，重于父母多矣。

良　师

我的师父吴良涛律师是一名典型的老派律师，我尊他为师，敬他为父，待他为友。亦师亦友，我想这也是师徒关系中最完美的状态。

师父是一个细心的人，凡事要求做到极致，不论案件大小，都严格要求着自己。这也使如此“没心没肺”的我变成了“强迫症”患者。

师父喜欢“松散式”教学，通过实践和自身主动探索来让我们学习。他很少责备我们，当我们犯错时，他更多的是去耐心教导。学习中，师父从未直接告诉过我们问题的答案，更多的是引导我们并假设多种情境的方式发问，让我们自己从中得出结论。

师父是一个喜欢自己埋头做事的人，默默做了许多却只字未提。每当我问他为什么？他却总是摇摇头说：罢了，随他去吧！就这样默默的，不曾解释，也很少有人理解。

我也曾因很多事情不解而在心里责怪师父，可是随着时间的推移，追忆过往的一切，我不禁感慨起来，也为自己曾经的无知而感到懊悔。

我想师父就是那悄无声息的摆渡人吧，一个人，默默地站在远方摆渡着他认为应该去摆渡的人。

与善人居，如入兰芷之室，久而不闻其香，则与之化矣。

益　友

程姐姐，盈科风云人物，在其大大咧咧、无比强悍的外表下，藏着一颗柔软的小心心。对于工作，她很执着或者说是很拼命，超强的营销能力，更是无人能及。因此她很忙，忙到半个月都见不到她的身影。

尽管如此，这位执业十年的老律师依然记得定时发信息问我工作近况，帮我分析、总结并且将各种学习视频毫无保留地转发给我。就这样，工作和生活都被她惦记着，很是幸福。

盈科是一个大家庭，每一位律师都值得我去学习。他们勤奋、认真、负责、敬业的精神都深深影响着我，这也使我不敢松懈、不敢掉队，一直在律途上奔跑着。

感　谢

感谢自己曾经所经历的一切；

感谢自己坚信每个人所经历的一切并非偶然，都是为了能够在下一刻遇见更好的自己；

感谢在我的律途中曾经出现的每一个人，感谢你们让我成长，感谢你们的包容与原谅。

72. 三次换律所经历教给我的事 [①]

九月的第一个工作日，从顾问单位处理完各项事务出来，接到青青若的约稿。喜欢这个只有过一面之缘但每天都会在朋友圈互相关注，懂得将生活过得无比精致的女子，于是欣然接受。

摩羯座女律师

社会对女律师有一种天生的偏见，我们已俨然代替“女博士”成为大家印象里除了男人、女人外的第三种人。有人说，千万别和女律师谈恋爱，不然吵架时你们会连开口的机会都没有就被K.O.。

其实我想说作为想把一小时掰成俩小时用的女律师，谈判、开庭、文书等已经占用了我们太多的时间，为了处理这些事情我们花费了太多脑细胞、太多口舌，连约会的时间都没有怎么吵架呢？工作以外的时间我们只想好好吃顿饭、看看书，另外踏踏实实睡到自然醒。

大多女律师都是主内主外的一把好手，同时兼具温柔美丽贤惠的优秀品质。

我学的专业是涉外律师，做的业务却是房地产和金融；入行三年，已在四个律所待过，司法局的领导在给我发执业证的时候都打趣说道别再换所了。

① 易朦，湖南金州律师事务所律师。

可只有我清楚这些别人眼里的不安分不稳定给了当初迷茫的自己多坚定的信心。作为一个执拗无比的摩羯座女律师，反正我的人生信条是开心最重要，至于别人怎么说，重要吗？

白面书生

回顾过去的这三年，有惧怕、有失落，但更多的是迷茫，好多时候都被那些想到的没想到的困难压得喘不过气，无数次想过要放弃，又无数次满血复活。反正如果现在放弃了，以前吃的亏、受的累不就白白浪费了。

刚毕业的自己简直就是个“白面书生”，后来做了一年半“吃螃蟹的人”，现在及以后很长一段时间都将是“探险的雏鹰”，这些都是我给自己的标签。

2014 年 5 月 20 日，我进入湖南金厚律师事务所，正式开始律师生涯。所谓白面书生，就是指当时的我，缺乏经验和阅历的读书人，当然我也称不上是循规蹈矩的书生，毕竟大学四年都没扎实学过专业知识，正是这样一个法学功底极度薄弱，经验、阅历、信心都完全不足的我，开始接触律师行业的第一类业务：银行事务。

多亏了我的启蒙师父：金厚所主任刘兴华律师。刘主任是一个兼具强大气场与人格魅力的人，作为长沙市青年律师与人才培养专门委员会的主任，他很重视培养所里的年轻律师，也正因为这样，我才有了很多机会去接触客户、接触同行、接触公检法的公职人员，慢慢也学会了如何进行高效的沟通，如何让受众接受自己的观点。

那段从白面书生走来的经历，让我的人际交往能力得到了非常大的提升，直到现在，那些沟通技巧仍然给我的工作和生活带来很多帮助。

吃螃蟹的人

2014 年 11 月 24 日，我进入湖南森力律师事务所郭超律师（郭律师现为湖南大鲲律师事务所主任）团队，开始协助他筹备新所。从挑选办公室到核名再到准备申请设立新所的各项资料，我有幸参与了大鲲从无到有的全过程，这就是为什么我把那段时间的自己和大鲲所有同伴称为“吃螃蟹的人”的原因。

刚开始我们踌躇满志，再然后困惑迷茫，慢慢认识到闭门造车的局限性，所以我们走访了湖北几家比较成功的新所，也是在这次出行中认识了李涛、邓君、青青若、卢青霞等湖北法律人。

此外还参与了第一届全国“80后”律所主任论坛，在与同行交流后，大鲲有了自己的定位——“精细化、流程化、团队化的创新型公司制律师事务所”，同时也开始慢慢摸索法律服务产品化的道路。

在大鲲工作的一年半，我从行政、财务到辅庭律师，学到了很多其他实习律师可能没有机会接触的东西，也养成了不少至今仍十分受益的好习惯，比如每天的工作计划和工作总结、诉讼案件跟进情况表、顾问单位事务处理表，以及工作需要时信手拈来的各种可视化图表。做一个“吃螃蟹的人”固然存在非常大的风险，但由此而来的惊喜和收获也是一个墨守成规的人永远无法得到的。

探险的雏鹰

我是从小所里成长起来的，在我心里对自己所从事工作的期望是“金钱、经验、快乐”，三者兼备是最理想的状态，但很难达到，我对自己的要求是至少达到一条。

后来出于种种原因，我离开了大鲲，在湖南金州律师事务所申请执业，开始做一只探险的雏鹰。

刚毕业的那两年，我一度怀疑自己不适合这个行业，也无法成为一名合格的律师，一直到我来到金州这个大家庭、进入王英帅律师团队，开始修改第一份合同、开始接触第一个房地产尽职调查项目、开始第一次独立对接房地产顾问单位、开始撰写第一份私募基金管理人登记法律意见书……我才慢慢发现原来自己也有处理得比较顺手的业务，也慢慢喜欢上了这种探索新鲜领域、学习新鲜事务的感觉。

真的要非常感谢王律师，如果不是他以身作则的专业、如果没有他对各项事务近乎完美的追求以及毫无保留的指导，当时那个自信心跌到谷底的我，可能早就放弃了律师这个职业。鹰是一种目的性非常强也极具韧劲的动物，尽管现在我还只算是一只刚开始扑腾翅膀学飞的雏鹰，但我坚信顺着正确的方向总能在探险的路上越飞越高。

跨所经验谈：大所小所如何选择

相信很多跟以前的我一样正处在迷茫期的年轻律师，都会困惑到底是大所好还是小所好、到底是传统所好还是创新所好、到底是要看重律所整体还是要更关注团队发展？

其实没有一个人能给出准确的答案，作为在这些问题里摸爬滚打过的小白鼠，我的建议是趁着年轻大胆去尝试吧，生活本来就是折腾嘛，不去试试怎么知道什么才是最适合自己的呢。毕竟这个世界上没有最好的另一半，也没有最好的工作，适合自己最重要。

综合型大所

综合型的大所，处处是高人，处处是机会。你能听到的每一次律师与当事人、法官沟通的电话、你能看到的每一次律师与各类当事人的碰面，都会因为你的细心而变成你学习经验的机会。

大所人多业务广、成立年限长，所有这些因素都导致律所不可能只做某一项业务，因此报团取暖是最明智的生存方式。团队化的运营模式使每个团队要想在大池子里占有一席之地，必然要发展自己的核心竞争力，也就是自己能做别人做不了的业务，但这基本不可能，所以只能退而求其次，争取比别人做得好、做得精、做得顺。所以，对于综合型的大所，选团队、选领头羊、选业务领域，是最重要的。

创新型小所

创新型的小所，如果选做综合性业务，从律所规模、成立年限、执业人数、执业经验等方面都无法与大所抢争市场，但抛弃传统型业务，走专业化道路，除非合伙人相对稳定且在相关专业领域已有一定市场占有率，否则业务收入无法支撑整个律所的支出，反而会影响发展。

不过，俗话说得好，“船小好调头”，小所在确定发展模式、发展方向时容易达成共识，同样在试错后决定调头时也能及时止损。此外，小所的人才培养机制比较完善，投入相对较多，毕竟稳定而优质的人才资源对小所未来的发展具有关键性作用。所以，对于创新型的小所，选平台、选发展模式、选伙伴，是最需要的。

结　语

我觉得在执业律师这条路上，最伟大的不是阳关道走到西，而是磨平这条荆棘路的石子去迎接黑夜终端的那片斑斓。

所以对于我来说，唯一的退路，就是硬着头皮继续前进。你们呢?

愿所有经历过苦痛挣扎的女律师，最后都能被生活甜蜜以待。

73. 从满天星成长为向日葵的女律师[①]

满天星：我愿做一个坐在路边鼓掌的人

毕业后，我进了一家做建材的集团公司做法务。回顾自己出入职场的那几年，就如同一株满天星，渺小、青涩、小心翼翼。

在企业，值得学习的，不止是同岗位的法务前辈的经验，能够让你打开格局和视野的，还有企业家和职业经理人。

法务工作能够直接对接公司高层，会有很多机会接触公司经营战略层面的管理，在这个过程中，自己的格局、视野会扩展。

那时候每周大会小会必须参加，主要工作就是分析财务报表、回款率、应收账款法律风险。公司一天签十几个销售合同的业务量，决定了我的报表永远做不完，做完台账表，要做市场分析表、合同签回表等各种文件，那时，公司的人亲昵地称呼我为“表妹”。现在想想，这名字还蛮别致的。

领导知道我刚毕业没经验，对企业的产品也比较生疏，所以，每次战略分析会议上不管我说得好不好，都会说：“嗯，不错，是的是的！”所以，当时的自己一直觉得自己做得很不错，信心也在这个过程中建立起来。

现在回想，当初，并不是自己真的很牛，而是因为身处氛围很好的法务

① 邹丽敏，共产党员，北京大成律师事务所专职律师，擅长公司风险内控、商事合同纠纷。

部。如果自己身处一个没有格局、没有战略视野的工作环境，自己也会在抱怨、焦虑里度日，也会以一种狭隘的世界观面对自己的职业人生。

那几年认识了一些非常有人格魅力的资深律师，他们影响我、告诉我今后要做一个怎样的律师。其实，和他们一起办案，主要学习的不是法律知识，而是为人处世和思维方式。

还记得有一次，我把公司的一份几十页的施工合同文件未经压缩打包直接发给了公司的顾问律师，事隔几天再次见面，我自己主动提起合同页数很多的事情，这位律师才很柔和地问我："小邹，你说，咱们下次互相发文件的时候，打个包再发，会不会更好一点？"当时神经大条的我很淡定地回答他"嗯，是的，我也觉得"。

这个小往事，当时不觉得有什么，但现在回想起来，这位律师真的是非常有耐心。如果换作一位自视甚高的人，可能就直接讽刺"你连打个包都不知道吗？"所以，我至今都对这位律师充满崇敬之情。同时律师的思维方式是办案细节的体现，且每个律师的思维风格和观点也不一样，在此不多做阐述。

青涩年华，没有向日葵的耀眼，也没有玫瑰的芬芳，自己就像不起眼的满天星，默默积累，默默陪衬，默默守望。虽然渺小，但有幸遇见了很多值得学习、感激、尊敬的人，所以，当时的自己，虽然只是一个坐在路上鼓掌的人，那也是一段很温暖的岁月。

向日葵：只要心中有光，我会一直向阳

毕业时，听很多人说，父母不是官商，不要做律师；女孩子，不要做律师；不会喝酒，不要做律师。很遗憾，这些不利因素，我全部具备。

但是，在企业工作时，我遇见了很多非常优秀的律师，经过交流，他们也跟我一样具备这些因素，但他们做得很好，而且在某些领域声誉卓著。

我开始想，我也可以！而且我要努力在这条路上走出有识别度的脚印出来。

一不做二不休，投简历、做好财务支出计划！早就听说，律师在执业初期非常难熬，所以自己也做好了滚钉板也要坚持下去的准备。

对于我这种一直住公司宿舍，不会交燃气费、做饭十炒九糊的人来说，也是需要时间去适应的，依然记得，第一天晚上洗的是冷水澡，因为我不会捣腾房东家的热水器。

进入律所后，我从最基础的交通事故、工伤人损、离婚等业务做起，把简单的业务反复地做，竭尽全力维护弱势群体的利益，把每一个案子都当作自己历练的机会，不放过任何一个可能影响案件结果的细节，也因此自己对办案的细节把控及谈案技巧越来越娴熟。

还记得，曾经有一个工伤案件，伤者已经过了退休年龄。这个案件如果一直打下去，由于伤者年龄的因素，工伤赔偿会大打折扣，也赔不了多少钱，但是，企业的代理人没有提出职工年龄因素的抗辩，只是一味地强调劳动者取得工伤赔偿的时间长度，扬言仲裁完了就起诉打一审，一审打完了就要打二审，而伤者显然是经不起拖延的。

所以，我站在伤者的立场上，提出与企业调解，在起诉金额与法定赔偿金额中取了一个平衡值，高于预先告知伤者的可能获得的赔偿数额，同时，低于企业以为自己要赔偿的金额，双方达成了调解协议。

由于调解得比较愉快，该企业也主动提出帮助伤者解决就业问题。结案后，我也与该企业建立了常年法律顾问关系。

这个经历告诉我，真正信任你的客户，往往源于你踏实的积累和机遇，并非一定要源于酒桌。

草根律师也有他自己的成长方式，刘强东也曾经骑个摩托车大街小巷送快递呢。所以，永远不要眼高手低，踏实才是王道。

职业思考

永远将客户利益摆在第一位

律师，是客户利益的维护者，不是架讼者。执业过程中，自己切身感受到，律师的大部分时间是在接受来自四面八方的咨询，然后通过咨询的认可度获得案源，所以，诉讼的必要性往往取决于律师对纠纷的利弊衡量。

对于我而言，我会首先做一个诉讼成本与诉讼利益的考量，如果我代理这个案件的结果无法给客户减少损失或增加收益，除非客户非常坚持，一般我会主动建议客户采取诉讼以外的办法解决。

因为，虽然律师职业是一种生存方式，但它也是社会公平正义的代表，我们需要时刻坚守自己内心的职业底线，将客户利益永远摆在第一位。

耐心是律师最基本的素养

胜人者有力，自胜者强。律师，是一个与人打交道的职业，具备很强的社会、人文属性。

而律师的日常工作就是处理当事人自己无法解决的各种疑难杂症，所以，我认为，耐心是律师最基本的素养。一个人的情绪，就是自身的风水，把发泄坏情绪的时间用来解决问题往往是更聪明的选择。

很多时候，我也会厌烦各种应接不暇的烦琐，有时候睡觉之前会怀疑自己选择这个职业的正确性，但第二天睁开睡眼，还是觉得自己热爱这个职业，一切工作照常进行。

结　语

我知道自己必须像永不低头的向日葵一样，接受阳光、风雨的洗礼，我喜欢这个功利的世界，因为，它承认任何人的努力。

感谢智善法律新媒体，因为有智善人，才有了千千万万法律人交流、学习的平台。感谢青青若的热情邀约，让我可以停下脚步，静静回忆旧时光。

74. 一名实习期间承办131件交通事故案件律师的执业总结①

收到青青若的约稿邀请，我欣然同意了。转念一想，自己并不擅长写文章，经常写的是文不对题，词不达意。要写一篇分享自己执业经历的文章，哈哈，想破脑袋都憋不出什么漂亮的文字，索性就随意一些，按照时间顺序记叙一下自己的实习经历，作为自己对实习工作的总结，缅怀过去，砥砺

① 谭梦旖，湖北华徽律师事务所律师。

前行。

今天是2017年11月14日，大概算了一下，13天前我离开了交通事故案件处理团队，正式单独执业；158天前我拿到了律师执业证，正式成为一名律师；683天前我取得了实习律师证，成为了一名实习律师；836天前我取得了法律职业资格证书；867天前我正式大学毕业，而954天前自己离开位于重庆的校园，来到武汉，开始到湖北华徽律师事务所工作，持续至今。这些日子都该被铭记。

日子过得很快，在过去的这954天，对个人执业能力提升的紧迫感和危机感一直伴随着我，内心想要成为一名优秀律师的渴望一直激励着我，让我能够对自我更加严格的要求。

实习期间我干过的那些事儿

我是2015年4月到律所开始实习的，在我单独执业之前一直在高勇律师团队工作，团队主要处理交通事故案件。我们的团队高度专业化、流程化、分工很细，我们有市场专员、内勤专业、网络推广专员、鉴定专员、律师助理、开庭律师。每一个交通事故案件都由多人负责，协作完成。由于我未毕业就开始实习，所以实习期间很长，正因为如此，基本上所有的岗位我都做过。

自认为一名合格的律师，必须具备至少以下几种能力：文书写作能力，信息搜索能力，良好的沟通能力，还有不错的逻辑推理能力。所以，在我实习期间，无论工作岗位如何变动，我都一直刻意地围绕这四个方面不断完善自己。

综合岗

最开始实习的时候，我主要负责办公室内勤工作，工作内容包括端茶倒水、扫地拖地、接听电话、帮老板计算员工工资、团队聚餐日程安排、办公室接待当事人咨询等。同时空闲时间还兼职网络推广工作，负责网站文案编辑、SEO优化、各种平台推广、微信公众号运营、网络咨询解答、网络招聘等。

这期间我们团队每周六都会组织学习，每个月团队成员都需要写4篇专业相关的文章，由于我负责网络推广工作，我每个月会写10篇左右（每一篇文章会有30元补贴，所以我老爱写了。实习律师工资低嘛，每个月都不够花）。那时候我特别喜欢写文章，特别是喜欢将我们团队代理的特别经典的案例写成文章，通过这个过程，可以学习到很多专业的知识，也可以了解很多律师实务中的办案技巧。

内勤工作多且杂，每天的待办事情从不会低于10件，而且都是一些细枝末节的小事情，但也关系到团队案件的运转，很枯燥单一。正因如此，做熟练了之后，自己可以空闲很大一部分时间用于学习，阅读专业书籍，整理案卷档案，跟老板学习如何接待当事人，学习网络推广，偶尔写一两篇上诉状。

在此期间，自己对专业知识进一步巩固，办案技巧也有了更深入的理解。在办公室通过自己与当事人沟通交流最终成功订立委托的时候，自己会特别有成就感，特别满足。

市场岗

大概在内勤工作1年左右，我申请转岗去跑市场，市场工作主要是去各大交警队、各大医院寻找线索并签单。对于缺乏销售知识和销售经验，而且还有点自视甚高的实习律师而言，跑市场完全是自我磨砺的最佳岗位。虽然我只做了一个月的市场工作，但这短短的一个月让我受益良多。

记得最开始去做陌生拜访的时候，看到客户怀疑的眼神，或者露出有些许不耐烦的表情时，自己明明私下练习了好多遍的销售术语，一个字都吐不出，毫无气场可言，也难以取得当事人的信任。

后来通过不断地心理暗示，自我鼓励，克服畏难情绪，自己变得更加从容自信，能够与客户良好沟通，展现自己的专业水平，甚至最终促成签单。为了签单，为了证明自己，我几乎都没有周末。

有一次，为了签单我甚至还拉着朋友和我一起坐很远很远的公交，去很远很远的医院去跟线索，虽然后来这个线索并未成功签约，但我和我朋友的感情倒是变得更好了。

助理岗

在市场工作了1个月，由于团队人事变动，我转岗负责律师助理的工作，在这个岗位上，我一直待到独立执业。我的主要工作内容包括约谈当事人，协助当事人收集整理证据材料，文书写作，立案工作以及部分案件的调解工作。在这个岗位上我一直工作到 14 天前自己独立执业。

我统计分析了一下，在此期间，自己总共立案并全程根进负责的交通事故案件有 131 起，其他由于人事变动后由我负责跟进的案件或者至今未结的案件至少有 30 起。60% 的案件的平均跟进周期是 6~8 个月，少部分案件 3 个月左右完结，少部分案件一年以上。

数据看起来很单薄，但就是这些案子，占据了我几乎所有的时间，我必须时刻保持电话畅通，以免当事人联系不上我。如果出现了当事人对我差评的情况，我也会反思自己，是不是有可能把工作做得更好，还有没有可以改善的地方。我对自己的要求是要做一名负责任的律师，当事人每一次对我的肯定或者感谢，都是对我莫大的肯定，都是我前进的动力。

我一直认为作为年轻律师，我们最大的竞争优势就是我们负责任的工作态度以及超强的学习能力，这两个要素让我们得到委托人的信任，让我们更加专业。相较于前辈律师们，我们的活力与工作积极性可以让我们脱颖而出。

过去的这段日子，我几乎是没有周末的，有时候是团队安排值班，有时候是自己主动加班，我的母亲甚至会担心我把自己工作坏了，她会认为别人家的家长都是劝孩子好好努力上进，而她确是要劝自己的孩子少工作，多注意休息。她甚至还会担心我这个“工作狂”会找不着男朋友（嘻嘻，然而她的担心都是多余的，过去的这段时间，我不仅在工作方面非常努力，在个人问题上也不负所望）。

在团队工作了两年半的时间，这期间，我们团队的成员（包括陆续离职及重新加入的）应该是有 30 人左右，有和我年纪相仿的小年轻，也有年纪稍长，但心态永远青春年少的哥哥姐姐们，还有专业功底超强、工作细致谨慎的老板。我们的团队很优秀，愿大家以后都越来越好。

以上就是我的实习经历。

几点经验总结

写了这么多，感觉写的多是无用之词，囿于写作水平，又一次陷入了词不达意的局面。总结一下，以下几个方面是我认为对律师执业影响会比较大的。

具有较强的执行力

比如说要去交警队调取事故车辆的驾驶证、行驶证信息，最开始工作的时候，有些助理没有经验，只知道查个路线图直接去交警队，然后苦坐一天，材料还是没有调到，原因可能是交警不当班。

有些助理在去之前先了解相关情况，可能直接与肇事方联系，肇事方就自愿提供了；与交警联系，确定时间再去，也很快就调取到了；即使去之前没有直接联系，但到交警队专门的档案调取部门，也顺利地调取到了材料。这就是执行力，就是说要带脑袋出门办事儿。

要具有较高的责任心意识

我们处理的每一个案件，对于律师而言只是一个案件，对于当事人而言，是关系到他切身利益，甚至是身家性命的事情。无论当事人多么不近人情，律师在处理案件的时候都应当尽职尽责，就是说律师办案不能带个人情绪。

学会宽容，隐忍，格局要大

无论是对待当事人还是同事，在出现问题之时，不要陷入互相推卸责任的死循环，而是应该搁置内部矛盾，共同寻求破局之道。在一些蝇头小利的事情上，无须计较太多。

做事既要谨小慎微，也得果断干脆

在处理案件时，在所有案件细节方面，需要谨慎细致，在关乎案件结果的事件上，不能拖泥带水，需要果决干脆。最开始工作的时候，前辈教导，时间可以解决一切问题，案件处理就是需要慢慢来。在自己处理了100多个案件后，觉得有一些案子，只会越拖越麻烦。所以，不能“一刀切”。

结　　语

我的经验不多，我的经历也并不精彩，但这段实习经历让我掌握了基本的生存技能。我已经拿到律师执业证158天，这期间，除了处理团队的案子，我自己也单独承接了五六个其他类型的案件，签了几家法律顾问单位，这足够我养活自己一段时间了。哈哈，对于年轻律师而言，生存是第一要义。

独木不成林，我们年轻律师需要加强合作，抱团取暖。我相信，在律师行业市场化的大背景下，在“互联网 +”的时代，在司法更加公平、公正、公开的时代，资源配置会更加趋向合理。随着法制不断健全，慢慢地年龄将不再是区分律师专业度的标签，只要足够优秀，年轻律师也可以脱颖而出。

75. 从警花、选美小姐到律政佳人的开挂人生[①]

人生是一场修行，虽不似唐僧师徒西天取经一般，需历经九九八十一难，但自每个人从呱呱坠地起，我们的身体，我们的意志，都必须面对来自外界及内心的磨炼，正所谓荀况之名言：志之难也，不在胜人，而在自胜。我希望不断挑战自我，让青春尽情绽放。

坚韧警花

一纸高考录取通知，将我从长江之畔，带到黄河之滨。在那四年中，我开启了与以往生活完全不同的历练。我的大学——中央司法警官学院，是司法部唯一直属的普通高校。

一身藏蓝的警服下承载的不仅仅是荣誉和他人艳羡的目光，也是沉甸甸的责任和必须遵守的制度。

无论酷夏寒冬，我们必须 6 点钟起床下楼跑操、队列训练、整理内务。在纠察检查完毕全系的内务情况后，我们会准时下楼集合列队去教室，迎接一整天满满的课。清晨 6 点到 7 点半，是忙碌的一个半小时，是慌乱的一个半小时，也是敦促我不断提高自己效率的一个半小时。

警校和其他普通高校其中一个不同之处在于我们的体育课。警校的体

① 金莺，湖北山河律师事务所律师，擅长公司事务、合同纠纷、法律顾问。

育课有400m障碍的练习与考试，还有射击课程。400m障碍的项目包括跨桩、壕沟、矮墙、高板跳台、云梯、独木桥、高墙、低桩网，女子400m障碍则只用考察跨桩、壕沟、矮墙、高板跳台、独木桥项目。

刚开始接触400m障碍的时候，觉得独木桥项目是难度最大的。在警体课上试了几次都没有能上桥，于是我利用下课时间，和同学一起反复练习，并且用警体老师教我们的办法，在上桥之前助跑，上桥的时候踩踏板中央，另一只脚立即踩上独木桥，上去之后加快速度，最后下桥。最开始练习的时候，容易踩不上去，或者上去之后站不稳又从桥上掉下来，需要有一个同学在旁边站着防止摔下去。在练习了几天之后，终于能独立完成这个项目。

正因为警校这种非常有规律、有节奏的生活，让我在大学时能静下心来学习，也因为警校会有一系列拳击、射击课程，我学到了其他高校难以学到的技能。

警校生活也是一种修行，让我更加自律，磨练自己的意志，能更加无惧地面对生活中的风风雨雨。

选美冠军

在世人眼中，警校的短发女孩，总是与硬朗、缺乏女人味、女汉子等词语联系在一起。但我从小就有这样一个梦想，希望有一天能站在选美比赛的领奖台上，戴上美丽的皇冠。

2013年的某一天，我看见了国际小姐的选手招募信息，当即报名参赛，并加紧了模特台步的强化训练。

最终挑战了自己，顺利通过多个环节的综合素质考核，站在了第53届国际小姐中国区冠军的领奖台上，告诉大家：警校女生一样也可以走向国际舞台。

塑造自己的过程，就如同飞蛾破茧一般，要冲破层层阻碍，才能完成蜕变。我至今还记得那段穿着12厘米的高跟鞋，连续走10个小时T台的日子。

经过这段非凡经历的洗礼，让我愈加相信自己拥有无限的潜力，能够在有限的生命里，绽放无限的光彩。

通过司考

中国几乎没有任何考试的庞杂可以超越司考。15 门学科，358 万字的教材；290 多个法律法规司法解释，220 万字；150 万字的真题，700 多万字的基础阅读材料……

准备司法考试的过程也是一种修行，凡是经历过的人，都能懂得那种煎熬与对内心的磨砺，两个月的复习，说废寝忘食一点都不为过，每天早上七点起床，打开厚大司考的网课，一看就是一整天。

在毕业那年，虽然我成功地通过了有“中国第一考”之称的司法考试，但后来却发现，司法考试重要如斯，是从事法律工作的敲门砖，但是，它也只是一块敲门砖。

律师生涯

在从事律师工作的这几年时间里，实务工作上的困难与复杂，早已超过了我当初的想象。

比如现在我正在承办的一起民间借贷案件，债务人去世了，我方作为债权人起诉他的继承人即他的父母，诉讼请求是让其父母在遗产继承范围内承担债务。但由于债务人在外负债高达数百万元，留下的遗产远远不足以偿还欠下的债务，其父母一度想放弃继承。

后来我和我方当事人多次与法官、对方当事人沟通，才说服对方继承遗产，这个案件才得以胜诉。磨练耐心，修炼办案技巧也是律师职业不可缺少的一部分。

公益普法

2017 年，我参加了由武汉市司法局、武汉市普法办、《长江日报》、斗鱼联合举办的“律政网红”选拔比赛，比赛最终获胜者将成为“武汉市普法大使”。经过海选、直播普法、辩论赛三个环节，最终在 2017 年的 11 月 21 日，我被荣幸地选为武汉市普法大使。

这次比赛我们欣赏到了有"网红小镇"之称的武汉花博汇的欧式风情小镇的美丽风光，也认识了很多武汉律师届的精英，并和他们成为了朋友。在斗鱼工作人员的指导下，我也学到了不少直播技巧。

比赛也是一种修行，在这场修行中，我已然获得了宝贵的人生财富，我会履行作为武汉市普法大使的义务，继续我的公益普法之路。

结　　语

这就是我，清秀但绝不柔弱，感性也不乏理性，质朴而不乏睿智。人生如逆旅，每个人在自己的人生中，都会扮演不同的角色，面临各式各样的挑战。但是请接受它，融入它，并爱上它。

只有经历了修行，我们紧锁的眉峰才会被豁达的态度抚平，只有爱上了修行，我们单薄的思想才能逐渐丰厚立体。

76. 从一线法律服务和律师收费谈执业初期的感受与认知①

青青若向我邀稿时，是惊喜也是惶恐的。作为智善的朋友，在参加"智善夜聊——女律师是一种怎样的生物？"栏目中，已用寥寥三千言语将执业初期的感受和认知和大家分享。

现下处在调整期，突然起了怯意：并非担心难登大雅之堂，而是自我审视、揽镜对照时，怎样才可以不"装 ×"，不"装纯"，既不陷入顾影自怜又不流于空谷喊话，好好谈感受呢？

《演员的诞生》中，宋丹丹作为评委对几位流量不错的新人演员说：你们算不上真正的演员，但你们的范儿都起得挺大。

律师执业证扉页有一段声明：

本证为持证人依法获准律师执业的有效证件。

① 徐璐，湖北典恒律师事务所执业律师。

持证人执业应当出示本证，请司法机关和有关单位、个人予以协助。

——落款处为“中华人民共和国司法部”。

获得国家核准的执业证，即为律师，这个主体资格，毋庸置疑；那么拥有执业证，通过年检，就是一个合格的律师了？就是一名具备了专业素养和职业道德的律师吗？

这样的价值判断，只有与该律师接触过的，且足够多样本数的委托人、法律职业共同体来评断，才能显出客观。

在翻阅了往期的佳作后，有谈工作方法的、有谈培养习惯的、有谈转型经历之不易、有执业之路道阻且长却愈坚之信念……琳琅满目，均已备述。

而到了我这儿，还是想从我执业以来，深入一线提供法律服务和律师收费这两方面，来跟大家聊聊，身为一个年轻的青年律师，我的一孔之见。

揭开神秘面纱——深入一线

“律师”是一个自带光环的群体，也是容易被标签化的职业。从数据上来看，2017 年湖北省已有 1.2 万余名执业律师，而在 2015 年湖北省的总人口数已达 5852 万人。1000 余万常住人口的武汉市里，执业律师就占了这 1.2 万的一半。说这个职业高端，从稀有度而言，委实称得上万里挑一；又从统计得出武汉市律师均收 20 万元 / 年的数值来看，律师也称得上舆情眼中的高收人群。

可除了跟富贾亲贵接触外，我们同样需要跟那些无力者同行。在依法治国、法治惠民的背景下，武汉市铺开了政府购买法律服务的项目。从市司法局将律师派驻到中心城区 800 社区、远城区的村法律顾问，到武汉市妇联设立婚姻家庭纠纷调解中心引入律师，为前来求助的老百姓进行普法、法律咨询，为符合条件的居中调解或申请法律援助。律师充分发挥着多元化解决纠纷的作用。

在深入一线的过程中，有给社区居民调解成功的经历，也有面对前来咨询却是心理偏执需要进行干预治疗的咨询人，还有明显刻意隐瞒穷尽司法救济途径、依然不服判的“老访民”。

在遇到的各种问题中，我越来越明白：我只是一个律师。有的人，是需要被医学治疗；有的人，是需要自己放下偏执，而那些真正想要维权却找错方向的人，你可以给其指导。

记得我在社区值班时，有位古稀之年的爹爹咨询到我，介绍道：大约2012年拆迁办未征求其同意而将其名下房产动迁，且未给予安置补偿。乍听爹爹陈述便骇然：拆迁办毕竟隶属房屋主管部门，不至于如此明目张胆。在一步步询问下，才还原了事实：原来是20世纪90年代初，爹爹将自己名下的房屋赠与了儿子，前往主管部门办理变更登记，过户到儿子名下，但当时未将土地使用权证一起变更；后拆迁办根据房主的信息，与儿子签订了协议，还建房和补偿款均已到位，但爹爹因为人到晚年，与儿子关系不睦，又手持土地使用权证，作为利害关系人，认为拆迁办未与其沟通便擅自拆迁，存在乱作为的问题，故于2015年提起行政诉讼经过两审均以败诉告终，可爹爹不服判决，欲申请再审。

在了解始末后，我向爹爹解释：根据《物权法》第146~147条之规定，我国是房地一体主义，土地或建筑物任一流转，都会发生一起流转的效果。即“房随地走，地随房走”，拆迁办同作为房屋的所有权人的儿子签订协议，并无问题，只是还应当将土地使用权证一起变更到儿子名下。在争议发生之时，我国《物权法》已经施行数年，故法院的判决适用法律也是正确，认定的事实也没有问题。

可爹爹坚持认为过户时，《物权法》没有实施，也是因为主管部门怠惰导致未变更土地使用权证，现在自己老了，房子也没了，跟儿子的关系也不好，要为自己的养老做打算。

其实，说到这里，也能看出问题的症结在哪儿，如果这个时候还一味跟爹爹普法或者告诉爹爹当初的做法并不明智也无法解决目前的问题。

于是我放下律师的身份，用情理劝解了爹爹：为人子女赡养老人也是法定义务，如果儿子不赡养您，最不济您可以起诉儿子追索赡养费。现在还建房和补偿款都到位了，本来也是水往下流，最后老人百年了，带不走的身外物都还是后人的。加上老人家有自己的居所，身体健朗，有退休金做保障，适当改善和儿子的关系，试着接受现实，完全可以选择安度晚年。

爹爹比较固执，来过两三次，没有得到想要的答复，又听了我的劝解，便没有再来找我。爹爹有没有被说服或安抚，我无从知晓；面对爹爹的问题，我没有选择按照其意愿去坚持申诉，反而是试图说服他，自问已完成了份内之事，已无愧怍。

律师除了倾听咨询人的烦恼、解答当事人的疑问，代理诉讼和谈判，调解纠纷外，有时还充当了一种据理直言的角色。

在执业过程中，形成了一种认知：专业化分工的细化，医学、道德、宗教、舆论都在发挥作用，并不是所有的问题都能通过法律解决。特别是在未经过理性思考后作出的判断，能够接受现实及时止损已经是最优选，那些为错误埋单的后果，不过是付出的代价而已，合该接受，痛定思痛，学会理性判断，避免重蹈覆辙。

哪有理所当然？——律师收费

我总以为，具体的烦恼总有解，而抽象的忧思相伴我们一生。

每一个踏入律师行业的人都想知道如何尽快接案子？如何做好案子？如何签下顾问单位？可忘了律师这样一个面向市场、高度自由化的职业，打通业务渠道、维持客户黏性、升级法律服务本就是每个律师职业生涯的追求，而这些经验是需要时间淬炼的。巧妇会为无米之炊为难，但在执业之初，应该侧重于如何成为一名“巧妇”。

在实习期入了知乎电子书《入职第一年 从职场新人到职场达人》，总结得出：对新人而言，职业发展的关键是，“良好的职业习惯”和“积极的职业态度”。

做律师前几年，收入的不稳定现状和希望稳定的需求总会让每一个律师同行倍感压力。在这样的情况下，遇到一起咨询，一起代理，同事抛出合作的橄榄枝，都会视为救命稻草。那么，面对这些机会，做好准备去抓住是一方面，另一方面可能是需要把握好心态。

哈耶克说金钱是人类发明的最伟大的自由工具，我们赚钱的目的，无非是为人一遭，想好好体验生命。在追求经济利益的过程中，很多人会忘了为什么追求，而把钱当作目的。这样急功近利的心态会在某个时候爆发，阻碍律师职业之路的发展。

好比我经常会在朋友圈和推送的订阅号里看到：律师咨询该收费，因为他们为了获得律师证付出了这么多；我的时间只给付费的当事人；我非常不愿意在私人时间谈工作，更不愿意当你免费的法律顾问；我给你提供的每次法律回答，占用的都是我的私人时间，我回答你是情分，不回答是本分……

一开始我也是非常理解甚至讲过这类话，随着执业时间的增加，渐渐就不会了。是因为我换了角度思考：消费者没必要考虑生产者为产品花费的成本；同时作为被求助方，经过初步预判，你有选择拒绝对方的自由，对方也可以选择向其他人求助，而收费可以在一开始就声明，就像保险条款一样"take it or leave"，这才是求助者和受助者的对等关系。通过转发此类文章或者发表此类声明，来做高自己，窃以为不算是明智的选择。也有同行表示因为发了这类朋友圈，有咨询人给自己发了红包。

说到底，还是回归到个人选择上。我认识的"大律师"，从来不声明自己是咨询收费，可我相信每一位慕名而去的客户，都是做好了带着要付出代价的准备去寻求帮助的。

如果有人问我：律师咨询该不该收费？我的回答当然是：应当收费，因为律师的生产成本就是时间成本。我们运用自己的知识和经验为当事人解决纠纷，提供路径，倾听当事人的烦恼，给出有效的建议。好的服务和产品，应该支付相当的对价以示价值和尊重；而享受服务和产品本身，也应当支付对价。

并不是因为你持有一本律师证，就理所当然应该收费。服务有人愿意购买，是因为卖得出去。是你抓住了对方的需求，有时甚至是你让对方发现了其对法律的需求。

一本律师证，远远无法解决陈有西口中，选择做律师是因为"进能匡扶正义，退能养家糊口"；也无法解决那些相信你的律师证，而来向你寻求帮助的人的麻烦。

跋

手头有件案子，涉及退费问题，法院方表示还会再次起诉没必要现在退，委托人也表示无所谓，反而是身为代理人的我，每周都会跟法官联系询问进度催促退款，再同委托人反馈。

有时候做的事情，并非图当事人感念自己的好，或者酬劳，而是把当事人的合法利益摆在首位是一个律师应该具备的职业道德。之所以做或者不做，只是因为经过了理性的判断，做了该做的事情罢了。

萨特说：他人即地狱；陈少文讲：自己即天堂。

过了需要通过他人的肯定获得自己价值的年纪，是以执行之路上，需要不断地学习和思考，通过独立判断，作出负责的选择。

最后，感谢智善提供的平台，感谢青青若的邀请和耐心，在低回了十数天后，出于不愿辜负也略有所感的心情，给大家分享执业以来的一点感受，不成敬意，还请斧正。

77. 理科出身，能做好律师吗？①

青青若向我邀稿的时候，我一口就答应了，能有机会分享自己的成长经历及执业经验很高兴也很荣幸。答应过后，内心诚惶诚恐，正如标题所言，我是一名语文成绩不好的理科生，写文章于我而言是一件很伤脑筋的事情。

但是进入律师行业的这几年，让我明白了一个道理：没有做不到的事情，只有你认为自己做不到的事情。

对于经验不足的年轻人来说，当一件事情刚出现在大脑认知层面时，更偏向“这件事情我怎么知道怎么处理”“这方面的内容我之前压根儿不了解”这一类不自信的自我评价。

但是，当你硬着头皮去处理的时候，你会发现这些事情并没有你想象中的那么困难。于律师尤其是青年律师而言，最不能怕的便是挑战。迎难而上，你终将成为更好的自己。

① 张梦娟，毕业于中南财经政法大学，现为湖北典恒律师事务所专职律师、中华全国律师协会会员，擅长处理婚姻家庭、合同纠纷、民间借贷、交通事故等诉讼案件，非诉方面主要集中于公司法律顾问、企业风险防控、合同起草与审核等。

在本文中，我将结合自己的成长经历及其对自己从事律师这一职业时所带来的影响，分享自己的心得体会，希望能给与我有相似经历或拥有完全不一样人生的你带来一点点思考或启发。

语文成绩不好的理科生

说起理科生，很多人的第一反应会是男多女少，每天要做的就是算算算。的确如此，作为一名理科生，我每天做的最多的事情就是，算算算。

我语文成绩不好是从小学到高中都有名的，小学时语文一般70多分，数学都是满分或是接近满分；初中时语文一般都在及格线上徘徊。

这种成绩放在初中以前问题还不是很大，但到高中就不行了，高中需要面对的是巨大的升学压力，怎么办？背呗！从词语、成语，到古诗词、文言文，再到阅读理解答案，直至作文范文。不做理解，纯背诵。

我到现在还记得以前背诵的阅读理解的答案："……起到承上启下的作用……丰富了文章内容……为下文做铺垫……表达了对……的向往之情"等诸如此类的套话，遇到分析文章语句作用类的题目，只要觉得相关就机械性地写上去。

这是在短时间内应付考试的一种策略，确实有一些成效，我记得当年高考语文好像是116分，是我有史以来的最高分。但是从长远来看，为了掌握一门知识，这种方法当然是不可取的。我认为真想学好语文，还是需要养成阅读的好习惯，博览群书，注重平时的积累。

理科生做律师的优势

有人要问了，你一个理科生，而且语文成绩不好，你能做好律师吗？

确实有很大一部分人认为绝大多数律师都是文科出身，但其实理科出身的律师也不少。在我读大学（我大学是法本）的时候，我们班就有接近一半的同学在高中时是理科生；工作后，我了解到有不少律师同行在备战司法考试前，是没有任何法律专业知识系统学习的。

就我个人来看，律师是一个综合性极强的职业，它需要你了解各行各业、各个方面的知识，它同时也需要一部分理工科出身的人来从事，去处理一些专业的专利类案件。

而且，理科生做律师是有其可取之处的。

第一点，理科生会比文科生更理性一些。

当我看到身边的文科男女遇上芝麻大小的事在朋友圈无病呻吟时，我一般会选择报以鼓励性的白眼，然后继续卖力工作，内心毫无波澜。

一般而言，理科生不会轻易被身边的事情所影响，遇事冷静，沉着应对，在处理事情上不轻易放入感情。

第二点，简明扼要。

之前在网上看到一个段子：文科生在看不懂题目的情况下能把试卷写满直至交卷，理科生能只用 1/3 的位置拿到满分。这话虽说不能完全反映实际情况，但确实能很好地说明理科生的这一特点：简明扼要。

其实就做律师而言，尤其是写法律文书时，并不需要很华丽的辞藻，写清事实，放入法律依据，尽量做到简明扼要即可，这一特质是十分符合理科生的。

第三点，专一、有一股蛮劲。

在普罗大众眼里，文科生是浪漫多情的，而“理工男”是专一顾家的，民间俗语“嫁人就嫁理工男”就是对理科生这一特质的社会反馈。

我也是这样，一旦作了决定，便奋不顾身、不顾一切。刚毕业进入律师行业那会儿，家里让我考公务员、进银行的人很多，我说：NO！便一头扎进来了，直到现在，未来还会更久。

其实，不光以上几点，理科生还有很多适合做律师的优点，比如实践能力、分析能力强等，在此不再多做论述。

说这么多，只是想说律师这个行业没有适不适合做，只有你想不想。只要在司法部没有明确出台禁止非法本考生参加法学考试之前，不仅是理科生，其他任何专业的同学都是有机会成为律师的。

懂一点法语

武汉地区教育部直属 7 所高校（武汉大学、华中科技大学、华中师范大学、武汉理工大学、中南财经政法大学、中国地质大学、华中农业大学）从

1999 年开始联合办学，学生可以跨校跨学科辅修第二学位。

这于我而言是一件心动的事情，我一直都很想学法语，便在大三上学期的时候报名了武汉大学的法语专业双学位，应该说学法语是我除了当律师以外坚持时间最长的一件事情。

双学位学习很不容易，别人用四年学习的课程，我们用两年，而且只是每个星期的周末用来学习，压力是相当大的。

我记得那时上课时间是早上 8:30，而从中南财经政法大学坐公交 + 步行到武汉大学上课的地方需要大概一个半小时，每学期周末都是起早贪黑，而且每天的课业十分紧凑，老师从上午上课讲到下午 5:45 基本上不停歇，中午仅有 1 个小时的时间休息，老师和同学们都很辛苦，就这样我坚持了一年半。

那个时候，我对法语是痴迷的，虽然每周都没有休息的时间很累，但是心里很充实。

也许有人会说，你虽然那么努力地去学习了，现在当律师一点用都没有，不是白费心力了吗？

我认为你用心做好一件事，心力绝不会白费。

就我学习法语而言，第一个起到的作用，是在我毕业面试的时候，当时一个律所的面试官给我打电话，说："你在大学期间还辅修了一门语言学位，学习能力很强嘛！"它会在你求职的时候为你的简历加分，面试官会觉得你能用心做好一件事情，你能做好其他事情的概率也会很大。

律师生涯

我在毕业后便进入了湖北典恒律师事务所。

我在刚进律所的时候，身边会听到不少劝阻的声音，大部分源于老一辈，他们的思想比较传统，认为女生有一份稳定而体面的工作就够了，重心更应偏向小家庭，抛头露面忙于应酬的事情留给男人就行了。

对于这些声音，如果来自一些无关紧要的人，我会感谢他们的好意然后一律忽视；如果是比较亲近的人，多交流沟通，能说通最好，说不通也不要强求，好好干，其余留给时间去检验。

在进入律所近三年的时间里，我感受到很多的压力，首当其冲的是收入方面的压力。

在实习期间，我每月的补贴从最初的 1000 元涨到后来成为实习律师后的 1500 元。作为一个非武汉本地人，每月要承担房租、日常开销等费用完全不够，还需要依靠家里的支持。

而在执业后，又增加了社保、律所管理费等开销。那时我们一批刚执业的律师都会算一笔账，一年坐着不动都会有 3 万多。

是不是很苦？怎么办？当然是跪着也要走下去。

其次便是直面当事人的压力。

之前看到朋友圈里的一句话“deadline 不是给了你动力，是给了你把 shit 交上去的勇气”，实习期的我们都有这种勇气，因为我们并不需要直面当事人，而是有师父或者是律所前辈们在前面替我们保驾护航。

然而执业后，当事人不会给你这种机会。没有做好充足的准备就上战场，你会被羞辱得很惨。

因此，现在的我加班是常态，面对一个法律问题、一份合同、一份法律文书的处理，会很认真和审慎，在没有百分百确认前，即使是半夜十二点，也会在心里对自己说：“再确认一遍吧”，这既是对自己的负责，也是对当事人的负责。

这么多压力？为什么你还要选择当律师呢？

我选择在律师行业走下去，第一个原因是自由。

有事的时候，我可能需要很早起床、加班到深夜，但是事情不多时，我可以灵活地安排自己的时间，没有人给你记录考勤，一切靠自律。

第二个是因为这个职业有挑战性、有成就感。

很多当事人来找律师是因为遇到了自己解决不了的事情，律师就是需要处理一件件这样的难题，很有挑战性；

而当你通过自己的知识、技能解决了别人的难题，你会很有成就感。

第三个是因为律师是一个在收入上先苦后甜的行业。

实习时期确实是苦，但实习期工资低是有道理的，它是与你的个人能力相适应的。随着你的知识、技能逐步积累，收入也会在后期逐步跟上来的。

结　　语

以我的经历来看，各行各业，只要你想做就去做，虽然我们每个人都有自身的一些小缺点，虽然每个行业都有着不同的压力、难题，但是只要能用心走好当下的每一步，一切都会好起来。

78. 成为妈妈之后，我办案更加从容了[①]

收到青青若的约稿，我很意外，因为我基本上只是关注智善，很少在智善的群里发言。我个人性格比较不善言辞，不知道有什么经验可以与大家分享，但青青若说把自己最真实的经历和感受写出来就行，不应和其他人比较，她的话给了我很大的鼓励，从而有勇气答应下来。

公务员 or 律师

大四期间就通过了司法考试，之后就一直在考虑是去律所，还是接着考公务员，家里人比较支持我去考公务员，我很犹豫。

还没毕业我就进入湖北乾泰律师事务所学习，看着他们律师上下班不用签到打卡，时间自由支配，我很羡慕，我也幻想过以后上班朝九晚五的生活，我发现我还是更喜欢律师的自由。

因此，对于家人考公务员的建议，我也就很敷衍地去试了试，结果当然是没考上，毕业后就直接进入湖北乾泰律师事务所实习，之后执业一直到现在。

实习期

实习期间，我主要的工作是跟着师傅学习办案流程，从收集材料、整理证据、写诉状到立案、写代理词、答辩状、开庭，到最后的结案，跟当事人没

① 陈文，湖北乾泰律师事务所专职律师，擅长合同纠纷、婚姻家庭、交通事故、刑事辩护等诉讼案件。

有多少接触。

对于师傅交代的事提前做好，案件进程及时跟他沟通，因为不是自己独立办案，只需要把手上的事情做好让师傅满意就行。

我师傅是我们所的陈建学主任，也是本区的政协委员，他经常跟我说，做律师要有强大的内心去抗压，要学会与当事人的沟通技巧，同时也要自我调节情绪。

我当时心里也没有多大的压力，不能理解他这句话的意思。

独立初期

2015 年年初，我开始独立执业，师傅让我独立办案了，他只将案件材料交给我，将当事人电话给我，其他的让我自己去处理，这个时候，压力开始增大。

当时压力的主要来源：

一是需要跟当事人接触，怎么去跟当事人沟通，能让当事人满意；

二是如果案件结果不好，当事人会不会来找我麻烦，我自己从内心上也过意不去；

三是案源的问题。

在开头我就说过，我性格比较不善言辞，别人交给我做的事，我能够完成好，但是让我主动去接触他人，心里还总是有一种怯怯的感觉。但是没办法，师傅已明确说了，他只需要知道进度，案件不懂的可以问，但当事人必须自己去接触。我知道，他这是在逼我走出去。

我至今仍记得，我独立办案的第一个案件是离婚纠纷，第一次约当事人见面，我刻意将自己打扮得成熟点，希望能给当事人信任感。可惜事与愿违，当事人见到我就说“这年轻的律师，你是没做多久的吧”。当时心里很失落，不过转念一想，虽然我在经验上给不了当事人信任感，但我可以在办案过程中让当事人看到我的办案能力。

在接案之前师傅就提醒过我，不管什么案子在接手后，要经常与当事人沟通，案件进度要及时反馈给当事人。

在办案过程中我多次找当事人面谈，案件情况及进展及时跟当事人说明，最后案件调解结案，虽然结果与当事人最先的要求有差距，但当事人对案件的结果还是比较满意的，并说还有案子会介绍给我做。

从案子一接手开始，我的心就没有放下来过，精神也是比较紧张的，结案后听到当事人说对我的工作满意后，才觉得心里好轻松。

这样的心理状态差不多持续了有一年左右的时间，感觉人很疲惫，不管是案件结果好还是不好，心情总是被案子牵着，放假时也经常想案件情况该怎么处理，且自己也没有多少案源，生存也是一个问题。

之前还羡慕律师的工作时间自由安排会很轻松，现在想想当时的想法太天真了，我个人感觉压力确实很大。

孕期休整

2016 年下半年，不知怎么地感觉什么事情都不顺利，很意外，我发现自己有宝宝了，工作的沉重压力让我很难有一个愉快的心情，那段时间只要是休息的时候有人跟我提工作上的事，我就会莫名地烦躁，我知道我这样很不正常，对宝宝发育也很不好。

当时也是考虑了很久，最后去找师傅谈心，我跟师傅说我感觉自己不适合做律师，太压抑了，经常会担心做的案子的结果会让当事人不满意，我心里过意不去。

师傅说了很多，我只记得他说的不要将自己跟当事人混为一体，自己尽力就好，没有谁是常胜将军，要学会调节心态，这句话他以前也经常对我说，但我没有做到调节好自己的心态。

我主动提出来提前休假，想好好休息一段时间，从进所到怀孕，我没有放过长假，师傅同意了。就这样从 2016 年下半年到 2017 年下半年，我休息了差不多一年的时间。

2017 年 3 月，我有了“小棉袄”，怀孕之初，就希望是个女儿，这算是 2017 年第一件心想事成的事吧，开心。

还记得宝宝第一次打针，我陪着她一起哭；

宝宝闹起来想打她的时候，又舍不得下手；

宝宝晚上闹觉，只能由我抱着哄睡的时候，即使我已经累得睁不开眼很烦躁了，但还是把她抱着轻轻拍睡。

2017年下半年开始回归到工作中来，所里同事说我做妈妈后，感觉整个人气质都不一样了，变得很沉稳了。我自己也发现，有了宝宝后，我变得更加有耐心，不管是对人还是对案件。

现在从接受案件到结案，能以一颗从容的心去处理问题，真正能做到将自己与当事人分开考虑问题，做事情也不急躁。

在给当事人做法律咨询时，面对当事人的重复提问，我能够耐心重复解答；当我作为当事人的代理人，在专业上尽心尽责，为当事人争取利益最大化，再也不因当事人是否满意而烦恼，只要过程做好了，就算得到的是最不如意的结果，当事人一般都能理解。

合作办案 结伴成长

在我们所，年轻律师不多，师傅也很注重青年律师的培养。除了跟师傅合作案件，我们年轻律师也自己合办案件，团队合作助我成长不少。

记得2015年下半年，一个劳动争议的案件由我跟我们所另外一个律师合办。案件情况是当事人不服从单位安排调岗决议，不去新的岗位报到，用人单位以违反《员工守则》中关于旷工的规定为由，解除了与当事人的劳动合同。

接受案件时当事人已经提交了劳动争议仲裁申请书，虽然刚开始我对此类案件不熟悉，但因是两个人合办，很快我们根据个人特长进行了分工合作，他负责查找相关法律法规，我负责查找相关案例，之后一起讨论写材料，两人同时接待当事人，因为我是执业律师，同事当时是实习律师，故而在去仲裁庭以及法院等事宜是我在处理，同事主要负责文字工作，这个也是他的特长。

这个是我们第一次办理劳动争议的案件，我和同事也花了很多精力在上面，最后的结果也令当事人很满意。

这个案件应证了那句俗语“团结就是力量”，与同事合作办案，不仅对案件分析得更加透彻，庭前准备得更加充分，也在案件处理过程中能够相互学习。在这个案件中，我见识了同事的写作能力，也增加了我与法院、当事人的沟通能力。

结　　语

回顾我这执业三年的经历，最大的收获是心态的转变，适时调节好心态，能够更加清晰地去分析案情，让我办理案件更加从容。

这一转变，除了因为有了当妈妈的经历，当然还少不了乾泰所团队的帮助。对于未来，我相信我们乾泰所力量在不断壮大，我也能够在团队里不断进步。

79. 实习期满，是继续跟着师父做，还是独立执业呢？①

还记得智善第一次跟我约稿，那时候是夏天，是我工作最忙碌的时候，本来觉得满满的工作热情和成长感慨很想跟大家吐露吐露，但经过几次构思书写都觉得不成形，遂一直拖延至今。

短短几年的律师路，谈不上经验分享，不过能有一个机会和大家交流一下，内心也是十分满足的，感谢智善。

今天我想用我的一些经历分享一下做律师以来听过最多的几个问题，每次都是和朋友面对面聊天的家常话，书写下来仅供娱乐。

我是一个女孩，父母怕我受苦，反对我出来做律师怎么办？

其实，遇到很多年龄相仿的女孩子在初入律师行业的时候都会遭到父母的反对，认为律师行业竞争太激烈，操心的事情太多，每天面对的问题都是别人解决不了的很烦心的事情，工作的时间和收入不固定，工作性质具有不稳定性和突发性等，一系列理由足够说服父母不支持女儿去走这条路、受

① 唐荣，中共党员，北京盈科（武汉）律师事务所专职律师，擅长民商事纠纷，中南财经政法大学法学及金融学双学位学士，盈科律师事务所公司法律事务部核心成员；长江日报公益律师团及长江日报人民调解中心核心成员；湖北电视台“帮女郎在行动”法律顾问团队核心成员；湖北省普法大使；主要承办婚姻继承、合同、房产、债权债务、侵权、劳动刑事等诉讼案件及公司法律顾问等非诉法律事务。

这个苦。

因此，常常会有朋友跟我倾诉父母不理解不支持怎么办，在这方面我还是相当有经验的。从小比较独立的我，从填报志愿到上大学到工作基本都是自己拿主意，不过毕业后父母还是多次希望我可以报考公务员寻求一份稳定轻松的工作，但我基本不报名，因此也跟父母有过争执。后来掌握了沟通技巧，父母也就不再反对。

如果你也遇到这个问题，这个时候千万不要去跟父母争论，因为你们讨论的就是做律师对女孩子不太适合的地方，性格刚烈的女孩必然会因为争执影响父母和自己的心情，同时还会打击到自己的信心；意志不坚定的女孩说不定会被父母说服，改变了主意，但心中留下了遗憾。

这个时候正确的做法是通过沟通把父母的思维转入到你的思维里面，比如：可以告诉父母女律师到底好做不好做，需要尝试才知道，每一个行业都不容易，每个人都不一样，我现在还小既然有自己的想法一定要去尝试一下，即使没有坚持下来，但这段经历和学习一定会是我人生中宝贵的财富，如果连尝试的勇气都没有，怎么去面对人生其他难题呢，正确的沟通一定可以得到父母的理解。

划重点：唐律师想说，说服父母其实一点也不难，关键还是要有自己的想法，自己觉得对，心里想去做那就一定去做，开始了就努力去坚持，坚持不下来或是发现不适合自己也不会觉得遗憾。

我实习期已经过了，到底是继续跟着师父做事还是独立执业呢？

我相信每一个新拿执业证的青年律师最关心的问题就是这个了，我也在刚执业时遇到同样的烦恼，但我跟大家情况又略微不同，我从公司法务跳出来做律师，没有师父但有一个相对稳定的顾问单位，每月可以供养我的基本支出，那时候本想找一个固定的师傅学习，但人生际遇怎么说的准呢，硬是没有遇到合适的师父。所以我一咬牙就独立执业了。

大家肯定会关心案源问题，我下一个问题再解答。

独立执业要求律师内心确实要足够强大，特别是对生活担忧又没有别的支援的女律师来说，更是人生的大考验，因为独立了却不知道下一个业务在哪里。我比较幸运的是，刚独立，就特别幸运地遇到了我的师兄。

那时候他刚好想招一个实习生帮忙，我就毛遂自荐了，清楚地记得师兄让我发我写过的文书给他，我就把为顾问单位写的答辩状发给他看，当时心里特别紧张，过了许久，他说可以，就开始了跟师兄合作学习的日子。他的严谨、专业和认真让我十分敬佩，并从中学到了很多知识，也让我在尴尬的初独立期忘记了焦虑，借此感谢师兄一路的帮助。

划重点：每个人走的路、遇到的人都不一样，所以对于这个问题，唐律师想说：如果你有好的团队，有好的师傅不要急着去独立，有时候赚多少钱不重要，遇到什么人更重要，一定要珍惜身边的人，只有好好地与身边的人相处你的幸福感才会提升，只有努力地做事，努力地成全别人，才能成全自己。

为自己的长远考虑而不是短期利益，等自己能力和心智足以应对复杂的社会的时候再迈出这一步，我相信你的能力足够时师父也会鼓励这样做。

当然，不是每个人都能那么幸运遇到合拍的人，如果你遇到的人确实志不同、道不合，对于相处的每一天你会觉得很痛苦，唐律师也觉得没有必要去互相消耗自己的生命，毕竟人生苦短，和对的人做对的事更重要。

年轻律师该怎么去开展自己的案源呢？

这也是年轻律师最关心的问题了吧，也是我现在最关注的问题，“要想生活过的好，就得把朋友交一交”是一直留存在我心中的至理名言。

广交朋友吧，青年律师们到底要怎么去交朋友呢？我只能说，这个世界没有陌生人，只有没有认识的朋友，所有人都可能成为你的朋友。用真诚的心去善待别人，就能交到好的朋友。

我觉得做律师一定要转变思维，不要每天想着怎么开展业务，而是可以为别人提供哪些帮助，怎么得到客户的信任，试着跟客户做朋友，有时候会给你带来更多的案源。

我很随缘，一般不会很主动去结交很多朋友，当别人需要帮助（这个帮助不局限于法律事务）的时候，伸出温暖的手就够了，吃亏是福，不把吃亏当吃亏，会有更多福气来找你。现在我的朋友还不多，但我的朋友在遇到法律问题的时候都会想起我，我就特别的满足，我相信慢慢地积累会越来越好。

划重点：唐律师认为不要把案源单独拿出来说，在生活中做人做事的时候，广结善缘，多帮助别人，知足常乐，就一定不会把案源问题当成最大的问题，做一个佛系的律师，会很开心。

律师要怎么跟同事、当事人相处？

这个问题可能困扰的不止是年轻律师了，很多前辈也会困扰，而我也是常常会为此苦恼。我经常会在私下里恶补情商课，尽量让自己在学习中做的好一点。每个人都是独立的个体，又深入在社会网络中的各个角落，人际交往太复杂，我至今也没摸清楚。

那为啥要分享呢？因为我觉得虽然没摸清，但还算一直开朗开心地生活着，心里很满足，所以跟大家分享两个小案例。

第一个，加好友的故事。刚来律所的时候，所里200多个同事，我在想每个都加好友都会累死吧，我就给自己定了一个小规则，从第一个好友开始，每跟别人讲过话有过交流沟通的同事我就主动加别人好友，既迈出交朋友的第一步又不会觉得突兀，目前为止我好像已经加了很多同事好友了，很开心能认识这么多志同道合的新朋友。

第二个小故事，当事人表现出不尊重律师的时候怎么办？唐律师遇到了，有一位奶奶说话有些粗鲁，很不尊重，具体说什么我真的忘了，但记得当时我心里很不舒服，唐律师支招不舒服的时候千万不要忍下去，立马沟通，立马改变。我立马改变脸色，语气凝重，开始了一番思想教育工作，大体意思就是如果您不能尊重律师，这个服务肯定不能做到最好，后期的沟通和配合肯定会打折扣，进而会影响案件的结果，当事人奶奶一下就理解了而且很礼貌很配合，后来的服务变得很轻松。

划重点：唐律师想说律师工作想要自主轻松，一定要学会沟通，沟通是与人交往最重要的东西，有时候要做一个有脾气的人。

结　语

今天的分享就到这吧，希望能给正在步入法律道路上的你们带来一些帮助。关于智善很关心的前段时间和张莹律师一起获得“普法大使”的心路历程，我和我的搭档有太多精彩故事了，必须再专栏写一写才好，再次感谢智善。

80. 从信访接待到执业律师①

记得在年少时，同龄人喜欢看各种漫画、偶像剧，而我则沉迷于蔡骏、周德东、那多等作家写的悬疑、刑侦小说，会在每晚8点准时坐在电视机前等着科教频道播出《走进科学》。

看得多了，发现人们口中所谓的怪力乱神，以及看似荒诞无稽的现象，实则心魔作祟，没有什么比人心更为可怕的魑魅魍魉。

也是因此，让我对人与人之间的关系产生了极大的兴趣，为何人们之间会产生矛盾？矛盾所引起的纠纷又会以何种形式反映在世人面前？而我们作为社会个体在面临这些纠纷时又能做些什么？

人生海海，温柔相待

大学期间，每年寒暑假都会去法院或者政府部门的法律科室进行实习，积累实践经验。一次偶然的机会，学院主任侯永兰教授作为武汉市妇女联合会法律顾问将我推荐至该单位权益部进行暑期实习，毕业后就在市妇联权益部从事法律维权工作。

市妇联权益部对外维权窗口为信访接待室，主要受理来访人反映的婚姻、劳动、人身、财产等权益问题，为来访人解答法律咨询，进行调解、转办。

来访人大多为女性，年龄跨度从老到幼，反映的事项基本为两类：

① 冯孟莉，在武汉市妇联权益部从事多年信访接待工作，并被评为“武汉市妇女儿童维权先进个人”，现为湖北山河律师事务所执业律师，执业方向为金融资本市场、公司法律事务。

一类是可调和的矛盾，如家庭、情感纠纷，需要妇联出面调解，或者是给予心理疏导，帮助她们排解悲伤、愤怒、绝望的情绪；

另一类是难以调和的矛盾，往往此类矛盾已上升到诉诸于法律的层面，如丈夫常年家暴妻子、子女长期虐待老人、女子被骗卖至山村、出嫁女权益被侵害等。

其中，婚姻家庭纠纷是最多的，这对当时刚毕业还没有婚姻经历的自己而言，简直是无从下手。

为了弥补自己社会经验太浅、人生阅历过短的问题，工作初期经常拉着家人、同事及朋友模拟接待来访人的场景，学习心理学知识，并在权益部团队的指导下掌握倾听及安抚的技巧，让来访人能够在相对平静的情形下反映情况。

从事妇联信访工作的几年，我接待了来访人数千名，倾听了许多悲欢离合的故事，触碰到了由于扭曲的欲望和利益所孕育的人性怪物。

那些日子里，我会为被性侵小女孩指尖的瑟瑟发抖而潸然泪下、为孤寡老人欢快地打着拍子唱着苏联民歌而欢欣雀跃、为自闭症小朋友愿意让我牵起他的手而满心欢喜。

这种情绪上强烈的代入感让我与她们建立了真正的联结，也因此获得单位的认可，被授予 2012 年度“武汉市妇女儿童维权先进个人”的荣誉称号。

终日乾乾，与时偕行

妇联的工作经历无疑是宝贵的，让我深入了解到矛盾及纠纷的形成，但我更想知道面临这些纠纷时能去做些什么。

带着这个疑惑，于 2013 年来到湖北山河律师事务所，师从魏东律师，在师父的栽培下开启了我的律师执业生涯。

2013 年至今，经历了从律师助理、实习律师到独立执业律师的转变，参与、承办了不同类型的案件，对自己定位有了初步认识；同时，也明白了在面临纠纷的时候我要做的只有一件事：为当事人利益竭尽全力地据理力争！

为了让客户满意、案件顺利进行，律师背后所付出的时间、精力、物力成本绝对远超于所收取的律师费，这一切的付出只为了让客户感到我们提供的法律服务物超所值。

对自身而言，我希望未来回望执业之路时既能无愧于心，也对得起“诚信执业”四字。

步履不停，方知不足

对于律师行业，自己经验尚浅，没有什么成功经验与大家一同分享，只能是谈谈自己从业以来的感受。

个人觉得，律师除了开拓案源，处理好案头工作以外，还需要做好以下几点：

1. 进入具有持续发展力的优秀团队。

一个人走得快，能够轻而易举地超越他人；但是，一群人齐心协力会走得更远。

律师行业发展下去，拼的硬实力首当其冲一定是团队协作，短板不可怕，有靠谱的合作伙伴予以互补形成合力，才能事半功倍，最大限度地发挥自身长板优势。同时，团队作战也能让客户感受到所提供法律服务的全面性及专业性，对这一点感触颇深，自入所以来师父魏东律师做了非常好的表率，一次又一次地带领着我们展现出团队的力量，在面临重大、疑难案件时，团队成员之间也能够相互协作、配合默契地承办好每一个案件。

2. 加强服务意识，注重客户体验。

律师行业属于典型的服务业，与一般服务业的不同点在于，客户选择委托律师更多的是基于对该律师个人的信任，信任的组成除了专业能力以外，还有律师提供法律服务过程中让客户的感知，即客户体验度。

通常而言，客户体验度越高其依附程度越高，客户体验度直接反馈为律师提供法律服务的质量，以及客户与律师沟通过程中的舒适程度，唯有律师本身具备强烈的服务意识才能为客户提供高质量的服务。

3. 不断学习提升，实现自我突破。

律师执业是孜孜不倦、精进不止的过程，所需要学习的知识主要有三个方面：

一是从横向来看，应当不断学习自己所擅长法律服务领域以外的法律服务业务，并及时学习新法新规，更新专业知识储备；

二是从纵向来看，应当熟悉客户所在的行业知识，参加相关行业资格考试，了解行业所处的市场背景，丰富行业知识储备；

三是从长远来看，应当掌握专业财会知识，每个企业都会面临财务、税务方面的问题，无论是诉讼律师还是非诉讼律师都应该具备此类知识，从而奠定持续发展的基础。

人无远虑，必有近忧，最好的状态莫过于每一天醒来时都能清晰地认识到自身不足之处，并为之改变。先做到知不足，才有资格谈不知足。

4. 保持积极向上，剥离负面情绪。

在工作中，正面情绪会帮助我们冷静、客观地分析问题，而乐观的心态能让我们在处理问题的时候有更多的解决办法。情绪也会遵循守恒定律，人的负面情绪多了正面情绪自然会少。

建立正面情绪，对内要学会取悦自己，从内心调节、合理工作、按时休息、旅行健身等全方位让自己保持积极向上的状态；对外多去接触能让自己心情愉悦的事物，远离那些带来负能量负面情绪的事物，如果不幸沾染，请尽快剥离及时止损。

5. 提高协调能力，做好时间管理。

律师行业不同于其他行业，一名独立的执业律师同时要负责若干起案件，在每个案件中既要处理好材料起草、策略方案设计等案头工作，也要处理好与团队内部及客户、法院、各机关部门的沟通协调工作。这就要求我们具备较高的统筹能力，注重沟通方式技巧，提高协调质量；同时，也要合理规划时间，做好时间管理提升工作效率，在有限的时间里完成各种纷繁复杂的工作。

结　　语

人生是一场旅途，终点未知才更值得为之努力。无论未来身在何处，只愿我们能够成为更好的自己，披荆斩棘勇往直前，开拓更为广阔的天地，寻求更加值得期许的未来。

81. 女性律师的温柔力量[①]

初识律师

在青年律师群中，流行着这样一句话“要不是家里穷谁出来做律师”，其实这算是对日常繁重工作的一句调侃吧。大家一次次地吐槽着，却一次次地坚定着，坚定着自己心中那最深处的信仰，于是越来越多的小伙伴加入到律师的队伍中。

2013 年年初我开始接触律师这个神圣却离自己很远的职业，准确地说当时还不知道是否自己可以称为“职业”。

2012 年从学校毕业后，爸妈希望我在家乡考公务员，我不想，从小看父母的生活轨迹，是那么平稳，当时还觉得有点平淡吧，那是一种一眼就可以望到老的生活，从小就是乖乖女的我，第一次抗拒父母。

不知是怎样的勇气，使我就这样踏入了律师这个神奇的大门。

最初，我在湖北今天律师事务所实习了 5 个月，那是我的第一份正式工作吧，现在要我总结的话就是一直在怀疑和恐惧中度过，怀疑自己是否适合做律师，恐惧的是我太无知了，工作的每一天都会遇到我知识的盲点。

现在想来，这都是再正常不过的心理成长过程，感谢最初的实习经历，在我想退后时，总是义无反顾地再向前跨一步。后来经常想起当时指导老师对我说的一句话“你永远也不知道你的未来有多好”，这句话听着就很美好吧。

你不用对现在太迷茫，不用想太多，不用刻意恐惧，认真过好每一天，每一天都有新的期待，你的未来真的可以很好。

正式执业

2013 年夏天，我正式在湖北首义律师事务所实习，指导老师是全国政协委员、首义律师事务所的谢文敏主任，谢主任是一个非常大气的独立职业女性。

① 杨文婷，湖北首义律师事务所律师，湖北省律协婚姻与家庭法律专业委员会秘书长，湖北省妇联巾帼维权讲师团成员，擅长政府机关企事业单位法律顾问、民间借贷、婚姻家事案件。

在她身上我看到了敬业、拼搏，我第一次坚定，女人也可以有自己完美的事业，女人也可以活得如此精彩。

一年、两年、三年，我就这样成长着。就在成长的某一瞬间，我突然发现，我每天不是在做一份工作这么简单，我用心地做好每一件事，思考着有困难的事，睡不着会惦记还没完成的事。

我发现，我的职业正在改变我的生活，我变得可以很快作决定，可以坚持自己的每一个选择，可以清晰地规划自己的人生，可以处理好家里的每一件大小事，可以帮助身边的朋友排忧解难。

天啦，我不敢相信自己现在这么棒！如果究其原因，那是因为我是一名律师，一名令自己自豪的律师。

刚做律师时，很多人说我不适合做律师，因为太温柔（他人评价，我自己可没觉得，哈哈），声音也很小，还娃娃音。我自己也时常怀疑，尤其在遇到难题时。

但是，就是坚持着，我想走下去，走到当事人一次次说出感谢杨律师，走到自己一次次拿到胜诉判决，走到遇见更好的自己。

我相信，温柔可以更好地跟当事人沟通，温柔也不妨碍在法庭上直抒胸臆、清晰有条理地表达自己的观点。

一些感悟

克服恐惧

其实，在执业之初，我的心态也特别简单，就是不停地克服恐惧。

最初，我没有正视自己的恐惧，恐惧的来源就是无知。

我总是很自卑，觉得大家懂得都比我多，做的案子比我多，经验比我多。那经验当然是一步一步厚积薄发了，无知是每个人都有的盲区，只有不断地去学习，才能最大限度地消除无知。

不会写文书，就多看，互联网对每个人而言都是公平的，每一次获取都能有所收获。

保持对当事人的责任心

还有一个困惑就是，如何保持对当事人的责任心，有时候一天工作累了乏了，休息时间不愿打开微信、电脑，盯着白底黑字的文档。

可是也是突然在某一天，我觉得当事人需要我们，需要律师，我们的一个意见、一次审核反馈给他们的是无比重要的信息，是其他工作成果无法给予的成就感。

于是，每天不管多晚，都会梳理当天未完成的工作，尽量给每一位当事人一个负责任的答复。

结　语

希望新入律师行业的小伙伴们能多做事，不要怕累。我十分确定：

你所去的每一个地方，所写的每一份文书，所修改的每一份合同，都是你慢慢积累的宝贵素材，这些素材都会完完全全成为你自己的，都会使你人生的图画上每一笔都美美的。

都说律师有三五八定律，虽然不一定客观，但也小小地期待自己每一步的成长和变化。

最幸福的状态不就是有人爱，有事做，有所期待吗？

在偌大无比的宇宙，我是一个渺小且渺小的人，这辈子我肯定不会为这个世界作出巨大贡献了，但是愿意奉献给改变我生活的律师生涯，愿意一心一意地坚持在这温暖的执业之路上。

82. 从武大法学院、基层法院到律师[①]

智善的朋友们，大家好。我叫王春兰，来自于湖北今天律师事务所。

“智善”是一个广受律师朋友喜爱的专业平台，很荣幸也很感谢青青若的邀请，使我有机会借助这个平台浅谈我个人的律师成长之路。

① 王春兰，湖北今天律师事务所律师，武汉大学法学院学士、法律硕士毕业后曾在基层法院工作3年，所在团队为今天所雷雪律师团队，团队主要从事民商事领域诉讼及非诉业务，主要包括房地产开发项目法律服务、建筑工程项目法律服务、公司金融类法律服务等。

入行，是一直以来的梦想

成为一名优秀的法律人士，是我自高中以来的梦想。

高考填报志愿的时候，是我自己选的专业，记得当时填了四个学校，都只填了一个专业，就是法学。

自 2007 年开始，我在武汉大学连续读了 6 年法律，于 2013 年 6 月毕业。

毕业前，自己给自己预定的职业道路有两条，一是进入法院做一名优秀的法官，二是进入律所成为一名优秀的律师。

但是在求职过程中，考虑到现实因素，为了避免自己毕业之后仍然向家里寻求生活"救济"的尴尬，我放弃了一毕业就进入律所的念头，而是选择了离家近的襄阳某区级法院就职。

在法院，因为偶然因素，也是因为单位需要，我被领导安排在了办公室，主要负责院里的综合文稿、法律调研及新媒体平台搭建及运营，同时兼任审委会秘书。这份工作，一做就是 3 年。

虽然，在这期间，院里的领导和同事，都给了我无限的工作和生活上的支持与关怀，给了我充分的自由和空间，以及充分的信任以及众多的荣誉，但是我总觉得自己的内心不够踏实，加之后来遇到了司法改革，作为一名体制内的年轻人，我看到了机遇更看到了挑战，因为调岗无望，我怕自己离最初设定的道路越来越远。

当时感觉内心一直有一个声音，一遍遍地提醒自己"你应该去武汉，应该进入律所，应该做自己想做的、更专业的事情"。

最终，综合自己一直以来的纠结，克服了内心对不确定的恐惧，在法院工作满 3 年的时候，我还是不顾领导和同事善意提醒和友好挽留，毅然选择了离开。

团队，是机缘巧合的遇见

当时决定开始投递简历的时候，恰好遇到现在团队的小伙伴，也刚好是我们大学同学在年级群里发送律师团队招聘信息，我便第一时间将简历投递给了她，她也第一时间为我安排了面试时间。

通过近一个半小时与我现在的指导老师雷雪律师一对一的沟通和交流，我最终选择进入今天所，加入他的团队，可以说是毫不迟疑的。

选择的理由，不仅是薪酬的考虑，更多的是被今天所的底蕴、雷律师个人魅力及专业素养所折服，也有我对团队的配合与协作及长久发展的期待。

入职以来，我的团队教给我的，正如我期待的那样，是专业、是进取、是忠诚。

团队的指导老师是雷雪律师，是一位从业近20年的专职律师，也是湖北今天律师事务所的管理合伙人。

雷雪律师最大的特点主要有两个方面，一是对律师业务兢兢业业、精益求精，在为客户服务的态度和成果上容不得半点马虎；二是知识渊博、博览群书，属于名副其实的“行走的百科全书”；同时又待人谦和，尤其对年轻律师的请教更是不吝赐教。

我的搭档是耿盼律师，也是我的老同学、好闺蜜，是一名刚柔兼济的优秀律师。

一方面，她对自己的工作方式和工作成果有严格要求，总是以完美的标准对待自己的每一个工作项目；另一方面，她气质温婉，且富有同情心，在和当事人沟通时，总是能够设身处地、贴近人心，让人对其充满信任。

最近，团队新加入一名“90后”的实习律师——杨允瑞，他也是属于低调、务实型的律师，思路严谨、工作高效，也为我们团队解决了不少设备技术难题。

从他们身上，我看到了一名优秀律师的品质，也找到了自己的执业方向。

有人说，“师徒之间的遇见，是一场注定的缘分。”也有人说，“你是谁，你便遇见谁。”

在我看来，是对“做一名优秀的有价值的执业律师”的共同执着和“法律服务严谨、细致和负责”的律所文化及团队文化让我们聚合在一起，我作为其中的一名成员为这种文化所吸引，同时也被这样的文化深深地滋养、教化和淬炼。

定位，是做一名优秀的律师

律师定位

关于如何成为一名合格的、优秀的律师，我的指导老师和团队伙伴以身体力行的方式给了我很好的答案。

关于律师定位，指导老师雷律师在我实习之初就告诉我："律师，为法律代言。"

虽然律师是受当事人所托，旨在维护当事人的利益，但是这种权利的维护有边界，必须以事实为依据，以法律为准绳。

律师处理当事人的诉讼或者非诉业务，只有一个目的，就是在法律范围内，帮助当事人依法取得属于他的合法利益，不打擦边球，不越红线，更不能怂恿当事人或自行采取非法手段谋求非法利益。

我认同这个观点，其也将成为我往后执业的指路灯。

执业态度

关于律师的执业态度，我学到的是严谨、细致和负责。

在办理诉讼案件过程中，我越来越体会到，法律条文之间看似独立存在，实际上是在讲述着不同的法律故事。

我们律师要做的，就是根据当事人的诉求，按照一定的逻辑，选择适用不同的法律条文，讲述一个让法官信服的合理的法律故事。

这就要求，无论是撰写法律文书也好，还是提供解决方案也好，都必须在法律的框架内，思路严谨，同时表达也要严谨。

另外，雷雪律师也不止一次提及"现行有效的法律条文有千千万万条，但是永远都缺最有用的一条，就是你需要用的那一条"。

如何寻找到那一条关键的条文，实践证明没有足够的时间投入、没有沉下心来的专业积累，很难高效、准确地实现目标，而解决这一难题的唯一路径就是勤勉。

律师职业是一个受人之托忠人之事的职业，如何最优化维护当事人的合法利益呢？

唯有满怀同情心、同理心，将当事人的事当作自己的事，想人之所想，急人之所急，方能尽职尽责，最完整地、最高效地、最精准地满足当事人的要求。

三步成就

在我看来，一名优秀律师的成就，就好比一篇优秀的法律文书的成就。

首先，要有"模板"，但又不能停留于"模板"，更应该兼容并蓄、博采众长。

其次，要投入时间和精力，用一丝不苟的态度开展从形式到内容的修正，以期对成果的优化升级。

最后，是"定稿"，接受实践的检验，得到客户和市场的最终认证。

我也希望，凭借自己的努力和坚持，自己能够沿着自己的梦想之路走得踏实和坚定。

83. 我的大伯是新中国第一批律师①

大伯的书房

我的大伯父年近80，他是新中国恢复律师制度后的第一批律师。我与法律的缘分，就源于大伯父书房里满书柜的法律书籍。

20世纪90年代的时候，电话还未普及，互联网更是闻所未闻，人们查阅资料都得靠纸质的书本，不像现在，想要查哪一个法条，百度一下就有了。

当时，中国法制出版社每年都会出版上一年度的法律汇编，每年汇编的厚度全都是堪比各类字典、词典的大部头。

当年我正上小学，见过最厚的书是"新华字典"，所以去伯父家时，就常常被他书柜里满满的这些大部头所吸引，伯父告诉我，这些也是工具书。

记得有一天，我去伯父家，又跑去他的书房看那些大部头，而恰好有一本摊开着摆放在他的书桌上，我拿起旁边的钢笔，在大部头的侧面很认真地

① 周甜，湖北首义律师事务所专职律师，湖北省律协仲裁法律专业委员会委员，常年担任公司、企事业单位法律顾问，擅长知识产权、婚姻家事、合同纠纷等民商事案件。

写上了自己的名字，写完还觉得不够显眼，又使劲描粗了些……

现在想来只是小孩子的好奇和不懂事，说来有些啼笑皆非，但是今天，我更愿意把它看作是一种缘分的指引。

高考填报志愿的时候，了解到只有法学和新闻能避开自己不甚擅长的数学，于是在志愿上我跟这两个专业死磕上了，而结果是法学选择了我。

法律小白进阶的第一块垫脚石

虽然小学就看到了伯父满书柜的法律书籍，但是我对律师这一职业却是到大学暑期实习期间才得以真正接触和了解。

说来很有意思，我的堂哥子承父业，也是一名律师。

我大三的暑期，跟着堂哥旁听了几次庭审，最重要的是他让我翻看了他办公室书柜里全部的案卷材料，包括刑事、民事、行政等各类诉讼案件。

从这些案卷材料中，我了解到一名诉讼律师的文书书写和基本工作流程，对于辩护词、起诉状、答辩状、代理词等法律文书有了初步的认识。

在我执业之后，回想起这个过程，深感是非常难得的学习机会。

虽然当时已经在学校系统学习了两年的法律知识，但是这一摞摞诉讼案卷材料才是让我从一名法律小白进阶为法学研习生的垫脚石。

曲径通幽处　自有繁花盛开

学法学的女孩子在大学毕业之后，大多有过家人出于稳定的考虑，建议或安排考公务员的经历，我也不例外。

不过，对于职业的选择，我与父母之间并没有过太大的矛盾，他们只是建议过我可以尝试去考公务员，而同时他们也支持我去做律师。

四年前法律选择了我，而我在四年后选择了要将律师作为自己的职业。

不过，世事并非尽如人愿，在我决意要做律师后，律师这个职业反而似乎离我越来越远。

我大学毕业的时候不像现在，法学生在大四就可以参加司法考试，我们当时是拿到毕业证后才能报考的。而我又大概属于比较笨的那一类学生，从司考的战场上连续两次铩羽而归。

我记得在第二次考试之后，我在武汉一家律师事务所找了一份助理的工作，到5月时，我跟老板提出想要全职备考，老板问我："考试重要吗？"我听到这样一个问题，心中不解和吃惊，毫不思索地用反问句回答他："考试不重要吗？"

后来我也回想过很多次这个问题：司法考试重要吗？

反正我觉得如果你想做律师，它还真的挺重要的。通过司法考试是对这个职业最起码的尊重吧。

《左传·曹刿论战》有云："夫战，勇气也。一鼓作气，再而衰，三而竭。"照此而论，我的第三次司考还将以失败告终。

但是，所幸的是，逆流而上的决心战胜了已近衰竭的勇气，徘徊的脚步终于可以前进。

十　年

2009年5月我进入湖北首义律师事务所并办理了实习律师手续，执笔此文之时，正是我入职首义所第十年的开始。

我与首义所的缘分，起始于大学时搭乘过江公交的一次抬头仰望，当时公交车停靠在阅马场站，我抬头看见马路对面南方大厦十楼玻璃外墙上"首义律师"四个大字，这恰是我在武汉所见到的第一家律师事务所。

哦，也许还不能称为"所见到的"，因为这只是一次远远的观望。看到它，就记住它了。

所以，几年之后，有机缘加入首义所，并成为首义所合伙人及副主任刘婷婷律师团队的一员，就好像是我在人生旅途中画了一个圆。

在首义所的十年之间，我从实习律师成长为律师助理，从律师助理成长为具备独立办案能力的执业律师，当然，也从青春少女变成了一个为女儿操碎心的"老母亲"。

当我变成今天的自己后，回头看这十年时光里，那些无数次在职业里的自我怀疑、彷徨纠结、焦虑不安……还仿佛都在眼前。

律师从来都不是一个安稳平和、波澜不惊的职业，这是它的可恨之处，但也恰恰是它的有趣所在。这是一个看上去很美，尤其是在电视剧里看上去更美的职业，但实际上，它是一个很残酷的职业。

每一个执业中人，恐怕内心都有一本写不完的血泪史。我这本血泪史就不细说了，以免惹得大家泪眼婆娑。

其实，世上三百六十行，每一份工作都有它的艰难之处，所以个中滋味与行在路上的你们所经历的大同小异。加班加点是律师工作的一种常态。

网上曾有个段子，形容律师起的比鸡早，睡的比猫晚，这倒是在我曾和堂哥聊起写文书的事情时得以印证。

作为律师必不可少的是在处理案件时要理思路、写文书，我比较习惯于半夜加班到凌晨，万籁俱寂里反而思维比较活跃清晰。

堂哥说他曾与同事出差在外，两个人习惯不同，同事习惯熬夜工作，他喜欢早起干活。

于是那个寒夜里，他睡觉的时候，同事披着大衣在台灯下奋笔疾书，到了凌晨 4 点，同事准备睡觉，正好换他起来披上大衣伏案笔耕，房间里的台灯亮了一整夜……看来，这世上比律师更累的，也就只有台灯了。

纵使残酷又疲惫，但我仍然坚定不移地在这条道路上走了十年。

之所以在几千次想转行，几百次想回家相夫教女的挣扎中坚持到现在，也正是因为这个职业让我每一年都能体会到自己的成长、成熟，并有所收获，它让我觉得自己没有虚度过，也让我感受到我这一粒尘埃也自有我的光和热。

几年前，有一件合同纠纷的案件调解结案了，付款方却没有按期向我的当事人返还款项。当事人很着急，拜托我帮他们联系付款方。

我一边着手准备了一份强制执行申请书，另一边尝试着与对方律师电话沟通了解了延迟付款的原因，并告知他们我的当事人急等这笔款项缴纳其他费用。

沟通后的第三天下午，我接到当事人打来的电话，他说款项都已经收到了，我听到后也很为他高兴，然后他在电话里说："谢谢你啊周律师，祝你工作顺利啊！"

我听到这句话，心里霎时间感觉超温暖超感动，回想一下，好像真的还是第一次被人祝福工作顺利。

懂得取舍　珍惜所得

作为女性，我们对这个世界的感受更为温柔和细致，但当你与爱人组成了这个社会的稳定基石之后，毫无疑问我们女性要为家庭付出比男性更多的时间。

不可否认，人的精力都是有限的，将一部分心思分给家庭，必然牵扯到工作上的权衡与选择。但是尽管如此，这也并没有耽误我在专业上的探索和进步，反而因为陪伴孩子成长的过程激励了自己在工作上更为努力。

尤其是在孩子上幼儿园开始学习很多兴趣课程之后，我发现，一个在我看来很弱小的生命，竟然对这个世界充满好奇，渴望探索，勇于尝试，犯错了就反复让我重新教她，不厌其烦。

我的孩子四岁那年，学了在我看来挺难的钢琴和轮滑，让我颇为惊讶的是她竟然都坚持了下来，而且还学得有模有样。她的进步，在那个时候，也促使了我在喧嚣中静下心来去学习、钻研自己专业上的薄弱点。

为生活付出，但不被其所困。经过了逆流而上的勇敢，也要学会顺势而为的智慧。

写这篇文时，我勉强还站在青年的尾巴上，半只脚已踏入中年的队伍。看过上周山河所王景霞律师的分享，她的"五要"（要熬、要忍、要学、要专业、要全面）总结得非常到位，很值得想入法海或初入法海的青年朋友们学习。

我想说的是，将生活和工作放在天平的两端，它永远不会平衡。失衡是一种人生常态，而我们要学会的是取舍，失去与得到总是同在。

祝愿每一位青年律师，在投入工作的同时，都能留出时间和精力给自己的情感、健康和家庭，相信所有的经历都是生活赐予的智慧。

感　　谢

借文末，说说俗套但真诚的感谢。

感谢父母和亲人给予我最为坚定不移的支持，感谢爱人始终如初的理解和包容。

感谢亦师亦友的团队领导刘婷婷律师多年来对我毫无保留的专业指导和鞭策，感谢我的当事人们对我的质疑和信任让我想成为更好的律师。

感谢法律选择了我，我将沿着缘分的指引，永葆初心，一路向前。

84. 十年公证，七年律师[①]

16:00PM，快下班的点，正忙得焦头烂额的时候，接到青青若的邀稿。我不由得深吸一口气。

这栏目的被邀对象应该是青年律师，那么，我大致在青青若的印象中，要么是外表上看着还算年轻，要么是我呈现的状态较年轻。哈哈。

最主要是自己对青青若个人有莫名的好感，于是很爽快地答应了，还讨价还价地要了一个月的期限。

18:00 PM，习惯在下班回家路上理清当天事务的我，思索着，邀稿内容为“个人经历和经验，对自己做个阶段性总结”，嗯，我想，是一个契机，那么今天就开工且完工吧！

越过山丘，把握成长

最近突然对李宗盛先生的歌有了更深的感悟，这个是不是代表自己不再年轻了？迷恋高晓松作词作曲、杨宗纬演唱，致敬李宗盛先生的《越过山丘》。

对影成三人，当浮一大白，人生起起伏伏坎坎坷坷，一路上会遇到各种风景，我们一次次翻越着人生的山丘。

《越过山丘》分别遇见 19 岁和 60 岁的自己：19 岁时的自己对人生充满期待，渴望知道未来幸福与否；60 岁时，历尽磨难，“拄着一根白手杖，在听鸟儿歌唱，我问他幸福与否，他笑着摆了摆手”。

① 祁海燕，湖北维力律师事务所执业律师，湖北省律师协会交通管理与运输专业委员会委员，湖北省律师协会婚姻与家事专业委员会委员，湖北省交通维权法律咨询中心志愿律师；从事法律事务 18 年以上，律师执业 7 年以上，办理过大量民商事各类案件，担任公司常年法律顾问，诉讼和非诉经验丰富。

淡然平和，或许这就是对人生最好的领悟……

显然，自己目前的年龄和阅历做不到痛彻领悟。

从歌词意境回到主题，青年律师距离成功大多还有一定的距离，成功在很大程度上取决于机遇、外界的环境等的影响，所以成功是很难在人与人之间进行一种简单的复制。

也可以说，成功是难以把握的。

但是我们的人生无处不伴随着“成长”，所以我认为人生在世，自己唯一能够有把握的也就是“成长”。

十年公证：做好一件事

人与人之间虽然没有优劣之分，但却有很大不同。

很赞同一个观点：一个人不需要每件事都做的好。其实只要一件事做的好，你就有下一次机会。我觉得很有道理。

我的职业生涯前十年在家乡宜昌的一个区级公证处工作，十年里，我按部就班地工作、结婚、生子，日子平淡但充实。

整整待了十年。是不是很无趣？估计现在的“90后”是无法理解的。

区级公证处因为其行政性质以及业务垄断等原因，工作氛围和环境乃至领导等很传统很保守。

当时的我，安稳的工作、宜居的小城市、过着小日子，想着，人生幸福不过如此了……

后来才明白，其实安逸的公证十年，基本是一项重复没有创意的工作，为了避免和控制错证率，公证处只做最安全的业务也可以很饱和，那时的我如井底之蛙，从来没有意识到要抬头仰望星空或向往井外的星空。

后来的我经常跟人开玩笑，这十年里，我只做好了一件事，也仅只会做一件事，那就是公证。

就公证这唯一的一件事，除了带给我传统和保守，也有带给我的职业生涯的快感和收获，比如吃苦、守时、坚持、今日事今日毕等。

让我印象最深的是我经办的一件遗赠抚养协议公证：

申请人即遗赠人是一个身患绝症的男当事人，因其身体原因卧病在床，他特意委托家人来公证处恳请我们上门为其办理公证。

出现场需两名公证员，我和另一同事在约好的第三天长途跋涉去到他位于乡村的家中。

在他家里，按他的意思帮他起草了遗赠抚养协议、填了公证申请表、做了询问笔录，签了字按了手印，在他病床边持续三四个小时帮他办完一切手续，接着赶回办公室已经是下午4点了。

按公证程序的相关规定，我在一周内给他出具正式的公证书都是不违反规定的，但是责任感和使命感告诉我要日事日毕，我在下午起草了公证书，并赶在下班前给公证处主任签了字。

就在第二天，他的家人过来告诉我们他在当天夜里走了。

很突然，但那一刻我又很欣慰，因为按公证相关法律规定，公证文书起草后主任的签发时间为公证书的生效时间，也就是此份公证书虽没装订出来，但是昨天我起草后给主任签字时已生效。

好惊险！想想如果昨天自己偷一下懒，那么当事人的生前遗愿就一定得不到落实了。

自此，我告诫自己“日事日毕”。

感谢公证处的经历，尽管十年间只做了公证一件事，现在客观来看这十年成长的较慢，但也是一种成长。

三十岁转行：接受自己，取悦自己

因家庭等客观原因，2011年，一个辞职从宜来汉、过了30岁、转行的、女的、非法律科班的、无高学历无经验只会公证的我，莽莽撞撞踏进律所的大门。

在这要感谢团队负责人李涛律师和大师兄吴鹏飞律师，收留了我，且毫无保留地从小白教起。

刚进入律师行业前几年，我非常在意别人的看法，也因此越来越爱跟自己较劲。

为了同时做好妻子、母亲、女儿、员工、同事的角色，拼尽全力。但这些角色中唯独没有自己。

我努力在各种角色中转换，为了让他人开心、在意别人的看法、想得到别人的肯定、顾全大局、谨言慎行，却全然忘记了那个默默付出的自己。

那时的我，仿佛每天都听到的是，老公说“你得做家务管好孩子”；

领导说“你得多投入点精力在工作上”；

老妈说“你得做好贤内助”……

唯独我没有听到自己对自己说“你得做好你自己”。

于是自己像个陀螺，拼尽全力，却得不到任何一方的认可，自己疲惫不堪，所有的坏情绪轮番轰炸，负能量爆棚。

原来，我努力取悦别人，想让所有人满意，到头来除了丢失自己，也并没有赢得世界的肯定；

原来，我不是女超人，

我不能完美地完成从妈妈、妻子、律师的角色无缝自由转换；

我做不到每餐饭亲手做给孩子吃，做不到家里一尘不染；

做不到任何差都可以出、做不到每个案子都能胜诉……

这就是真实不完美的我。

一切纠结和焦虑的起源，都在于我们太想“什么都做到最好”了。

心情崩了，身体也崩了，花了一个月时间自己跟自己对话，调整自己，包容自己，接纳自己。

现在的我，

抽时间跑步、打球、逛街、看电影、与朋友聚会、打扮自己、旅行、给自己买花、让生活更有仪式感；

告别外卖，自己不时尝试做些新菜；

学会了停止比较金钱、得失，尤其停止比较孩子的学习成绩；

闲暇时放下手机，看看书写写字，养点花草，跟孩子一起学习成长；

踏踏实实，做好当下的每一件小事，就足够了。

事实上，孩子没有因为缺席他的成长而埋怨自己，反而更独立；

老公也没有因为我少做家务而影响感情，反而更勤快；

同事也没有因为自己不能出差而有任何牢骚，团队协作发挥得更好了……

我发现，

我的亲人和同事，周围的世界，并没有因为我的“自私”而变得糟糕。

相反，正因为我活好了自己，他们也分享了我的快乐、幸福和成长；

我所能给予家人和这个世界的，反而更多了。

接受自己“时间精力非常有限”的现实，及时去除工作生活中那些不必要或者不能给你带来愉悦感、收获感的事或物。

所以，取悦自己，是自己最大的成长。

罗胖在《罗辑思维》节目中说过：“未来不迎、当时不杂、过往不恋。”

自己的成长，

对孩子来说，是影响，做孩子最好的伙伴、朋友、老师以及榜样，而不是做他们的保姆；

对于团队来说，使自己变得更加“强大”、“专业”及“不可替代”，做一个“重要且不可或缺”的人；

对于家庭来说，成长是双方感情的良性互动循环，你成就我我成就你，莫过如此。

结语：不念过去，不惧未来

关于“成长”“取悦自己”，二者相伴相随，人生不过数十载而已，我们每天努力地前进，一点点变得更美好，不断提升自己，不断地成长。

可能在这个时间段成长的慢一些，在另一个时间段成长的快一些，但是成长从来都不会停止。

我们一生能把握的只有自己的成长，我们的成长从来不是为了取悦别人。成长过程中如果非要说取悦谁，那也只能是自己。

最后，感谢成长中的自己，也感谢成长中的团队，感谢身边一个个倔强的你们。

成长中的我们，遇到任何困难，大家齐心协力都能轻描淡写地带过去，然后一往无前地向前冲，这就是咱们的团队精神！

在《奇葩说》里，能看到一个孩童和综合体的高晓松，他对生活有无尽的热情和勇气，有着理想主义的浪漫情怀，活得洒脱率性，肆意昂扬。

同样啊，我也希望你我，活出自我，不念过往，不惧未来。

85. 不要把律师身份带入家庭生活①

在出差的火车上，接到青青若的约稿，颇感受宠若惊。青年律师汇的嘉宾主要是已有建树的青年律师，而我虽已届中年，却属初出茅庐。

不过，我一直关注智善，也曾向智善投过稿并幸获登载(《这一年，我是如何适应律师新职业的》)，对智善致力于给法律人搭建交流平台的所作所为甚为钦佩，对约稿之事欣然应允。只是因业务繁忙，断断续续花了两周才完稿。

2016 年离开国企，踏上律师征途已两年有余。

正好借此约稿之机，整理自己的执业感受，总结经验，吸取教训，以便走得更好更远。

立根原在破崖中

1

岁月匆匆，往事历历。

2001 年，我以高分考入武汉大学，就读于法学专业。在珞珈山水的浸润下，法律人的梦想生根发芽。

2005 年，法学从入学时的热门专业成为就业时的大冷门。毕业时“饥不择食”的我，过关斩将，最终进入大型国企做综合管理工作，后来还负责法务，但不直接承办案件。单位的福利待遇在武汉属于佼佼者，我算是当年就业大军中的幸运儿吧。

入职后我工作认真负责、踏实勤奋，加上单位的效益节节增高，我得以安身立命，衣食无忧。

在忙碌工作之余，发奋备战司法考试，于 2008 年取得法律职业资格。

① 肖彩娥，湖北瑞通天元律师事务所律师、国家次心理咨询师；业务领域：建设工程、民间借贷、商品房买卖等民商事诉讼，企业法律顾问服务。

岗位工作琐碎繁杂、枯燥重复，能一眼望到底，慢慢地，我的工作热情和志趣消磨殆尽。

然而，一想到走出体制保护后，要独自面对大风大浪，就畏首畏尾，举旗难定。

2

2010 年，儿子出生了。在产后三个月，面对弱小的小生命，我完全手足无措，焦虑重重。

三个月后，我通过大量阅读育儿、心理学书籍、文章，学习养育、心理知识，缓解了育儿焦虑，同时也开启了自我成长之路。

后来，我开始“走出去”，作为妈妈团体负责人组织推广母乳喂养、亲密育儿等公益活动，提升了沟通、组织、协调能力，更加自信成熟。

2014 年，我通过自我学习、心理咨询等方式更深入、全面地了解、剖析自己（包括认知模式、关系模式），认清了自己的优势劣势，深挖了自己的潜能。

3

2015 年，我的一个好朋友（也是同事）第一个吃“螃蟹”，率先辞职了，而且真的走向了“诗和远方”。我深受鼓舞，下定决心，开始做辞职的打算。

法律人的梦想再次复燃，律师职业成为我转行的首要选择。

于是我开始全方位去了解律师这个职业。

首先，跟做律师的同学、朋友聊天，我全面了解到律师行业现状和未来、所面临的挑战和机遇、需具备的能力和资源。

其次，我开始积极主动去与单位领导沟通，表达自己想要参与单位案件的想法（再一次突破自己，勇敢表达自己的需求），先后旁听庭审、代理案件，提前“预演”律师角色。

最后，综合分析自己做律师的优势、需要加强的短板。通过了解，发现律师职业有一定的挑战性、工作新颖重复少、成长发展可以预见、对社会很有意义，符合我的人生观和价值观，对我来说确实是非常理想的职业。

与此同时，我阅读了大量提升认知和技能的书籍，如逻辑思维、演讲沟通、时间管理等，参加相关的学习培训，给自己续满了重新出发的能量。

2016年，辞职准备就绪。虽然前路未卜，我亦“挥手自兹去”。

而今迈步从头越

1

辞职后，一切从头开始。

尊师重道重做学生。机缘巧合，我得以进入瑞通天元所，师从律所分管业务、经验丰富的副主任张红兵律师。

师父不仅法学理论功底深厚，业务能力卓越，而且为人正直，乐于分享。

从诉讼策略、办案程序、文书撰写，到与法官、当事人的沟通，师父都非常耐心细致、毫无保留地传道授业。

我非常珍惜这个难得的机会，积极向师父讨教法条法理、诉讼策略、庭审技巧等，反复琢磨师父修改的法律文书，认真总结师父每次庭审中的亮点，对自己的失误戮力改正避免再犯。

师父属于工匠型的律师。他执业20余年，一直保持着每天阅读理论书籍、法条、案例的习惯。

在他的推荐下，我也重拾法律理论，阅读《法学方法论》（杨仁寿）、《民法思维》（王泽鉴）等对律师实务工作具有很强指导意义的理论书籍；经他提醒，留意学习新颁布的法律法规、指导性案例。

他碰到问题喜欢翻阅法条，因此对常用法条烂熟于心，总能信手拈来。

我刚去所里时，回答咨询、审核合同、起草文书总是想当然，动手不勤；在师父的耳濡目染之下，渐渐也养成查阅法条的工作习惯，掌握律师工作的基本要领。

师父在业务上非常严谨，经我们起草的法律文书上有错别字、标点符号用法不当等小问题，他也会指出来。

我刚开始写法律文书时，总是喜欢在网上找个范本复制粘贴，后来师父告诫我文书格式不能随意，要以最高人民法院发布的文书格式为准，此后，我每次写法律文书，都不敢再马虎。

然而师父并不教条。他经常跟我们强调法律上有不同意见和观点要敢于向他提出来，要求我们要及时提醒他考虑不周到的问题。

2

踏踏实实当好助理。绝大多数律师执业是从做律师助理开始的，我也不例外。

对于如何做好律师助理，我觉得做好以下几点很重要：

一是要摆正心态。对于一个工作了十余年的“老油条”，要拉下面子，甘当配角；对于跑腿打杂之类的活，接了就要做好，切忌有抱怨心态。还要放下急于求成的心态，专心练好律师的基本功，厚积薄发。

二是要找准重心。律师助理是辅助角色，因此要多从师父的角度考虑问题，当好参谋、助手。但同时，我们在做事上还是要以独立执业的标准来严格要求自己，不要总是心存天塌下来、有师父会给你顶着的侥幸。

三是要用心细心。这既是办事态度问题，也是工作方法问题。只有用心，才能发挥主观能动性，动脑筋、想办法把事情办好，敷衍塞责则会成事不足败事有余。只有细心，才能避免工作出现疏忽纰漏。比如撰写法律文书，有时候一字之差，可能关系案件成败，应尽量杜绝错别字等小错误；比如查阅证据材料，往往案件的突破就在于某一个细节，即使一个标点符号也不应忽视。

3

全面提高业务能力。学无止境，做律师后，更加深刻领会到时刻学习的必要和重要。

新的法律法规出台了，要学；新的业务领域出现了，要学；新的技能工具出现了，要学……总之，律师不是在学习，就是在学习的路上。

律师学习的途径很多，各类学习培训层出不穷，遇到感兴趣的我也会去参加。

我参加过 PPP 业务培训、财税训练营、出庭课等律师专业方面的培训；我还参加过心理咨询师培训、亲子沟通工作坊、非暴力沟通工作坊、摄影课程等非法律专业方面的培训，作为补充和调剂。

但我还是觉得阅读是最便捷、最有效的学习途径。做律师以前，我喜欢阅读心理学、人文、历史、哲学等方面的书籍；现在，除了法学类书籍，阅读不再仅仅局限于自己的喜好，尽量庞杂、广泛，多尝试。

4

此外，我和朋友坚持组织公益读书会已三年，结识了越来越多有才又有趣的朋友。

到律所后，又组织律所的读书会，很快与所里的律师熟络起来。通过组织读书会，加强与律师同行、其他行业的交流、联结，拓宽知识面和思维认知，促进思考和自我反省，提升能力和塑造个人品牌。

业余时间（虽然很少，但挤一挤总是有的）我一直坚持写作，每月输出1~2篇文章。虽然是自娱自乐，但是写作是对自己思维、情绪的梳理，也是对工作生活的总结、反省，还能促进写作能力的提高。

在这两年多里，我以认真负责、高效专业的态度履行着律师的职责和使命：担任多个单位的法律顾问，对于顾问单位的需求，及时准确响应，为顾问单位预防风险、处理纠纷，赢得了顾问单位的满意；承办几十起民商事诉讼、仲裁和非诉讼案件，办案能力逐步提升，尽力维护委托人权益，让公平正义得到伸张。

我知道，万里长征我只迈出了一小步，离法律“专家”还有很大的差距。前路漫漫，吾将上下而求索。

事业家庭两相宜

1

很多人认为事业和家庭犹如鱼和熊掌不可兼得，尤其是在竞争激烈的律师行业，事业和家庭似乎存在冲突。

恰恰相反，我认为事业和家庭可以互相兼顾，而且相得益彰。

我辞职的举动，震惊了单位上下，人们不知道我的勇气从何而来。其实，我的勇气正是在养育孩子的过程中逐渐积累释放出来的。

社会上普遍的观点认为生孩子会影响到女人的事业发展。其实，养育子女恰恰是很好的成长机会。

抓住机会在育儿过程中成长起来的女性，会更加成熟，沟通、情绪管理、处理关系等各方面的能力会得到很大提高。

比如,《父母效能训练手册》是一本关于如何处理亲子关系的书,涵盖了很多亲子沟通的技巧和方法。

除了阅读这本书,我还参加了讲授相关理念的工作坊,然后在与儿子沟通的过程中领悟到很多方法也适用于工作中的人际沟通,从而提高了自己在工作中的人际沟通能力。

再如,孩子通过很直接的方式去表达感受、释放情绪,教会我情绪不能压抑而可以管理、如何管理,从而让我的工作状态更积极、稳定。

儿子三岁前,我将主要精力投入到儿子的养育中,儿子安全感特别好,性格活泼可爱,身体强壮生病少,带起来非常省心。

2018 年儿子上小学了,这是他人生的一个新阶段,对他来说非常重要,我再次将工作之余的主要精力放在对他的学习引导上,三个月后,儿子基本上可以自主学习,不用我陪写作业,我也不再为他的学习焦虑。免除后顾之忧后,我有了更多的时间、精力在自己的事业上耕耘。

2

我的勇气还源于先生对我的全力支持。

我的辞职对先生来说其实是加大了他的压力,但是先生毅然支持我的决定,并放言"即使我不工作也愿意养我",这也源于我一直以来用心对夫妻关系和家庭的经营。

正是他的支持才让我义无反顾地从事自由职业,没有心理和经济上的负担。做了律师后,有时工作太忙,先生毫无怨言地承担家务、照顾孩子,让我不用瞻前顾后。

我认为律师经营家庭最重要的一点是不要把律师身份带入家庭生活。

首先,在家庭生活中不要以输赢为目的。

有些律师把职业习惯带回家里,处理家庭事务时凡事争输赢,甚至强势地要求家庭成员唯我独尊。

但是家庭不是法庭,处理家庭关系恰恰就是要善于示弱,比如表达感受需求、请求帮助,而不是胜者为王败者寇。

其次,先处理情绪而不是先解决问题。

律师的工作是给客户解决问题，但是当家庭中出现冲突时，冲突双方的情绪是当下的，忽略情绪只谈问题往往是牛头对上马嘴，不仅不能很好地解决冲突反而可能让关系更加紧张，甚至导致关系分崩离析；

相反，如果我们先去照顾彼此（以及自己）的感受，看到对方（以及自己）的需求，才能更理智、多赢地化解冲突。

最后，不要把得失拧得太清。

律师在为客户提供法律服务时，着重于厘清法律关系，预估风险，计算得失；家庭关系则不能也无法算清付出和回报，一旦有所计较就会产生心理失衡。

当然并不是说要一味地只付出不求回报，当我们开始计较的时候，往往是自己的需求没有被“看见”，这时候应该向对方表达需求（而不是索取），获得对方的理解、支持。

3

事业的发展对家庭关系也有很大影响。

家庭成员的事业发展好了，将有更大的能力去反哺家庭，为家庭的和谐稳定奠定物质基础。

家庭成员在工作中呈现的精神风貌也会互相影响，比如我辞去了让我焦虑、缺乏意义感的工作而选择了符合我内在需求的律师职业，并在律师执业过程中让儿子看到了一个积极向上、真实勇敢的妈妈，他以我为傲，立志长大后也要做律师。

结　　语

在这两三年的摸爬滚打中，也曾风雨兼程，也有苦乐参半，偶有退缩，但无后悔。

我不要做最成功的律师，我只想做茫茫律界中的“佛系”律师，内心充盈，静待花开。

我将一如既往地怀着对法律的信仰，此去星辰大海，唯愿初心不改。

86. 人生的意义不外工作和爱[①]

周四上午，有风。收到青青若的约稿通知，“写一下你的执业经历故事和认知经验吧”。

一时之间，我的那些放弃、笃定和不易之后的温柔、简单和快乐，都一阵风似地从脑海中掠过。

因为一直很喜欢青青若的文风，也曾受邀在智善上分享浅见，智善的内容更是常让我新鲜，于是我欣然答应。

感谢智善和青青若，又一次给我欣喜。

生存与生活

三年前，我从华中科技大学研究生毕业。

我放弃了当时法学院应届生中最高的年薪、中科院的院士团队、上海的烟草巨头和深圳的全球百强外企等工作机会，也放弃了以第一、第二的成绩到中共咸宁市纪委、武汉市林业局等政府部门的公务员工作。

我来到湖北瑞通天元律师事务所，开始了我的律师生涯。

入行之初，这条路并不容易。

起初，我并不知道自己能坚持多久。实习期间的收入，让我从全法学院曾经 offer 最多、年薪最高的学生，变成了一个拉低毕业生平均工资的人。

云泥之别，我于是只好时常在买两枝花草植物、做做蛋糕摆摆盘看看书、夜里加班前到湖边跑跑步上，让自己的内心得到排遣和宁静。

那时，以前读书时大手大脚、花钱如流水的我，在路过餐馆招聘服务员的广告前都会感慨，是不是读书无用。

然而，感慨之后，倔强的我学会了量入为出，用这一年微薄的收入维持武汉的租房用度、交友出行，找到了适合自己的穿衣风格，将衣柜里的衣服

① 宋媛，中共党员，英语专业八级，华中科技大学财税与金融法硕士，湖北瑞通天元律师事务所执业律师；曾代理湖北省首例侵害企业名称（知名商号）纠纷案件，处理建设工程、股权纠纷、房产纠纷、合同纠纷、离婚纠纷、交通事故等民商事案件，从事投融资并购等金融证券项目，并为多家单位提供常年法律顾问服务；曾获湖北瑞通天元律师事务所 2017 年度辩论赛第一名，于武汉市检察院“武汉市律师与公诉人辩论比赛”中获奖，著两篇湖北省法学会、湖北省环境资源法学研究会、湖北省农业法学研究会会议获奖论文。

也都换成了清一色的同一个牌子的通勤装。

有人笑我，月入 2000 元过起来像月入 2 万元。我理直气壮地回应，月入 2000 元就该穿地摊货吗，我不拿家里更不拿男人一分钱，也从不找人借钱，只有自己觉得自己是穷人的人，才是一辈子的真正贫穷。

话虽如此，安贫乐道的人大概不会来做律师，唯有在自己的蓝月光与六便士之间找到平衡。

除了花草食物和跑步，我所有独处的时光大概都拿来看书了。你所有的感受，书中自有高人与你对话。说是逃避也好，我更认为是一种指引。个中美好，良好受益，自是美不胜言。

工作与进步

那时常常晚上十一二点赶完材料用离线文件发给年近 60 岁的老律师，对方却往往一秒查收并反馈。在这些别人家的长辈们都已熟睡的夜里，老律师们的敬业精神却是再正常不过。

即便是年轻人，不管是加班到夜里 10 点、11 点还是 12 点，总有人走的比你晚。那些长期最晚离开单位的同事，往往也是早上最早来所的。前辈们不论入行深浅，兢兢业业均如此极致。后入之人，更是没有理由不勤勉精进。

律师行业，与其说是律师群体，不如说是一个个的律师个体。同行之间谁专业基础更深、业务水平更高，一时无从领略，但从这些自觉投入的时间中雪泥鸿爪，敬业态度中可见一二。

当然，机械加班不等于进步，单纯重复更称不上积累。

再细小的事务，每一次都要穷尽自己的智慧和勤勉。每一次只有运用到当时自己的极致，才是下一次自己的起点，也才能称得上是自己的提升、积累。这是我对自己的苛责，也是自己的坚持。

渐渐地，一年多的时间很快过去，除了希望能学以致用、多加积累之外，我也要求自己以心为犁、耕耘当下，特别是深耕细作、十年为期，希望能用十年的时间至少成长为这个行业森林中众多树木中的一棵。

非诉与诉讼

一年多的助理期，在师父的羽翼下，我在日常中有幸参与一些国企的法律顾问服务和若干并购收购项目。师父是执业近 30 年的非诉律师，热爱环游世界和证券领域，为人坦率大气，十分敬业。

他起草的法律意见书被银监会列为范本，我也曾亲自见他以一封律师函即轻松撬动上亿的工程结算纠纷，仅用 7 天即化解两地省级领导两年来都无法破解的难题。看得出来，经过近 30 年在证券领域的耕耘，他已将非诉视为一件件化解纠纷的艺术。

而经过一年多的摸索，长期埋首案头工作的我，在处理完非诉烦琐事务之余，却对自己作为非诉律师的远期前景有些担忧。

当年底执业证下发之后，尽管羞于表达担忧，师父却询问我有无执业之后的想法。

考虑再三，我表示希望专心向诉讼领域发展，既为改善生活，也期望通过诉讼业务，使自己的法律思维、演讲辩论、沟通能力甚至气场方面得到全面的锻炼。师父最终尊重了我的决定。

选择之后，又有一点波折。因为担心任务，不想给所里平添负担，我曾准备去公司从事法务，以平稳过渡。好在，被所里好些年长的前辈们劝住了。

无论如何，即便也有误解、非议，但也算是同时迈出了从非诉律师向诉讼律师、从律师助理向独立律师冒进的第一步。

独立与温柔

独立之后，没有了固定底薪，曾预期的忧虑也没有如期而至。取而代之的，是随着自由自在的快乐而来的整个人的风险意识，就像感官一样被敏锐地打开了。

除了对案件进度的全方位思考和风险意识，我渐渐尝到了用细致全面的非诉思维独立处理诉讼事务带来的好处。

比如一封简单的律师函开始，除了必要的委托手续、证据和字斟句酌，发函前我会核对每笔账目，像做尽调报告一样让委托人出具相应的清单、情况说明、承诺函、确认函；

比如一起施工合同纠纷案，可以通过事先组织多方面的证据和证人，提起反诉，最终使对方请求基本被法院驳回；

比如善用程序性权利，通过两地法院，最终促成一起买卖合同纠纷案的案外人与案件双方达成和解，各方真正案结事了；

比如面对外省的民间借贷纠纷案当事人，自第一次接洽起即拒绝承诺结果、拒绝找熟人，反而在提出诉讼方案的半小时内建立委托，最终对方150万元的诉请金额法院仅判决100万元；

比如代理湖北省首例商号侵权案件，历经两级法院，最终减少当事人45万元损失等。

坦白说，独立之后，我走过弯路。有前辈指出我既然会写文书，不如发挥长处去做文秘行政，不适合做律师。或者说，我太柔弱，不善争斗，把持不住当事人，不适合做诉讼律师。

我虽笃定认为"如果不努力，我将身无长技。所谓的今天的长处，也只是昨天的短处和努力之后的结果，并不值得一提"，但对于柔弱、不善争辩、气场这件事上却多少有点无奈，甚至一度刻意苛求练习当技能。

2016年年底，我初次代表所里参加武汉市检察院举办的第五届公诉人与律师辩论比赛并获奖。

次年年底，所里决定在仙桃成立分所并在年会上举办辩论赛。在年底抽不开身的事务中连续熬夜之后，比赛当天的凌晨4点，我们才完成辩论稿。因准备仓促，我们的期望值和士气都不高。

直到作为最后一组在场上的发言引起阵阵掌声时，话音未落主持人表示赞叹时，最后拿到第一第二和团队第一、同事们表示妙语连珠、气场全开、震住全场时，我第一次意识到，或许本性柔弱甚至可以通过刻意练习与气场并存。

甚至，争辩、气场可能只是直指人心的外衣和表象。真正直指人心和引人共鸣的，我相信，还是冰冷的法条之外、柔弱之下的同理心。

这之后，在与当事人和法律顾问客户交流时，我很少再以"这个问题以我说的为准”“你是律师还是我是律师”去构建专业感，而是更多以柔和、体谅的心态换位思考。

这种相处模式让我体会到了久违的舒服，舒服到让我自觉或不自觉地优化与自我和身边人的相处方式，也让我收获了一些感动的反馈。

一次开完庭参与一场调解，老庭长半生白发，说情、感化人心，说理、入木三分，我听的入神，事后仍耳有余香；

有仅仅一面之交的当事人，托付直言，你的认真，应是性格如此；

有一面之缘的外省当事人父亲，时隔半年后仍打来电话，言行之间，还是满满的信任；

开庭时面对对方律师的人身攻击，在微笑和据理力争之后，庭后法官说，你外表柔弱，内心笃定；

最让我不自知的，是提出两个好心的方案正在向当事人母女解释，对面执着的一人却湿润了眼眶……

人与人之间，理解难能可贵。

偶有他人的误解和非议，更有自己的弯路和曲折。或曾刻意练习强势当技能，或曾追随内心逐渐体会到温柔的力量最穿越人心，但都并不妨碍你施展才华、受人之托、忠人之事，并用心向这个世界施以最大程度的善意。

我理解的法律不带有多少人情冷暖，但这些一个一个的人，让法律沾上人的体温和善意，挺好。

至今，我入行三年了，小时候父母常挂在嘴边的“将心比心”“吃亏是福”也终于在我第30岁的人生里重新被赋予了温柔的意义。

这三年，我从实习律师、律师助理、独立律师一路走得不疾不徐，

从非诉律师到诉讼律师；

从不会“说”，到朗读分享和律师辩论赛第一名，从不会“写”，到几千份各种合同和文件；

从不会做诉讼案件，到法官书记员说“要是其他律师也能像你这样就好了”，到独自代理湖北省首例企业名称（商号）侵权纠纷案件；

从默默无闻以加班为乐，到学习处理公众号连续两年获得所里敬业奖；

甚至从单眼皮到割双眼皮，到自己着手准备买房靠近小梦想。

这些或细小或勇敢或笃定的每一步，让我越来越快乐。

因为人生的意义，不外是工作与爱。

而工作的意义，不外是让人更自由和快乐。

87. 从海军女战士到执业律师①

青青若发微信给我约稿的时候，我正在出差回来的动车上，结束了一天的奔波在动车上呈瘫痪状的我突然反应过来自己被约稿了，不免有些小激动，倍感荣幸。

起初看到智善青年律师汇这个栏目的每周推送，都会感慨“别人家”的青年律师怎么都那么优秀，心里不免有羡慕和自愧不如，心想什么时候自己也能成为青年律师汇中的一员，所以说梦想还是要有的，这不就等到实现的这一天了。

在准备下笔写这篇稿子之前，我认真翻阅了青年律师汇这个栏目创办以来推送的所有文章，我入行时间不长，经验谈不上，分享一点自己的故事，希望能给你同样也给自己一份不一样的感悟。

东海舰队　军旅生涯

出生于公务员家庭的我，爸妈都是一线最普通的公务员，从小耳濡目染他们在各自的工作岗位上十几年如一日的工作，除了默默奉献，更多的则是按部就班且乏味。

我不是一个喜欢安逸的姑娘，人活一次就要不留遗憾，至少等以后七老八十了，能回想起我二十几岁的每一天都在做些什么，这才是真真切切的生活。

大四上学期当大学同学们都在忙着写论文准备毕业事宜的时候，我抓住了大学生征兵入伍的尾巴，在网上报名即将结束的最后几天时间里完成

① 周凡琪，毕业于湖北经济学院，曾服役于中国人民解放军海军东海舰队，现执业于湖北山河律师事务所，专职律师，擅长刑事辩护、合同纠纷、婚姻家庭、人身损害赔偿。

了报名手续，紧接着就是一系列严格的考核和选拔，参加体检、体能考核、准备政审等。

当时真的没有考虑那么多，就是单纯的一份军旅情怀正巧碰上网上征兵报名的机会，甚至都不知道下一个环节自己能不能通过，就这样被征兵入伍的流程推着往前走。

2012 年 12 月 18 日，这一天我在武汉征兵办拿到了鲜红的入伍通知书，直到这一刻我才敢相信这一切都是真的。

当然我最要感谢的是爸妈的全力支持，他们是我坚强的后盾，让我能不顾一切地去追逐自己的梦想，做自己想做的事情，成为自己想成为的人。

新兵入伍的那天晚上，我穿着不太合身的老式海军作训服，提着部队统一配发的行囊包，剪掉我留了三年的长头发，像个假小子一样，跟随着连队来接兵的班长们踏上了去往宁波东海舰队的火车，开启了我的军旅生涯。

新兵下连队之前都会经历为期三个月的新兵训练营，目的是进行全方位的军事训练，完成一个地方青年从“民”到“兵”的彻底转变，这三个月后来也成为每一个新兵蛋子最难忘的经历和财富。

走进新兵训练营的第一课，就是检查随身携带的背包，没收一切“违禁物品”，手机、电子设备、零食、药品、饰品甚至包括化妆护肤品，凡是违反部队纪律条令规定的一切物品一律没收禁止使用，在这里，你生活所需的必需品部队都会统一进行配发，大到被子枕头小到袜子牙刷。

除了制式物品，这里还有一套严格的作息时间和内务整理标准，如被子要叠成豆腐块，毛巾的纹路要顺方向朝下，每周只能打一次电话每次只有五分钟时间等，然而这些苛刻的要求还不是最难的部分，最要命的是每一次紧急集合和负重三公里。

印象中最怕听到的就是半夜紧急集合的哨声，哨声一响，必须第一时间从床上爬起来穿戴整齐，收拾背包、水壶，带上脸盆、牙杯，并把被子打成背包背好，以排为单位在规定的时间内到达指定地点集合，来一个负重三公里越野。

如果因为哪一个战友没有在规定的时间内到达指定地点集合，那么全排都算不合格重新进行紧急集合，一直训练到所有人都能达标为止。

记忆中整个新兵连被体罚最惨的一次，是因为一个同年兵没能达到训练标准，整个排几十个新兵一起被罚俯卧撑撑住不动40分钟，那天排长陪着我们一起受罚，她说：因为我们是一个集体，不管集体中谁犯了错不达标，整个集体都要一起受罚，排长也不例外。

我想这大概就是木桶原理，决定木桶能装多少水的往往不是最长的那块板材，而恰恰是最短的那块板材。

军营里发生的故事还有很多很多，大概三天三夜也说不完。

但重要的是，部队这段特殊经历带给我的坚强意志力、果断执行力以及深深的战友情，成为我一辈子的宝贵财富，也为我奠定了一个良好的人生基础。

正如德国著名哲学家弗里德里希·威廉·尼采所说：那些没有消灭你的东西，会使你变得更强壮。

退伍回汉　入行之初

两年军旅生涯结束，我选择了从部队退役并继续完成司法考试，从此走上律师这条“不归路”。

入行之处，这条路并不好走，我也跟大多数实习律师一样，拿着微薄的工资维持武汉的房租开支、吃穿出行，倔强的我不愿意接受家里的经济支持，所以日子并不好过。

我不知道你有没有过这样的经历，曾经在地铁上因为看了“成年人的世界里从来没有容易二字”的推文而偷偷红了双眼，也曾因为反复修改材料仍然达不到要求而怀疑自己的坚持是不是正确，好在我没有放弃做律师的勇气，也就在不断的自我调整中坚持了下来。

我做实习律师的时候，带我的师父是专门做刑事辩护的律师，我整个实习期去的最多的地方是各个看守所和检察院，接触最多的是犯罪嫌疑人、家属和各种案卷材料，刑辩律师的风险意识从那个时候起在我的脑海里深深扎了根。

那时候我接触的当事人往往都是犯罪嫌疑人，一方面对他们所说的案件事实要有自己的判断，另一方面要从侦查终结的案卷材料中找到为当事人辩护的突破口，在人性和法律事实中找到平衡显得尤为重要。

独立执业　摸索成长

一年多的实习期结束后，我迈出了从实习律师到独立律师的冒进第一步。

独立之初，没有了实习工资，也没有了优质的案源，取而代之的是来自生存的压力，和随着空闲时间而来的焦虑与恐慌感，就像身后有一团巨浪在步步逼近，唯有拼命地向前奔跑才不至于被完全吞没。

在刚刚开始执业的那段日子里，我经历了很长一段时间的磨合期，独立执业之后，所有工作时间都由你自己来安排，所有工作任务也都由你给自己下达，随之而来的并不是自由和清闲，更多的是迷茫、不知所措。

不知道如何面谈当事人，不知道如何报价，不知道如何能够达成委托，更不知道如何把案件做到让当事人满意，然而迷茫过后，只有在不断的自我调节中慢慢沉下心来找到解决问题的出路。

我看书、检索案例、听培训课，向所里比我早几年执业的青年律师寻求宝贵经验，我利用一切可以提高专业能力的学习机会，逐渐开始找到适合自己的工作方式及办案技巧。

我接受委托的第一个刑事案件，是一个诈骗案，当事人是一个跟我年龄相仿的女孩子，因为所在的公司涉嫌诈骗被公安机关刑事拘留，当事人的父亲找到我并委托我去看守所进行会见了解案件具体情况，担心她因为被采取强制措施而害怕恐慌，特别要求我帮助安抚当事人的情绪。

好在后来的案件结果是好的，当事人在被变更强制措施为取保候审的那天，特意给我发了一条表示感谢的短信。

那一刻，我真正体会到能利用自己的专业能力帮助当事人维护自己合法权益的快乐，感受到律师工作的意义所在。

保持学习状态　不急于求成

无所谓成败，只关乎选择

法学专业的我们似乎都面临过或者被问及过一个问题，是选择去公检法做公务员，还是去律所做律师，或者是去公司做法务。

有人说，律师做不下去了就转行去了公司做法务，或者回家乡考个本地的公务员，我不知道这种说法从何而起，在我看来，这只是个人选择不同的问题，无所谓成败。

每一种选择，都是一个不同的人生方向、一种不同的生活方式，我们应该选择自己想要的生活，适合自己才最重要。

人生没有白走的路，每一步都算数

所里的一位大咖跟我说过这么一句话：闲的时候就沉下心多看书，多学习。

律师是一个需要“熬”的行业，除了要保持学习的状态，不急于求成的好心态也是必不可少的。能力、经验和资源的积累都需要一个过程。

如果你打定了主意想做一名律师，请你一定要记住，不管你经历了什么让你觉得自己快要坚持不下去的事情，想想当初是什么支撑你走了这么远。

你所付出的所有努力都会以不特定的形式回报在自己的生活里，你所走过的每一个阶段都会成为奠定你成功的阶梯，所有的辛劳都不会白费，人生没有白走的路，每一步都会算数。

自律，方得自由

做一个自律的人，从外形仪表，到诚信待人，找到适合自己的穿衣风格，举手投足间让自己首先看起来像一个专业律师，然后在不断的学习和提高中夯实自己的业务水平，用专业给当事人以信赖感。

律师大多数时候属于半自由职业者，可以自由支配自己的时间，安排自己的工作行程，建立良好的时间观念，做好自己的时间管理，不仅能提高工作效率甚至可以事半功倍。

坚持锻炼

保持健康的体魄非常重要，律师不仅是脑力劳动者，更是体力劳动者。

执业以来，我一直坚持每周一到两次空中瑜伽的练习，在循序渐进的运动中锻炼自己的核心力量，同时也能很好地释放自己缓解压力和烦恼。

选一样自己感兴趣的运动方式吧，在每一次大汗淋漓之后，元气满满地回归工作。

结　　语

非常感谢智善这个平台，感谢青青若能让我有机会分享自己的故事，回顾过去，展望未来。

感谢一路披荆斩棘未曾放弃的自己，同时在这里以此文献给所有在路上和即将踏上这条路上的年轻同人们，希望我们都能不忘初心，越走越好。

88. 中美双证律师的进阶之路①

2014·波士顿·秋

故事开始在，波士顿那个暖意融融的初秋。

这是波士顿一年来最好的季节，金黄与火红的叶子在无风的温柔中优雅地舒展着，燃烧着。我在美国东北大学的法学硕士专业顺利毕业后，开始了美国的工作时光，来到了波士顿一家律所做律师助理。

来到律所的第一天，我成为了律所年龄最小的工作人员，前台坐的美女律师看到我来了，脸上漾起喜悦，一边忙碌地收拾桌上的案卷，一边告诉我："以后你就坐在前台了，除了律师助理的工作，可能还要辛苦你暂时分担一下前台的行政工作了。"这是我始料未及的。

第一天工作结束时，我受到了深深的冲击，当晚上 8 点半一个人坐在已渐渐冷清的火车站里，回想单位的一切，似乎和自己差不多年龄的小姐姐们都已经有了对象，拿到了工作签证，有了满意的工作和不错的收入，而自己的前途一切都是未知数。我坐在火车月台上，呆呆地看经过的列车疾速驶过，心里深处慢慢浮上一层不安感，有种说不清的在异国他乡的孤独感，会慢慢地啃噬着你的每一处肌肤，让你越来越想念温暖的家和慈爱的父母。

就这样，我开始了我的律师助理 + 前台工作，一般上班时间是 9 点半，

① 杨静萍，具有美国纽约州执业律师资格，中国执业律师，美国东北大学法律硕士，中南财经政法大学法学学士，全美律师协会及纽约州律师协会成员，北京市盈科（大连）律师事务所律师；专业方向为国际投资、国际贸易、涉外合同审查、移民、留学咨询等领域，致力于为客户提供全方位的中英文双语法律服务。

下班时间为晚上 6 点半。为了节省房租，我寄住于姑姑在郊区的房子里，每天通勤到工作单位，需要先乘坐城际通勤火车，倒地铁，再倒一班公交才能到单位，每天往返需要花费 4 个小时左右。

即使这样，我每天早上 8 点 50 分会第一个到所，换好工装，将会议室清洁整理，为提前到所等待的客户冲好咖啡和茶，做好所有准备后，就很快投入到每个案件的法律工作中。

每天早晨，大家来到时，早早坐在前台的我会和每个来所的律师及客户微笑着打招呼，元气满满的一天就这样在忙碌中开始了。

在工作的律所里，既有美国土生土长的白人律师，也有早期从中国移民过来的 ABC 律师，当然也有和我经历类似在美国留学后留在波士顿工作的中国律师。律所的客户也是包罗万象，中美客户皆有，在这里，我也深切体会到美国是个大熔炉的说法，各种肤色、说着不同语言、来自不同国家的人在这里汇聚，碰撞和接纳着不同的思想与文化。

由于分担了所里的行政工作，我在最短的时间内和所里的每位律师熟稔起来，也认识了很多老客户，很快地我成为了所里的人工“GPS”。所里的任何一样东西如果找不到了，都会求助于我，我可以在最短的时间内顺利解决。这对于新人的我而言，工作上给予他人便利的同时，也加深了律师们对我的信任，逐渐地，越来越紧急和重要的法律工作都愿意交给我来完成。

3 个月试用期结束后，我顺利成为所里第一批可以申请工作签证的律师，也就是说，老板愿意长期雇用我，因为每年的名额非常有限，这也代表了对我的认可。

在律所的工作中，我协助律师完成了大量的移民案件，包含杰出人才移民、投资移民、亲属移民等，也接触到了在美国购房、设立公司、国际贸易、并购等全流程的案件准备和办理。

从上班的第一天开始，我从未请过一天病假，基本上高效率的工作可以保证在工作时间内完成任务，不需要在周六日加班。因此，周末我会和以前法学院的同学一起去郊游，或者教姑姑家的小孩弹琴，到公园看看小松鼠，海边喂喂海鸥，还会兼职做些法律英语翻译的工作，生活平静而又美好。

每年的 4 月，对于有意在美长期工作的留学生都是一个焦躁又不安的月份，因为这几乎决定了他们未来几年的命运——在美工作签证的名额是有限的，每年都需要经过抽签来决定每个人的去留，这几乎是一种赌博的行为。很多人寝食难安，终日的话题都是何时出结果，以及如果没有中签的备选方案。

我也被这种气氛笼罩和裹挟着变得慌张起来，但心底深处有种什么东西在隐隐地告诉我，“你一无所失，所以没有任何结果能打倒你的”，也就慢慢生出了底气。

4 月底的一个早晨，我被很突然地告知，很遗憾地，我没有中签。

但很奇妙的是，我的内心竟觉得说不出的释然和轻松起来，面对着周围同事遗憾又惋惜的眼神，我变得笃定起来。那天我已经决定了，不再等待下一年再次抽签的机会，可以做回国的打算了。但我依然和平常一样认真地完成各项工作，心情也变得好了起来，甚至在周围同事都纷纷下班后，我还加了个小班把最后的收尾工作做好。

老板走出来，看到了还在加班的我，非常讶然，她坐到我身旁，眼神和语气变得温柔起来，询问我以后的打算。我坦诚相告，她表示理解的同时，说道：“你在律所的表现确实很好，工作的很不错。我遇到过的很多人都对我斩钉截铁地说，就算工作签证没有中签，也一定可以想其他办法留在这里，很少有像你这样对去留都很洒脱的人。”

那天走出办公室时，漫天的火烧云铺展着整片天空，我一个人和草坪上的一群大雁，痴痴地望着夕阳的光芒慢慢隐却，心里想的却是，我新的生活将要开始了。

离职的那天，可爱的同事们为我举办了温馨的欢送会，蛋糕、鲜花、笑脸，还有一张张照片铭记着在美国工作和奋斗的点点滴滴。

工作结束之后，我专心备考美国纽约州的司法考试，并顺利地通过了（次年经过面试和宣誓，取得纽约州律师注册资格），携着满满的回忆，我与在美国的亲友告别，回到了家乡。

2015 · 大连 · 冬

回国后的那个冬天，却比想象中来的更为寒冷刺骨。

在家乡求职屡屡受挫，最常被问起的问题是“你为什么不留在美国，美国多好啊”“你应该去北上广啊，那里机会多，我们这用不上美国律师”。那时的我感觉迷茫、无助，像是被打回原形一样的孤寂无援。

后来，在朋友和家人的介绍下，我到大连的一家律所做主任助理的工作，律所没有涉外案件，和其他律所的实际情况类似，律师主要做传统的诉讼案件以及常年法律顾问等非诉事务。

在这里，我又再一次被挑战，留学学习的知识和技能无用武之地，而在做传统诉讼案件时又缺乏国内实务经验，我陷入了深深的挫败感。但我很感激这个遇到挫折、发现问题的过程，在这个过程中，主任会仔细地看我每一篇法律文书，一个字一个字地为我指点，包括标点符号、格式的改动都会细致地标注出来，这种言传身教也潜移默化地培养了我严谨、细致的工作习惯。

在求职和工作中的屡屡碰壁，让我发现取得国内执业证以及建立国内法律思维体系的重要性，于是，我辞去工作，潜心复习准备国内司考，以400多分的成绩顺利通过。

这段路虽然辛苦、心酸，经历了各种被打击与嘲讽，但却让我更坚定了走律师之路的决心和勇气。有难关，闯过去就是了。

2017·大连·春

通过国内司考后，我体会到了“柳暗花明又一村”的感觉，求职之路像是开挂一般的顺利，很多律所也都表示愿意聘用我。

由于之前在波士顿熟识的关系，我加入了盈科大连分所的管委会主任团队，从实习律师开始做起。团队化的工作模式对于我而言并不陌生，虽然压力重重，每天都会遇到未知和不懂的法律事务，但我把每天都看作一项新奇的挑战。

由于盈科律所国际化平台的原因，我也开始办理涉外案件，很多时候需要与美国当事人通话，工作到下半夜3点也是需要的。在这里，我做了大量的法律顾问非诉工作，尤其是在PPP项目的全程跟进中，审查修改合同、解答咨询等百余件，也办理了各种刑事、民商事诉讼案件，在审查涉外合同以及法律英语翻译方面也取得了长足的进步，积累了大量实务经验。尤其在跟进某个大型 PPP 项目的过程中，由于建设工期的特殊性，项目公司全年无休，我的周末也基本是在回复咨询、审查合同中度过。

在这样努力的工作中，我通过了试用期转正，每次在团队中的各项考评也都名列前茅，半年内两次升职加薪，受到了主任和团队的认可。

在取得律师执业证后，我开启了在所内独立执业之路。

2018 · 大连 · 夏

夏日的大连流光溢彩，清爽的海风像我此时的状态和心情一样平静和放松，我开启了独立执业的旅途，也开启了“双证律师”在大连的执业之路，已代理了国内企业在新加坡、印度等国家的涉外仲裁案件，并同时为诸多外企、外贸公司等提供涉外法律顾问、非诉法律服务。

我很喜欢纳西姆 · 尼古拉斯 · 塔勒布的一句话：“我们可能会被剥夺一些东西——但是，善行和美德是不会被剥夺的。”

未来依然充满着艰险与挑战，但我已做好准备，敞开胸怀，拥抱所有的随机和不确定。

写在后面的一些话

非常感谢青青若的约稿，作为一名年轻律师，仍需向律师大咖多多学习。我愿意把所谓“双证律师”过程中的心路历程，尤其是过程中经历的自我怀疑、挣扎以及自我突破真实地分享出来，希望能让正走在这条道路上的同行人感觉不再孤独。

关于为什么选择回国，不去大城市，而回到家乡的选择，也有很多人表达过不解，很感谢每位朋友的关心与建议。除了对家乡的眷恋之外，能够陪在我爱的家人身边，这本身就是一种世上最大的幸福。

同时，我内心里还有一点小小的期待，期待能通过自己的海外执业经历和技能，为家乡提供服务水准不亚于北上广，但成本更低的优质法律服务，也期待更多的“海归”们回归家乡，建设家乡，让家乡绽放出更美的明天。

89. 争取每年都做几件法律援助案件①

收到青青若的约稿信息，感到格外诧异和欣喜。

关注青年律师汇一年多，看到那么多青年律师的执业历程，虽各有不同，但都充满了真诚、执着、睿智的气息。

内心忧虑不已，因为我只是千千万律师中的一个，我的经历平淡无奇，可能无法给同人律师一个好的经验分享。

但是能有此机会，我可以总结我的历程，做一个简短的回顾和展望。

不负初心，走进理想城

从大学时期坚定从事律师职业，到现在已整整十年。

从跨专业备考名校的法律硕士开始，我一步步地努力去接近理想，虽然中间挫折重重，但最终考上了法律硕士，我已经一只脚踏入了行业的大门，没有失望和遗憾。

等到研究生毕业时，青春已过去大半。

毕业前找好了我的实习律所，在入门导师的指导下，我经历了绝大多数青年律师都会经历的初级过程，书写法律文书、接谈客户、调查取证、开庭准备、准备代理词等需要我们学习的执业技能，一一熟练。

非常感谢导师的指导和培养，让我从一个实践技能为零的毕业生成长到如今掌握大部分诉讼与非诉技巧的执业律师。

在刚刚执业的第一年，我偶然接触了几件法律援助案件。对于当事人的经历，我深感同情，却又无力改变，只能寄希望于诉讼找回一些生活的希望。

我印象比较深的是，曾经有一个刚生育不久的当事人，她多次找到我，想委托我帮她起诉离婚。她愿意支付不高但是已远远超出她支付能力的律师代理费，但是我拒绝代理案件，因为我不愿意让当事人再度面临借钱诉讼

① 夏海燕，中共党员，硕士研究生学历，湖北得伟君尚律师事务所执业律师；为多家大中型企业提供常年法律顾问服务，深得当事人信任；热爱参加社会公益活动，先后多次参加送法下社区活动；多次受《楚天都市报》《长江日报》《武汉晨报》等媒体邀请进行案件评析。

的窘境。

基于相识之初的同情，我承诺为她免费出谋划策，但当事人极力要求办理委托手续。通过与法律援助机构的沟通，当事人符合法律援助的范围，于是我分文未取，主动为她申请法律援助，援助审批通过后开始了长达一年的离婚诉讼，经过一审驳回到二审改判，为她争取到了最大的利益。

案件完结后，她送上锦旗，满是感谢的言语，而我收获的，是帮助一个人之后的幸福感。

虽然法律援助案件并不能提高我的创收水平，但是可以释放执业律师的情怀，获得满足感和社会地位。

因此，争取每年做几件法律援助案件，善意地帮助他人，也是我的执业目标。

遇执业磨合期，需保持好心态

目前我所处的阶段，与其他律师没有什么不同，执业几年，工作内容基本稳定，工作状态良好，结婚生子，事业家庭两不误，这一切都在良性循环地逐步推进。

其实律师这门职业，更多的是考验心态，不管是案源多少还是办案过程顺利与否，心态的好坏直接决定能否在这个道路上坚持到底。

执业初期，每天的工作行程很满，在外办事路途遥远，在所办公电话邮件不断；在外面对当事人和法官谨小慎微，在所面对师父和其他合伙人求同存异。

这个阶段都会存在或长或短的磨合期，主要有以下几点矛盾：

1. 对女律师的质疑。

很多当事人会以性别批判女律师的专业度和职业忠诚度，认为女律师太过柔弱、不如男律师专业能干、不能远途出差、不能与法官检察官打成一片、不能对对方形成威慑、女律师应该以家庭为重心等，听过这样的论断后，我内心是否定和拒绝的。

因为律师，或男或女，总有对事的专业和判断，无须以性别加以比较和揣测。行业会形成一个选择标准，什么类型的当事人会偏好什么类型的律师。

这样的标准不是我们个人所能够左右，唯有做好自己的业务，工作风格分明，就可以形成自己稳定的客户群体。

2. 对青年律师的误解。

很多当事人当着我的面会说，“你当律师几年啦，很年轻啊！”“你做过这种案子吗？”“你对这种案子专业吗？”一系列的言语打击，似乎会有太多人不愿意听到这样的话语，但是我们不能左右他人的想法。

我在面对这样的质疑时，会认真地说“我办过这种案子，有这方面的经验，请您放心”。

对于这样的问题，我不太担心。因为在此后的办案过程中，我的专业素养和水平会使当事人信服，年龄并不是专业与否的评判标准。

3. 公益律师的苦与乐。

这几年，总是主动或被动地参加各种公益活动，如市司法局组织的公益讲座、区司法局组织的送法下社区活动、各大报纸组织的公益律师团活动等，规模大小不等。

我们作为公益律师，需要为广大的社会群众答疑解惑、解决难题，既要抽出自己的时间去参加活动，又要撰写相关活动心得及案件评析报告，重要的是被当事人无休止地咨询后心累不已。

苦中有乐的是，为公益付出心力后有所收获。

有一次，市司法局举办公益咨询活动，当事人来到我这咨询，说自己在保险公司为子女购买人寿保险，为子女代签名，因子女不同意购买，欲找保险公司退款，但保险公司拒不退款。

随后，我通过发律师函、与保险公司高层充分沟通，保险公司同意并及时为当事人办理了退款，有效地为当事人解决了燃眉之急，当事人给我送上锦旗，《楚天都市报》也对本案作了报道。

通过一件又一件纠纷的顺利解决，我认为公益律师是值得大家去尊重去爱护的，毕竟不是人人都愿意去做这些费力无报酬而有时并没有效果的事情。

4. 与团队成员的合作。

我所在的团队有五位律师，每个成员有自己的工作风格和办事方式，无法完全统一，也不能任由个人作为。

之前我们一直使用钉钉作为团队协作的工具，还是稍有欠缺。

目前成员全部开通使用 Alpha，因为团队办案追求高效率，只能在成员间形成一定的合作模式，这恰恰需要时间来磨合，也需要团队成员的默契。

5. 与各级法院各个法官的沟通。

法律法规随处可查，但各个区域法院的办案程序都有独到之处，从立案到案结，办案节奏快慢不一。提前联系好法官，去了法院又吃闭门羹的事情并不少见。

我们仍然无法避免，因为我们与公检法的密切关系，只能相互配合，不能唯我主义。

律师无法完全总结出各地办案程序的差别，只有通过一件件案件的积累，才能顺利在各个法院各个法官的特色中自由转换，达到高效率的目的。

愿信念坚守，优雅做自己

身边很多青年律师，大家有空就会聚到一起探讨案件思路、分享干货培训、吐槽低劣律师等，这既是有趣的茶话会，也是学习提升的好方式。

那些会拿自己的薪酬待遇与其他人作对比、不断怀疑自己、内心充满负能量的人，我们是必须避而远之的。

因为在这个行业，从来都不是一蹴而就一举成名。我们首先需要提升自己，才能考虑行业环境对我们的影响。

引用杨绛女士的一百岁感言：“我们曾如此渴望命运的波澜，到最后才发现，人生最曼妙的风景，竟是内心的淡定与从容。我们曾如此期盼外界的认可，到最后才知道，世界是自己的，与他人毫无关系。”

结　　语

现在回想，10 年转瞬即逝，读书时期我想法简单，只想读我喜欢的法律；现在我更深入地走进律师行业，虽然与想象的并不完全一样，但我没有失去信心，我仍然认为律师是一个高尚的职业，是一个能为之付出终生的事业。

律师的道路很长，有太多人早已白发苍苍，却依然奋斗在第一线。而我们，还处在小荷才露尖尖角的状态。

我们未来要做的还有很多。无论时光蜕变，我们依然优雅地做自己，做自己想做的事，成为自己想成为的律师。

90. 从海南国际仲裁院辞职做律师，我是如何战胜入行初期的焦虑的[①]

很开心收到青青若的约稿，一直在思考该和大家分享什么。

不如就和大家分享一下我从体制内跳出的心路历程吧。

在出差办案的动车上，动笔写下了这篇文章，既是对过往的梳理，更是对未来的期许。

海南国际仲裁院的三年

研究生毕业后，机缘巧合下，我顺利进入了海南国际仲裁院工作，成为一名办案秘书。

办案秘书的工作类似于法院的书记员 + 法官助理，不仅要负责每一个仲裁案件从对被申请人发送应仲裁通知书，到仲裁案件结案的每一个程序环节，还要负责裁决文书的草拟。

三年来，我办理了上百件民商事仲裁案件，纠纷类型包括商品房买卖合同、民间借贷、建设工程、房屋租赁等。

在办案的过程中，我最喜欢看双方当事人提交的代理词和答辩状，想象着自己如果是代理律师应该有着怎样的代理思路。

① 王斯韵，北京京师（海口）律师事务所律师，专业领域为建设工程与房地产、行政诉讼与复议，专注于民商事争议解决、企业常年法律顾问，擅长处理商品房买卖合同纠纷、民间借贷纠纷、租赁合同纠纷等案件，曾参与多家目标公司投资并购项目尽职调查工作，具有较为丰富的非诉业务处理经验。

在日复一日的工作中，我在逐渐积累各类型案件处理思路的同时，还学习着如何与当事人沟通、如何与仲裁员沟通、如何做好他们之间的桥梁。

妥善办好每一个案件，这些都对我日后的律师执业大有裨益。

回归初心，从体制内辞职

随着工作经验和技能的增长，日渐得心应手的工作内容与环境没有让我更开心，反而我开始焦虑了。

我渐渐发现，这种焦虑感主要源于“不甘心”。

我开始思考，现在的工作和生活，到底是不是我想要的？

回归初心，我发现自己真正想做的，是成为一名专业的律师。

在某一领域有所长，利用自己的专业知识替当事人解忧，实现自己的人生价值。

在想清楚了这个问题后，我在大多数人都不理解以及持怀疑态度的目光下，递交了辞职申请。

初入律所，再无依靠

我从工作三年的海南国际仲裁院辞职，加入海南信达律师事务所，成为一名实习律师。

进入律所后，遇到的困难比想象中的要多。

角色的变换、工作内容及节奏的不同都让我一时间难以适应，而首当其冲的，却是内心的依靠和归属感。

我开始真正体会到，只有从体制内出来的人，才能真的明白“体制内”意味着什么。

没有了旱涝保收的收入，没有各项福利待遇，所有开支和费用都得由自己承担，如果在律所没有案源，没有收入，我还得倒贴交给律所管理费。

种种的这些不适应让我在刚进律所的那会特别没有归属感。

案源的压力、收入的不稳定也让我倍感压力。

我曾一度怀疑自己作出的选择是否正确，也曾埋怨过自己是否太冲动了，没有想清楚就放弃了优厚的工作。

但我告诉自己我已没有退路。

能做的就是勇敢地向前走！

用学习战胜心理不适

首先我要让自己忙起来。

我开始认真完成师父交办的每一项工作，写起诉状、组织证据材料、给当事人分析案情，学着写代理词和答辩状。

没有案件办理的时候，我就在所里律师接待当事人时在一边旁听，学习如何对案件进行分析，如何切入争议焦点，如何与当事人沟通，如何接案。

或者就把已结案的案卷找来，一个个地看起诉状、代理词、答辩状，看双方提交的证据和判决书，去学习不同类型案件的办理思路，尤其是我之前没有接触过的案件类型。

总之，我让自己每天都在学习，每天都有事情做。

渐渐地，律所里的同事外出谈案或者办案时，都愿意带上我一起；

渐渐地，他们会找我一起合作案件；

我也越来越适应律所的节奏，开始走上正轨。

第一个客户，专业带来勇气

我的第一个客户，来自在海南国际仲裁院工作时的当事人。

因为在之前的工作中就已建立了信任，因此在他知道我做了律师后就很快地将他正在进行的一个案件交给我，但没想到这个案件比我想象中的复杂得多。

当事人作为承租方租了房东的一个铺面，房东要提前解除合同，发了清场通知，要求当事人 7 日内搬走。

当事人不同意坚持不肯搬，房东就采取各种极端的方式逼迫当事人腾退房屋，当事人无奈之下只能选择报警，因此双方多次闹到派出所。

还记得那天他们给我打电话，让我马上赶到派出所，协调处理此事。

我赶到后，发现对方是四五个大男人，而我们这方除了我，就只有一个公司员工。

当时我有些紧张，因为是第一次在派出所处理这样的事情，而且我们两个女生在气势上也明显比他们要弱。

但当时我知道，我作为律师，必须要站出来，维护当事人的合法权益。

所以当时不知道哪来的勇气，我镇定地向派出所民警讲述事情的来龙去脉，并重点陈述了我方合法承租铺面的理由，同时就对方的反驳与对方对峙，最终妥善处理了此事。

记得从派出所出来的时候，公司员工对着我说："王律师，专业的就是不一样啊，刚刚把他们说得都没法反驳了。"

那一刻，我心里特别满足，也初次尝到了作为律师的成就感。

办案之外，培训、任教

作为一名律师，难免需要给客户进行专业的业务培训，除了业务知识扎实外，也对律师的表达能力提出了一定程度的要求，而这恰恰是我所欠缺的。

虽然出身教师家庭，但从小我最怕的就是站在那一尺讲台上，也从未给别人做过培训。

在我执业后不久，经所里同事的推荐，我得到了一次给海口市中小微企业创业产业孵化园的创业者们做关于合同法方面培训的机会。

但当时我心里其实非常犹豫是否应接下来，不是对自己业务知识的不自信，而是无法克服心理的障碍。

一会担心自己讲得不好，现场会不会冷场，一会担心因时间仓促怕准备得不够充分，不能给大家好的分享。

但当时同事一直鼓励我，用自己的经历引导我克服了胆怯，勇敢地接下了这次挑战。

后来我又接受了海南政法职业学院的邀请，给大一的新生上刑法课程，成为了学院的兼职教师。

虽然在其他律师看来，这不算什么，但对我来说，都是一次次全新的尝试与挑战，也是我战胜自己、挑战自己的过程。

越来越忙，只能不停奔跑

在拿到律师证的那一刻，感慨万分，我终于可以如自己所愿，成为一名律师了。

此时我也已完全适应作为一名律师的工作节奏和状态，也越发游刃有余。

但同时也越发体会到律师是一典型的“人前显贵，人后遭罪”的职业。

当事人所看到的我们在庭上的每一次“云淡风轻”，其实都是一个个“月黑风高的加班夜晚”换来的。

曾在6月时连轴转了近一个月，接连接了七八个案子，同时还得兼顾两家顾问单位时不时发来的合同及文书草拟，还得到海南政法执业学院给学生上课。

接案子、准备材料、立案、开庭、审合同、出法律意见书、到看守所会见、备课、上课等所有的事情都得自己来，没有人可以帮你，也没有人应该帮你。

那段时间，每天都安排得满满当当。

常常上午在海口开庭，下午就到了陵水与顾问单位开会，晚上又得赶回海口与当事人见面，商谈案子的处理；

上午在学校给学生上课，下午又到了看守所会见，晚上又回到律所写材料，准备第二天立案；

前一天晚上加班到很晚，但第二天一大早又得早早起床赶最早的动车出差。

很累，真的很累。

可内心也无比充实，比起没有案子做的焦虑感，这样的充实与忙碌让我安全感满满。

当然，长期的劳累也让我偶尔冒出自己这么拼是否真的值得的念头。

记得有一次在从外地出差回程的动车上，同行的会计师姐姐对我说，“如果有两条路可以选，你要选那条难走的路。”

的确，律师是为当事人排忧解难的，当事人将自己遇到的困难告诉律师，信赖律师，交给律师去解决，律师就要想尽各种办法，利用自己的专业知识与技能去替当事人解决困难。

而这除了需要拼命学习专业知识外，更需要在大量的办案实践中不断打磨自己的技能和磨炼自己的抗压能力，如果不能吃苦，没有执着的信念，不可能成为一名优秀的律师。

这一行业，最不缺的就是年轻又能干的人，每一年大把大把的实习律师不断涌入，稍一不努力就会迅速被替换。

所以，华丽转身后，我们只能不停奔跑。

结　　语

最后分享一句我很喜欢的话给大家吧，

“每个人的生活都是自找的，你总得为心中的自己付出点什么，做点什么。”

当你见识得越多，越知道标准在哪里，你也更清楚，你想过什么样的生活。

付出都是必须经过的道路。

只有走完所有艰辛的关卡，才可以站在大家面前毫不胆怯地说，我，是一名律师。

91. 律师行业的焦虑，阳光彩虹小白马[1]

其实青青若找我约稿的时候，我很意外，虽然经常看到青青若在朋友圈发些美食、跑步、心情类的信息，但我们交流并不多。

另外就是也不知道写些什么，总感觉做的不够好。

从业快五年时间了，也不知道自己是不是真的成长了，看着别人都觉得成长得挺快的，可能就是“身在此山中”的原因吧。

① 聂长桢，邦信阳中建中汇（武汉）律师事务所，专注于房地产行业、海商、公司法行业等，曾与凤凰湖北、92.7我爱我家等合作。

但是值得欣慰的是，今年年初的时候，制订了几个计划，一年过去了一半，也算完成了一小半吧。

生活：关于“焦虑感”的如是说

其实我本不想提这么沉重的话题，这个社会就是这样的，谁还没有烦心事和压力呢。

因为昨天当事人的一些事情，我整个人处于特别焦躁的状态中。

我身边的亲友说我“抗压能力”不行，没办法，虽然我执业有四五年了，但是仍然觉得自己是个“小白”。

昨天，处于早上一起床就“焦躁”的我，在前往律所的路上，听了三遍樊登老师讲的《正念的奇迹》。

我在听完这本书之后，尝试着专注的呼气和吸气的时候，整个人慢慢地平静了下来。而我也买了这本书，作为生活中修行的必读本。

我很喜欢听樊登老师读书，在他的声音中，你能领悟到工作的哲学、夫妻相处之道以及子女教育的误区。

当然，我说的这只是其中的几个片面而已。

你能想象到讲述这些事情的人也曾被焦虑，被生活所扰的苦恼感觉吗？

正如樊登老师荐语所说：“这本书帮我渡过了无数难关，或者说读完这本书后，你会发现生活中几乎没有什么所谓的难关。”

从这本书中我体会到了一点———我行即我知。即我们知道自己在当下所做的事情，并专注于自己所做的事情，这样就被称为正念。

我印象最深的就是书中用了一个很通俗的“洗碗的事例”。

我其实是比较讨厌洗碗的，特别是小时候互联网不普及，电视剧都是直播的时候，如果刚巧洗碗那时精彩剧集正在播出，那么我就会觉得洗碗是多么让人憎恶的事情，这就很像“心急吃不了热豆腐”。相信大家都有这种体验。

但是，也有喜欢洗碗的时候，这时我会将所有的碗洗完后，擦干净、摆放整齐，再将有油烟的灶台擦洗一下，使之发亮放光，更有甚之，将厨房整理整齐，将地拖干净。

这种时候就是书中所说的正念的时候，每时每刻都值得被关注，这样才像生活过一样。

工作：身不由己的地方都是江湖

1

《笑傲江湖之东方不败》里最经典的台词是“有人的地方就有江湖”，并且在利益面前，欲望会被无限扩大。

我在刚工作的时候，有件印象很深的离婚案件。委托人是七十几岁老爷子，要跟比他大三岁的老太太离婚，同时平均分配夫妻共同房屋的拆迁款。

老爷子身体很不好，在委托我们的时候，正等着拿回来钱去做手术。

老爷子和老太太相守了大半辈子，生了两个女儿，老太太跟着大女儿，老爷子跟着小女儿。

因为这样那样的原因，结果是老太太一人拿走了拆迁款，并且带着大女儿一家销声匿迹了。

这个案子的后续我们也没再跟进，但是我现在脑海中还会浮现那个老爷爷印象，当时老爷爷也没有什么情绪波动，感觉像是无欲无求。

2

另外，同样的案子，在不同的法院，程序和感受可能完全不一样。

比如有一个装饰装修纠纷的案子，金额特别小。在一审的时候，当事人的开庭通知是被其他人签收的，当事人本人并不知道被起诉，所以在一审时就没有出庭，法院作出缺席判决。

直到二审的时候，当事人在办理公司业务时，才发现被告事实，此时才委托律师，其实这个时候已经晚了。

结果就是二审法官就算知道一审裁判金额有误差，也不愿意变更裁判文书了，仍然维持一审的判决。

3

比如还会出现，同一个案由的纠纷，在不同的法院立案，法院审理过程会完全不同。

比如在 A 法院，只需要经过一次庭审，后续提交材料就行了；但是在 B 法院，可能法院还需要通知当事人做笔录等。

在同法院和当事人沟通过程中也是千奇百态的。

我身边有的同行，在以前立案比较难的时候，每次立案都会跟立案庭的吵一架；也有同行在立案的时候，被立案庭的大姐姐们留下电话和微信，想给同行介绍对象。

最新上映的电影中，徐老怪说“身不由己的地方都是江湖”，世道那么艰难，望你不再身不由己。

这五年：感觉走了很长的一段路

最近热播的《如懿传》，看的人恨不得蹲着画圈圈。

如果说《如懿传》里面“奶凶”的高贵妃下线前生出“来生愿为百姓家”的感慨，那么，当了律师也会有“一失足成千古恨”的感慨了。

从事这个行业快五年了，

从跟当事人讲话会磕磕巴巴到现在与当事人一起进行商务谈判；

从打印案件到独立办案；

从被人帮助到可以慢慢地帮助别人；

感觉走了很长的一段路，也感觉自己在这一路上改变了很多。

比如说打电话，以前我同别人打电话的时候，一旁的同事觉得我在同对方吵架，殊不知我是“天生大嗓门”，这时候会感觉非常吃亏，因为声音传递的情感不一样，会传递一种错觉。

所以现在讲电话的时候，我会刻意地压低嗓音，会变得轻声细语一些。

比如说自信，之前一个前辈教导我，跟客户谈案件的时候一定要确信并自信地告诉他们，你的观点是对的，让他们信服于你。

当然如果错了，事后要改正。

但是一般情况下，这种明知错误还告知的情况还是不要发生，毕竟在执业初期，总会有一些事情是不知道的，所以还是要勤修内功。

实习阶段肯定是寂寞的，可能会有很长的阶段都在辅助其他律师处理案件，可能在工作的时候会有很多杂事干扰，可能在初期离理想很远，但是没关系，慢慢打磨，玉不磨不成器，理想总会有实现那天的。

愿你幸福，如阳光彩虹下的白马

写在最后的，关于标题，这是大张伟新出的音乐，我很喜欢这个歌名，看着就觉得心情很好。

感觉这么多年大张伟的音乐风格一直这样，他自己也说过，自己一直没变过，追求也没变过，想做的音乐也没变过。

我觉得这样也挺好的，过了那么久，还秉持初心。

前段时间，我重温了《战长沙》这部经典剧作，刚刚打出这几个字的时候，都感觉热泪盈眶。

在那个千疮百孔的年代，生活下来是多么不容易。

我很庆幸没有生活在战乱的年代，我的亲人都健康长乐，我的身边朋友都生活幸福，我的国家非常强大。

此刻的我感觉到这么多的幸福，希望看这篇文章的你们也很幸福。

希望大家不要有“生而为人，我很抱歉”的苦恼，希望大家都能被生活温柔对待。

92. 非如此不可：我成了一名专职律师[1]

很早就想看顾准的传记，却总是忙忙碌碌，直到最近重新拿出 kindle 熬夜看完，内心一次次受到震撼。

顾准的一生坎坷曲折，两次被打成“右派”，原本的少年奇才，在历经政治磨难，妻子自杀，众叛亲离，直到孤独地死去，都没有听到孩子们的那句“原谅”。

---

① 陈丽娟，华中师范大学法学硕士，曾任中共十堰市委党校教师，现为北京市京师（武汉）律师事务所专职律师，主要业务领域为合同纠纷、法律顾问、企业并购重组、破产清算等，先后参与办理欧福思汽车买卖合同纠纷、浙江交工建设工程合同纠纷、张晓借款纠纷、柯海来行政强拆纠纷、益华破产清算案、湖北省宏利置业有限公司顾问服务团等，对民商事领域有着浓厚的研究兴趣和日益丰富的实务经验。

所有的亲情在他这里是冰冷的，所有的理想抱负仍旧阴霾重重。

可他仍孤独地前行着，思考时代的命运，继续用他“穷根究底的笨拙憨态”，研究事关国家前途命运的根本问题。

顾准的孤独不同于境遇导致的落寞，落寞里还可以充满幻觉或者憧憬。

他的孤独，是一个人认识到绝境之后，又心甘情愿地停留在这个绝境当中的选择。

用他对人类永恒进步的信仰诠释顾准式“非如此不可”的批判力量，直到最后一刻，仍然坚信“待机守时”——“总有一天要发生变化，发生变化时要拿得出东西”。

在顾去世十年后，他的儿女们有机会看到了由他的日记和通信整理成的书稿，终于理解了父亲，认识了父亲，终于说出了那句“人生只有一个父亲，我们对这样一个父亲做了些什么呢”。

吴敬琏说：“顾准改变了我的全部人生。”

和那个年代的知识分子相比，顾准以他“非如此不可”的信仰和坚定，已经走得太远。

对于顾准非如此不可的信仰，我除了敬畏只有敬畏，他所引起的共鸣是超越时代的。

虽远不及思想巨人的坚定信仰，却也想用这五个字的共鸣来表达自己转型成为专职律师的一种心情，记录一点执业以来的粗浅体会。

坚定选择，不断成熟

很多时候，人生的选择可能就是一瞬间的决定，并没有想太多想太久，觉得非如此不可，就这么做了。

从党校老师到执业律师的职业转型，于我而言，就是如此。

年轻人的道路既不是平直单一，也不是一帆风顺。即便是本该一帆风顺，然而经历一点弯曲，也并不是坏事。

人生的每一步都不会白走，走偏走错了也可以再回头，而见识和阅历的增长却不会停在原点。

当然，我并不是鼓励瞎折腾。

很多人都会问："党校多适合女生，为什么要辞职？"其实，并没有大家所认为的离开体制追逐梦想的勇气可嘉，只是选择了一条非如此不可的路，也具备对自己选择负责的成熟度，包括可以预见的执业初期的艰难。

党校两年半的培养，给我最大的收获就是眼界的开阔及思想的成熟。

这与党校的学员都是各级干部，眼界、阅历、能力、情商等各方面都比我们这些刚走出校门的研究生要丰富有很大关系。

这种影响让我不再相信唯有安稳才是最好的选择，尤其是正赶上新时代的法律人。

有时候，一个人思想的成熟与时间没多大关系，可却是人生的必要阶段。只有成熟，才有真正的理性和全面的视角去认识社会现象，让自己的认知尽可能接近事物本质。

热销榜畅销书《向前一步》有一句发人深省的拷问："如果心无所惧，你会做什么？"

在我的认知里，心无所惧的年纪应是不惑之年，或者是那些历经苦难洗礼的人。

很多人，在经历生活的磨难后，反而心胸更加宽广，格局更加高远，认识也更加深刻，也就能够达到"心无所惧"的境界，人生事业的选择也更加符合理性。

于我而言，虽不是完全心无所惧，也不是一味空想法治的美好未来，但确实对于新时代的法治心怀期待，投身法治也是符合时代潮流之举。

即便干不成大事，也不会无事可干。

正如沈德咏大法官在他的离职告别书中所言：

"我们要清醒地认识到，中国法治和司法现代化之路还很漫长，我们这一代人，甚至未来两三代人，注定只能是筑基者和铺路人，在推进法治建设和司法改革上，务必要坚持从实际出发，脚踏实地，务求实效，稳中求进是最明智的选择。"

这段话对我触动很深，让我清醒地知道狂热的梦想者是脱离实际的，应正确看待执业中出现的困难。

也有律师对我说："空谈理想者都是别有用心的。"实事求是也应作为法律人的职业本色。

预见艰难，平静以对

独立执业是每个律师的现实目标，可执业初期的艰难也是每个律师的必经考验，尤其对年轻律师来说。电视剧里的律政俏佳人，更多的还是艺术演绎。

真实的律师仍旧从零开始，仍要操心生存，担心专业能否过硬及能否遇到一个好的执业导师等。

这些艰难不是一时的，可能在较长一段时间都存在。

我们这一代人，很多人都没有经历过真正的痛苦或失去。当较大的挫折或者艰难出现之时，往往不知所措。

我原本一直觉得自己应该当老师，而且也只适合当老师，最终也如愿以偿当了老师。对于辞职干律师，虽只是平静地迈出了这一步，没有太多思想斗争。

可当一次次看到身边的精英律师都是如此勤奋努力之时，也确实感到本领恐慌，忧虑自己能否适应如此激烈的市场生存法则。

主任对我说："你的法律人思维还有待培养，法律逻辑还有待加强，很多方面存在不少问题。"

刚进律所的一个月时间里，没给我分配工作，我仿佛过回了学生时代的生活，上班看书，下班吃饭，晚上去东湖散步锻炼，三点一线的标准生活。

一本书一本书地接着看，没想过案源问题，也不知这种"学究"的执业状态何时结束？

有个新来的合伙人问我："来律所后有接案子吗？怎么解决案源问题？"我很直接地说："没有，一直在看书学习，也没怎么出去。"

她很诧异这种状态还能一直继续，好心地替我着急，让我跟着她干，就这样干了两个多月，接触了几个案子，出差开庭。后来因为性格磨合的问题，我又回到了原点。

一段聚散小插曲，却反映出自己心性修炼的不够，沉不住气。

只因他人一说就不免担忧起来，什么都没思考就跟着一起干。直到出现了些问题，才开始自我反思，并最终决定回到原点。

虽是回到原点，但依旧有收获，也充满感激。

感激在我开始发愁的时候，有人愿意帮助我，给我不算低的第一份收入，也让我看到自己存在的问题。这也是成长，即便这种经历很短暂。

后来，我接了第一个案件，一个标的额不小的行政拆迁案件，也是一件难度不小的案件。

因办事的用心程度让当事人极为信任，也陆续接触了后面的案件。接触越多，也更加明白平心静气面对一切的从容心性有多重要。

接受变数，坚守自我

1

律师所面对的世界，绝不都是美好祥和。

当出现了矛盾纠纷产生了、问题解决不了了或者风险把握不准了等情况，当事人想到了律师，找律师咨询、承办案件或者出法律意见等。

可有些当事人又是不守诚信的，咨询了很久后说办委托又变卦，说好几时签合同却总有其他理由，说好几时面谈而又有其他安排，这种变卦之事时常发生。

刚开始我不太适应，也不是很理解。

在体制内，很少有这种“忽悠”之事，每个人都是谨言慎行，甚至言出必行。可江湖之中，变数往往是常态。

作为律师，切不可因为当事人的话甚至承诺患得患失。

2

不仅当事人的变数乃常态，律师之间的交往合作也有不少变数，也常常面临合作利益分配、合作模式的调整等问题。

遇到每一种变数，无论是恶意毁约也好，还是无心之失也罢，都应学会理解和接受，并坚守自我。

别人的变数不是自己变数的理由。

任何时候，守时守约守信，用心诚心忠心都是律师的基本底线。

3

律师不应仅仅按部就班完成委托之事，对于可能出现的新情况，也应有所考虑，多一点仁慈恻隐之心。

有律师对我说："当事人当事人，就是当时是人，不要被当事人牵着走，当事人提出的要求就去满足做到。"

这句话我并不完全认同，不是所有当事人都是如此，也不是考虑当事人的要求就被牵着走。

律师具有本能的职业理性，能够提醒自己去分析各种情况，分析当事人的类型特点。

有些当事人不明事理，有些当事人却是善良朴实。

万千世界，最复杂的莫过于人性。人性的多面性才是人存在的常态，认识不到这点，当很多现象和行为发生时就无法正确冷静看待。

4

我的第一个案件当事人，因为政府违法强拆，所有资产瞬间化为乌有，投资经营负债累累，原本正当的招商引资却遭遇政府强势毁约，五个月过去了却不见任何谈判的结果，案子第一次开庭后迟迟无果。

当事人有时候情绪很激动，说要怎么干怎么干。而我除了干律师的活儿，还常常要做思想工作，进行心理疏导。

这个案子中间还出现了检察院介入引发可能的公益诉讼。当事人本已经雪上加霜，如今又可能从原告变被告。

当事人一遍遍地问怎么办？其他律师不愿管，因为付不起律师费。

而我虽然清楚这是另外一个案件，代理就需要另案另办，重新签合同收费。

我也深知当事人付不起费用，可该办的事情还是得给他办，就算欠费也得管。

两个案子，都涉及当事人的切身利益，后一个案子的出现与前面的诉讼息息相关。

面对当事人的无助，无法置之不顾，也于心不忍。

承办的另一起刑事案件的当事人，从我第一次去会见他，也能大致判断这是哪种类型的当事人，这种判断也决定了以何种方式与当事人相处。

每个人内心都有坚守的东西，是因为这些坚守，我们才是自己，放弃坚守也可能会迷失自己。

不断学习，专注专业

1

律师行业既充满竞争力，也充满压力。

主任50多岁了，可学习的热情丝毫不输年轻人，也常常引导我该怎么学习。

刚进团队，就给我定下投资并购重组税务方向，当时也果断买了一整套税务专业书籍充电学习，后来又陆续买了公司法以及一些理论法学的书籍，但学习进度时有中断。

正如主任所言，我没有沉下心来学习，专注力不够。这确实是我存在的问题。

律师不同于其他行业，看似自由，无人约束，但其实更需要异于常人的自律。

没有自律的自由终将陷入迷茫，甚至恐慌。自由的方向需要自律掌舵，才不会迷失。

自律者，才会专注地深究每一个案子、每一份资料，全面检索研判。唯专注才造就专业，而只有专业的律师才能获得当事人的信任。

在党校时，我基本不会加班，也没有加班的习惯，基本所有人都是有规律地上下班，除非赶上特别重大事项。

但在律所，律师加班是常态。没有人安排他们加班，都是自觉自愿在学习。

有一次我问一个正在加班的同事："怎么每天都在加班，都不出去玩吗？"他说："没啥玩的，没事就来加班呗。"我说："年轻人好玩的地方很多啊。"他说："很少玩。"

就是这么勤奋努力，每一分每一秒都在拼命加班学习。

律师的专业是付出了极大的时间成本，而他的专注敬业配得上当事人支付的对价和信任。

2

和这些律师的勤奋程度相比，自己远远不及，似乎还没适应这种节奏和模式。

从体制转型出来，有些思想包袱还没完全放下，有些问题还未思考明白，常常难以做到全神贯注。

曾经的自己非常专注，看一本书可以反复看五六遍，要背的知识点一字不落反复背诵，循环记忆，专注到满脑子都是知识点。但这样的状态只停留于学生时代了。

如今，经历多了，反而失去了那份轻松学习的朝气。

很多人说，当自身的意识力无法主动约束之时，只有借助外在的力量去影响。所有的变化无外乎内外因作用的结果。

选择了律师行业，就算你不想学，也会被行业的车轮推着往前跑，不学都不可以，除非你想直接淘汰，就此倒下。

从这点来看，律师算是一个可以最快完善自身的职业。

“穷则变，变则通，通则久已”，每一个法律人的变化成长都离不开学习，律师行业的这种变通规律尤为明显。

3

那比较有效的学习途径是什么呢？

依我看，还是团队的塑造作用最大。

年轻律师虽独立执业了，但最好还是选择加入某个团队，或者与志趣相投的律师组建合作交流的团队，闭门造车不适合现代律师的成长之路。

优秀律师至少是心态、专业、经验、智慧、见识、格局等因素合力塑造的结果。有些因素靠一时的学习就有成效，而有的因素却是伴随一生的修行。

人生就是一场修行，职业角色也是我们修行的一部分。

在儒释道各自的修行观中，道家辩证又强调自然规律的修行法则对我影响较大。道以治身，一种充满智慧的人生哲学，谁接受谁受益。

对道家哲学的深入研究，会让人心境开阔，正确看待得失，这也是我一直对老庄哲学感兴趣的原因之一，也影响着我作为律师的价值选择。

律师本该多学科涉猎各方面的知识，博采众长。

未来的法律共同体，不再仅仅是“智慧法院”“智慧法官”，也应产生更多的“智慧律师”。

93. 律师的成长，不急一时一事，着力一生一世[①]

在这个有些浮躁的快节奏时代，习惯了碎片式的文字散落在各种社交工具圈，落笔成章大约很需要一点激情。

常常在深夜阅读青年律师汇嘉宾们的故事，好像他们饱经磨砺的改变也会成为将来发生在自己身上的励志。

虽然谁都不可能随随便便成功，但在追求成功的道路上，方向至关重要，方法不容忽视。

从初入律师行业的小菜鸟，到现在也能独当一面，其间的努力与改变，酸甜苦辣，愿与诸君分享。

庭院深深深几许

毕业后选择律师行业并不是兜底选择，当然也不是最优选择。

被象牙塔的生活保护起来的时候，单纯地以为“研究僧”考一京都名校，得半载留学经历，回普通二本教书做兼职律师，可以不脱离实务有血有肉地传道授业解惑，“双师”的梦想实现矣，日子优哉游哉，人生就此圆满。

当年吹过的牛，真的会随青春一笑了之。

上了律所的“贼船”后，从学习所里规章制度、文书格式、邮件格式、工作记录等开始，从最基本的收发邮件、整理装订案卷，一点点打着基本功，

① 赵虹，北京市盈科（青岛）律师事务所民商诉讼法律事务部律师，专注于民商事诉讼领域争议解决，近年来为房地产开发企业、新三板企业、国有企业、外企等提供了诉讼或非诉法律服务，尤其在办理房屋买卖合同纠纷、建设工程施工合同纠纷、租赁合同纠纷、票据付款请求权纠纷、侵犯著作权纠纷等民商事案件中，与法院及相关行政部门建立了良好的沟通关系，勤勉尽责，帮助客户挽回或减轻了损失、实现了诉讼目的，受到了委托人的信任和好评。

偶尔可以和其他律师讨论案子，帮助进行法律检索，就会觉得很满足。

刚开始的压力主要来自初出茅庐对于实务经验的缺乏，唯恐交给我一个案子自己措手不及，对整个流程都有些迷糊，所以常常是带着案卷回家然后学习到两三点，然后第二天又像打了鸡血一样继续学习。

记得第一个案子是跟进一个保险合同纠纷快要开庭的二审，晚上回家看一审卷到三点多，通过百度和谷歌用最原始的法律检索方式不停变换关键词进行案件检索，最后脑子里徘徊着“主动脉血管静脉瘤”等各种医学术语入睡。

进入到盈科这个全国性的平台，可以接触到很多的人脉和学习资源，我的师傅黄律师把很多风险可控的案件让我参与跟进。

如很多合伙人所说的那样，新人在实习的一年甚至一两年中，给律所带来的很多是负能量，对于很多文书等合伙人在交给 green hand 完成后还要再指导、修改、联系客户、发送，时间成本远远大于自己操刀。

一年多来我写了各种类型的法律文书，不当之处黄律师都很耐心细致地给我指出和修改。

在实务中，我不断留意观察其他律所和师傅给我的案卷里写的排版舒适、逻辑合理的文书，然后改进自己的文书排版和写作。

其实，一篇优秀的文书更重要的还是经年累月的经验的积累、学识的修炼，凝聚着无声胜有力的智慧。

就这样，在各种法律实践和实务性的工作中，大约就是平静中带点惊喜的每一天，我在师傅的指导和自己磕磕绊绊的摸索中，试探着这个外行人看着很高大上的职业的深深浅浅。

法庭是商事律师的主战场

重要的改变，源自在商事诉讼领域有所坚持和专长。

2015 年，企业新三板上市、互联网金融愈加兴盛，很多新人在一开始就向非诉业务靠拢，似乎非诉更容易“吸金”，而且听起来更加的高大上。一句“法庭是律师的主战场”却更让我觉得酣畅。

传统的民商事诉讼业务是非常锻炼人的，一个优秀的出庭大律师不仅需要专业的知识，而且需要处理不同的人际关系，协调各种时间、利益冲突，对于一个律师的文书写作能力、语言表达能力、沟通协调能力等都是现实的考验。

师傅在建设工程和房地产领域十分专长，主办过很多标的或影响比较大的案件。一开始我对这个领域并不感兴趣，觉得这个领域已经挤占了太多的大咖，自己又没有工程造价、监理等方面工科的知识铺垫。

但是后来我被“赶鸭子上架”接触了几个建设工程房地产领域的案件以及相关的招投标，逐渐对这个领域产生了兴趣，而且觉得如果自己不进行了解学习，协助黄律师办理此类案件的时候就会陷入应接不暇的恶循环，作为目前的“关门弟子”会很糗。

所以我开始关注与建设工程案件相关的大数据报告，空闲时读一些书籍和文章。

另外，当下法律服务已经不是单纯靠老客户等稳定资源了，大企业对比较重大的案件已经开始通过网络检索、公开招标来选择律师团队，以获得更加专业的法律服务，建设工程领域亦是如此。

未来的时间我打算在商事诉讼领域更多地进行大数据案例学习，同时也反过来利用大数据协助团队更好地进行法律服务投标等，用几年甚至十几年的时间逐渐形成自己在商事诉讼领域的独特优势。

在记忆里回想，在旅途中歌唱

每当可以利用“职务之便”到不同的地方，沿途看着窗外或是翻着案卷、杂志，就会忘记舟车的劳顿，那种感觉不同于单纯去旅行的奇妙，“偷得浮生半日闲”大概如此。

除去开庭或办事，实际逗留在出差地的时间并不长，黄律师会不负晨光在跑步中开始异地的一天，我就比较“怂”，更喜欢晚上站在宾馆的窗前看着外面灯光下的街道，有时车水马龙，有时悄然无声。

在学习和跑案子的路上，我去过杭州、上海、南宁、银川……体验到了更多在路上的时光，即使在匆促间也能感受到不同的风土人情。

所有的锦瑟韶光，亦如不尽梨花，静若无息地伸展着似水年华。

着力一生一世

哈佛大学盛传这样一句话：先到你喜欢去的地方，再到你应该去的地方。

其实直到现在我也不敢说律师这个职业是不是我真正应该去的地方，只知道这是我向往多年的职业，我想尽可能地走得远一点，再远一点。

如今的人们在忙碌中错过了很多美好的风景，也许已被打上“浮躁”标签的时代，成功就是所谓的生活的韵味。

少文老师说：“浮躁时代的表象背后是自由的时代。”

虽然青年律师大多面临着很多窘境，在种种压力下不断有青年律师退入至少可以保障生活的避风港，但我们又如此幸运地处于一个信息网络技术发展日新月异的自由时代，喧哗下不乏各种自由思想的交锋，我们享受着新兴技术带来的便利，能够更快、更广泛地触及新的资讯和资源。

只是，在这样自由的时代，我们是不是更应当晚一点“看懂规则”，晚一点被磨去棱角，晚一点步入“萎靡中年”？

“每一个时代，每个人都可以去选择、去创造怎么表达他自己”，我们可以张扬，可以谦逊，可以接受，可以拒绝，但永远不要丢掉生命中最本真的东西，比如自由的思想，比如独立的精神。

如果进入社会的法律人淡化了公平正义，趋炎附势，随波逐流，急于求成，不能踏踏实实地积累沉淀，那么散落的满天星也将黯淡无光。

不急一时一事，着力一生一世。

十年后再看这些略带稚嫩的笔锋，回想起执业之初的自己从无所畏惧到谨小慎微，从躲在合伙人身后的律助，到渐渐可以独当一面。

时间在风化了记忆的同时，也雕琢着每一个青春的灵魂，见证着每个人的成长与改变。

那些被风吹过的锦瑟韶光，终将被岁月尘封，却又成为永不颓败的美好，在每一个暮鼓晨钟的日子，随风起舞，如影同行。

94. 从奢侈品买手到执业律师，会说法语的涉外律师有多酷[①]

提笔回顾走来的路，有时都觉得自己在人生路口的很多选择上是否太随意太儿戏。

初中入学时怀着对浪漫法兰西的向往选择了法语作为第一外语，一学就是六年，最终却没有去往自己曾憧憬的这个国度；

由于高考时在数学上的失利，于是干脆赌气选择了不用再和数学打交道的法学；

终究还是舍弃不了留学梦，又从头学习英语远渡英伦；

在同学们暑假都选择去500强实习丰富自己的简历时，只因为听起来很酷，跑到某东方当雅思讲师；

不顾众人反对放弃综合排名更靠前的学校，只因无意中拜读到教授的论文被折服，选择了专业厉害的小众院校；

其后又被美第奇家族的传奇经历吸引，来到文艺复兴发源地佛罗伦萨，念了个和法学风马牛不相及的奢侈品管理专业，并进入这个看起来很美的行业工作；

最终却又重回法律行业，成为一名执业律师……

看起来丰富的人生，只有自己才知道其实有点扯淡。

真正进入律师这一行的年限并不长，也算不上励志楷模，那么权当反面教材，聊聊一路走来的感悟，与诸君共勉。

不疾不徐，勿忘勿助

由于个人和家庭的一些原因，我回到了武汉并进入山河所，在通过司考6年后从零开始，成了一名实习律师。

因为家在武汉本地，少了租房的支出，加上此前工作的积蓄，我在实习

① 胡晗露，湖北山河律师事务所涉外海事海商部专职律师，中南财经政法大学法学学士，伦敦大学玛丽女王学院法律硕士，意大利 Polimoda 学院奢侈品管理硕士，擅长外商投资、知识产权、公司法律事务，工作语言包括英语、法语。

期并没有像很多律政新人一样捉襟见肘。

但我也无数次地问自己，选择从头再来真的值得吗？

曾经费力学习的英语和法语还有用武之地吗？

在意大利所学和后来的工作经历是否全都付诸一炬？

曾经在失意迷茫时和所里一位前辈聊到，我说他在我这个年纪都已经是合伙人了，我却只是一个尚不能独立执业的新人。

这位前辈回答我说，可他没有去过英国和意大利读书。

虽然只是简单的只言片语，却如醍醐灌顶般，选择就面临牺牲，而且不可避免地，需要放弃一些我们想要的，去追求更想要的东西。

于是我尝试和自己和解，不再为模糊不清的未来过分担忧，而是从手头每一件小事开始做起。

认真审阅收到的每一份合同，努力完善提交的每一份法律文书。

蓦然回首，才发现自己已成功代理了多起诉讼案件，从洽谈阶段开始为数个中外合资项目提供全程法律服务，也有了自己的常年法律顾问单位。

人的命运不是在事先铺设好的轨道上运行的，我们应该靠自己的意志驾驭它。

或许绕了一大圈，但却欣赏到了更美的风景，走过的路，看过的书，学过的东西最终都会回馈到自己身上，我们要做的就是一步一个脚印，走好每一步。

求知若渴，终身学习

在国外读书时给我感触非常深的一点，就是任何时候都不放弃学习的氛围。

在去英国之前，就有朋友告诉我说可能很多同学不是同龄人。

果然，在开学第一天，就有带着尚在哺乳期的宝宝前来报道的女同学。

后来发现同学中更是不乏资深法官、律所高级合伙人、大型跨国公司Chief Counsel，后来在意大利所学虽然不是法律，但同学中有一位甚至和我爸爸同年的某奢侈品牌香港地区VP。

于他们而言，取得多一个学位不是为了升职加薪，而是自我充实。

还记得最初到山河所面试时，我们所主任问我："你考完司法考试有这么多年没接触国内法律相关的工作，会不会生疏啊？"

我也记得我当时的回答是，校园里的学习对律师而言更重要的是培养作为法律人的法律思维，而不是学习法条本身，面对社会日新月异的进步和法律法规的推陈出新，律师本就应该保持终身学习的态度。

这个回答并非只是为应付面试而给出的冠冕堂皇的说辞，也是我执业至今的深刻体会。

律师的知识储备不应仅局限于法律范畴，综合知识是思路开阔的必要条件。

举个例子，专注商务方面的律师掌握财务知识非常重要，而金融知识对于做基金、证券类业务的律师亦是必不可少，甚至是常年法律顾问，也只有在了解客户所涉及的行业特征的基础上，才能在合同审查时对交易条款更好地把控。

我们所有不少同事在繁忙的工作之余，都取得了会计师、证券从业、拍卖师等资格。

而我则会在上下班路上听听英文 podcast，关注外商投资领域政策及法规的动态，同时注重提高自己英文合同起草及审核的能力。

如果之后有机会，我也希望能够像我以前的同学那样，带着经验，也带着疑问，重返校园。

唯有自律，才能自由

这句话或许被多数英国学生奉为人生哲理了，而我所接触到的同学们也确实以实际行动在践行这一生活方式。

大概因为所有人对于学习，目的非常明确，没有人是在混日子或是得过且过。

平时上课无须点名也一定是座无虚席，每周的案例及课后阅读材料每个人都能在讨论时拿出厚厚的读书笔记，考试前夕图书馆的爆满程度就更不用说了……

然而一到周末和假期，就能在脸书上看到同学们在英伦三岛和欧洲大陆各地的打卡照片。

这一点确实在很大程度上颠覆了我对“学霸”和“玩咖”之间一定要有明确界限的认知，那个在图书馆里坐你旁边埋在厚厚书堆里奋笔疾书的“书呆子”说不定转眼就在 Ibiza 海边冲浪板玩得飞起。

进入山河所后我更是发现，优秀的人真的是在很多方面都优秀。

谁能想到平日里给人印象一板一眼的大状们脱下律师袍后，有人曾攀上海拔 7000 米冰川，有人曾独自骑哈雷穿越阿里无人区，也有曾在大堡礁深潜与鲨鱼共舞……

长时间的接触终于让我发现了他们如此任性的资本。

带我的师父在工作日只要不是开庭，9 点前一定会到律所；

有着 20 年的从业经验，他每天仍会抽出时间学习英语，我们起草的每一份文书他都亲自过目；

也曾看到律所的资深合伙人在应酬结束后，工作到凌晨，第二天又早早赶到法院；

有着丰富诉讼经验的前辈也会在开庭前不断完善法律文书，并对庭审过程反复推演；

还有同事无论工作多么忙碌，每天风雨无阻坚持 10 公里长跑……

这些都对读书时论文时常拖到 deadline 前最后一刻的我触动颇深，相比专业知识，想必自律、进取心和责任心才是他们成功的秘诀。

诗和远方或许也有，但眼前的苟且必须面对，其实我自己在这一点上还有很长的路要走。

曾认为律师是一个享有高度自由的职业（大误），进入律所伊始，面对生活节奏突如其来的改变让我措手不及，导致压力激增，甚至一度对工作产生抵触情绪。

而现在的我也尝试慢慢找到生活和工作的平衡，努力提高单位时间内的工作效率，踏入久违的健身房，时不时约上好友小酌，也重拾了自己烘焙的小爱好。

结　语

收到青青若的约稿正巧是在我休假后回归工作的第一天，在这次旅途中我也造访了母校，又一次看到曾经生活和奋斗的地方，感慨自己为今日所得的付出和努力，也算是重拾自己的初心。

当然在这里我也要表白给力的团队小伙伴，在每次出游时都能帮我分担工作，做最坚实的后盾。

感谢青青若和智善平台的约稿，以上与其说是分享，更是对自己一路走来的回顾。勇敢不是不害怕，而是在怕的时候依然坚持，坚韧，不轻言放弃。

95. 只身闯荡“魔都”律界，从月薪三千到过万，我经历了些什么[①]

今天是2018年11月1日，是我的lucky day。

上班时间，突然青青若敲开小窗问我：“想邀请您参加青年律师汇，请问您这边有兴趣吗？主要是写一篇文章，一方面总结一下自己毕业后到现在的经历、故事，另一方面也可以和陌生的受众交流，分享经验。”

于是提笔写下了这篇文章，来跟大家分享我在“魔都”踩过的坑和金。

思绪回到两年前，那时候的我一脸青涩，懵懂无知，却有神一般想要征战上海初生牛犊不怕虎的勇气。

兜里怀揣着800元，买了飞机票径直飞到“魔都”，开启了我只身闯荡上海的人生。

面试求职篇

来到上海后，初入社会的我就是个傻白甜。

面试了第一家律所，跟律所主任大概介绍了自己的一些实习经历、社团

① 杨吉琳，上海言忠理律师事务所律师，擅长民商事纠纷，曾工作于世界五百强企业美国AIA友邦（香港）公司、广东湛江市赤坎区人民法院、广东省湛江市人民检察院、上海保款律师事务所等单位。

经历后，律所主任就问我什么时候可以来上班，求职心切的我说可以明天就过来上班。

于是工作就这样稀里糊涂地定了下来。

接下来的一个月，在律所的事情并不多，也没学到什么实质性的东西，也许是在大学阶段实习的活儿干得多了，面试的时候也没怎么敢跟律所主任提工资的事。

结果到了发工资的日子，律所主任也没跟我提发工资的事，眼看也要到交房租的日子了，如果没钱这可怎么交房租啊？

我和小伙伴也都着急着这事，于是开口问了律所主任。

结果，他说这个月也没多少活，你也没干到一个月，要不我就给你 250 元的工资吧……

250 元半个月的工资，这哪里是工作啊？分明是压榨劳动力，更何况这里是上海，在老家实习起码也有 1000 元以上的工资。

想到这里，我毅然决然地辞了这份工作，开始继续我的求职……

在面试求职中，主要有以下干货想跟大家分享：

1. 关于简历

简历的撰写一定要突出自己的优势。

比如我在大学四年寒暑假有去法院、检察院、律所以及世界五百强公司实习的经历，丰富的实习经历成为了我简历中的亮点之一；

大学四年，所参加的社团活动、所获得的奖项等也是简历中的亮点之一；

还有就是学习成绩、所获得的证书也是简历中吸引人眼球的一笔。

在此顺便提一下，如有小伙伴们需要获取简历模板的，欢迎小窗我，嘻嘻！

2. 关于投简历

投简历可以通过很多途径，这里只介绍最常见的几种：

（1）利用校友资源获得内推机会，这是很多精品所、红圈所常用的方式，比较靠谱；

（2）通过智联招聘、猎聘等途径；

（3）通过本地的律师协会，如上海有东方律师网，上面有很多律所发布的招聘信息。

3. 关于面试

面试时建议穿正装，女生建议化淡妆，并针对面试官可能会提问的问题进行相应的准备。

对于一个在上海的外地人来说，被问得最多的问题就是："你为什么来上海？"

记得我当时的回答是："因为我喜爱上海这座城市。"

"你为什么喜欢上海这座城市？是什么吸引了你？"

"因为上海这座城市很时尚，比较适合年轻人。"

其实我也不知道自己喜欢这座城市的真正原因是什么，只是想来就来而已。

"人生哪有这么多为什么，just follow my heart。"

还有一个温馨小提示就是，面试的时候一定要记得跟面试官谈好薪资待遇的问题，千万不要觉得不好意思。

付出了劳动就可以拿到报酬，这是对于你工作成果的尊重。如果不好意思，可能你也有极大的概率成为我开篇谈到的故事中的主角。

此外，投简历面试的话建议多做调研、有针对性地投简历、多面试几家，买东西还要货比三家呢，更何况这是一份你需要每天面对着它至少工作8小时的工作。

我认识的一位女生在加拿大读MBA，她所投的简历、面试的工作、做过的调研绝对超过100份，只有有足够多的数据、做过足够多的调研，你才懂得分辨哪些是好、哪些是坏，才懂得去作出最好的选择。

这也是我所踩过的坑之一。

最后的结果正如大家所愿，在离开了一份不太合适的工作后，自己摸滚打拼地又找到了另一份工作，既可以学到东西、积累经验，待遇也当然地翻了好几倍……

驰骋职场篇

一份新的工作，往往都是新官上任三把火的，我的工作也是如此。

刚进入这个新团队，团队小伙伴们的对话对于我来说简直跟天书一般，听不懂道不明……

刚开始的几个月，虽说经过了一段时间培训，但由于凡事都需要一个过程，加上专业知识以及行业知识的极度匮乏，让我在工作上频频出现问题；

年轻人性格上的急躁也让我不能很好地把握工作节奏，也惹得同事们的满脸嫌弃……

总之，一句话，里里外外都是问题，这段时间不仅自己痛苦不堪，也急坏了领导。

在审合同的过程中，刚开始的时候自己风险意识可能很弱，会遇到一些明明是风险但却察觉不出风险的条款。

比如委托招聘协议这份合同的审核中，第 2.5 条约定“自本合同终止之日起一年内，乙方不主动从甲方搜取人才”。

刚开始审核时我并未察觉该条款的风险，跟同事交流后才知道如果该条款合同终止一年后，乙方可能会将该人才推介给其他公司而不用承担任何责任，这使我司支付的服务费并没有起到相应搜取人才的作用，即我司会损失掉服务费。

所以该条款应修改为“自本合同终止之日起一年内，经乙方推荐给我司的客户，凡是我司支付过服务费，乙方均不得将人才信息予以搜取及推介给其公司”，这样才最大限度地保证了我司的利益最大化。

在跟进案件的过程中，一开始只知道懵懵懂懂地打电话了解情况，但了解什么情况、了解到什么程度也没有很明确的概念，比如了解客户什么时候支付佣金时，只了解到网签的时候付佣，但什么时候网签也没有深究。

后来在自己的努力及同事的帮助下，逐渐形成了该思维方式，即一拿到案件即在案件系统查询该案件的所有成交材料，关注该案件的性质：买卖或是租赁，是否有抵押、查封、租赁，然后联系业务员了解未付佣原因，案件进行到的交易阶段，是否网签、审税、过户以及交易时间，并判断能否把案件的佣金收进来，如不能则判断能否起诉欠佣方。

后来，通过跟同事们不断学习、熟悉，从开始的不断地日夜疯狂加班也不见效果，到现在几乎准点下班，仍可以保持较好的业绩。总算可以把工作处理得游刃有余。

现在回想起来，这段日子估计也是我成长得最快的一段日子。

关于工作，我想分享两点：

1. 多跟前辈交流

如此可以避免少走弯路。

有时候他们的建议往往可以解决你的困惑。

比如刚开始我手上至少每个月要处理 100 多个案件，每天跟同事、客户了解案件情况，跟进案件，如果一天时间处理这 100 多个案件的话可能你不能长时间集中精力去处理，也可能觉得一次性处理完毕有点压力。

这时候我的领导建议我可以把任务分解处理，每天处理 30 个案件左右，那么三四天的时间就可以把案件跟进完一遍，自己也不会觉得压力大。

于是我调整了一下我的工作方式，在跟进案件这方面，从开始的每个月都不够时间跟进完，到现在可以提前完成工作，可以说是一个巨大的进步。

2. 每天列出最重要的三件事

专注于完成这三件事即可。

每个人的精力有限，那为什么有的人总能高效并能有所产出呢？而有的人虽然把事情都做得完美但却碌碌无为收益甚少呢?

差别就在于前者找出了最重要的事情，并且每天把这三件最重要的事情都做得近乎完美，且产出集中在这三件事情上。

比如我手上的工作产出最大的是跟进案件、跟相对方沟通协商以及把案件推进到诉讼中去法院审理，那么我就把 80% 的精力放在这三件事情上，那我的产出也自然而然地达到了最大化。

在工作上，两年的时间还不足以让我成为一位职场老鸟，需要我学习的地方还有很多。

感觉才刚刚开始，往后还有 10 年、20 年甚至 30 年的学习时间以及进步空间。

学习篇

由于我专业基础不牢、生于两广地区的我普通话并不能说得很好，所以我工作之余就把时间和精力主要放在狂补专业知识以及练习普通话上了。

刚开始进入这一行，我也曾因为工资太低有过换行业的想法。

可是当时我的人生导师特地狂甩5000字文章给我：

“放弃这回事，一回生二回熟，如果你现在放弃，那么你从大学以来一直到现在的积累都要从头开始积累。”

她还说，她从没想到我一个手上拿着这么多筹码的人居然会想到放弃？

从此，“放弃”这词已经从我的人生字典中彻底删除了。

求职面试上，从刚开始的一路跌跌撞撞到现在清清楚楚了解面试官的各种套路。

工作上，从开始的很害怕看合同、审合同，觉得合同又长又臭又无聊，到现在不断地去研究合同条款，甚至自己去设计合同条款，慢慢地开始觉得审合同是一件有趣的事情。

跟进案件上，从刚开始的找不到东南西北，到现在可以游刃有余地跟客户、同事交流案情，并判断案件的下一个进展。

在制作案件诉讼材料中，从刚开始的扫描、复印频频出现问题，到现在可以一周之内处理10个以上的案件……

这点点滴滴的进步都见证了我在律界的成长。

生活篇

在“魔都”的这两年，从第一份律所实习的500元工资，到工作后的月薪3000元，再到现在的月薪过万，一直以为那些励志鸡汤，比如月薪翻了几番的鸡汤，就只是鸡汤而已，没想到自己真的成为了现实的存在……

在“魔都”的这两年，几乎每半年搬一次家的我，从脏乱差的床位房到隔音效果极差的隔断间，再到现在舒适的一室一厅，越搬越好……

拿破仑·希尔曾说：

"一个人如果目标明确，并且矢志不渝地追求，就会创造一个完全不同的人生。"

我想让我的人生过得与众不同一点，而我的下一个目标是可以找到适合的律所把律师证挂出来做诉讼业务，毕竟法庭才是律师的战场。

在此，非常感谢青青若的约稿，让我有机会跟同行们分享我的故事。

同时，这也是我来"魔都"刚好两年的日子，谨以此文纪念我怀揣律师梦孤身闯荡"魔都"的两年。

96. 正经地做律师，不正经地学生活①

律师的工作状态基本上可以用"忙不完"来形容，每天都有干不完的事情。

与我约稿有一段时间了，但是总抽不出来大段时间。

今天睡到凌晨2点多就醒了，醒了就开电脑准备写稿，希望好好写一写，将这几年的执业经历和感悟好好梳理。

回顾执业之路，充满了心酸荆棘，但也饱含温暖激昂。

只顾风雨兼程，莫问前途凶吉

律师，是一个对综合能力要求很高的职业，非商非官非主流。

律师，这两个字，饱经风霜。但已选风雨，便莫问前程凶吉。

这个职业会模糊你的性别，磨砺你的耐心，消耗你的精力，会让你看见社会各个层面的生存状态……

但是经历的越多，看到的越多，你就会明白：

大道至简，要在繁杂的世间中寻找属于自己的一片净土。

可能是性格使然，也可能正确的人生过程就是如此。

① 江秀琴，湖北尚泰律师事务所律师，司法局备案律师调解员，市长专线第三方评价员，目前担任多家行政事业单位和金融担保、房地产、工业制造企业的常年法律顾问，曾代理过数起高级人民法院的民商事再审案件，办理过涉及施工建设工程、电梯等工业设备购销、安装、新型婚姻和涉外婚姻家事等民商纠纷案件，并办理过多起毒品、暴力犯罪、网络诈骗等刑事案件，有大的诉讼和非诉法律事务办理经验。

终日乾乾，与时携进

1

我记得我刚出道做律师的时候，还是一个齐刘海背带裤的小娃娃，那时候还真是快乐，每天干一点事情，便非常开心，想想那时真是很容易满足。

那时也没有人告诉我应该要怎么做、不能怎么做，就凭着自己一腔热血干了起来。

干的最多的事情就是研究案例，不停地做案子，看很多法律规定的司法解释，以及实务中正确的理解与适用，每天乐此不疲。

更多的收获，是在这些年中，认识了很多行业的朋友，一些真心待我的朋友。

感谢朋友们对我的关怀、帮助与支持，才能够让我一年比一年有新的成长，能够更加成熟有担当。

现在回头看看，这些年的经历让我无比坚信自己是对的，朝着正确的方向在发展和努力着。

2

所以，如果你是刚出道不知道要怎么做的或者不知道做什么的，就去学习，不停地学习。

只有这样若干年后，你才会明白你擅长什么、不擅长什么，对自己才会有一个比较清晰且较为客观的体会。

学习，不仅仅只是学专业知识和业务技能就够了，这只是基本功。

还要更加注重与案件承办法官学，跟你的当事人学，跟你的对手学，跟你认为有所长的人学。

总之，但凡对你的业务技能有所提升的人或事，你都要学。不仅如此，你还要学习适应不同的角色。

3

或许干的时间长了，会对司法体系多有不满，但客观地说，就一类案件承办法官一年下来积累的“感案”是远远超过律师的，所以是值得学习的。

我记得我还是实习律师的时候，有个执行的案子，就是江汉法院的执行局的邓军法官现场考我执行异议和复议。

所以这么多年过去了，我一直都记得，很多人都搞不清楚的东西。

在我执业这几年里，我遇到过很多业务能力很强的法官教会了我很多东西，业务能力强的法官会给你带来很多福利，你的思路也会逐步地被打开，这个对律师而言，很重要。

4

你也要跟你的当事人学，你的当事人永远比你更了解案件的事实，也比你更加懂得他的工作以及所处的行业。

我们是律师，我们更多的工作是法律适用和实务，解决法律需求，如何能够发挥到最大的作用，是需要建立在基本事实和对行业的了解之上的。

我接触过很多行业的当事人，有医疗、学校、建筑、交通、运输、金融、工业制造等行业，每个行业的人都会比你更了解行业。

所以你要去学这些行业的交易惯例，不仅要懂，还要知道正确地找到对应的法律适用，这些都是要学习的。

5

你还要跟你的对方学，你的对手在开庭时犯的错误，你要尽量地避免，不合适的思路你也要避开，对手的优点你也要学习。

不要总是自以为是，妄自尊大，能够在律师行业较为体面地存活几年，都是有很强实力的，都是有值得学习的地方。

跟你的同行学，会给你带来很多的益处。

6

你还可以跟你平时相处的朋友学，学习开拓眼界，学习如何感受生活，这是极其重要的。

工作是为了生活，为了更好地生活，为了生活得更体现自我意志，更自由。

这一点在律师这个高压行业是极其重要，它可以给你的内心带去力量。

我身边最神奇的一个朋友，是在跑步微信群里认识的，未曾多言，恰逢我去她的城市开庭，我俩一见如故，如相识多年的朋友。

更神奇的是，我们能够一起去研究灵学，所有的相遇、相识都带着一种舒适、踏实和神秘。

所以说，律师真的就是一个不停地学习的行业，学习很多东西，要懂得很多东西，具有更多的智慧为当事人解决法律需要。

如何能做得更好或者更精进，我也一直在追求和探索着。如果你有更好的方式方法，希望你可以与我分享。

法治天下，道阻且长

如今，法律体系基本建成，但离法治天下还是有很长距离的。

这三年明显感受到司法在各个方面都有了很多的改善，从立案登记制、诉讼服务、调解制度、刑事辩护全覆盖制度等慢慢地实施、铺开，律师的意见越来越得到重视，律师的作用慢慢地开始渗透。

我在前年办理一个刑事案件的时候，竟然接到检察院要求听取律师意见的电话。

我当时很诧异，以前基本都是我们追着别人跑，递材料表意见，能够接到主动要求听取律师意见的邀请，还是挺惊愕的。

我个人觉得这是一种进步，化被动为主动，既是尽职的体现，也是律师地位的某种体现。

这几年，律师参与诉前调解，律师事务所开设调解室，都是一种律师角色渗透的体现，也是依法治国的体现。

以传统的诉讼案件为例，便于理解，律师从接待当事人、梳理案件、组织或辅助补充证据、拟文书、去法院立案，到跟踪案件、开庭、庭前庭后沟通案件观点，这是很基本的流程，而每个流程根据案件的复杂程度又会有很多变化。

这也就是为什么看似简单的事情，遇到突发情况，一般的当事人是没有办法应对的，这也是律师存在的一种意义。

当然，律师的功能远远不止这些，能够做的事情也远远不止这些，非诉业务范围更是广泛的，只要是不违反法律强制性规定的，都是可以的。

说到底，律师其实就是国家实现法治的工具之一，是社会运行的一个环节。

如果你不了解、认知，等到跟你讲社会运行创造价值的时候，招呼都不跟你打一声，面临的就是被淘汰。

每个人看事情的角度都不一样，山脚下面每个人的声音都不一样，越往上走风景越统一，到顶上的时候风景就是一张图。

所以要不断地前进爬山，这样才不会只见冰山一角，一叶障目，得出的结论越是能够客观、全面，这个在律师行业真的非常非常重要。

生活不易，需要情怀

我曾经也遇到过很大的坎。压抑、愤恨、厌恶、煎熬等所有的负面情绪，感觉自己都尝了一遍，我也尝试了很多种化解方法，最终，我只选择面对。

但是我不会去妥协，至今我依然都不会去妥协。人活着，虽不完美，至少有点态度。

我愿意为自己所喜欢的一切付诸努力，但是我也是一个有所为、有所不为的人。

棱角分明，其实是个很大的缺点。

我也一直在路上徘徊，我也一直问自己，我在做什么，那时常常不知道自己在做什么，那是拉扯的却又骄傲着的时光。

“那也曾是我的模样，沸腾着的，不安着的，谜一样的，沉默着的……

我曾经感觉拥有着的一切，转眼都飘散如烟，我曾经失落失望，失掉所有方向。”

人都是很脆弱的，身体也好，精神也好。

这一代的我们，可能是比较自私的一代，为追求自我，追求自由，追求事业，追求飞蛾扑火的爱情……

对父母家人少了很多的担当，因为缺少了这种对家人的关怀，你便难以在现实中觉悟。

只有能够真真切切地感受到什么是生活，这才是你内心的力量。

我有太多太多想要去完成的事情，2018 年的最后一个月，我已经提前 2 年完成了我 30 岁以前所有的计划。

也就是在这些完成目标的过程中，我慢慢明白了什么是现实和生活。

现实是什么？现实就是吃饭、工作、睡觉和春夏秋冬。

顺应过去，未来不迎；当时不杂，既过不恋，仗剑走天涯。

不要拘泥于我的表达方式，我的文字表达方式不太好，包括语言表达和情感表达都不是太好，但是你清楚你自己要做的事情一定是最好的。

天秤座是一个爱讲究平衡和浪漫的，充满了情怀和梦想的星座。我的梦想就是做多啦 A 梦的口袋，你需要的我都能够找给你。你的呢？

97. 告别 2018，给自己的律师生涯写封信①

嘿，我给你们讲个故事吧，在这个偷闲的午后。

我一直有个总结的习惯，每到一个节点，就会用文字记录一些东西。

觉得时间是个奇妙的过程，能让稀松平常的事情一下成了惊醒，让此刻站在 2018 年尾巴的我不禁感叹：原来都这么久了啊。

正因如此，我又拿起了笔，打算以写信的形式，与你一同辞旧迎新。

第一封信，写给正在准备司考的你

我刚认识你的时候，你的名字还叫作司考，可是现在，法考这个名字，已经代替了你的所有过往。

但我还是更喜欢你之前的名字，听着感觉就更厉害，更符合你天下第一考的霸气。

人们都说，谈起司考的日子，是三天三夜都说不完的辛酸与充实，那么，我一定也是的。

从日后的某一天，陈老师在和我师父的交谈中，用到“癫狂”一类的词汇，就知道我也曾是那个辛酸又充实岁月的主角。

① 郭丽双，福建众益律师事务所专职律师，专长领域：交通事故、民间借贷、刑事辩护。

我要感谢我当时的坚持，此刻在备考的你，也应感谢你此时的坚持。

我们的内心饱含着对律师这个职业的无限热爱。哪怕有的时候这份热爱只是建立在，在日后有人问你“嘿，姑娘，你是做什么的”时，可以说句：“我是律师”的幻想之上。

这四个字，也许只是一个职业、一份工作，但花费了我们青春里一段最好的时光。

所以，此刻的你，不管身处何处，一定要珍惜。

即使未能如愿，也一定不会为此刻没有坚持而后悔，而是平静回望这段经历。

第二封信，写于2016年12月6日，写给那日的英雄

这封信我想告诉你们的是，无论你的过往多么差劲，无论你的简历多么平凡，请相信，一定会遇到一个懂你的人。

在我从武汉回福建之前，向3家律所投递了简历，都陆陆续续通知我去面试。

但却收到诸如“这个我们要经过股东会讨论”也就是所谓等通知之类的回复，内心非常焦灼。

虽然有些真的在之后收到回复，但还是会觉得自己一开始就比别人有那么些落后。

好在，我并没有觉得，我的母校有任何的不同，我的内心还是相信可以遇到一个可以抛开一切，重新看待我的人。

不管你如何被岁月洗刷，请让自己成为自己的英雄，迈开脚下不曾有过的一步。

让珍惜你的人，得到感恩的回馈。

第三封信，写于领到实习蓝证的那天

2017年8月28日，旧历里是农历七夕情人节，那天我是这样给自己写信的：

“爱情滋养的日子，也是理想实现的时刻。

清晨醒来生活如初，青春就是这么飞快。”

这天，我收到最美的情人节礼物——实习证。

用了一天时间补材料、修材料，就在我打算放弃下次再来的瞬间，陈科长抬手盖下了章。

之后很久，我都会想起这么一个美好的日子。尽管过程是那么窘迫不堪，但这本小小的蓝皮书，如海洋一般治愈了我这天所有的委屈与无奈。

这一天我正式开启律师之路。

在这座城市里，我不过是匆匆的过客，只是希望心中对万物的感觉不被岁月埋没。

让这份喜悦停留得久一点，记得久一点。

第四封信，写给一年多的实习岁月

我翻看着这一年来的庭审笔录，以及当时在进所时写下的豪言壮语，有些欣慰也有些淡然。想到如今无论走到哪一步，都算是保持着本心。

“我没想到，我会在所有面试里离家最远的一个所里，待得最久。也没想到，能认识一批批这么可爱的人。”

从毕业到现在，生活变得越来越充实，也变得越来越难有时间和自己相处。

说实话，有时候遇到无能为力的案件时，会有一种负担感。毕竟生活已经压得人喘不过气来。

但我还是仍旧喜爱这个职业。

我尝试在每个周日的下午，抽一点时间，整理一周的事情，再把下一周的事一一列出。这让自己镇定自若了许多。

第五封信，写于年末，写给执业的现在

当我气喘吁吁地到达检票口时，终于可以给这篇文章画上句号。也就是这篇文字的最后一封信。

见习，实习，执业，已经两年了。

想起第一次一个人去开庭的时候，我像是一个没带枪就被送上战场的

小战士，迷迷糊糊。

但同样我也知道，我必须全心全意地投入案件之中，没有余地，才能获取当事人的一点好评。

靠在飞驰的高铁上，想起三年前的自己，不自觉地笑了起来。那时还抱着装满书沉甸甸的布包，红着眼眶，嘶哑着声音和同学老师据理力争地讨论司考题。

此时我已明白不管实务与理论多么不同，我们还是要全力以赴，了解、认识、学习、总结。

不管未来这条道路怎么样，我都希望在这条道路上的每个人都能被岁月温柔以待，得偿所愿不是等待天上掉馅饼，而是要努力追求；

机会也不会对整日牢骚不断的懒惰者敞开大门，你的意识决定了你的未来，所以如果可以，请热爱你的工作。

时间没有等我，我知道，我还年轻，经验刚开始累积，经过这一年的磨练，已经收获了一个不一样的自己，但，一定不是最后的我。

等到2019年年末，愿我可以骄傲地回顾并对自己说，我不后悔曾经所做的一切。

98. 从法院“啤酒公主”，到婚姻家事律师[①]

有时候会想婚姻律师是怎样炼成的，嗯，是修炼，而不是练习。

因为优秀的律师，仅凭反复做题式的办案，是练不成的；

必须千锤百炼，靠“火热加热”提炼才成。

这也将注定我的律师之路是曲折而奇妙的。

① 杨虞娇，江西五云律师事务所专职律师，擅长民商事纠纷，国家二级心理咨询师、人力资源管理师、健康管理师，心灵湾心理成长中心心理咨询师，未成年心理辅导站心理咨询师。

江西吉安，第二故乡

江西吉安是我的第二故乡，一个不起眼的十八线城市，让我贪恋又厌恶。

这里看似简单，开着车，大多数城区 20 分钟以内就可以完整绕一圈，但这里有自己的一套生态体系，即使一个普通的公务员，家里必定能找出有人是教师。

单位工作就是个香饽饽，即便是合同工，要进去还是得经过三姑六婆，层层关系。

法院时期，合群安逸

2013 年大学毕业，我很顺利地进入法院系统工作，不知天高地厚地过着喝茶、看报的“老人生活”。

每天与同事聊的话题就是打麻将赢了多少输了多少，其实我一点都不会打麻将，为了所谓的合群，我们经常聊着等下班，不亦乐乎。

当我看到群里的同学在北上广厮杀痛哭时，无名之辈的我竟成了被仰慕的对象，多少有些膨胀，又多少有些心虚。

那时候的生活充斥着慵懒、虚荣，貌似我也成了父母的骄傲背书。

也许是因为年轻靓丽，又很会迎合，我经常被同事们带去参加各种饭局或调节气氛或做代驾。

直到有一天我的标签是“啤酒公主”撕也撕不下来时，我才幡然醒悟，当我空有其表时，我只有被选择消费的份儿，何其悲哀？

骨子里的传统思想，不允许我听到一点点的风言风语，把名声看得比命还重。

于是我默默下定决心，我一定要离开这里，挣脱被消费被娱乐的角色。

默默改变，等待机会

我开始有意识地跟各个办公室的同事虚心讨教，跟着他们一起办案件，我把自己当作一块砖，哪里需要哪里搬。

出去参加会议也好，饭局也好，默心观察每个人的举手投足，争取揣摩到对方的性格特质，快速结交，让别人记住自己，为自己的离开做好资源积累。

现在回首来看，很俗套，又很有成效。

大概在2015年左右，因为工作认识了某律所的主任，他的一句玩笑话，却给我的人生带来了逆转，从此过上了不同的生活。

事后我才知道，人家就是一句“勾引”，我就“上套了”。

缘于一次在工作接触时，闲着无聊他打趣到：年纪轻轻，在这混吃等死的，跟我混，保你每天都有新鲜感，那才叫自由惬意。

不久之后，我真的辞职了，有领导的挽留、同事的惋惜，但我毅然决然地走了，不带走一片云彩。

初入律所，非诉业务

现实是残酷的，辞职之后我去找了律所主任，他全然忘记了自己抛出过的橄榄枝，骑虎难下，我厚着脸皮要跟他混，他也勉强接收了。

可是他做的主要业务是非诉，我一点节奏都跟不上，再也没有了“商业互捧”，有的只是无尽的打击。

主任有时会发善心带我去见见客户，他们很少聊案情，更多的是联络感情，我又再一次地被充当了花瓶的角色。

我真的很迷茫很沮丧，到底是我没有才华还是无人识货？

逐渐地我只待在办公室写写文书，做法律咨询。于是我有了大量的时间研究律所同行的案卷，对婚姻家事案件倍感兴趣，去深入内里分析和总结。

在这期间我还考取了国家二级心理咨询师证，跟着业界的心理咨询师参加各种活动与学习，学会了与自己和解，终于体验到自由与平和。

放弃非诉，专注婚姻案件

1

我不再拧巴自己去做不擅长的非诉业务，很自然地我又一次转身离开了。

我加入了一个新的律所，律所规模不大，主任给了我充分的自由与信任，让我觉得一切都好有希望啊！

律师执业的自由，让我习惯于不受约束，可以天马行空地去认识不同的人，俨然变成了一个社会活动家，想方设法地设计产品、换着花样地开拓案源。

经朋友引荐，我认识了一些公益协会的组织者，跟着公益组织东奔西跑地做公益，成为他们的法律顾问。

我接待了大量的婚姻咨询，接触到了大量的底层老百姓，看到了太多的人性丑陋，尤其是妇女遭受家暴，妇女对婚姻的无知有时让我捶胸顿足，可恨可怜。

我发起了女性主题沙龙，每月一期；运营了微信公众号，坚持每天做一些普法，还真是应验了那一句：每天都有新鲜感！

2

前段时间，有人向我抱怨。他为了离婚，以自己出轨为由起诉离婚，非但离不成婚，老婆还拿着判决书和诉状到单位去闹。

问我该怎么办？

他说之前上网了解到出轨没啥法律责任，还能证明夫妻感情破裂。这种事情，居然有人信百度，都不舍得咨询律师？

婚姻案件的一个特质是琐碎磨人的隐私，当事人会用大篇幅的时间来控诉，或者用大量的百度查询质疑你的解答，要不断地把当事人拉回离婚现场还真是费了我一番苦心。

耐心不好比，就算比赢了，那时间成本谁来埋单？

对于啰唆的当事人，我提前准备好案件相关问题问答，统一仔细讲一遍，再送给她一份。她再问问题，就让她参照书面问答。

这么做了以后，通话量明显减少。

这样我就能有可控的时间安排其他的事情，视情况打电话给她通报进展。

如此一来，良性循环就建立了，我不再觉得前期咨询劳心劳肺，反而让我见识到各种各样的婚姻，见识到了人性，增长了智慧。

3

其实，婚姻案件只有一种胜诉，那就是调解成功。

情能伤人也能助人，表面上争的是财，其实争的是情，是气，是理。

由此，婚姻律师是危险的，我就以此受过威胁恐吓，最终以我妥协退一半律师费终结。

那是一个简单的变更抚养权案件，女性当事人跟我初次见面的聊天还算愉悦，但我也隐隐约约感觉到她的动机并不是争夺抚养权。

她与他前夫在半年前协议离婚，据她描述俩人是假离婚，所以财产、孩子她都没要，就净身出户了。到了约定时间，她前夫翻脸不认账不肯与她复婚，而且还在外面与别的女人生了小孩。

听到这，你以为是一个俗套的渣男故事吗？那就大错特错了。

经过案件的层层抽丝剥茧，真相着实丑恶。

原来这俩人是各怀鬼胎，女当事人在外面有了情人，情人给她买了一套房子，她不想让前夫知道房子的存在；这男当事人也不是一个省油的灯，为了事业腾飞，与一个比自己大十来岁的女人共同孕育了一个孩子，以此牵绊。

我的当事人也知道她前夫那档子破事，于是顺水推舟地商量假离婚，让她前夫去了断了情事，再重新追求她复婚。谁知她前夫早就对她心存不满，打算以此摆脱她，还没让她分到财产。

她与我办理好一切委托手续后，背着我去找前夫的现任女友闹腾，她前夫为了安抚她说孩子可以给她，她自以为万事大吉，就赶紧与我解约，要我退律师费。

其实她前夫用的是缓兵之计，约上她之后找两个男人教训了她一顿。她在电话里再次致电要委托，让我先去立案，合同补签。我想着哪一天让她补签代理合同并无大碍，可正是我的大意给我惹上了麻烦。

在立案后，短短一个礼拜，双方经历了开车互撞，半夜抢孩子，扎轮胎等一系列不可理喻的行为，男方迫于种种原因，自愿支付了十几万作为补偿，条件就是女方立刻撤诉，且两年内不得再起诉变更抚养权。

女方完全是绕过我去法院撤诉了，她也拿到了十几万元。

接下来就是她对付我了，以我没有签订代理合同为由，要求退费。

恐吓，威胁，轰炸，用对付她前夫那一套来玩一遍，最终我妥协了。

家事案件的执业风险性，警醒着我要时刻做好做全准备，规范执业，才不会让自己落入狼坑。

4

从情感上讲，每办理一个婚姻案件，不仅对当事人，就是对律师自身也是一次情感上的历练。

我们不仅要身处其中，与当事人同呼吸共命运；还要跳出事件本身，以理性来指点迷途中的羔羊。

我很喜欢我的工作，我为自己的选择点赞。

对于未来，我没有太多的欲望，愿每天都有新鲜感。

我想过怎样的人生？

我的人生究竟是该以成功为目标，还是以财富自由为目标；是该以狭义的幸福为目标，还是以广义的幸福为目标？

这肯定是一个需要不断思索与实践的问题。

曾经我非常非常纠结，事实上，选择之所以令我无比纠结，排除情绪与感性的干扰之外，无非就是如下两个原因：

第一，我不了解真实的自我；第二，我不知道自己究竟想过怎样的人生。

通过系统学习九型人格，我发现自己是九号性格者——调停者。调停者是和平的维护者，是矛盾的调解者，婚姻家事案件更多的成功是在调解方面下功夫，争取诉前调解成功对任何一方都是有利而无一害。

从好的方面来看，调停者能够与所有的观点产生共鸣，也能够无条件地尊重对方，可以清楚感受到他人的情感需要，会把他人的困境看作自己的困境，会保持一个坚定、积极的态度。

根据我的性格分析，更加确定了我想要主攻的方向，"妇女之友""蓝色闺蜜"才能让我更应对自如。

原来别人完全不同的做法是基于不同的理念，慧眼洞察身边人的真实想法，让我开展工作起来大大减少了针尖对麦芒的磨合。

我经常好奇地观察着身边的人，判断他们属于哪个类型。

律师在本质上也是一个创业者，在开拓案源和处理案件时无时不刻在与人打交道，必须了解对方的心态、性格，站在他人的角度考虑问题，签约才能成功。我越来越坚信我的选择。

99. 带娃女律师的焦虑与成长[①]

作为一名无背景、无资源、无师父的“三无”律师，出门只为工作、进门带娃忙家务，几乎不怎么应酬，能在2019年伊始收到青青若的约稿，意外之余又有些兴奋。

在此感谢智善的关注。借此机会，我将自己的一些体会分享给各位朋友，共勉共进。

看似顺利的人身经历

先跟大家简单勾勒下我从大学到现在的人生轨迹吧。

我在大学期间顺利高分通过了司法考试，大四那年在亲戚介绍下认识了初恋男友即现在的老公。

我在大四毕业考研通过的同时，又找到了一份某国企法务的工作。当时虽然读了法律专业，但听到种种做律师的辛苦所以并没有做律师的想法，在多番考虑后选了社会学专业：一是该专业周末授课不影响工作，二是社会学也属于大法学，不算脱离老本行，一举两得。

就这样一边周末上课读研、一边在国企做法务，三年期间完成了结婚生娃、研究生毕业等人生大事。

现在回过头看，再对比下旁边同龄的同学，觉得太顺利了，但其中也有

① 何菲，北京金台（武汉）律师事务所执业律师，专攻领域：劳动争议、合同纠纷、法律顾问、婚姻家事，6年法律相关工作经验的执业理念：以法为器、息诉止争。

努力和艰难。比如在读研和是否直接工作选择方面的纠结，在怀孕期间一边工作一边准备毕业论文的力不从心，作为女人需要在怀孕期间自己照顾自己的艰辛等。

但最终一切还算顺利，2015 年 6 月顺利硕士毕业，2015 年 10 月宝宝健康出生，这一切都给我带来了喜悦。

我是一个中规中矩的人，高中还梦想着去北上广闯荡一番，进入大学后不知怎么突然转变了，想留在武汉发展只为以后能离父母近点，年纪大了也好方便照顾。

可能是读大学时我妈给我算了一卦吧，说我以后是最让她省心的子女。淳朴善良的家庭主妇对这些算命先生的话总是有她们自有的执着信念。

我相信她的相信，所以我努力活成她所说的样子，至少到现在我一直在努力。

企业的经历坚定了我做律师的决心

1

毕业后我进入某国企担任法务，进去一看，里面的同事我都可以喊上一声“阿姨、叔叔”了，算上几个年轻人公司员工的平均年龄已是 48 岁。

公司氛围比较好，同事对待我就如同子女般，工作环境也比较单纯。

但工作期间有一天突然发生的一件事却让我印象深刻：一天快下班时，公司接到通知要求对固定资产作详细统计并在第二天上午 10 点前上报集团，这件事本不属于我的职责范围，恰巧部门此时的年轻人就只有我一个。

领导便把我叫到办公室，那时我已经怀孕 8 个多月，我进门后对领导说：“这个事我带回去做，明天一大早交给你可以吗，今天有点不舒服”。

但领导坐在桌前斩钉截铁地命令我：明天来不及，你今天就是加班也要把这个任务完成！

刚工作那会儿还是颗玻璃心，近乎行政命令的语气让我很委屈，所以那会儿便暗自下决心有一天要将工作时间的安排权掌握在自己手上。

2

后来出来做了律师，不坐班不打考勤，当然也没有任何底薪，甚至连社会保险都是自己承担，一切都要靠自己。我也慢慢理解坐班打考勤的意义所在，看似不坐班不打考勤自由的背后，是巨大的生存压力。

即使状况改善没有生存压力了，大部分律师的状态还是白天往外跑、晚上写材料，三更半夜别人已酣然入睡、周末节假日别人在聚会出游，而律师可能在埋头苦干地加班，更多的是不负客户不负自己。

对于法学毕业生而言，你进企业所从事与法律相关工作的深度及广度更多的取决于公司领导对法律的认识及重视。

很多法务在实际工作处理中涉及真正与法律相关的可能并不多，干着干着就变成了行政岗、人资岗，我也不例外。

所以当我有一天能跟法律近距离接触，难以想象的激动，对未来满怀憧憬。

很感激我在企业的工作经历，使我明白律师才是适合我的职业。

同时也让我初步了解到企业运营管理的大概流程，所以在非诉讼业务过程中能尽可能融入管理的因素，并做到与不同岗位级别的人去有效沟通。

在两个反差极大的角色之间随时切换

1

2017 年我转所到北京金台（武汉）律师事务所。

起初所里满大片“211”“985”的高才生让我觉得对自己的学校和自身本事有点尴尬，自己虽也是全日制研究生，但毕竟是普通一本。同时半工半读的授课方式，让我对自身掌握的一些偏理论的知识点显得信心不足。

那会还在后悔当时考完司考后，如果自己野心大一点再努把力，没准也能成为其中的一员。这就是鱼与熊掌不可兼得作出选择后的遗憾。

2019 年的今天再回首，不再后悔。

一方面 2018 年过得太匆忙没时间去后悔，另一方面没准另一种选择后的今天可能还不及现在的状态，而且能从现在的状态中去总结发现一些问题已经是难能可贵了。

2

2018 年对我来讲巨大的挑战源于生活——5 月中旬婆婆回老家，意味着我要自己承担起接送娃娃上托管的重任。

八个月里，有一大早把孩子叫起来直接飞奔向托管中心然后再匆忙去办事的焦虑，也有晚上临近 6 点时才匆忙奔往托管中心赶去接娃的愧疚，这种矛盾的情感断断续续持续了 200 多天。

去掉每天接送时间和公检法中午休息时间，留给自己能办事的时间真的十分有限。所以每天出门都希望一起顺利，能今天办完的事情绝不拖到明天。

当然对于我来讲，娃小又没有老人的帮衬，一边是工作一边是家庭，以上只是理想——现实是前一秒我是客户眼中“高大上”的专业律师，后一秒就是蓬头垢面的家庭主妇，还要在这两个反差极大的角色之间做到随时自由切换。

3

虽然律师行业比较自由，没有上下班打卡、坐班的束缚，但万物皆守恒，这自由背后必将是牺牲其他的不自由换来的：

比如开庭那就是天上下刀子也是要准时赶去的，比如把娃娃哄睡后再爬起来写文书等。

每当遇上上午的庭都要焦虑送娃问题，路上抱着娃娃迎着太阳向前走内心却十分恐慌——别的律师或许在开庭、或许在调查取证、或许在接待客户……

也比较担心客户在这个时候打电话过来，担心客户认为带娃的何律师太不专业，这想法倔强好胜到显得不顾人伦，但这就是我内心的真实想法。

因为在我看来客户遇到纠纷找律师是希望律师能切实解决问题，只有给客户带来安全感才能算是一名合格的律师，如果在客户需要的时候你却被家庭所牵绊，至少说明你在时间精力这一块跟其他律师相比是缺乏优势的。

其实我也清楚客户也没有那么苛责，但我始终想把自己最好的一面展现在客户面前。

有时半夜会突然清醒：还有几份合同没审查完、顾问单位的事也该去了、两天后上午的庭要一大早出门可还没有安排好接送、下周末自己非常感兴趣的培训课估计去不了了、宝宝的换洗衣服再不洗就没得穿了……

忙时特别希望能有家人的支持帮我分担接送娃娃的压力，也会觉得身心疲惫，有时也会像阿Q一样自我安慰：算了吧，现在的收入还可以而且又能解决接送问题，反正现在精力有限，何必为难自己呢？

这一刻说服了自己，可下一刻还是不甘心，第二天又是新的一天，生活、工作还是要继续。

女律师在工作过程中基于性别所特有的亲和力、坚韧等优点不都可以让我们跟男律师一决高下吗？

所以干嘛不野心大一点，带娃、家庭琐事即使一时牵绊了我，但都不应该成为消磨野心的借口，律师天生就是帮客户解决纠纷、化解矛盾的，不分男女。

“女律师”的称谓更应该是凸显优势，而不是因为性别让旁人特殊照顾。

执业感受与心得

1

经常听同行提到一句话“律师最大的风险来自当事人”，所以如何处理与客户之间的关系是每位律师不得不面对的问题。

有律师认为要做到慧眼识“真”，选择一些比较好说话的客户去合作，如果初次接触感觉属于扯皮拉筋的就不要去接受委托，免得后面惹火烧身。

对这种观点我是一半认同、一半怀疑。

一方面仅通过几次面谈就能做到精准分析客户性格及预测后期的代理风险对入行不久的律师来说太难，而就算是办案无数、阅人无数的老律师，也未必能做到事事精准判断吧。

所以指望通过选择好说话的客户来完全规避当事人的风险是不可能的，还是要靠自身综合能力的不断提升来练就可以搞定任何客户的金刚不坏之身。

机会留给准备好的人，将成事与否的钥匙掌握在自己手上才是最靠谱的。

2

我个人认为，律师的工作首先是要对客户负责，但不能去刻意讨好客户，客户最终在众多律师中选择与某一位合作，并建立长期的信赖关系是基于对该名律师执业水准和人格操守的信任，应当是客户发自内心的认同、好感乃至钦佩。

只有对自己下手够狠的律师才会被客户“温柔”以待。

如果让我总结经验，我认为作为律师有三个方面要注意：一是专业水平，二是沟通能力，三是收费。

专业水平。无论是基于兴趣爱好主动学习还是由于行业压力倒逼被动接受，专业知识一定要扎实并不断充实更新。新的法律法规颁布了要关注学习，同时还要多关注时事热点，活学活用。如果你没有把持续学习当作一种兴趣、把主动充电当作一种习惯，那你就要狠狠逼自己一把。谁都梦想一劳永逸，但你必须克服这种惰性，凡是需要动脑子的工作都不是轻松事，律师行业更是如此。

沟通能力。“没有沟通不了的客户、只有不会沟通的律师”，这句话是初入金台时主任常在我们年轻律师耳边念叨的，虽然过于绝对，但道出了律师行业服务的本质。一名律师执业中会与各种各样的人接触，也会遇到各种情景，怎么才能在紧张激烈的环境中清晰表达观点并能为对方接受、如何用三言两语去轻松化解尴尬、如何恰到好处向别人表达自己相左的观点还能让人觉得舒服等，无一不是考验。沟通能力的提高比专业水平的提高更难，因为很可能你一开始连自己要提高的点都找不到，熟能生巧并不是百试不爽的方法，还要靠会思考、多思考。

服务收费。律师工作本质拼的是服务的质量和结果，“便宜无好货”在律师行业也同样适用。这一点，相信有很多律师都能体会。从律师角度讲，如果一个案子收费过低，可能使律师在主观意愿上认为这是一个“小案子”，从而在众多的同期案件中并不能为这个“低价案”付出全部的注意力和精力。从当事人角度来看，收费过低可能使当事人产生一种错觉：原来律师收费很便宜(廉价)嘛,不是想象中的"高大上"呀,一旦案件过程不能如其所愿,极端情形下还会出现恶言相对。律师在上述状态下办案会觉得身心俱疲,很难保证在这种状态下提供的代理工作与正常状态下会是同一水平。于是就有律师陷入了因低收费就降低代理服务质量,又因代理服务质量不高就低收费的恶性循环。

市场良性运作离不开规则,低价只能留住一两个客户,但留不住一批客户,客户选择律师一方面是考虑价格,另一方面更注重的是律师能带来的经济价值。当然收费"狠"并不是指漫天要价,而是在明白合理的收费能促进服务的动力和责任感后抵制、杜绝低价竞争。

结　　语

以上是本人的执业感受与心得,欢迎同行及感兴趣的朋友一起交流探讨。

2019 年,祝所有心存梦想的同人和朋友们越来越好,在未来遇见一个更成熟、更睿智的自己。

100. 30 岁之后开始做律师[①]

已经到了而立之年的我,执业年限却不能以年计算。

也许有人会误会我不是学的法律是转行过来,其实我是地地道道的法学毕业生,只是踏上职业之路充满曲折。

启　　蒙

高二那年家里附近的菜市场改造,在菜市场做生意的舅舅希望在这次改造中能租到好的门面。

由于没与开发商谈好,出门时顺手撕掉了贴在门上的一张"公平、公

① 周珍珍,湖北高照律师事务所执业律师,中级会计师,执业方向:刑事辩护,人身损害赔偿、民间借贷等民商事诉讼。

开、透明”的标语。

没想到这一个举动带来了无妄之灾。

十几人在人来人往的菜市场围殴了舅舅，当时无人敢报警，虽然事后立即报了警，最后却不了了之。

这件事对我触动很大，我开始思考当公权力无法保障人民群众生命财产安全时，谁来维护呢？

法律，法律应该是武器，人民群众维护正当利益的武器。

这件事是让我学习法律，从事律师这一职业的启蒙。

入　门

1. 毕业年，人生低谷

高考填报志愿时，所有人劝我不要学法，一是难学，二是找不到工作，但我毅然决然选择了我的梦想，即使前路曲折。

我以为经过系统专业的学习会如愿通过司考，按照计划顺利从事律师这一职业，但生活永远不会完全按照你的计划来，我没能抓住在校期间通过司考的机会。

这次失败让我体会到了号称“天下第一考”的威力，但我坚信自己一定能通过。

2012年，是我的毕业年，也是我人生的低谷。

这一年我的父亲被查出患有癌症，不到一月，他就永远离开了我。

落榜，亲人离世，毕业，失业，一切像一块巨石狠狠地压住了我，无法动弹。

虽然当年我继续报考了，但我如同行尸走肉。

2. 历经一切，放下一切，再挑战

经历了换行，结婚，生子，我心中梦想的小火苗仍未熄灭。

但无法通过司考这一门槛，就像给我筑了高墙，无论我怎么跳，怎么撞，都无法通过这堵厚实的高墙。

曾经我一度放弃，没有报考，所有人也认为我不会再通过，不会走上律师这条道路。

无论上天开了多大的玩笑，可生活还要继续，梦想仍要坚持，万一实现了呢？

2016 年我毅然辞掉了高薪的工作，离开不到两岁的女儿，决定在外封闭学习三个月，不顾一切。

终于这年我越过了这堵高墙。

改　变

2017 年我真正跨入了律师职业这一门槛，开启了实习律师的生活。

我所进入的律所是以交通事故案件为主。律所是公司化管理，分为跟案部、开庭部、市场部、鉴定部等，每个部门分工明确，相互合作。

我所在的部门就是跟案部，主要是联系当事人，收集、整理案卷材料，为开庭前做好所有准备工作等。

市场接案后就由跟案部负责，除了开庭，一直负责到结案，这是一段很长的时间，也是非常重要的。

对律师的信任在此建立，开庭前的所有证据在这段时间收集整理，在这段时间需要与各相关部门沟通等。

在律所实习期间我学会了很多，也有很多心得体会，与大家一一分享。

1. 要有高度的责任心和耐心，把当事人的事当作自己的事

市场部签回案件后，案件会立即分给跟案部，由实习律师负责，当事人是没有见过实习律师的，对我们会有各种不信任，与当事人建立信任就是第一步难关。

在实习期间我保持 24 小时开机，无论什么时间第一时间回复当事人，把当事人的事当作自己的事。每隔一段时间也会主动问候当事人的伤情，给予他们关心。

交通事故的伤者大多是社会基层，法律知识欠缺，这就需要我在工作中要有极大耐心，不仅要体会伤者的心情，安慰伤者及家属，还要反复解释相关法律规定，指导当事人如何收集案件证据，当他们在收集证据上有困难时就要亲自去办理，亲自去沟通。

记得有一位伤者在治疗期间花费了巨额医疗费，但保险公司对伤情有

异议，前期只支付了一万元的医疗费，但这笔医疗费对伤者来说是杯水车薪，伤者希望我们与肇事司机沟通，希望在起诉之前能获得一笔医疗费。

我和同事了解到情况后立即与司机联络，司机的家在蔡甸农村，我和同事坐了很长时间的车，找了很久的路才找到司机与之沟通。

像这样的事情常有发生，只要是当事人需要，我们永远冲在最前面，尽自己最大的努力帮助当事人，为他们排忧解难。

2. 做好时间管理，养成高效的工作习惯

交通事故的案件量是非常巨大的，我每天要同时处理几十件案子，并且案件每天不断在增加，直至实习结束，处理的案件达上百件。

回想起实习那段时间真是每天忙到没时间吃饭没时间上厕所，也正是忙碌的工作促使我养成了良好的工作习惯，凡事做好时间安排和规划。

每天工作结束后我都会梳理下明天的工作内容，区分事情的轻重缓急，用纸笔记录，工作完一项划掉一项，做到今日事今日毕。

每隔一段时间也会对所有的工作作个审查，了解案件的状态，做到每个案件心中有数，并且会对以往工作作个总结，找到之前工作的不足之处以改正。

3. 学会宽容，善于沟通

由于律所是专业化管理，精细分工又相互合作，这要求我所在的部门需要跟各个部门沟通协调。

刚进律所时，跟案部门隶属于主任管理，但由于主任繁忙无暇顾及，我所在的部门没能有效与主任和其他部门沟通，导致处理案件上出现差错、不及时，也导致与其他部门相互埋怨推诿。

在进所两个月后，我有幸被提拔为跟案部门的主管，负责管理整个实习律师团队，负责与各部门沟通衔接。

在这段时间我得到了很大锻炼，也深感每个部门工作的不易。出现问题是要本着相互理解和宽容的状态去沟通，寻找解决之道，而不是相互的埋怨推诿，情绪化处理只会让事情变得复杂，作为管理者更要承担起责任，棘手的事要一马当先。

律师是一个处理矛盾、解决问题的职业，沟通是一项非常重要的技能，

如何与当事人沟通，如何与同行沟通，如何与公检法沟通，如何与对手沟通值得我去不断研究学习。

4. 不断学习，树立终生学习的观念

在大学期间我选择了报考第二学历，学习财务管理，同学在商量着节假日去哪里玩时，我抱着厚厚的书去上课。

在参加工作后，我每天利用休息时间学习，并报考了会计的各种考试，在 2018 年我通过了中级会计师的考试。

在学习会计期间，我认识了很多人，结识了很多这行的朋友，也开拓了我的视野。

实习时虽然工作繁忙，办理的案件类型单一，但我会抽出时间学习其他案件的办理，更新自己的知识。

法条改变一个字，图书馆一半的书要变成废纸，律师是一个需要终生学习的职业，律师一天不更新知识，就会落后，也就是对当事人的不负责任。

未　　来

实习期满后，我开始思考今后的道路，虽然所里的待遇很好，主任和同事都对我信赖有佳，我也很感谢所里对我的培养，感谢同事们的信赖。

但我认为人不能永远待在自己的安全区，我也不满足于仅仅擅长处理一个类型的案子，于是我选择离开我的舒适区，去寻找另一片天地。

2018 年年底我来到了湖北高照律师事务所，加入了吴主任的办案团队。

在这里我结识了一批优秀的律师，独立办理了刑事、民事等各类型的案件。

在这里，我发现了自己很多不足之处，同时也成长了很多。

在办理案件中，看问题更加的全面，能够迅速准确地找出问题的关键所在，针对问题制定合理有效的方案，并且做好预备方案。

工作中更加严谨细致，哪怕细小的方面也要注意，细节往往决定成败。

在今后执业中，我会不断优化自己的工作方法，不断提高自己的办案能力，不断学习，让自己成为团队中的坚实干将。

未来的路还很长，路上也会充满曲折，成为一名律师已经不易，成为一名优秀的律师更是要付出巨大的努力。

我有幸成为一名律师，也一定会成长为执业技能成熟、富有社会责任感的优秀律师。

律师，在我心中不仅仅是一份职业，还是法律共同体不可分割的部分，是社会公平正义的代表。

我相信，心怀梦想，何时扬帆都不算晚，未来充满希望。

101. 转所与选择并不可怕，重要的是明确的执业定位①

接到青青若的约稿，很意外，也很欣喜。

自从发现青年律师汇的栏目以来，每期都准时关注，看了很多青年律师分享的执业感悟都觉得心有戚戚焉。

心中总是想着在未来的某一天，也可以有机会说出自己的故事。

真印证了那句“念念不忘，必有回响”，没想到机会这么快就来临了。

借此机会，回望来路，以期与各位同行者共勉共进。

初入律行：接受挑战的勇气

研究生毕业后，面临着诸多的选择，是回到舒适的家乡过衣食无忧的生活还是来到大城市追寻自己的梦想？

是去考公务员，朝九晚五的安稳还是继续做律师工作，挑战自己的极限？

面对父母的恳切建议，三年前的我仍然“叛逆”地选择来到武汉，继续从事我热爱的律师工作。

虽然在校期间，一直跟随着老师在律所工作，但是来到武汉之后一切都是从头开始。

来到武汉后第一家工作的律所，是一个与之前我所经历过的传统律所

① 马艳洁，湖北观筑律师事务所专职律师，主要的业务领域为建筑房地产、商事诉讼、公司法律服务。

完全不同的案源模式。

也正是因为之前跟着老师学习时，对青年律师案源难寻的深刻感受，我决定在这里挑战自己，开始新的尝试。

初来武汉，入了不少“坑”，其中之一就是不了解光谷到汉口的距离，住在光谷，工作在汉口，早上6点钟起床，晚上11点钟到家成了常态。

初入律所，最开始学习的是电话联系当事人，这对于一个自认为学了7年法律，有点“清高”的我来说，显得极其困难。

听不懂武汉话、没有耐心、邀约的话说不出口、无法及时分析案情……这些都紧紧地困扰着我，大半个月我都没有约到一个当事人。

与周围的朝气蓬勃、元气满满的同事相比，挫败感来势汹汹。

我默默地给自己打气，一定要迈过这个坎儿。

于是，上下班、晨起、午休、睡前循环播放同事的优秀录音、工作的间隙观摩其他同事的工作，周末在小区附近的公园听别人聊天，尽快适应武汉方言。

功夫不负有心人，很快工作进入了正轨，我有了自己邀约的当事人，也有了越来越多的当事人委托，我的工作也从打电话过渡到与当事人面谈。

在律所工作的一年里，让我迅速地培养了自己与当事人的沟通能力，能够在短时间内分析案情，给当事人合理的法律方案，也学习了在团队管理中的许多经验。

对于初入律行的青年律师来说，面临着诸多新的挑战，很多人还没开始就退却了，转行从事其他职业，也有很多人半途而废。

我个人认为要想从事律师职业，一定要有直面挑战的勇气和面对困难以刚克刚的决心。

面临转型：自我定位很重要

工作越来越顺利，而我却越来越困惑，之前的工作中接触的大多是个人案件，婚姻家事、交通事故、人身损害、劳动争议等大民事类纠纷是主要案件类型。

而我自己更擅长或者更感兴趣的在于合同、公司等商事领域。

我知道想要在现有基础上提升自己的专业能力、办案能力，就要对自己的执业重新作出规划与定位。

是继续现有的熟悉的工作，还是离开舒适区，按照自己的执业定位重新开始？

在经过很长时间的深思熟虑之后，我决定按照自我定位重新开始。

辞职之后，我开始寻找新的律所，或者说更符合自己执业定位的律所。

机缘巧合之下，我得以进入湖北观筑律师事务，开始新的征程。

观筑所的主要领域在房地产、金融、涉外、企业法律顾问等领域，这与我自己对执业领域的规划很契合。

观筑“四有”律所的定位也与我内心对律师行业的认知相吻合。

正是因为定位上的高度契合，来到观筑以后，自己在业务能力、专业能力以及视野的开阔程度上，都有了飞速的提升。

相比之前在案件办理上的诸多不自信、不确定，现在的自己已然不能同日而语。

相信也有很多青年律师与我一样，感觉在现有的平台上不知道该如何提升自己的专业能力。

从我个人的经历来说，面临转折与选择并不可怕，重要的是要给自己一个准确的执业定位。

独立执业：做值得信任的合作伙伴

对于青年律师来说，你的客户群体是谁？

是某一天“天上掉馅饼”砸下来的当事人？还是自己的同学、亲戚、朋友的友情介绍？又或者是静静等待律所的随机分配？

以前我也没有深入地思考过这个问题，但是来到观筑后，何新权主任的一句话点醒了我，青年律师的客户应该是自己的同事。

对于青年律师来说，自己少有单独的案源，更多时候是与其他律师之间合作办案。

在这种情况下，首先需要的是赢得同事的信任，在合作的过程中展现自己的专业能力，学习更多的实战经验。因此，做一个“接得住”的合作伙伴就显得尤为重要。

很多青年律师苦于没有途径外拓案源，在这种情况下，更应该修炼自己，做值得同事信任的合作伙伴，抓住身边的合作机会。

终身学习：专业的人做专业的事

在来到观筑所的这一年里，我也在不断地加强自己的学习。

有幸随主任到上海拜访了金杜、君合、通力等十多家红圈律所，在开阔眼界的同时，也深刻地认识到自己在业务、专业能力、执业态度等许多方面的不足；

在 iCourt 的深入学习，不仅提高了自己工作中科技手段运用的便利性，也更快地了解到法律服务市场的新变化；

在北京参加了家族财富领域的闭关学习，更是在专业上系统地梳理，对新兴法律服务领域有了更清晰的认识；

重拾财税专业，学习税务相关法律业务……

这一年，还参加了大大小小许多的论坛、讲座，工作之余，让自己对法律行业有了新的认识，紧跟时代的潮流，同时也学习了大量的专业知识，在办案过程中更加的游刃有余。

正所谓专业的人做专业的事，对于律师行业来说，专业才是王道，对于青年律师来说，更是如此。

在人工智能、大数据等科技手段日新月异的发展之下，在法治水平不断提高的社会环境下，在新兴领域不断涌现的经济形势下，唯有不断学习，提高自己的专业水平和专业能力，才是律师安身立命之本。

结语：我们都是追梦人

岁月不居，时节如流，转眼已来武汉定居三年了。

回首过去三年的执业，汗水与泪水齐飞，收获的却是满满的幸福与成就感。新的一年，我也即将步入人生的新阶段，升级成为一名新手妈妈。

2019 年再出发，追梦路上，不怕万里路遥，愿我们每个人都能乘风破浪，得偿所愿。

102. 一名医疗纠纷律师的甜酸苦辣①

2019 年快过半，时间快得让人措手不及。

泡上一杯浓茶，静静地回忆过往的深沉。

选择法律专业

很多人对法律专业都有一种由衷的向往，觉得可以凭着一腔热血、一股正义，从此一往无前。

在法律这片净土上为别人伸张正义，做一个不平凡的人。诚然我也在这样一种美好的希冀下选择了多数人向往的学科。

在大学四年最难忘的是准备司考的日子，每天只知道感受这一天有没有进步一点点，知识点有没有背完，今天的目标是否完成。

不考虑周边的人和事，也不关心这一天是高温还是阴霾。

还记得一天中午吃完饭走在路上，炎热的夏日忽然下起了暴雨，周边的人大都慌慌张张地跑回宿舍。

我却内心惦记着中午的任务还没有完成，就一头扎进暴雨里，一路有一种百米冲刺的感觉，等到教学楼下，雨却忽然停了，内心竟然和那一刻的天气一样，晴空万里。

此刻想想仍怀念那种无忧无虑、满怀热忱的时光。

初入社会

大学的日子美好也短暂，刚考过司法考试，想着有检察院、法院的实习经历，有寒暑假勤工俭学积累下来的沟通经验，工作应该很好找吧！

精心做了一份简历，怀着和“毛不易”歌中写的自信一样，大步朝着社会这个大熔炉走去。

工作整整找了几个星期，刚开始的信心也快被消磨光了。

---

① 魏瑞娟，河南鼎荣律师事务所专职律师，擅长医疗纠纷；曾为河南省肿瘤医院提供专业法律服务，在全国智能办公系统出版一套医疗纠纷办案流程。在企业法律服务和人身损害法律纠纷方面拥有丰富的实操经验；曾在全国某智能办公软件上线多篇专业理论文章，主要涉及民间借贷纠纷大数据报告、执行案件办案流程、医疗纠纷案件办案流程等；执业领域：医疗健康、刑事辩护、企业法律顾问。

优秀的岗位，优秀的人太多，自己也不过是沧海一粟。

在那段时间里曾经一度怀疑自己是否可以踏出去，是否应该去走父母指出的道路。

但内心还是怀着对法律行业的向往，觉得应该自己去闯一闯。

难忘的一次误解

像大多数人一样，在经历了近一个月的投简历、面试时光后，对律师这个行业也大体有了一定程度的了解。

就进入一个律所，开始了我的实习生涯。

实习的日子刚开始未泛起一丝波澜。

直到遇到了一位给我人生上了“生动”一课的当事人A。

打开记忆的闸门，那是一起简单的民间借贷案件，因为需要庭前调解，我按照常规提前3天与当事人通话，告知A带着证据原件参加调解，刚开始当事人表示知道了。

可是第二天A来到律所说他有事要外出，调解估计去不成，证据原件交我保管并带到法庭。

因为A不太放心，所以我在微信中给他发私信表示证据原件已经收到。

调解如期而至，但调解之前对方提出管辖权异议，法院要求依法审核，要我们回去等通知。

我带着原件也不太放心，就给A打电话要他来律所领回证据原件，A表示最近很忙，过段时间再来。

后案件被移送到另一个法院，在配合法院移送的过程中，我在立案庭把证据原件交还给A，并要求A给我一份收条。

但是A一直讲关系啊、朋友啊不用太复杂，要我放心不会坑我怎么样的。我也不好意思强制A给我写收条，但考虑到之前给他出过收据，为防止风险就把交接过程拍照留存。

日子一天天过去。忽然有一天保存交接照片的手机丢了，照片也随之遗失。

说巧不巧，A第二天就来律所要我返还他的证据原件，并拿出当时我给他发的收取证据原件的私信照片。

我听后耳朵隆隆地响，但事情还是得处理。

于是一再给 A 回忆当时交接证据的过程并引导他回去再找找。但 A 一口咬定是我没有给他，并把他的证据给弄丢了，还说要到律协举报我。

直到那一刻我才明白其他律师讲的执业风险是何意！有时还是得宁可信其有，不可信其无。

当事人与律师不过是一种因利益关系凝结在一起的一次交易罢了。

当时真有种百口莫辩的感觉，在懊悔无助的时候，身边有指责、有鼓励、有鸣不平、有……

但是真相只有一个，当时想了好多方法去救济如庭前调解、到法院立案庭调监控等但都效果不佳。

也许是真诚感动了上天，在法院通知开庭的前一天，A 来到律所，表现的异常平静，不似以往的大吵大闹，从口袋中拿出来所谓丢失的证据原件。

自此一切回归正常。

这一课虽然结束了，却留给我无尽的思考。

执业风险原来如此的可怕，律师因接受委托而为别人的事情穷尽法律救济途径，努力为当事人争取一份公平公正。

但是在这一过程中律师也要学会保护自己，不要把自己带入纠纷的旋涡。

同时也不可以因为需要一定的案源，就不考虑对方的性格、特点而接受委托，为自己未来的执业生涯埋下不必要的地雷。

专注医疗纠纷案件

在执业的道路上，相信不少人听到过“专业化”这个词汇。就专业律师而言，具体指在某一领域拥有一定的经验或者较好的成绩等。

在众多业务领域中，我选择了医疗纠纷律师这一板块。

于我而言目前还不能够称专业律师，只能说在医疗纠纷领域做了较多的工作和研究。

医患案件多像大家看到的一样，医患双方矛盾激烈，有时还会有肢体冲突。面对这样的案件，对一个律师来讲绝对是一种能力的考验。

不仅需要了解双方纠纷的要点在哪里，患方的诉求是什么，而且在接待患方时需要注意对方的情绪，语言尽量亲和。

因为患方几乎都是带有不良情绪，急需找一个发泄口发泄，希望可以得到理解和帮助。

同时也要掌握医院的态度，并就双方争议的问题深入分析。

律师也要善于引导患方依法救济，不可采用偏激的手段对别人对自己造成不必要的伤害，如此一来便得不偿失。

在与医患方双方沟通的时候，如果可以通过律师介入达到调解，对律师而言也是蛮有成就感的一件事情。

探索前行

说了这么多，回忆着在律所工作的时光，感觉经历了很多事情，也学会了许多知识和道理。

少了些许青葱，少了一份执拗，多了一点岁月的留痕。

经历着同小说、同书会上看到的、听到的故事一样的岁月，每天从清晨到落日都在希冀可以像看到的故事结局一般，有所获，有所得。

在这样的时光里，慢慢地前行。

深深地相信可以变成当初梦想的样子。

尽管仍在人海里浮沉，但谁不曾一身伤痕，这也许是岁月本该有的样子。

103. 女律师在黄金期选择生育的失与得[①]

自2015年正式执业以来，律师执业生涯已过四年。

① 王晓艳，北京金台（武汉）律师事务所专职律师，华中科技大学法学院硕士研究生，执业领域：合同纠纷、侵权纠纷、婚姻家事纠纷、劳动人事纠纷、公司法律事务，座右铭：法律不能使人人平等，但在法律面前人人是平等的。

平时办案或做项目时，有不少感悟，可鲜有记录。

感谢青青若的邀请，使我有了动力去回顾过往，去重新感悟当时的体验。

毕业工作选择：法务还是律师

我于2013年毕业于华中科技大学，硕士期间主修经济法学、刑法，研究生毕业后，我选择了去公司做法务工作。

当时供职的公司已经有常年法律顾问，是一名40多岁的有证券从业资格、注册会计师资格等多项头衔的资深律师。

该公司法务不晓得面试了多少人员，我所知道的是，参与当天面试的，除了我，还有十数名面试者。

不知是我于2008年即大三时就400多分高分通过全国司法资格考试的原因，还是我研究生阶段获得全额奖学金、多项课题、优秀毕业研究生等荣誉的原因，还是我当时对面试具体法律问题回答的原因，他们选择了我，并一开始就让我跟进公司一项收购业务。

经过半年的磨砺，我学到了不少实务经验，拟定公司的员工手册、各项规章制度、制作并初审公司签订的合同、参与公司的商业谈判、设计公司相关纠纷的解决方案。

慢慢地，我发觉我的意向范围超出了该公司涉及的领域，我想像该公司法律顾问那般去处理更专业、更深入的法律问题。

我想像律师那样不需要每天固定上下班打卡，我想去体验下我骨子里期望的法院开庭、调查取证、当事人会见等这些事项。

于是，我选择了去做律师。

实习期：值得重视

从实习开始，一点一点地去学前辈的经验，去观察他们的处事方式，去磨合自己的性格，去提升律师该有的素养。

实习期是执业律师的必备阶段，可能没有什么高的经济收入，但能够参与案子办理就很开心。

实习期间，为律所合伙人拟定过武汉某银行数千万标的额经济纠纷诉讼案件的法律文书，处理过房地产纠纷、借贷纠纷、劳动争议、侵权纠纷，经历过一审、二审与执行程序，也经手协助办理过国有企业人员安置方案并提供律师见证服务、拟定专项法律意见书，也参与办理过运输毒品案、提供虚假证明文件案、受贿案等刑事案件。

且其中一份一万余字辩护词得到省高级人民法院办案法官的高度认可，我当时的感想是，这是值得的、开心的，现在回想起来，依然如此。

我想说的是，实习期确实不应计较经济收入，你能够在此阶段尽最大的努力去学、去练、去成长，就是最大的收获。

当然，如果你遇到愿意负担你或者给你提供部分经济支持的律所或者师傅，则是意外之喜。但是，如果没遇到，也无须怨天尤人、感慨万千，因为这非强求之事。

执业之路：每个案子和项目都承担着心血

不瞒各位，我本人有强迫症，在生活中我会把东西放在固定位置，家里的东西即便我闭着眼也能够找（摸）到。

而放在工作中，我很认真，有人说是严谨，有人也可能说是较真儿。

不过，有些事，无论认真也好还是较真儿也好，还真有用。

譬如代理的被告一次性被 4 名原告起诉，案由具备同质性，原告及其代理律师在言辞方面能够使法官去合理质疑被告的诚信及态度，怎么办？

我和团队小伙伴选择了用专业说话，数千字的质证意见、五页纸的代理意见以及庭审的专业代理，最终使法官完全支持我们的抗辩；

譬如合作律师代理的一个经过最高人民法院再审驳回申请的民事案件，2000 多页的纸质卷宗，一审、二审、再审、执行相综合的法律程序，我一个人花了三天时间阅卷、梳理卷宗资料、整理相关法律、分析争议焦点、提出应对方案；

譬如，客户一个紧急电话，我就从冬天温暖的被窝里爬出来去处理、去出具法律文书，因为我明白，不到万不得已，我不会在深夜去向他人求助，反之，亦然。

所有的这些目的就是维护当事人的合法权益。

所以，盯电脑盯得眼睛生疼也顾不得了，加班早起也心甘情愿，有时甚至割舍了陪小宝睡觉的时间。

但是，我向来是做过的事情绝不让自己后悔，如果确实错了，就吸取教训，但后悔不得，否则，只会徒增伤悲与难过。

谈谈女性执业、孩子与意外收获

不只是律师行业，其他行业也都面临着女性特殊时期如何从容应对的问题。

但律师行业又有着其特殊性，它不需要你每天去律所打卡，但项目或案子紧急时它需要你全身心投入时间及精力，它不需要你担心产假休不够，但你长期不工作则没有任何收入。

所以，你说它自由，它确实是自由的，但你说它较一般授薪制工作更具挑战性，在一定意义上也是成立的。

怎么办呢？要不要在黄金时期去生子。

我是觉得，如果有准备，能够在前期把执业道路铺垫好了，即便生子也会有助理或实习律师协助处理业务，是最好不过的了。

但是，如果到了想生孩子的时期，执业道路又没有铺垫好，也不必刻意去等待。

简单说，想生就生吧，孩子是这个世界上最美妙的创造，他(她)的一个微笑、一句妈妈、一个拥抱都是消减生活疲惫与精神欠佳的良药。

所以，为什么不呢？只要你心理上准备好了，就敞开胸怀迎接她，哪怕确实执业道路尚未铺垫好，那也只是一段时间，随着孩子的成长，你仍有机会去继续创造、去施展抱负。

我本人就是在事业刚起步时，怀了宝宝，当时一个大案子刚介入不久，因头胎反应较大，没能继续跟进案子。

接着，我又陪伴了孩子最脆弱的幼儿时期。那时，我主要心思就放在孩子身上，考虑到暂时不能够全面投入工作，我干脆报了在线真人外教课程，就这样，从 level 5 升级到目前的 level 11(最高级别为 level 12)，而且是口语。

后来，将孩子交给奶奶带，鉴于刚开始的业务量不大，我就办起了微信法律公众号“王律师在线”，定期一篇一篇地写，或热点、或专业、或办案心得，现在原创文章已经有十数篇。

发表过文章的都知道，原创不易，而我现在也养成了习惯，即便现在业务忙，还是一直在写，就觉得写文章不再成了坚持，而就是想写了，想留下些文字。

所以，有时就想，东边不亮西边亮，没有哪一条道路是普适的。

沉淀、负重前行，自会带来信手拈来

我特别喜欢董卿，知性、大方、得体，她的素养在言行举止中显而易见。曾读过董卿分享的她的成长之路，她理解并感激父亲对掌上明珠特有的宠爱。

律师行业也是如此，刚开始，一切都是那么难，可你重视了实习，认真对待了初期执业的每一件案子或项目，自然而然地，有些事就不那么难了，有些业务做起来就越来越顺手了，你也越来越熟悉如何去应对事务中的法律问题、焦点难点，并针对性地出具解决方案或者提出法律意见。

回想起前两天为光谷一小区业主孩子幼儿园入学难事宜，我在 15 分钟内，提出 8 个问题，次日业主就告知我，媒体已将此事予以报道，冠名“居民八问”，想来媒体朋友应是认同我的观点；

回想最近为客户谈判沟通，为巩固谈判成果，现场拿出电脑敲字成文，以便达成协议；

再回想与客户面谈业务，能够在短时间内抓取争议焦点并给出初步意见。

我心里还是踏实的，没有空落落。

但这并不代表我懂了多少或者我有多专业，学习之路漫漫，即便是执业后的学习，也马虎不得，我只是庆幸我这个笨笨的原始的方法初步被自己证明是有效果的，能够入得了门，能够端得起这碗饭，而又是自己愿意吃的饭，确属难得。

感恩与合作

一路走来，有太多支持我、帮助我的人。

感谢我的家人，他们支持我，而且是在我最艰难的时候义无反顾地支持我，只是因为相信我的选择。

感谢我的老师们、执业前辈们，他们愿意给我提供专业指导，愿意交给我事情做，使我能够快速成长。

感谢我的执业小伙伴们，我们相互之间讨论案子、嬉笑打闹，平添好多乐趣。

最后，压轴感谢的是我的客户，感谢他们的信任，放心把案子交给我，放心由我去处理、去解决他们的争议或纠纷，以使我践行我的行为规范“遇事不怕事”。

律师行业，我不太建议单干。

一个人的精力有限，有搭档愿意承担并擅长打印复印调查取证这些费力活，有搭档愿意承担并擅长梳理法理、分析案例的基础业务活，有搭档愿意承担并善于深入分析、论证、出具法律文书的案头工作，有搭档擅于开庭专业代理或辩护。

所以，整合资源，使团队成员干其擅长之事，以便整体效益达到最优效果，何乐而不为？

合作，也应是律师行业的共性。

现有的查询工具、检索方法、共享资源特别多，没有必要藏着掖着，相互交流，共同加快良好成长，对彼此都有效益。

谁都有需要别人帮忙的时候，那么，在别人需要帮忙或合作时，在自愿的前提下，力所能及地去融入、去合作，无论近期是否有回报，它总会埋下一颗种子，一颗善的、在未来某一时刻能够长成大树给更多人庇佑的种子。

每个人的执业道路都不尽相同，也没有必要去刻意模仿他人的成功之道。

只要抱着开放的态度，能够积极有效汲取他人有效经验、方法，并将之磨合成为适合自己的经验与方法，加之你该有的沉淀与担当，你就是成功的，就是值得被自己认可的，就是客户愿意信任的。

104. 从专攻劳动法、年经手 400+ 件保险案件，到主动出击的执业律师①

在高考填报志愿的时候，爸妈说女孩子学会计好，但我选择了法学；在大学毕业的时候，爸妈说女孩子考个公务员好，但我选择了做一名律师。

于是，一路跌跌撞撞，我执业已然四年了。

等 待

很喜欢“等待”这个词，不急不躁，坚定不移，且充满期许。

记得大学毕业那一年，在等待司法考试成绩的那段焦躁不安的时间里，经过重重笔试及面试，我竟然幸运地被银行录用了，成为了父母非常满意的银行职员，工作稳定且不用风吹日晒，父母觉得我终于懂事了。

只有我自己知道，我其实在等一个结果。

司法考试成绩出来后，带着家人和银行领导的不理解，我果断从银行辞职，开启了自己的律师执业生涯。

找准定位，坚定脚步

尼采在《在阴影中向太阳奔跑》中说：“生命中最难的阶段不是没有人懂你，而是你不懂你自己。”

刚从银行辞职的我十分迷茫，和所有初入行业的同行们一样，我当时面临的两个主要的问题就是：

一是没有任何律所工作经验，完全小白一枚；

① 罗晓庆，北京京师（武汉）律师事务所专职律师，曾在某大型国有商业银行担任银行柜员，在湖北我们律师事务所（原楚盾所）执业二年，在华安财产保险股份有限公司湖北分公司担任法务二年，执业领域：公司常年法律顾问、保险金融、劳动争议、合同纠纷婚姻家事、医疗损害等。

二是没有稳定的收入来源，说白了，就是穷。

可能正因为“无知即无畏”，我凭着初生牛犊的一股劲，日夜在网上搜索整合律所信息，根据自己的实际情况来抉择。

我通过整合从网上查到的信息，发现法律市场上最为普遍和需求量最大的三类诉讼案件为劳动争议、婚姻家庭、人身损害，而这三类案件中，劳动争议类案件最为普遍也离我们的日常生活最近，因为从事各行各业的人或多或少地都会遇到工作上的问题，就算不能形成诉讼案件，但基本上也都会有这方面的困惑需要寻求律师的专业帮助。

专业为先，跳出舒适圈

如果一个律师对大众普遍关注的法律方向都不能做到提供专业的法律服务的话，那还怎么获得当事人的信任呢？

据此，我选择了一家主攻劳动方向的律师事务所，也很幸运地通过了层层面试，成为了一名实习律师，开启了自己的律师生涯。

如果说大学期间的学习丰富了我们的法学涵养和法律思维的话，那么实习期的学习就是作为一名执业律师的启蒙阶段，是一个将学习的知识运用到实践的过程。

刚进律所的时候，我每天早早地去律所，看看律师前辈们有没有什么需要我帮忙跑腿的，或者去律所档案室翻阅、学习律所合伙人和其他律师的卷宗档案。

我一直都觉得自己是一个很幸运的人，在当时的律所，我遇到了很多位喜欢给我“布置任务”的律师前辈们，其中有一位女律师前辈，还曾给我布置过背诵法条的任务，并不定时地抽查。

当然，最初的我还是颇有微词的，总觉得一大把年纪了，居然还要背书并被抽查，背不好还要被“教训”。

但当时的我“人微言轻”也是不敢反抗的，毕竟是前辈们布置下来的任务，总还是要力求完美达成的。

可能“老实”真的是一种不可多得的美德吧，因为我的这种“老实”，前辈们越来越喜欢给我布置任务，也让我从一个“没人疼没人爱”的苦孩子成为了一个“吃百家饭长大”的执业律师。

因为待的第一家律师事务所专攻劳动方向，所以我也在该期间接触了大量的劳动争议类案件，积累了劳动争议方面的专业经验，为我的律师执业生涯贴上了第一个属于我自己的标签。

最令我感谢的是，这样也让我养成了定期自我充电的好习惯，使自己的专业知识储备能实时更新，这个习惯也一直延续至今。

如果一朵花开，需要等待的话，那就好好等待，一点一滴地汲取养分，让自己变得更强大，开出更娇艳的花。

通过慢慢地适应、融入律师执业生活，我发现自己如果只对劳动争议、婚姻家庭、人身损害这三大普遍类型案件专业、熟悉的话，我将无法走的更远，我在等待一个机会，一个能丰富自己的机会。

2015 年，一家大型保险公司湖北分公司向我抛出了橄榄枝，记得最初在面试环节，法务部的副总询问我在公司的职业规划时，我老实坦诚地告诉他，我给自己在贵公司两年的学习时间，以便积累更多金融类诉讼的经验。

据这位副总说，正是我的诚实打动了他。

于是我从律所短暂性地离开，开启了更为艰难的保险公司法务之路。因为所在的律所的方向是专业化方向，接触到的诉讼类型有限，导致我的法务之路步履维艰。前文提到过我会定期为自己充电，为了打好这一场“战役”，我购入了大量的相关书籍，俨然拿出了备战司考的模式，用挑灯夜战来形容我当时的状态毫不为过。

大型企业的法务尤其是保险公司的法务，都是异常忙碌的，因为需要在短时间处理大量的诉讼案件，所以我们总在不停地接收新案件、准备案件开庭资料，调取各个案件的证据材料，每日的案件开庭数均在三个以上，我的最高纪录是一天有 7 个案子同时开庭。

在担任保险公司法务的这两年时间里，我每年需要经手的案件高达 400 件左右，经常是刚从一个城市出差结束就得赶往另一个城市准备下一个案件的庭审。

作为保险公司的法务，除了处理法律专业方面的事项外，同时还需要处理很多关于企业经营、运营的事务性工作，诸如为了保证企业合规成长、经营，我经常需要给湖北分公司及其下级单位员工进行各种合规培训，而这些分支机构多达30多家，这对我来说是挑战也是机遇。

也是这两年的学习，让我更熟悉一个大型企业是如何运转、经营的，了解到该如何更全面地防控企业运营中会遇到的各种法律风险，这不仅为我以后的律师执业生涯积累了宝贵的诉讼及非诉类案件的经验，也因为出差频繁，让我积累了几乎涵盖湖北省所有大小城市及县城的交通票根。

如果火车票也可以累计里程的话，我相信我的里程足够换一次环球游了，这样一想，也是一件很浪漫有趣的事情呢。

以梦为马，不负韶华

从前我以为坚持就是永不动摇，现在才明白坚持就是犹豫着、退缩着、心猿意马，但还在继续向前。

担任保险公司法务的这两年期间，忙碌到根本无暇顾及时间的脚步。

两年时间结束时，公司提出了十分优厚的薪资条件及岗位条件挽留我，可能是梁静茹给我的勇气吧，我再一次为了完成自己成为一名“合格”律师的梦想，跳出了法务的舒适圈，加入了北京京师（武汉）律师事务所，再次成为了一名专职律师。

成为专职律师就意味着所有的事情需要自己独立思考独立处理。

相信大家在成为专职律师的初期都会为案源发愁，这个时候我才发现仅有专业知识是远远不够的，还需要销售自己，拓宽圈子。

我的社交模式也从开始的“被动”改为“主动”，通过借助网络推广、朋友转介绍等途径，开始慢慢地打造属于自己的风格。

除了社交模式的改变，随着和当事人的接触中，我发现当事人除了需要我们具备专业素质以外，也需要我们具备同理心，能理解、尊重当事人的想法，想当事人之所想，急当事人之所急，与此同时，我们律师也要学会面对不同的当事人采用不一样的沟通方式，为当事人提供“私人定制”服务，以适合他们的方式去引导他们。

花 开

“你听，是花开的声音。”

闲下来的时候，我喜欢自己一个人看看书，听听钢琴曲，石进的《花的微笑》让我很是喜欢。花开是有声音的，也是美好的。

我们一般会惊讶花开时的美丽，但谁能了解一朵花，从发芽到开花，它默默努力了多久呢。

成为一名“合格”律师的路从来都不平坦，除了需要面对形形色色的当事人外，还需要面对法官、检察官，更需要面对案件结果。

焦虑，早已成为律师行业都无法逃避的问题。

没新案子时，焦虑案源；

有案子时，操心案件进程及诉讼结果；

在案子处理过程中，每走一步的诉讼策略都是反复斟酌、思量，唯恐辜负当事人的信任。

因此，如何缓解焦虑这种情绪压力成了作为专职律师的必修课。

面对当事人的不理解、案件结果的不如意等，我们不仅需要来自内心的强大，也需要来自外界的力量。

相信每一位看似高冷的律师背后都有一位比肩心理咨询师的闺蜜或朋友吧！

我曾无数次因为第二天的诉讼案件而在凌晨两三点去骚扰我的闺蜜，也无数次因为成功帮助当事人达到预期诉求而去与朋友分享喜悦。

所以，我既欣赏“我哪里懂什么坚持，全靠死撑”的坚强，也同样认同“桃花潭水深千尺，不及汪伦送我情”的人心的温暖。

当然，成为一名“合格”律师的路其实也不是那么难。看看身边优秀的同行们，个个都是超人哦！

作为一个刚刚起步的青年律师，我不知道花开在何期，但我知道，我们一直在路上。

105. 毕业十年，二胎妈妈，乘风破浪的女律师[①]

我是两个男孩的妈妈，一个4岁半，一个即将满3岁。

孩子本不应该是职场妈妈的常带标签。

可是我为什么一上来就先说我是两个孩子的妈妈呢？

因为我所有精彩生活的开端都是缘于两个孩子。

毕业十年，早已忘记当初的梦想

2009年大学毕业，尚未做好工作准备的我却阴差阳错地进入了杭州一家知识产权代理公司。

3个月后，我又稀里糊涂地被调入北京分公司，担任起了北京分公司的负责人。在北京的我，每天上班下班两点一线，忙碌到怀疑人生。

两年后，因为到了谈婚论嫁的年纪，我毫无留恋地离开北京，回到了我的家乡。

都说第一份工作是决定一生的事业，我回到家乡后，在一个小县城里，没有找到自己尚且喜欢的商标代理工作，但是却以知识产权为起点，成为了一家上市公司的项目申报主管。

项目申报工作，经常会加班、赶时效。

那时的我，生活的大部分都是在工作。

更是将高考填报志愿时，励志成为律师的梦想抛在脑后。

因为毕业后要考过司法考试对我来说，真的是太难了！

有娃后，开始艰难追梦

2016年年初，第一个宝宝出生，每次喂奶时，我就在想，他将来会成为什么样的人？

2017年年底，第二个宝宝出生，看着这两个宝宝，我就会问自己，我能带给他们什么？

我想让他们有一个积极、向上的生活状态，不断进取，生活快乐。

① 薛燕，山东信公律师事务所专职律师，方向为婚姻、家事、未成年人保护。

我要带给他们一个精彩的人生故事，多年后跟他们讲妈妈的故事，能给他们一种生活的正能量，让他们以妈妈为榜样。

可是，接近10年了，我并没有朝自己的梦想去迈进。

过司考，这第一步对我来说就太有挑战了。

没有孩子之前，常常以工作太忙来搪塞自己，成为自己每次过不了司考的借口。

现在有了孩子，还是两个，产假结束后，我又必须回归工作岗位，我真的能挑战自己，过司考吗？

想到这些困难，我就打退堂鼓。

可是转身再看到睡在自己身边的两个娃，我就对自己说，这是我要传递给他们的生活态度吗？

有梦想，为什么不试一试？

将来他们想放弃当初的梦想时，我拿什么来鼓励他们？

都说女子本弱，为母则刚，所以在老二产假期间，我就给自己定了一定要过司考的目标。

可是现实困难依旧是：

老二是"睡渣"，睡觉时间极晚还经常夜醒；

而白天需要陪伴老大做游戏；

三个月后我就要回归工作岗位。

时间哪里来？

宝宝谁来看？

是过几年就考还是现在就开始行动？

我已给自己找了十年借口，这次我不能再找借口。

因为我不想让我的孩子在以后遇到困难时都给自己找来一堆借口。

经过系列安排，我在挣扎中进入了备考状态。

再此也把我这个职场二胎妈妈过法考的一点小心得分享给想过法考的妈妈们：

1. 运动第一

做妈妈后最大的感受就是精力跟不上，经常浑身疲倦，起床后也不精神，如果要早起学习，确实挑战很大。

但是适当的运动却可以让我们精力更加充沛。

2. 合理规划

法考不是看看就能过了的简单问题，详细周密的计划能让自己每个阶段的复习都很从容。

3. 善于利用琐碎时间

当妈妈的最大问题是时间不由自己控制，所以要想学习必须利用好一切可以利用的时间。

比如我是凌晨3点到5点用来学习，因为这个时间宝宝睡的香不会醒来打扰我。

下午宝宝午休的时间我也全部用来学习；

回单位后，大家去吃中午饭的时间是我学习最高效的时刻；

下午一个小时的哺乳假也是学习的绝好时机。

4. 巧用外力，借助分工

我将要复习考试的计划提前跟家人沟通，所以妈妈、老公、婆婆都很支持，他们主动帮我看孩子，收拾家务，让我除了喂奶，偶尔哄哄娃，没有其他可以分心的事情。

法考考试科目多，各种资料又琳琅满目，经常会在选资料上浪费太多时间，所以我就直接报了一个网络辅导班，每个星期都会根据我的时间和我选定的老师来指定计划，发送本周学习内容，而我只要执行学习即可，极大地节省了选择找资料的时间。

最终，有梦想的人会得到上天的眷顾。

十年之后，我终于通过了首届法考。

外力助推，朝梦想迈进

虽然过了司法考试，但因为我是两个孩子的妈妈，我还是未能下定决心辞去工作。因为我不知道挑战是什么，未来有太多不可控。我还是在犹豫不决，不敢作出决断。若换工作，可能需要更多的时间和精力来适应新的挑战。

正在自己纠结、犹豫时，我接到了公司领导的约谈：

“我们搭档七年，我的一个眼神，你可能就知道我要安排什么工作，我想要什么结果；这会省去我们很多的沟通成本，我很庆幸自己能遇到你这样的工作拍档。但是，因公司规划，不得不对我们部门的人员进行调整。”

我强装淡定，内心却极度不服地问：“为什么是我？”

我可一直都是追求事业成功的女人。

领导说：“我只能抱歉地说，因为你两个孩子，而你的另一个拍档只有一个孩子，所以我认为未来你对家庭的付出、请假的时间都会超过你的拍档，所以只能选择你。”

听到这个解释，我竟然释然了。

如果是因为孩子，那么我没有遗憾。我谢绝了领导想把我调入其他部门的好意。我快速地和公司谈好赔偿事宜、交接好工作，然后一一和公司同事道别。

同事问我：“为什么这么淡定？”

我笑答：“因为我是两个孩子的妈妈。”

离开原来的公司，我反而觉得我离自己的梦想更近了。

专业定位，梦想开始

终于，我以这样一种方式进入了律所，开始了我的追梦之路。从一个实习律师开始，我重新开始了我的职业生涯。

1. 归零自己，从头学习

初到律所，行政小妹妹很有爱心地向我介绍了律所的各位律师。然而我发现，很多执业多年的律师都比我小好多岁，我甚至不知道如何称呼他们。但是既然选择了，就要无怨无悔。

我虚心地向各个律师请教，我主动地帮他们去跑一些立案、查询、阅卷的琐碎工作，我积极参与到他们的案件讨论中。做实习律师的日子，很忙当然也很充实，我也觉得自己离梦想又近了一步。

2. 积极主动，多做一步

为了能多了解办案的思路和一些庭审的技巧，我都会主动地跟随律所的各个律师去开庭，多学习法庭技巧。庭审结束后，我会及时复盘哪些是自己没有想到的。对于师傅交代的案件，我总是多做一步，希望可以得到师父的指点。

比如，师父让我给当事人做接案手续，做完后，我会第一时间把起诉状等材料准备好交给师傅审核；在做被告的案件中，师傅让我阅卷，回来我会根据阅卷的材料写好答辩状让师傅看我这样的思路是否正确。

我也很幸运地遇到了倾囊相助的师父和律所的各位同事。

他们都能给我很好的指导，助推我快速成长。

3. 专业定位，走上专业的婚姻家事之路

由于在实习的后半阶段赶上了新冠疫情，很多工作不能开展。但是这也让自己有了更多思考和学习的时间。在这一段时间自己跟了很多场各大平台的直播，在听这些直播的过程中，我感受到了作为一个专业律师的份量和影响力。

任何一个当事人在找律师时都想要找一个专业的律师，可是专业如何体现？那必定需要自己深耕细作。选定一个细分行业，不断研究、开拓，持之以恒下去。

后　记

我也常常问自己要成为一名什么样的律师？

如果是一毕业就成为律师的我，肯定会选择公司法专业作为主攻方向。而现在，作为一名遭遇职场变故的二胎妈妈，我深刻体会到女性在社会中的不平等的地位。

作为一个职场妈妈，很多女性需要同时处理好家庭、职场等多个角色。尽管努力，一样可能在婚姻、家庭、职场中处于弱势，遭遇不公平的对待。我能感受到太多女性在婚姻、事业中的无助与无奈。

所以，我给自己定位，要做一个致力于维护女性权利的律师。

而更确切地说要做一个维护女性权利的婚姻家事律师。希望可以用自己的力量，帮助更多的女性在有需要的时候，可以拿起法律的武器进行自卫和反击；帮助更多的女性在迷失的生活中找到自我，让更多的妈妈明白，我们是妈妈，我们就是我自己。

有了专业定位，动力更足。

尽管实习的日子很忙很忙，但是我也见缝插针地来提升自己的专业知识。我整理、学习了近 80 个婚姻方面的法规、司法解释及最高人民法院相关复函等，拥有了一本属于自己的婚姻法规汇编；整理了近 100 个婚姻案件常见问题，形成了一本婚姻常见问题问答手册；研读了大量婚姻家事案例，整理成婚姻家庭纠纷裁判规则参考；学习相关婚姻家事案件书籍，形成了自己的办案常用模版等。

心心在一艺，其艺必工，心心在一职，其职必举。

坚持专注，倾注精力，执着追求，梦想可达。

最后，感谢青青若不厌其烦的约稿。

从我实习就一直在关注智善公众号，看到一个个励志的故事，总觉得他们都太优秀而不敢动笔写自己。但在青青若的鼓励下，我开始梳理自己。这也是一种成长。

写到这，很多职场妈妈肯定也会有疑惑，那做律师的你，还有更多的时间陪伴孩子吗？

我说是的，时间反而比之前更加从容。

因为律师是一个自律的行业，只要做好规划，安排好自己的任务，我不再拘束于每天打卡上下班，反而每天更充实。每天不管多晚下班，我都会陪娃读书、做游戏。

最后想说，世界很美好，没经过努力，就不要轻易放弃梦想。

106. 见自己，见天地，见众生——会武术的女律师有多酷①

第一位师傅

《叶问 4》中叶问师傅说，练武之人，遇到不公义的事情，一定要站出来。

① 杜巧玲，法律硕士，湖北维力律师事务所专职律师，职业领域：民商事合同纠纷、婚姻家事纠纷、劳动纠纷、人身侵权纠纷。

的确，这就是我们练武之人的初心。我是一名从小练习武术的律师。一种叫“武术精神”的东西，一直深深影响着我的工作和生活。

武术老师是我人生中的第一位师父。

回想我的武术老师教我们的第一节课，是要我们牢记，练武术不是为了打架逞强，相互切磋一定点到为止，也常教导我们，台上一分钟，台下十年功。师父以教套路为主，擒拿也只教几招防守。我想，这应该是习武之人的狭义心肠。

长大后我也坚持练拳，现在更懂师父的苦心，他教会我的不仅仅让我身体强壮，更让我内心强大。

遇到困难时坚持的韧劲，跟小时候扎马步劈叉很像；遇到挫折时果敢的勇气，跟拳法里要求有气势冷静应对很像；遇到伤心事时的洒脱，跟套路里潇洒俊美的动作很像……

回想自己做律师的初心，也正是想练好手中“法律”这把剑，寻求公平正义。

所以这看似全然不同的两个行当，背后的精神却是一致的。

第二位师傅

2008 年大学毕业后，我进入酒店行业。

刚入行时，我给自己定了个三年目标：要变得像店长那样有能力管理一整个酒店。

那时候我每日凌晨 4 点起床，时常连续一周每日工作时长超过 18 小时，同时还要经常参加“店长培训班”交流经验。

当感觉重复的工作不能再让自己提升更多的时候，我给自己定了第二个三年目标，我要考取研究生学习法律专业。

为避免坐公交车的时间看书会晕车，就把需要熟背的法律条文录音在 MP3 里面听，在没有客人的工作时间，默写考研英语作文，尽力挤时间学习。

那段时间我跟其他考研的人学习情况应该差不多，就是需要更专注，才能解决边工作边考研时间不充裕的问题。

功夫不负有心人，之后我顺利考上法律硕士研究生，开始了三年的研究生生活。

我的硕士生导师梁洪杰是我最有学问的师父，他曾鼓励我说，他觉得我是一个非常有韧劲的人，以后一定可以成为一名优秀的律师，我的所有经历都会变成我的财富。

平衡事业与家庭

三年研究生学习结束后，我组建家庭，生下了宝宝，开始了三年的全职妈妈的生活。

但我仍旧没有放弃学习，时常学习到凌晨两三点。为了教宝宝英语，我自学幼儿英语启蒙教育，并组建了一个 100 多人的全职妈妈群，每天发自家小孩唱英文绘本的视频，和各位妈妈分享英语启蒙的进展。

很多人讨论“女性如何平衡子女教育和事业”，说实话我起初也忐忑，但直到有一次，我陪着我家小女去看电影《哪吒之魔童降世》。

我问她哪吒为什么总觉得无聊和不开心啊？她说，因为哪吒的娘总是要去工作，陪他的时间很少。

我弱弱地问，那你的娘陪你的时间多吗？没想到她脱口而出：“我的妈妈陪我的时间很多，所以我一直觉得很开心。”

我好奇地问，你的妈妈也要去工作啊？有时候还要加班呢。她说，妈妈每天晚上下班了回来就可以陪我，有时候加班到很晚也没关系，不管多晚，妈妈回来了都会抱我过去一起睡觉。

所以，在孩子心里，我应该做的还算及格，这让我工作的时间更安心，也督促自己提高工作效率，让陪伴孩子的时间更充裕。

第三位师傅

2016 年，我结束全职妈妈的生活，进入湖北道博律师事务所工作。

刚接触这个行业时，感觉特别神圣，习武之人都有种“侠客”情怀，总觉得应该要“匡扶正义”，律师这个职业正是我向往的工作。

我在工作中投入了无限的热情，郝乃春主任给了我很多肯定，鼓励我更有创造性、能动性，每当我将以前酒店行业工作中的经验结合进律师行业时，他总能立刻用实际行动支持我去实践，这让我觉得自己可以做更多，我也更愿意主动地去思考，去探索。

郝主任是我进入律师行业的领路师父，他总说大家一起工作就是合伙一起去做这份事业，在他那里没有身份束缚，他不在乎那些，就是放开手脚、大刀阔斧，只有每个人都拾起“智慧的柴”，我们的火焰才能烧的高。

他的赏识让我相信自己非常适合做律师，也让我明白，律师这个行业是需要不停地创造和探索的，而不是打工完成任务，每一个“别人的”案件都是自己的事。

于是没忍住，我又开始了我的“三年目标”：做到熟悉所有的民事案件程序，熟练掌握各类民事案件的办理要点及常用的法律规定。

2018 年最后一天，我在日志里记录了这段话：“2018 年，我共经办了 43 起民事案件，涵盖婚姻家事、遗产继承、民间借贷、劳动纠纷、商务谈判、房产纠纷、人身侵权等。整个夏天走烂了一双新买的凉鞋，整个冬天磨破了一双皮靴。”

第四位师傅

当达成我的“三年目标”后，我开始反思，想做好一名律师，这些就够了吗？此后经年，我只要再重复就好了吗？答案是否定的。

因此，我很快就有了下一个“三年目标”：要把每一个诉讼案件或法律事务都研究得更透彻、更专业，必须从量变到质变。

很幸运，2019 年年初我进入到湖北维力律师事务所李涛律师团队，业务范围拓宽至合同纠纷、公司业务等商事领域。

初见李涛会长，给人的感觉是他很愿意跟人交流，总是鼓励年轻律师多说一些自己的想法。

我常常好奇，他执业近 20 年了，我能有什么想法值得他听取呢？

团队的重大案件，他也总是组织大家一起开会讨论，从法律检索、案例查询，到案情梳理，办案思路，证据材料的准备及庭审时如何借助“可视化”说服法官……所有过程他都集思广益。

后来才听他说，是因为他非常愿意看到年轻律师的进步。

李涛会长是我在律师行业的大咖师傅，他能带领我走的更高、更远、更稳。

跟随李涛会长的脚步，我经办的每一项诉讼业务，也按照这些程序：前期，制作“检索笔记”，尽可能寻找近期相关案件的判决趋势或法律走向。

中期，梳理案情，寻找更多的证据材料，将办案思路制作成法律报告或法律意见书，反复斟酌修改。

后期，将定稿的证据材料和文书制作成册，如案件特别复杂，提前跟法官沟通，庭审结束后及时向法院提交相关材料。

非诉讼业务需要团队的合作，注重细节。

我相信在这样一个认真做法律事业的团队里，我一定可以实现自己的“三年目标”。

意外惊喜的是，团队的部分企业客户有投资酒店的需求，提出需要懂酒店管理的专业律师，舍我其谁也？

将自己不同行业的工作经验结合起来，那种可以为客户提供非常专业细致的法律意见的体验，奇妙至极。

与团队律师一起受邀参加楚天交通广播 FM 89.6 的“896 律师团志愿律师”节目，成为嘉宾主持，也让我看到了自己更多的可能性，也许，是时候定下一个“三年目标”了。

结　　语

回顾完毕业后这 12 年的经历，发现每个三年目标都基本达成。每个“三年后”，都成为了“三年前”自己想成为的那个人。

这种定下目标、默默积累耕耘，然后达成目标的感觉非常好。

而一切，我想还是和我从小练习的武术是一样的道理。“台上一分钟，台下十年功”，先学一套最基础的拳法，想要马步扎稳就多扎马步。当练好了基础拳法，就想去练更难的拳，当拳法练熟了，就开始摩拳擦掌想去“闯荡江湖，维护正义”。

没有可以一夜练成的盖世神功，只有每个在日积月累中练就的属于自己的专属武功。

我想，这种耐力与韧劲，激情与踏实，就是我学到的“武术精神”。但更重要的是，在工作中要保持住那份热忱，不忘初心，活成《笑傲江湖》里的诗：

“天下风云出我辈，一入江湖岁月催，皇图霸业谈笑中，不胜人生一场醉。”

我很幸运，能遇到影响我一生的师傅们，我也期待自己能不断提升自己的能力，习得更高的“武功”，为更多人提供法律服务和帮助。

107. 一边温暖，一边照亮①

缘即因，因亦果。转眼一年半间，能再次结缘智善，相信是我广结善缘的因，更是智善乐施布善的果。

上周，当青青若联系我，说想我作为青年律师代表在智善分享自己的执业经历，我又惊又喜，一口接下了这个“活儿”。这距离我在智善夜聊栏目做分享嘉宾时，已然过去了一年半。

惊的是，有了之前的邂逅，没想到又一次重逢；喜的是，此刻的又相遇，回解了我心头的期待。

这一年多来，我已从武珞所的“门外汉”变成了律所的知心“小姐姐”，虽不能与律所其他青年律师的优秀相比，这却是大家和律所对我、只属于我的认可。

因为爱，所以爱

2019年9月3日，我正式成为了湖北武珞律师事务所的一分子。

我想，选择来武珞所的理由有很多：这里有我可敬可爱的老师和师兄师姐们、这里有我喜欢的工作氛围、这里更有我认同的价值追求……但最大的

① 张英，湖北武珞律师事务所专职律师，毕业于中南民族大学。

理由，我想还是源于自己对律师这份事业诚挚的热爱。

律师又是什么？一千个读者就有一千个哈姆雷特，一千个律师就有一千个不一样的烟火。

《律师法》的官方定义："律师是依法取得律师职业证书，接受委托或者指定，为当事人提供法律服务的执业人员。"

在我内心，律师是一个自由且自律的职业，是一个需要全方面能力的职业，是一个需要终身学习的职业，更是一个让人充满理想并为之奋斗的人生事业。

不管是律师行业内的人，还是行业外的人都知道，从考取法律职业资格证到度过一年的实习律师阶段，再到成为能够独立办案的执业律师，这条路有多难，如果对此没有热爱、没有热情，选择律师之路的人该会多煎熬、多痛苦。因为热爱，所以选择；因为热爱，所以坚持。

爱是初心，是理想，是奋斗。这里的一切都充满着热爱和激情。

比如，在我所高级顾问李少波老师身上，我们真切地感受到他对法律的热爱和激情，每提到法律、说到律师职业，他都慷慨激昂、满心欢喜，他将自身所学和实战经验毫不保留地、持续性地传授给我们，并不懈奋斗地拼搏。还有师兄、师姐们，他们每天都充满着激情。

武珞所，更是这样一个人人称"道"的地方，为我们每个人创造着成长和发展的乐土和机遇。

我热爱这份职业，我愿意以热枕之心对待它，我愿意点燃热血与青春，并为之奋斗。

做，就对了

有些事情不必问，做，就对了；有些结果不必急，等，就行了。

欢声笑语，花与荆棘，是律师职业的生命有常。有泪就有花开，有爱就有荆棘，花开是因为有理想和信念的浇灌，有荆棘是因为有成长和进步的启迪。

作为一名执业律师，我在两年多的律师职业道路上，深刻感受到了律师执业的艰难困阻和酸甜苦辣，但我始终会以一个饱满和热情的心去面对它，最终获得的是快乐和收获。在这里，我简单谈论一些自己的体会和建议。

时间意识

不管是什么人，时间意识都很重要。律师是一个看似自由却又不自由的行业。没有“领导”催你某件事情该什么时间完成，与时间赛跑的人只有也只能靠自己。

为每一项工作，包括案件的基础工作，设定一个正常的截止时间，并“强迫”自己至少提前 1/3 的时间完成，你的效率会大幅提升。

而这项工作的开始时间，不是“马上”，而是“现在”。同时，与当事人约定好的时间，我们更要守时，这不仅是律师执业态度的一部分，也是当事人能够对自己树立信任的第一步。

分类意识

对于律师来说，某个时间段内遇到多项任务交织一起，是再正常不过的工作状态，如多个案件接待、案件研讨、合同审核等。

律师需要做的工作，只有紧急与不紧急之分，没有重要与不重要之别。而我们要做的就是自行对每项工作的紧急程度进行分类，对完成的先后顺序进行排序，缓中有急、急中有缓，注重缓和急兼顾去做事情。

这一点，我们律所有一个使用较广且实用的电脑桌面模板，大家有需要可以“拍一拍”我。

全局意识

有很多时候我们做事情，并不是想不到，而是有侥幸心理，会想着这件事或许不用做吧，也许不会发生吧。于是匆匆忙忙地提交了结果，随之又会隐隐担心。墨菲定律告诉我们，越担心的事情往往越会发生。

因此，我们要尽可能地从各个角度出发，去思考与准备，特别是多元化地“换位”思考：换当事人之“位”、换办案机关之“位”、换时空之“位”，将事前的充分准备与事中的灵活应变相结合，做到有的放矢。

参与意识

作为一名律界新人，一方面，做好每个案件非常重要；另一方面，案件不会自己上门。做律师既要有理论功底与实务技能，还要学会宣传、营销与管理一体推进，而律所正是提供这一系列支持与训练的平台。

律所的规模化、专业化、品牌化建设，与每一位律师的付出都分不开，执业律师更应主动参与，实现自我价值与律所品牌的双重提升。同时，抓住每一个可以参与到案件接待、案件讨论与分析以及案件诉讼处理的机会。

当然，这需要大家向我一样“厚脸皮”，只要有律师在律所会议室接待当事人，不涉及案件商业秘密、个人秘密的，尽量参与其中。参与的过程中，不仅能学习其他律师接待当事人的交流方式与方法，还能拓展自己的专业知识面。

面对律师界所提及的“3-5-10”规律，我们该如何认识呢?

我想最为重要的是年轻律师要有自信，要懂得转危机为时机。这就如同你坐在副驾驶上再久你也是不会开车一样。做案子，看永远是看不会的，只有你慢慢学会独立判断和思考，并不断总结和积累，才能走出困境。

人这辈子，有时春风得意须尽欢，有时举步维艰且为乐；不管怎样，我们都该保持一颗平常之心，淡然地面对这一切。

事情往往都有两面，如果你总是只看到事情坏的一面，你就会变得消极，充满负能量，继而开始自我否定，觉得生活容不下你，活着太累，人间不值得，任由挫败感吞噬自己的人生，最终只有满盘皆输。你若泰然自若，纵使脚下荆棘满布，眼前皆是疮痍，照样也能从荒芜中走到繁华与风景。

曾经有一段时间，我浑身充满负能量，每天的工作也是浑浑噩噩，想逃离我的工作，逃避我的生活，想躲开任何人，真可谓那句“因为怕见人，所以不见人，久而久之则人将不人”。

还好，我有一群好老师、好朋友，正是通过每次跟他们沟通交流，最后自己才走出了“怪圈”，坦然面对工作、面对生活、面对自己。不固执、不强求，既往不恋、当下不杂、未来不迎，认认真真做好每一件事，踏踏实实办好每一个案子，才是真实的自己。

陈少文老师在《写给法科生的信中》写道：“有些事情不必问。做，就对了；有些结果不必急。等，就行了。”

好好做、慢慢等，一定会有不一样的收获。

不负岁月不负己

半年以前，你要是问我有什么兴趣爱好，我会回答：没有。但现在你要是问我，我会说：我喜欢跳舞、台球、滑板。

这样的转变也是源自心态的变化和自信的表现。

以前，总会觉得时间不够用，总是在犹豫现在去做这些是不是太晚了，总是在去实现的路上徘徊。在思考、选择之间踌躇，从而导致时间在踌躇中悄悄逝去。

现在，我会追随自己的内心，去决定，去行动。最终，收获的是丰富而充实的生活。

每周，努力跟上节奏的舞蹈、放松而刺激的滑板都让我觉得充实、快乐。

终于明白，律师的生活不止有成堆的案卷材料、不止有接不完的电话咨询、不止有纷繁复杂的案情，还有诗和远方，还可以有处处闪光的自己。

丰富自己，可以去读一本好书，与先贤对话，与智者沟通，受其熏陶和浸润，更能提升一个人的自身修养；丰富自己，可以多出去旅行，亲近大自然，强身健体。

无论是读书也好，旅行也罢，抑或是其他什么爱好，这些会让你看到一个个不同的世界，教会你成长，成为一个不同的自己、一个更好的自己。

结　　语

最后，特别感谢武珞所，感谢敬爱的老师们，感谢可爱的同事们，还有我那几个不离不弃的老友们。一直以来的相伴同行，一直以来的戮力同心。

同时，感谢智善平台，期待我们下一次的相遇。

愿大家少年有理想，壮年有担当，老年有依归，勇敢地迈出想要走出去的那一步，寻找自己想要的新知，获得新的成长和价值。

一边温暖自己，一边照亮自己。

108. 执业时间越久，专业领域越小[①]

接到青青若的约稿，其实我是很意外的。但是一直都非常忙，实在是太难挤出时间了，在写这篇稿子的时候，手里还压着一个200人的集团诉讼没有开始处理。

职业选择

我觉得还是有必要提一下我的家庭背景，因为这和我选择法学专业和从事律师有着很大的关联性。

我外公是咸宁市政府外侨办的工作人员，我从小和我外公住在一起，每到晚上7点我一定会和外公一起收看新闻联播以及随后的焦点访谈。

由于看了这么多年的新闻联播，所以我对政治、法律是很感兴趣的。

另外，我的父亲是劳动人事争议仲裁委员会的工作人员，去父亲办公室总能看到墙面上悬挂着各地农民工送来的锦旗。

这也让我对法律产生深深的敬仰。

但我最初的理想并不是做律师，而是一名检察官。

在读研究生的时候，学校分配实习单位时把我分到了西宁市城西区检察院的公诉科。

在那里实习的两个月，我学到了很多东西，也让我对刑事法律产生了浓厚的兴趣，而且我的研究生毕业论文也是和刑事法律相关。同时，我也觉得我这个嫉恶如仇的性格也比较适合做检察官。

但是我的骨子里又有着不安定的性格，不想在自己20多岁的时候就可以看到自己50多岁退休时的样子。

所以，最终我没有选择去考公务员，而是选择了做律师。

公司业务

刚执业的时候，我相信大家和我一样，在熬过了实习期，拿到执业证时

① 曾玉洁，北京观韬中茂（武汉）律师事务所律师，执业领域为金融领域。

一定非常兴奋，同时也做好了大展拳脚、大干一番的准备的。

但是，有句话叫作："理想很丰满，现实很骨感"。

刚开始有很长一段时间，是完全没有案源的。所以我当时选择在家一边备孕，一边找法务类的工作。

当时进了一家在积玉桥附近的法律咨询公司，接触到的公司业务还是挺全面的，包括催款函、律师函、对账单、公司的规章制度、员工手册等，我基本上都起草过。

这也为我今后担任其他企业的法律顾问打下了基础。

交通事故业务

之后，由于怀孕，医生建议在家养胎，我暂停了一切工作，等待我家的小宝贝的出生。

小宝贝出生以后，我在家休息了两个月，真的，你们没有听错，我只休息了两个月。

原因在于我在逛58同城时，一不小心手滑投递了一份简历出去，对方就联系了我。

对方是专做交通事故案件的团队，当时有个比较紧急的案件需要律师处理，所以希望我能尽快加入。

本来我是打算在小宝贝断奶以后再开始工作，但是既然自己打算一直做律师，又刚好能有这么好的机会加入专做交通事故案件的团队，我还是很珍惜的。

所以就开始做背奶妈妈了。很多地方都被我当成了临时的哺乳间。

在这个团队，我做了30多起交通事故的案件。标的大到一死一伤的一二百万元，小到不构成伤残的几千元不等。

这为我积累了丰富的办案经验，也让我了解了武汉市各大法院处理交通事故案件的法官的开庭风格。

有很多受伤的当事人，他们因为交通事故身体和心灵都备受摧残，即使疤痕愈合了，但是后遗症也给他们留下了终身的伤害，甚至有的当事人因为后遗症而去世。

有时候，肇事司机会提出各种理由，认为我们的当事人要求不合理，其实金钱是不能换回他们原来的健康的，如果可以选择，他们一定不会愿意要这些赔偿金的。

综合业务

在做了这么多起交通事故案件后，我觉得自己的业务不应该只局限在这里。

所以，我又选择回到了原来执业的律师事务所，跟随律所的合伙人学习新的业务。

这段时间，我处理了大量的诉讼案件，种类也十分庞杂，包括工伤事故、离婚诉讼、民间借贷、提供劳务者受害责任纠纷、行政诉讼、刑事辩护等，这为我今后独立处理案件提供了很好的方法。

律所的合伙人董立律师其实和我们差不多大，都是“80后”，但是他的业务水平和逻辑思维能力都是很强的，所以能很快做到我们律所的合伙人。他也算是我律师生涯第一个不算老师的老师吧，亦师亦友。

跟着他，我学到了案件的处理方法，学到了接待当事人的技巧，也学到了案例检索的方式。

在这里，我可能要补充说一下，案例检索的方法和作用。

相信所有做律师的都知道中国裁判文书网和无讼、openlaw 等这些网站，但是我不确定是不是大家都会使用这些网站的检索功能。

进入这些网站以后，其实里面会有许多我们可以使用的资源，比如刚接到某个你没有办过的类型的案件，你可以通过查询相同类型案件的判决书来确定诉讼请求、事实和理由的模板，以及相关的证据种类。也大致可以通过相同类型的判决预估案件的结果，从而可以更加全面地告知当事人诉讼风险。

现货维权业务

经过了一年的历练，在一次寻找法律顾问客户的时候，我认识了现在的团队的律师，并且也组建了现在自己的团队。

我们团队的业务范围主要是现货维权业务，现货维权案件是近两年呈高发态势的一类案件。

那么什么是现货案，如何定义？我想从正式和非正式两个方面来阐释，

从非正式的角度讲，“现货”实际上并不是一个有着明确内涵和外延并与“期货”相对应的概念，无论是从金融学还是经济学都没有一个专有的“现货”概念。

从正式的角度讲，现货即是大宗商品交易，大宗商品交易是以实物交收为目的，交易对象为实物或以实物为标的的仓单，可转让提单等提货凭证，交易方式为协议或单项竞价交易，具有信息、物流等配套服务功能和设施的交易。

我们团队处理的这类案件，主要就是某些交易所会打着现货交易的幌子，行组织非法期货交易活动之实。

他们的手法往往都是先通过添加投资者微信、QQ 的手段对他们进行洗脑，告诉他们现在炒现货比股票市场更赚钱，他们会有专业的指导老师带领投资者操作，诱骗他们大量入金，然后指导老师会喊反单，导致投资人快速亏损。

其实对于这种类型的案件，如果作为刑事案件处理，构成诈骗罪一点都不夸张，而且中国裁判文书网也有许多判决这种行为构成诈骗罪的案例，但是在目前中国这样的司法大环境下，想通过刑事立案来处理这类案件其实是非常困难的。

所以，我们团队一般建议当事人采取民事诉讼的方式进行维权，而且也初见成效。目前我们也帮助一些当事人追回了部分损失。

团　　队

我们团队由 4 名律师组成，都是北京观韬中茂（武汉）律师事务所的律师。我们团队的成长也是很快的，这里我也需要补充几点意见。

如果刚执业的律师找不到好的老师来带领自己入行（因为不是任何人都可以那么幸运地碰到一个好的老师的），那一定要选择一个好的团队，因为好的团队，一定能让你的业务水平飞速提高。

我们的团队，虽然大家年纪都不是很大，我算是比较年长的，但是大家碰到问题都会一起讨论解决方法，因为一个人的力量毕竟是有限的，而且执业时间越久，我们的专业领域也会更加小，每个人都有各自擅长的领域，这样一个团队才能不断前进和成长。

结　　语

律师是一个外表很光鲜，其实加班加点是一种常态的职业。

很多当事人会问，你们周末休息吗？你们晚上7点以后有时间吗？我们的回答都是，只要您需要，我们的手机一天24小时不关机。

所以，一个女律师，要想家庭和事业双丰收，离不开家庭的支持。

在这里，

我想感谢我的婆婆和公公，不辞辛劳地从小宝贝刚出生就在帮我照顾；

感谢我家的小宝贝，在几乎一周7天有5天的时间里都见不到妈妈的情况下，还能认识我；

当然，还有我的老公，永远是我的坚强后盾。

109. 律师10年，与客户共生共长[①]

春日迟迟，卉木萋萋。

仓庚喈喈，采蘩祁祁。

——《诗经·小雅》

我是林燕铭律师，在草长莺飞的春天，想用文字记录我平凡但唯一的故事。

曾经有个信仰，现在还在

写下这个小标题的时候，想起村上春树说的一句话：用时间赢得的东

① 林燕铭，北京观韬中茂（福州）律师事务所律师，福建省优秀青年律师人才库入库律师、CWMA国际认证财富管理师，福州市中级人民法院首批特邀调解员律师，福州市鼓楼区劳动人事争议仲裁委员会兼职仲裁员，福州市鼓楼区法律援助中心律师库律师，业务领域：婚姻家事、法律顾问。

西，时间肯定会为之佐证。

在15年前那个“非典”正盛的夏季，我高考志愿填写失误，第一志愿落榜。那时候我没有足够成熟的心智去分析我的选择，但是在我父亲希望我复读的时候，我还是很坚定地告诉父亲，我不想。

高考结束后的某个晚上，我无意打开电视，看到电视剧《法网伊人》，电视演了什么，我已经忘记，只是片头像盖章一样打出“法网伊人”几个字及天平时给那时候我的冲击，现在可能可以矫情地描述为我的理想，那夜辗转反侧。

我想好了，如果我第一志愿没有录取，那么我就选择法学专业，当律师。

也许造化弄人或是老天真得听到我真实的心声，是的，我选择了法学。16年前作那个选择的时候，我已经确定自己要做律师。

虽然父亲对我的选择嘴上没有说什么，但是我感觉到他的忧心忡忡。甚至在毕业的时候，父亲想要说服我去考公务员。

此刻回想，很感激父亲对我的极大尊重，一毕业我没有参与千军万马走独木桥考公之路，而是一头扎进了律所，然后从实习至今。

对律师这个职业的爱

我在福建宏飞律师事务所走过我人生的十年时光，我们所刚好创所10周年。

10年的时光，曾经的同期实习生有的转行考了公务员、进了公司当法务，还有回家继承家业的、转所的，10年的光阴，见证了自己也见证了大家，如今我们在不同岗位上各自安好。

我还是那个林律师，不徘徊，不迷茫，只是对法律有一点爱，想听从自己的内心去从事一份职业。

律师这个职业，除了是我谋生的一个工具外，我对于它的爱更多的在于，我内心的自由。

自由在于，我思考与专注之自由。

很多时候，我会遇到一些事件，让自己和客户重新思考法律的正义这个问题，不恰当地借用罗曼·罗兰的话：世界上只有一种真正的英雄主义，那就是认识生活的真相后依然爱它。

自由还在于，我还可以用这个工具助人。

八年多法律公益事务的历程，阅无数人生姿态，帮助过彷徨的人、无助的人、可怜的人、可恨的人，还有无法准确定义的人。每个人的一生，在时间纬度上相对公平，感激自己小心翼翼的坚持，成全了这十年间的些许笔墨。

加减人生，深耕精进

我是一个喜欢规划的人，会有三年和五年框架计划。

也许有人会说，计划的人生太缺乏惊喜，多无趣。在我看来，设目标、重计划并在时间的跨度里去实践，为的只是减少花花世界的干扰，毕竟走着的这一路，诱惑不少，好看风景也不少，不想自己走着走着，忘了为何出发，去向何处。

实现对自己的承诺，我认为是一件很爽的事情。这两三年尤其是 2018 年，在摸索、质疑、验证中，做好了一件事——对自己的人生进行加减法。

1

我的减法：在诉讼律师的道路上，战得有苦有乐。每次开庭前，我都是极度“紧张”的，我喜欢这种分步骤、递进式的“紧张”，它会随着工作的进展进行、递进，或者更准确地描述它应该是高度关注引发的生理反应，只愿每个案件心中有数。

基于业务的整合，去除了一些不在我业务范围内的案件，是的，这样做会让我在短期内的经济收入少了很多，但我认为这样值得，因为这样可以使我的关注度更集中，做的事情可以更精细化。

基于客户的整合，也遗憾地拒绝了一部分客户的合作。主要有两点考虑：一是工作要身心都愉悦，不想把自己的时间放在解释和妥协上，我们就实打实、踏实地做，客户会感知到；

二是尊重自己的专业，精准刻度自己的时间表，不尊重自己和律师专业的请直接出门慢走，不送。

律师市场是分层的，一定有合适的匹配。我就是想做一份简简单单的工作，不想故弄玄虚，也不想没有原则地妥协自己。

基于家庭，我想我可以做一个我自己心中的好妈妈。很多人经常问：怎么平衡工作和家庭。我觉得没有平衡，只是选择和放弃。

选择我必须去做的事情，放弃所有无意义的社交和应酬，不想去别人的人生里陪跑，尊重自己的心意，听到和看到女儿和家人的需求，对于家人和女儿来说，我是他们人生的主角。

2

我的加法：大数据时代的背景，专业化浪潮推着你也拍打着你，不思变，就等着时代抛弃你，连再见也不给你机会。

结合执业第九个年头公司顾问单位的业务背景（衍生人资合规非诉业务）与自己所学所长，以及服务的客户分类，我框定了自己的业务方向，延续业务上的公司法律顾问，很谨慎地接受委托，很慎重地开拓新的顾问单位；同时建立在传统婚姻家事诉讼业务基础上发展和衍生出来的综合婚姻家事业务以及私人财富管理业务，是我未来业务的主要方向。

其实，我想我做不了很多的客户，但是我可以陪伴我的客户很长时间，这种相伴共生的关系，已经不仅是律师和客户的业务关系。

基于此，我在业务上做了多层次全面的个人进修学习，来时路上的那一路灰头土脑的奔波，凌晨深夜的机场、高铁站、酒店，每一场的高级研修课和考取国际认证财富管理师（CWMA），我坚信，学习没有捷径，唯一有的捷径那就是和行业的顶级选手，优秀的人去学习、交流、切磋，那么你会躲过不少的坑。

学习之余吸收、转化和验证自己的想法和做法，我会安心不少。

也有人提出困惑，说林律师，你不是搞法律的吗？为何去上财富管理的课程？

我给他们的答案是，我不是去纯粹地学习一个课程内容，我想去了解知识体系，感知行业的逻辑思维和一个出口。

学习分功利性和非功利性，我想我只是在自己的经济能力范围内去进行一次功利性没有那么强的学习而已，它带给我的远不止我所支付的学费。

每个当下真的很好

行文至此，真是满心欢喜。

恰巧继续要写的事情，是工作之余的有趣存在。

2018 年，总结三个字：去尝试。

1

2018 年 4 月 21 日，我作为俱乐部主席，晓庆、晓瑜、CiCi 总作为联合创始人，成立了福州首个专业社群——悦有道 10000 小时俱乐部。

悦有道：悦：喜欢、被喜欢、使喜悦。

在自己与自己以外主体之间，希望与喜欢的人打交道，希望被喜欢的人所喜欢，希望喜欢的人喜悦。

然而，总有不喜欢，不被喜欢，也无法使人喜悦。这是人生行程中的路障。

喜欢自己、让他人喜悦是一种能力，这种能力可以通过时间和心力的打磨逐渐具备进而变强大。

在近九个月时间内，通过会员推荐，主席和创始人审核通过，我们汇聚了法律、金融、医疗、互联网、心理学、教育、美学、运动、饮食、摄影、语言、设计等各行业的有趣有颜有质有道人。

并且我们分别主办和承办了如“论道跨界”、“人工智能时代的个人有效学习”、“原来可以这么美”、“学区房，买不买”、个人成长系列心理课程等近 20 场活动。

我们想通过知识的输出，连接你我，挖掘彼此深度的价值。

这是一个打开窗户，非纯公益，鼓励才华产品化的社群。

所谓打开窗户，我的解释是每认识一个人，就给你原有的世界打开一个窗户，你探出头来看看呀，是不是有不一样，要不要好奇去尝试看看；

我们非纯公益，不代表我们不公益，提供高质量的公益活动只为更好影响周遭的人，如果你被我们吸引，欢迎一起来突破人生固有的边界，探索自己能力的边界。

鼓励才华产品化，是致敬专业，希望俱乐部的会员们能够通过知识体系的建设以及工具的运用，除了本职工作外，你的才华可以被估值。这是一群打了鸡血持续热情和强学习力高效的人。

2

还和另外一个同伴晓瑜一起发起了一件很温暖的事情，至今想来感谢我们的出发。

2017 年 10 月，我们一拍即合确认好眼神，在晓瑜的引荐下，邀请了北京的明月老师，为我们的公益开设了关于“亲子关系”“亲密关系”“情绪管理”“个人成长”“原生家庭”系列情景式心理课程，后来我们还组成了助教团队，定期地进行线上线下课程学习。

在学习的过程中，我的感受是从半知半解到内心晴明。无论是亲密关系还是亲子关系，或是原生家庭，我们都在做一件事情，向内去寻找自己。

你重要吗？你值得爱吗？你有力量吗？了解自己，疗愈自己，开启寻找自我的旅程。

通过这些探索，会被掀起痛的疤痕，有人找到光的源头，有人触摸到温暖。

无论是痛苦还是释放，重要的是，在回溯中能不能找到自己，你做你自己力量的内核，成为自己的光。

走过的这些学习路，也许一时感觉不到成长，徐徐行之，时间总会给你想要的。

春风春雨花经眼，江北江南水拍天。

此心安处，当下便是最好。2019 年，林律还是那个林律，也不止于律师。